陕西师范大学优秀学术著作出版资助

媒介使用的
心理和行为

THE MEDIA PSYCHOLOGY
AND BEHAVIOR OF MEDIA USE

党君◎著

中国社会科学出版社

图书在版编目（CIP）数据

媒介使用的心理和行为/党君著.—北京：中国社会科学出版社，2023.10
ISBN 978 - 7 - 5227 - 2714 - 1

Ⅰ.①媒… Ⅱ.①党… Ⅲ.①传播媒介—应用心理学 Ⅳ.①G206.2

中国国家版本馆 CIP 数据核字（2023）第 195628 号

出 版 人	赵剑英
责任编辑	喻　苗
责任校对	胡新芳
责任印制	王　超

出　　　版	中国社会科学出版社
社　　　址	北京鼓楼西大街甲 158 号
邮　　　编	100720
网　　　址	http://www.csspw.cn
发 行 部	010 - 84083685
门 市 部	010 - 84029450
经　　　销	新华书店及其他书店

印　　　刷	北京明恒达印务有限公司
装　　　订	廊坊市广阳区广增装订厂
版　　　次	2023 年 10 月第 1 版
印　　　次	2023 年 10 月第 1 次印刷

开　　　本	710 × 1000　1/16
印　　　张	21.25
字　　　数	338 千字
定　　　价	109.00 元

凡购买中国社会科学出版社图书，如有质量问题请与本社营销中心联系调换
电话:010 - 84083683

前　　言

　　党的二十大报告指出，要巩固壮大奋进新时代的主流思想舆论，加强全媒体传播体系建设，推动形成良好网络生态。特别是当前报纸、广播、电视、互联网等传播媒介已融入到我们生活环境的方方面面，各种有关政治、经济、思想文化的信息，都可以通过大众传播媒介的庞大辐射力，迅捷而具体的充斥在我们的生活空间中，这些都在很大程度上重塑着现代社会公众的心理态势和社会行为。因此，更全面的理解媒介使用的心理和行为规律将更有利于提升新闻与传播学服务于中国式现代化社会治理的水平和效果。而本书正是从传播学和心理学学科交叉的视角系统介绍了媒介使用的心理和行为机制。

　　本书共包含八章。其中，第一章绪论，主要介绍了媒介使用研究的基本范畴和历史演进，同时阐释了媒介使用研究的目的与责任，方便读者在阅读后形成对媒介使用研究的总体认识。此外，详述了不同领域、不同学科与媒介使用研究的交叉与创新，以期使读者、研究者更好地了解和借鉴该领域中已有的研究方法与成果。

　　第二章媒介使用中的对象与发展心理视角，基于媒介使用的不同群体，以发展心理学的视角，分析了媒介使用中主体和客体的特征和关系，同时比较了青少年、成年人、老年人等不同年龄群体在媒介使用中的特点和差异。

　　第三章媒介使用中的心理与行为分析方法，分享了媒介使用研究中的多学科研究方法，从心理学、传播学、社会学、人类学等多学科的角度介绍了媒介使用中常用的定性研究法，如深度访谈法、个案研究法和民族志研究法等；以及常见的定量研究法，如问卷调查法、实验法和内容分析法等。

第四到第六章，基于心理学视角阐述了媒介使用的认知、情感、意志三方面的心理与行为机制。第四章介绍了媒介使用的认知心理与行为，涉及到媒介使用的感知觉基本原理、意识形态和注意类型、记忆与思维产生过程、行为动机与决策等方面，并探讨了媒介使用对认知水平和能力的影响；第五章媒介使用的情感心理与行为，涉及情感主义理论、关键情感问题、个体情感与集体情感等方面，并论述了媒介使用的社会情感治理功能；第六章媒介使用的意志心理与行为则着重阐述媒介使用中的人格元素及其作用，从媒介使用的自我认识与自我控制、价值观成分与影响、社会信念与行为规律等方面进行介绍。

第七和第八章从实践层面论述心理学理论在传播活动中的具体应用。第七章助推传播效果提升的心理与行为策略，关注如何利用心理与行为策略助推传播效果提升，介绍了传统媒体（例如图书、报纸、杂志，以及广播、电视、电影媒介）与互联网新媒介（例如微博、微信、抖音等）如何从自身的特质出发，利用相应的心理与行为策略来提升信息传播的效果，以帮助读者理解、学习和掌握提升媒介传播效果的相关理论、方法和实施流程。第八章媒介使用服务于国家和社会的心理与行为路径，分别从媒介使用化解社会偏见及冲突、赋能社会舆情治理、塑造民众积极社会心态和建构民众社会责任行为模式等层面的心理与行为路径，论证了媒介使用如何更好的服务于中国式现代化建设。

总的来说，本书基于中国式现代化建设这一我国社会发展重大现实背景，关注于媒介使用如何服务于国家社会治理。当前内容从心理学的视角重新审视了媒介使用的过程，希望能够帮助读者了解到民众在媒介使用中的心理与行为规律，可以有针对性地对影响其生活的社会事件进行更为准确的把握，从而实现媒介研究助推提升社会信息沟通效率，助力化解社会偏见冲突，赋能社会舆情治理，塑造民众积极情感，建构民众社会责任行为模式，培育民众自尊自信、理性平和、积极向上的社会心态等一系列中国式现代化社会治理的目标。

这本书得以顺利出版也离不开大家的支持！在此郑重感谢我的导师唐绪军教授一直以来对我学术思想的引领和指导，感谢乐国安教授和许加彪教授在本书撰写过程中提出的宝贵意见，感谢中国社会科学出版社喻苗编辑为本书所做的大量专业且细致的工作，更要感谢广大读者朋友们对本书的关注和包涵！不足之处，还望大家批评指正！

党　君

2023 年 9 月

目　　录

第 一 章

绪 论

媒体是信息时代的神经系统。

——马歇尔·麦克卢汉（Marshall McLuhan）

新闻传播是民主的生命线。

——陈永福

媒体是我们思考的工具，它不仅塑造我们看待世界的方式，也塑造了世界本身。

——费舍尔·史蒂文斯（Fisher Stevens）

媒体无处不在，媒体是我们所生活的环境。

——菲利普·考尔（Philippe Courtier）

媒体有责任告诉人们他们需要知道的事情，而不仅仅是他们想知道的事情。

——布鲁斯·斯普林斯廷（Bruce Springsteen）

这些论述表达了媒介在社会中的重要性和影响力，强调了媒体对信息传递、民主、观念塑造和社会变革的重要作用。媒介打破了时空限制，使得信息可以在全球范围内快速传递和共享。通过互联网和社交媒体等媒介平台，人们可以跨越国界获取和分享信息，促进了全球的互联和交流，对推动全球化、加强国际合作、促进文化交流和理解具有重要意义。媒介在全球范围内对公共舆论和社会变革产生着深远的影响。媒体的报道和评论可以引起全球范围内的关注和讨论，塑造和影响公众的意见、态度和价值观。媒介在推动社会变革、促进人权、社会正义和环境保护等方面发挥着重要的作用。媒介对全球经济和商业产生着巨大的影响。

广告、电子商务、媒体内容许可等媒体相关产业的发展推动了全球经济增长，并为跨国公司和企业提供了全球市场和品牌传播的机会。同时，媒介也在促进创新、推动文化产业发展和就业创造等方面发挥着重要的经济作用。媒介促进了不同文化之间的交流和对话，扩大了人们对世界多样性的认识和理解。通过媒体，人们可以接触和了解来自不同国家和文化的音乐、电影、文学、艺术等，促进了文化的多元性和交流。媒介在全球公共卫生和教育方面发挥着关键的作用。媒介以传达卫生知识、预防疾病、推广健康生活方式等信息，起到了重要的健康教育作用。此外，媒介还为教育提供了新的渠道和工具，支持远程教育、在线学习和知识共享。

媒介使用研究与媒介及其传播之间存在密切的关系，但是侧重点略有不同。媒介使用研究关注的是个体或群体在媒介内外环境中的行为、认知和体验等方面的研究。它关注媒介的使用方式、目的、效果以及用户与媒介之间的互动关系。媒介及其传播则更加广泛地关注媒介在社会中的传播过程、信息传递和意义构建等方面。它研究媒介在传播信息、观点、价值观和文化等方面的作用，涉及媒介信息制作、传播渠道、受众接受和解读等过程。

媒介使用研究可以为媒介及其传播提供实证基础和理论支持。它通过研究媒介使用行为、接触模式和用户体验等方面的数据，揭示了媒介对个体和社会的影响和效果。这些研究结果可以为媒介及其传播提供指导和借鉴，帮助媒体从生产者和受众的角度去理解和应对社会变迁对媒介发展的挑战。

第一节　媒介使用研究的基本范畴

媒介使用研究主要研究人们如何选择、使用媒介，如何与媒介互动，以及媒介对个体和社会的影响。它关注人们在日常生活中如何接触、选择和利用不同类型的媒介，包括传统媒体（如电视、广播与报纸）和新媒体（如互联网、社交媒体与移动应用程序）等。媒介使用研究探索人们使用媒介的动机、偏好、行为和互动模式。它研究人们对媒介所传达的内容的接受、理解和评价，以及媒介对个体的认知、态度、价值观与行为的效果机制。媒介使用研究采用多种研究方法，包括问卷调查、实验研究、观察研究、深度访谈和内容分析等。研究者通过收集和分析数据，探索媒介使用的模式、影响因素和效果，以期提供对媒介行业、内容创作者、政策制定者和公众参与社会治理的指导和改进建议。

一 媒介使用研究现状

媒介使用研究在过去几十年中获得了广泛的关注和发展。

（一）多样化的研究方法

媒介使用研究采用了多样化的研究方法，包括问卷调查、实验研究、观察研究、访谈和内容分析等。研究者根据研究目的和问题选择合适的方法，以获得全面和深入的研究结果。

（二）数字化和社交媒体的兴起

随着互联网和社交媒体的普及，研究重点逐渐向数字化媒体和社交媒体转移。研究者探索人们在网络平台上的媒体使用行为、社交互动模式、个人信息管理等方面的问题，并关注新媒体对个体和社会的影响。

（三）用户体验和参与度的关注

研究者越来越关注用户体验和参与度，研究人们在媒体使用过程中的主观感受和互动体验。这包括用户界面设计、个性化推荐、用户生成内容等方面的研究，以提高用户满意度和参与度。

（四）跨文化和跨国比较研究

媒介使用研究越来越关注跨文化和跨国比较，探讨不同文化和国家背景下媒体使用的差异和影响。这种比较研究可以揭示文化差异对媒体行为和效果的影响，以及全球化媒体环境中的共性和差异。

（五）媒体素养和数字分割的关注

媒介使用研究关注提高公众的媒体素养，包括信息辨别能力、媒体批判思维、隐私保护等方面的培养。同时，研究者也关注数字分割现象，即数字技术的使用和参与不平等问题，努力缩小数字鸿沟，促进数字包容。

（六）跨学科合作和应用导向研究

媒介使用研究中的跨学科合作和应用导向研究是指研究者在开展研究时与其他学科领域的学者合作，并将研究成果应用于实际问题解决和政策制定中。跨学科合作意味着媒介使用研究者与其他学科领域的专家合作，如计算机科学、社会学、心理学、教育学等。这种合作可以带来不同学科的理论、方法和专业知识的交流和整合，丰富研究的视角和深度，从而更全面地理解媒介的使用行为和效果。应用导向研究强调将媒介使用研究的成果应用于实际问题解决和政策制定。这种研究取向关注研究成果的实际应用价值，以解决现实生活中的问题，提供政策建议，推动社会和行业的发展。研究者在开展研究的同时，关注研究成果的实际可行性和实用性，以期能够产生具体应用的成果和推动社会进步的效果。

媒介使用研究对研究者理解和探究人们在使用媒介时的行为、态度、效果和意义等方面具有重要意义。首先，理解人们的媒体行为和媒体互动及其内在机制。媒介使用研究可以帮助研究者深入了解人们如何选择媒体、如何使用媒体，以及如何与媒体互动。通过研究人们的媒体偏好、使用习惯和行为模式，各个领域的学者可以更深入地获得对受众群体的洞察，为媒体产业和内容创作者提供有针对性的指导和改进。通过研究媒体内容的接受、认知和效果，可以揭示媒体对个体的认知、态度、价值观、行为和社会变迁的影响机制，从而更好地理解媒体的社会功能和影响力。其次，促进媒体素养和批判思维。媒介使用研究可以提高人们的媒体素养和批判思维能力。通过了解媒体的运作方式、信息传播机制和潜在偏见，人们可以更好地评估和解读媒体信息，增强对媒体的批判性思维和媒体警惕性，从而更好地应对媒体的操控和误导。再次，能够指导媒体政策和媒体规范。媒介使用研究可以为媒体政策和规范制定提供依据。通过研究人们对不同类型媒体的使用和偏好，可以了解公众对媒体内容、隐私保护、广告伦理等方面的关注度和需求程度，为媒体政策制定者和监管机构提供决策参考。最后，促进媒介创新和发展。媒介使用研究可以促进媒介创新和发展。通过了解人们对媒体的需求和偏好，可以发现新的媒体使用模式和技术需求，为媒体产业的创新和发展提供指导，推动新媒体形式的推陈出新和快速发展。

二　媒介使用研究理论

在媒介使用研究的历史发展长河中，理论研究是其中的重要组成部分，这些理论为研究者提供了分析和解释媒体使用行为和效果的工具和视角。

（一）使用与满足理论（Uses and Gratifications Theory）

该理论认为人们使用媒体是为了满足特定的需求和欲望，而媒体的选择和使用取决于个体的动机和期望。这一理论关注用户主动选择和利用媒体的动机、满足程度和心理效益。

（二）社会认知理论（Social Cognitive Theory）

该理论强调个体对媒体信息的观察、建模和学习过程。它关注人们如何从媒体中获取知识、模仿行为、塑造态度，并通过观察他人的行为和结果来调整自己的媒体使用方式和互动方式。

（三）媒介效果理论（Media Effects Theory）

这是一个广泛的理论框架，研究媒体对个体和社会的影响。它包括多个子理论，如传播学、社会认知理论、社会影响理论等，用于研究媒体对个人的行为、态度、知识、价值观和社会变迁的影响。

（四）接受与反应理论（Uses and Dependency Theory）

该理论关注人们对媒体的接受程度和依赖程度。它研究个体对媒体内容的注意力、接受程度、参与度以及对媒体的依赖程度，强调媒体在个体生活中的重要性和影响。

（五）媒体生态理论（Media Ecology Theory）

该理论关注媒体与人类环境的相互作用和影响。它研究媒体技术与社会、文化、认知和行为之间的关系，强调媒体对社会结构和意识形态的塑造作用，以及媒体的技术发展对社会生态系统的影响。

综上，媒介使用研究是一门关于人们如何使用媒体和与媒体互动的学科。

三 媒介使用研究的基本范畴

（一）媒体接触与使用

媒体接触与使用主要研究人们如何接触和使用不同类型的媒体，包括电视、广播、报纸、杂志、互联网、社交媒体等，这涉及人们的媒体选择、使用频率、使用时间、渠道偏好等。理解媒介的接触与使用涉及人们与媒介之间的互动和关系。媒介的接触是指人们与媒介平台、设备或内容进行接触和互动的过程，而媒介的使用则是指人们如何利用媒介进行信息获取、交流和娱乐等活动。

媒介的接触是指人们与媒介之间的物理或虚拟接触。在物理层面，人们通过观看电视、阅读报纸或杂志、收听广播等方式接触传统媒介；而在虚拟层面，人们通过上网、使用社交媒体、下载应用程序等方式接触数字化媒介。媒介的接触可以是主动的，即人们有意识地选择与媒介进行互动；也可以是被动的，即人们在日常生活中无意识地接触到媒介，比如公共场所播放的电视节目或广告。

媒介的使用是指人们利用媒介进行各种活动和行为。这包括获取信息、观看影视节目、阅读新闻、交流社交媒体上的内容、参与在线游戏、购物等。人们使用媒介的目的可以多样化，包括获取知识、满足娱乐需求、社交互动、工作沟通等。媒介的使用行为受到个人兴趣、需求、价值观、社会环境等多种因素的影响。

理解媒介的接触与使用可以帮助人们深入了解人与媒介之间的关系以及媒介对个体和社会的影响。研究媒介的接触与使用可以揭示人们的媒介选择模式、使用习惯、使用动机和目的，进而理解媒介在塑造个体的认知、行为、社交关系和文化等方面的作用。这种理解对于媒介研究、媒体行业和政策制定具有重要意义。

（二）媒体接受与认知

媒体接受与认知主要研究人们如何接受和理解媒体信息，包括对新闻、广告、娱乐内容的认知过程和理解过程，主要涉及人们对媒体内容的注意、记忆、解释等方面的研究。理解媒体接受与认知的过程涉及人们对媒体内容的接受过程和对其所产生的认知活动。

媒体接受是指人们通过观看、阅读、听取等方式，主动或被动地暴露于媒体内容中。人们通过媒体接受内容的方式多种多样，如观看电视节目、阅读报纸、收听广播、浏览网页等。媒体接受可以受到个人兴趣、媒体内容的吸引力、社会环境和个体特征等因素的影响。

媒体认知是指人们对媒体内容进行理解、解读和评估的过程。这包括对媒体信息的理解和记忆、对媒体中表达的观点和价值的解读、对媒体内容的评价和判断等。媒体认知受到个人知识、经验、态度、价值观等因素的影响。人们的认知活动可以是主动的，即他们对媒体内容进行深入思考和分析；也可以是被动的，即他们对媒体内容进行表面性的接受和消费。理解媒体接受与认知可以帮助人们深入了解受众对媒体内容的理解和解读过程，以及对媒体所传递信息的接受程度和影响。研究媒体接受与认知可以揭示人们对不同类型媒体的偏好、信息获取和评估的方式，以及媒体对个体的认知、态度、价值观和行为的影响。

（三）媒体效果与影响

媒体效果与影响主要研究媒体对个人和社会的影响和效果，包括人们对媒体内容的态度、情感、信任度、态度变化、价值观形成等方面的研究，以及媒体对行为、意见、社会观点、文化变迁等方面的影响。

媒体效果研究关注媒体对个体的行为、认知、态度等方面的直接影响。这包括媒体对观众行为的影响（如购买决策、投票行为等）、媒体对认知过程的影响（如信息获取、记忆、注意等）、媒体对态度和情感的影响（如观点认同、情感激发等）等。研究者通过实验、调查和观察等方法来测量和分析媒体效果，以了解媒体对个体的直接影响机制。

媒体影响研究强调媒体对个体和社会的长期和间接的变化和影响。这包括媒体对观众的社会化影响（如价值观、行为模仿等）、媒体对公众议程和舆论形成的影响、媒体对社会结构和文化变革的影响等。媒体影响是一个复杂的过程，受到个体特征、社会环境、媒体内容和使用情境等多种因素的交互影响。研究者通过长期追踪调查、纵向研究和文化分析等方法来探索媒体对个体和社会的长期影响机制。

理解媒体效果与影响可以帮助人们深入了解媒体对社会变革、文化传播和意识形态塑造的潜在影响。这种理解对于媒体研究、媒体教育、媒体政策的制定和媒体素养的培养都具有重要意义。

（四）媒体用户体验

媒体用户体验主要研究人们在与媒体互动和使用过程中的感受、态度和情感等方面的主观体验，主要包括对媒体界面设计、内容呈现、用户参与度、满意度、媒体互动等方面的研究，以及用户对媒体技术的态度和偏好。

理解媒体的用户体验对于媒体创作者、设计师、用户和社会都具有重要意义。它有助于提供更好的媒体产品和服务，增强用户参与度和忠诚度，创造商业机会，并促进媒体素养和批判思维的培养。通过理解用户体验，媒体创作者和设计师可以获得对用户需求和偏好的深入了解，从而优化媒体产品和服务的设计。关注用户体验可以帮助媒体的使用者提升媒体的易用性、可访问性和用户忠诚度、满意度，良好的用户体验有助于吸引用户参与、持续使用媒体和推荐媒体。

（五）媒体与社会变迁

媒体与社会变迁主要研究媒体在社会变迁中的作用和影响，包括媒体对政治、经济、文化、社会结构和社会关系等方面的影响，以及媒体与社会变迁之间的相互作用和反馈。媒体与社会变迁是指媒体技术和媒介使用对社会结构、文化、政治和经济等领域的影响和改变。随着媒体技术和媒介使用的不断发展，它们对社会变迁的作用也在不断加强。

媒体与社会变迁的具体表现包括以下几个方面。首先，影响社会信息的传播模式和消费模式：新兴媒体技术的不断涌现，改变了社会信息的获取方式和消费方式，使得信息传播更加快速、广泛、方便和多元化。其次，改变了社会的文化价值观和行为方式：媒体的内容和形式在不断发生变化，这种变化影响着社会文化价值观和行为方式。同时，媒体作为文化产品，也是社会文化的一部分，它们通过文化传播对社会文化的演变产生了重要影响。再次，促进社会政治参与和民主发展：新兴媒体技术的普及，加强了公众参与政治和社会事务的能力，促进了社会的民主化进程和社会治理的改善。最后，推动社会经济发展和商业化：媒体技术和媒介使用的发展，不仅催生了新的商业模式和产业链，也对传统产业和商业模式产生了冲击和改变，推动了社会经济的发展。

当前媒体与社会变迁的现状是多方面的。一方面，新兴媒体技术的不断涌现和普及，加速了信息传播和消费的速度和广度，改变了人们获取和使用信息的方式；另一方面，媒体作为文化产品和娱乐产品，其地位和影响力在逐渐上升和扩大，深刻地影响着社会文化价值观和民众行为方式。同时，媒体的商业化程度越来越高，成为了一个具有重要经济意义的行业。此外，媒体还承担着公共信息服务和社会监督的角色，成为社会治理和民主发展的重要组成部分。综上所述，媒体与社会变迁的现状是多元化和复杂化的，需要进行深入研究和思考。

以上是媒介使用研究的基本范畴，这一领域还有其他更具体的研究方向和专题，如媒体素养、数字媒体使用、社交媒体的影响等，具体的研究内容会因研究者的研究目的和关注焦点不同而不同。

第二节　媒介使用研究的历史演进

一　国外媒介使用研究的起源与发展

国外媒介使用研究的起源可以追溯到 20 世纪中叶。国外媒介使用研究经历了从关注媒体效果到关注受众需求和行为，再到关注社会建构和新媒体环境下的演变。这些研究为我们理解媒介与受众之间的互动关系、媒介对社会和文化的影响以及媒介技术的发展提供了重要的理论和实证基础。

（一）国外媒介使用研究的早期学术思想迭变

1. 早期研究

20 世纪 40 年代至 50 年代，媒介使用研究主要集中在媒体对受众的影响和效果方面，研究人员关注受众的观看、阅读和倾听行为，并探索媒体对人们的态度、信念和行为的影响。

2. 受众研究

20 世纪 60 年代至 70 年代，研究重点逐渐转向受众的需求、兴趣和使用行为。研究者开始关注受众的媒介选择、媒介满意度和媒介使用动机等方面，引入了心理学和社会学的理论和方法。

3. 媒介效能研究

20 世纪 70 年代至 80 年代，媒介效能研究成为一个重要的研究领域。该研究方向探索媒体对受众行为和态度的影响，并试图找出媒体的有效使用方式，以促进社会变革和个体行为改变。

4. 社会建构主义

20 世纪 80 年代至 90 年代，研究开始关注媒体对社会建构和意义生成的作用。社会建构主义的理论框架强调媒体与受众之间的相互影响和共同构建意义的过程，探索媒体的社会和文化影响。

5. 新媒体研究

21 世纪以来，随着新媒体技术的迅速发展，媒介使用研究逐渐拓展到新媒体环境下的受众行为和体验。研究者开始关注社交媒体、移动媒体和网络媒体的使用习惯、社交互动和用户参与等方面。

（二）国外媒介使用研究的奠基者和学科开创者

伊莱休·卡茨（Elihu Katz）生于 1926 年，美籍以色列社会学家。作为传播学领域的重要学者之一，Katz 提出了"用户与媒体关系模型"，强调受众在媒介使用过程中的积极作用和选择性解码。他对媒介使用动机、信息获取和媒介效能等方面进行了深入研究，并对社会化媒体和数字媒介的发展提出了预测。

詹姆斯·凯瑞（James W. Carey，1934—2006），伊利诺伊大学俄巴那香槟分校传播学院院长，1976—1979 年任艾奥瓦大学乔治·H. 盖洛普讲座教授，1992—2006 年任哥伦比亚大学研究生院新闻系教授，曾任美国《传播》杂志主编、美国新闻与大众传播教育协会、美国新闻记者协会主席。Carey 是媒介研究领域的重要思想家，他主张将媒介视为社会和文化的符号系统，强调媒介在意义构建和社会变革中的作用。他对媒介的传达功能、公共领域和民主理论等方面提出了独特的见解，并对媒介使用研究的方法论和理论框架产生了深远影响。

约书亚·梅罗维茨（Joshua Meyrowitz），Meyrowitz 在媒介使用研究中提出了"媒介环境理论"，探讨了媒介对社会关系、身份和行为的影响。他关注媒介的空间和时间维度，强调媒介的碎片化和社交互动的转变，并对个体在媒介环境中的身份建构和社会互动进行了深入研究。

鲍尔·基洛奇（Ball-Rokeach），Ball-Rokeach 是媒介使用研究和社区传播领域的重要学者，她提出了"媒介乡村理论"，强调媒介在社区中的角色和影响。她关注媒介对社区认同、社会资本和公共参与的影响，提出了社区媒介使用的概念模型，并为社区发展和公共传播做出了重要贡献。

二 国内媒介使用研究的发展历程回顾

中国媒介使用研究的发展历程可以追溯到 20 世纪 80 年代末和 90 年代初。中国媒介使用研究经历了从关注媒体效果到关注媒体与社会互动的转变。在国内外研究的影响下，中国的媒介使用研究逐渐形成了自己的理论框架和方法体系，为我国媒体发展、传播政策和公共文化建设等提供了理论支持和实证基础。

（一）初期阶段（20世纪80年代末至90年代初）

这一阶段的中国媒介使用研究主要受到西方传播学理论的影响，尤其是媒介效能和受众研究。学者们关注媒体对受众的影响和效果，并通过问卷调查等方法探索受众的媒体使用行为和观点。

（二）转型阶段（20世纪90年代中期至21世纪初期）

在这一阶段，中国的媒介使用研究开始关注媒介的社会和文化影响，特别是在经济改革和信息化进程中的角色。学者们开始关注媒介与社会变迁、文化认同、社会交往等方面的关系，并引入社会科学和人文学科的理论和方法。

（三）多样化阶段（21世纪第一个十年）

随着互联网和新媒体的兴起，中国媒介使用研究进入了多样化的阶段。研究范围涵盖了传统媒体、互联网、社交媒体、移动媒体等各种媒介形态。研究者开始关注数字化时代下的媒介使用行为、媒介素养、信息获取与传播、网络社交等方面的问题。

（四）应用研究阶段（2010年至今）

近年来，中国媒介使用研究越来越注重实践应用和政策指导。研究者将媒介使用研究与社会发展、公共传播等领域相结合，探索媒介使用对公众健康、社会参与、文化传承等方面的影响，并为相关政策和实践提供建议和支持。

三　中国媒介使用研究的未来

中国媒介使用研究的未来将更加注重深入理解媒介使用的动态与影响机制，积极应对数字媒体时代的挑战和机遇，为媒体发展、传播政策和社会文化建设提供有力的理论支持和实证基础。

在多元化研究主题层面，随着数字媒体的快速发展和普及，中国媒介使用研究将继续关注新媒体环境下的媒介使用行为、信息获取与传播、网络社交等方面的问题。同时，还将关注媒介对特定群体（如儿童、老年人、农村居民等）的影响，以及媒介使用与社会发展、健康传播、文化认同等领域的关系。

在跨学科合作与方法创新层面，媒介使用研究需要与其他学科进行更深入的交叉与合作，借鉴社会学、心理学、经济学等学科的理论和方法，以丰富研究的视角和深度。此外，随着科技的不断进步，新的研究方法和工具如大数据分析、网络实证研究、虚拟实境等将为媒介使用研究带来更多的可能性和创新。

在实践应用与政策指导层面，未来的研究将更加注重媒介使用研究的实践应用价值。研究者将进一步关注媒介使用对公众健康、社会参与、文化传承等方面的影响，并为相关政策和实践提供更具针对性的建议和支持。媒介使用研究将成为媒体发展和传播政策制定的重要参考依据。

在跨国比较与国际交流层面，随着全球化进程的加速，中国媒介使用研究将与国际媒介使用研究进行更多的交流与合作。通过跨国比较研究，可以更好地了解不同文化和国家背景下媒介使用的异同，从而为中国媒介使用研究提供更广阔的视野和启示。

第三节　媒介使用研究的目的与责任

媒介使用研究的目的是理解和解释人们对媒体的使用行为、媒体对个体和社会的影响以及媒体使用背后的动机和效果。这种研究旨在揭示媒体与用户之间的相互作用和关系，为媒体创作者、政策制定者和用户提供有关媒体使用的指导和见解。媒介使用研究的目的和责任是为了更好地理解和应对媒体的发展和影响。它关注媒体与用户之间的互动和关系，以及媒体对个体和社会的影响。通过深入研究媒介使用，可以帮助传播者更好地利用媒体资源，提高媒体素养，促进媒体创作和设计的改进，以及制定合适的媒体政策，推动社会的发展和进步。

一　促进媒体素养和用户教育

媒介使用研究应该致力于提高用户的媒体素养和媒体批判思维能力，帮助用户更加理性和自主地使用媒体，并对媒体内容进行评估和解读。具体来说：

首先，洞察用户行为和需求。媒介使用研究通过对用户的媒体使用行为、习惯和动机进行深入研究，可以为媒体素养和用户教育提供有关用户行为和需求的洞察。这有助于设计更加针对用户需求的媒体教育和培训内容，提供更有针对性和实用性的媒体素养培养方案。媒介使用研究通过对用户的媒体使用行为、习惯和动机进行深入研究，可以帮助教育者和媒体素养培训机构了解用户的需求和兴趣。这有助于定制更符合用户需求和期望的媒体素养培训内容和教育活动，提供更有针对性和实用性的用户教育。

其次，增强用户批判思维能力。媒介使用研究可以帮助用户理解媒体对个人和社会的影响，提高用户针对媒体的批判思维能力。通过了解媒体的操控和影响机制，用户可以更加理性和独立地参与媒体使用，从容应对虚假信息、媒体操控和信息过载等问题。

再次，提供媒体教育的指导和依据。媒介使用研究可以为媒体教育提供指导和依据。通过对用户使用行为和体验的研究，可以确定有效的教学方法和策略，设计出符合用户需求和兴趣的教育内容，提高媒体教育的效果。在方法及策略上，媒介使用研究提供了关于媒体使用行为和效果的理论基础和指导，可以为媒体素养和用户教育提供理论支持。研究结果和理论模型可以用来解释用户对媒体的接触与使用行为，帮助教育者和培训机构设计合适的教学方法和策略。在教育内容上，媒介使用研究可以为媒体素养和用户教育提供实证依据，帮助设计更有效的教育内容和教学方法。通过研究用户使用行为和体验，可以确定用户的学习需求和兴趣，设计出针对性强、实用性高的教育内容，提高媒体教育的效果。

最后，推动媒体素养的发展。媒介使用研究可以为媒体素养的发展提供实证基础。通过研究媒体的使用行为和效果，可以了解媒体使用对个人和社会的影响和效果，进一步推动媒体素养的定义和标准的发展，并为媒体素养评估和培养提供理论支持。媒介使用研究可以为媒体素养评估和培养提供参考和指导。通过研究媒体使用行为和效果，可以制定媒体素养评估的指标和标准，提供评估工具和方法。同时，研究结果也可以为媒体素养的培养提供有效的培训方案和策略。

二 促进媒体创作和设计的改进

媒介使用研究应该为媒体创作者和设计师提供关于用户需求、偏好和体验的洞察，帮助他们改进媒体产品和服务的设计，提供更好的用户体验。媒介使用研究通过深入了解用户行为、需求和体验，为媒体创作者和设计师提供用户洞察和反馈意见，帮助他们改进媒体创作和设计，提供更好的用户体验和满足用户需求的媒体产品和服务。

在用户及其需求分析层面，媒介使用研究通过对用户的媒体使用行为、偏好和体验进行深入研究，可以提供关于用户洞察和需求的数据和见解。这有助于媒体创作者和设计师了解用户的期望、兴趣和痛点，为其创作和设计提供更加符合用户需求的媒体产品和服务。在用户体验设计层面，媒介使用研究可以帮助媒体创作者和设计师了解用户在使用媒体时的感受和体验。通过研究用户对界面设计、交互方式、内容呈现等方面的反馈和评价，可以改进媒体的用户界面设计、交互体验和内容呈现方式，提升用户体验质量。在反馈和评估层面，媒介使用研究可以为媒体创作和设计提供反馈和评估的依据。通过观察和分析用户对媒体的使用行为和反馈意见，创作者和设计师可以了解媒体的优势和不足之处，从而进行相应的改进和优化。在技术创新及趋势预测层面，媒介使用研究可以帮助媒体创作者和设计师把握媒体使用的新趋势和创新方向。通过对用户行为和使用模式的研究，可以发现新兴的媒体使用方式、技术趋势和用户需求，为媒体创作者提供启发和创新的思路。在验证和优化媒介设计与开发决策层面，媒介使用研究可以用于验证媒体创作和设计决策的有效性。通过进行用户研究和用户反馈，可以评估创作和设计决策的影响和效果，从而确定是否需要进行修改和优化。

三　为媒体政策制定提供参考

媒介使用研究可以为媒体政策的制定提供参考，帮助政策制定者更准确地了解媒体使用的现状、趋势和影响，以及针对性地制定政策措施。以下是几种可行的途径。

一是媒介使用的调查研究。进行大规模的媒介使用调查研究，收集和分析媒体使用的数据和统计信息。这些数据可以提供关于媒体使用的细节和特征，如使用频率、使用方式、偏好内容等，帮助政策制定者了解媒体使用的现状和趋势，为政策制定提供依据。例如，政策制定者可以委托专业机构或学术研究团队进行全国范围内的媒介使用调查，通过问卷调查、面访或日志记录等方式，收集关于公众媒体使用行为、新媒体接触情况、信息获取渠道等数据，为媒体政策的制定提供参考。

二是实证研究和评估。开展实证研究和评估，探索媒体使用对个人和社会的影响，以及媒体政策的效果和成效。通过研究媒体使用的影响机制和效果，政策制定者可以了解媒体政策的实际影响，并基于研究结果进行调整和优化。举例来说，政府可以委托研究机构对某项媒体政策的实施效果进行评估研究，收集数据并分析政策对媒体行业发展、公众接触媒体的方式和媒体素养等方面的影响，评估政策的成效并提出改进建议。

三是国际比较研究。进行国际比较研究，借鉴其他国家或地区的媒体政策经验和最佳实践。通过比较不同国家或地区的媒体政策制度、法规和措施，政策制定者可以了解各国的成功经验和挑战，从中吸取、借鉴经验，为本国媒体的政策制定提供参考。例如，政策制定者可以组织学术研讨会或国际交流活动，邀请来自不同国家的学者和政策制定者分享媒体政策的经验和教训。

四 探索媒体与社会变迁的关系

媒介使用研究应该关注媒体与社会变迁之间的关系，研究媒体技术和媒介使用对社会结构、文化、政治和经济等方面的影响和变化，为社会变迁提供理论和实证基础。探索媒体与社会变迁之间关系的可行途径和方法主要包括以下几种。

一是媒体使用行为的观察和分析。通过观察和分析用户的媒体使用行为，可以了解媒体在社会中的角色和影响。研究者可以收集和分析关于用户接触媒体的方式、时间分配、使用目的和内容选择等方面的数据，以揭示媒体对个人和社会的影响。例如，研究人员可以通过调查问卷、日志记录或使用行为追踪技术等方式，了解人们使用不同媒体平台和内容的频率、时长以及使用环境等信息，进而分析媒体使用行为与社会变迁之间的相关性。

二是媒体技术和社会变迁的关联研究。媒介使用研究可以关注媒体技术的演变和社会变迁之间的相互关系。研究者可以追踪不同媒体技术的发展与应用，并研究其对社会结构、社会关系、信息传播等方面的影响。例如，研究人员可以研究互联网和社交媒体的兴起对社会互动模式、意见领导和社会参与等方面的影响。他们可以考察社交媒体的传播效应、网络社交关系的变迁以及新兴媒体平台对传统媒体的冲击等，从而揭示媒体技术与社会变迁之间的互动关系。

三是媒体内容与社会变迁的研究：研究媒体内容与社会变迁的关系，探索媒体对社会观念、价值观和文化传承的塑造作用。研究者可以分析不同媒体形式（如电影、电视剧、新闻报道等）中呈现的社会形象、故事情节、价值取向等内容，从而理解媒体对社会认知和社会变迁的贡献。例如，研究人员可以研究电视剧和电影中的角色形象和故事情节对社会认同、文化认同和社会价值观的影响。他们可以调查不同媒体内容在不同社会群体中的接受程度和影响力，以及这些内容对社会变迁的推动作用。

第四节 媒介使用研究范式的学科交叉
与创新

一 平台与数字劳动

国家信息化是指国家在经济、社会和政府管理等领域中，通过广泛应用信息技术，实现信息资源的开发、传输、存储、处理和利用的过程。而媒介平台建设是国家信息化的重要组成部分，它是指国家在数字化时代建设各种媒介平台，提供信息传播、交流和共享的基础设施。媒介平台建设与国家信息化的关系主要表现在信息化基础设施支撑、信息资源整合与利用、信息传播和互动、社会发展和治理等方面。国家信息化为媒介平台建设提供了技术基础和政策支持，而媒介平台的建设则为国家信息化目标的实现提供了具体的实践和应用场景。两者共同推动着数字化时代的社会发展和进步[①]。事实上，媒介平台的垄断对平台经济

---

① 王维佳、周弘：《规制与扩张的"双向运动"：中国平台经济的演进历程》，《新闻与传播研究》2021 年第 S1 期，第 76—90、127 页；李辉、张志安：《基于平台的协作式治理：国家治理现代化转型的新格局》，《新闻与写作》2021 年第 4 期，第 13—19 页；姬德强：《平台化治理：传播政治经济学视域下的国家治理新范式》，《新闻与写作》2021 年第 4 期，第 20—25 页。

可能带来一系列的负面影响，包括市场失衡、定价和条件不公平、创新受限以及数据滥用和隐私问题。而平台经济与数字劳动又存在密切的关系。平台经济是指通过数字化平台进行在线交易和服务的经济模式，而数字劳动则是指在数字化环境中进行的各种劳动形式。平台经济为数字劳动提供了新的就业机会和工作方式，同时也引发了劳动关系的变革和一系列的挑战①。平台经济发展对于社会关系和社会结构重构在近期逐渐成为成为社会科学领域的研究热点，其中平台化的数字劳动又是重中之重。姚建华②在《数字劳动》一书中系统地分析了数字劳动研究的理论前沿和历史脉络。数字劳动研究一方面研究数字劳动与权力关系的理论探索劳动者在数字化平台上的劳动条件、劳动过程中的权力分配以及劳动者之间的互动关系。这些理论关注平台算法对劳动者的控制和监视，以及劳动者之间的协作和组织形式。另一方面研究数字平台在社会中的嵌入和影响，包括数字劳动对社会结构、劳动市场和社会不平等的影响。这一理论框架关注数字劳动如何改变社会关系和社会秩序，以及数字平台如何塑造社会的发展方向。在 2000 年前后，数字劳动研究起步于对在线劳动市场（如众包平台）和远程劳动（如自由职业平台）的研究。早期关注点主要集中在劳动条件、收入不平等和劳动者权益方面。到了 2010 年，随着平台经济的崛起，研究范围逐渐扩展到全球平台劳动市场、平台算法对劳动的控制和监视、平台劳动者的组织形式等领域。近年来，数字劳动研究逐渐关注到更广泛的社会议题，如数字技术与劳动价值的关系、劳动者权益保护等。同时，也有一些研究开始关注新兴领域，如人工智能、机器学习和区块链对数字劳动的影响③。

　　① 蔡润芳：《技术之上的"价值之手"：对算法"物质性"的媒介政治经济学追问——以美团外卖平台"超脑"系统为例》，《新闻界》2021 年第 11 期，第 32—42 页；毛天婵、闻宇：《十年开放？十年筑墙？——平台治理视角下腾讯平台开放史研究（2010—2020）》，《新闻记者》2021 年第 6 期，第 28—38 页；段世昌：《从"寄生"到"共栖"——淘宝平台如何走向基础设施化》，《新闻记者》2021 年第 7 期，第 86—96 页。
　　② 姚建华、丁依然：《"幽灵劳动"是新瓶装旧酒吗？——幽灵劳动及其概念的传播政治经济学省思》，《新闻记者》2022 年第 12 期，第 30—40 页。
　　③ 孙萍、刘港平：《中国传播学 40 年研究主题与展望》，《中国社会科学报》2022 年第 3 期。

数字劳动研究可能在不同领域和学科间有所交叉和重叠。随着数字经济的不断演进和社会变革的推动，数字劳动研究领域也在不断发展和扩展。数字劳动研究的主要路径可以分为以下几个方面：第一，劳动条件和劳动权益：研究数字劳动者的劳动条件、工资和收入不平等、工作时间和弹性等方面。这些研究关注数字劳动者面临的工作压力、不稳定性、社会保障缺失等问题，以及数字劳动对劳动权益的影响。第二，平台算法与劳动控制：研究平台算法在数字劳动中的作用和影响。这些研究关注算法如何塑造劳动者的工作体验、任务分配、评价机制和收入分配等方面。也探索算法对劳动者权力和自主性的影响，以及劳动者对算法决策的反馈和抵抗。第三，数字劳动与社会不平等：研究数字劳动对社会结构和不平等的影响。这些研究关注数字劳动如何改变劳动市场、职业结构和社会流动性。研究者也关注数字技术和平台经济如何影响不同社群、种族、性别和地理区域之间的劳动不平等。第四，组织形式和工人权益保护：研究数字劳动者的组织形式和权益保护。这些研究关注数字劳动者的劳动组织、工会化努力、合作经济模式以及社会保障政策等方面。研究者也关注劳动者权益保护的政策和法律框架，以及如何应对数字劳动中的挑战和不平等。第五，技术创新与劳动价值：研究技术创新对劳动价值和职业发展的影响。这些研究关注数字技术如人工智能、机器学习、自动化和区块链等如何改变劳动分工、技能需求和职业发展路径。研究者也关注技术创新对不同行业和职业的就业前景和职业安全性的影响[①]。

数字劳动研究的未来展望将继续关注数字经济的发展和数字劳动者的权益保护，以促进公平、可持续和人本主义的数字劳动关系。这需要跨学科合作、政策创新和社会参与，以应对数字劳动领域的挑战并推动社会进步。随着数字经济的快速发展和技术创新的推动，数字劳动研究将继续扩展其研究范围。未来的研究可能会关注新兴领域，如人工智能、机器学习、区块链和物联网等对数字劳动的影响。同时，还可以关

---

① 曹书乐：《作为劳动的游戏：数字游戏玩家的创造，生产与被利用》，《新闻与写作》2021 年第 2 期，第 22—28 页；丁未：《遭遇"平台"，另类数字劳动与新权力装置》，《新闻与传播研究》2021 年第 10 期，第 20—38、126 页。

注更广泛的社会议题，如数字劳动与环境可持续性、数字劳动的地域差异和全球化等方面。数字劳动研究将进一步关注数字劳动对社会政策和劳动法律框架的挑战和影响。研究者将致力于提出和探索适应数字劳动现实的新型社会保障模式、工作标准和劳动权益保护机制。这包括数字劳动者的社会保险和福利、工时和工资标准、隐私和数据保护等方面。未来的数字劳动研究将更加关注数字劳动与可持续发展目标的关联。研究者将探索数字劳动对社会、经济和环境可持续性的影响，以及如何通过数字技术和平台经济促进可持续发展。这涉及数字劳动的碳足迹、资源利用效率、社会包容性和公平性等方面。数字劳动研究将继续推动跨学科合作和方法创新。研究者将结合社会科学、经济学、法学、计算机科学等多学科的知识和方法，以更全面和深入的方式理解数字劳动的复杂性。此外，研究方法也将不断创新，包括混合方法研究、大数据分析、网络实证研究等，以更好地应对数字劳动研究的挑战。数字劳动研究还将促进对公平和可持续的数字劳动的倡导。学术界、政策制定者、社会组织和平台经营者等各方将合作推动建立公平的数字劳动关系、提供良好的劳动条件和权益保护，以确保数字劳动的可持续发展。

二 "明星—粉丝"关系与饭圈文化

互联网媒介技术的崛起催生了许多文化现象。互联网媒介技术改变了娱乐产业和流行文化的生态系统。音乐、电影、电视剧等娱乐内容通过流媒体服务和在线平台广泛传播。这促进了个性化的娱乐选择、互动体验和全球文化交流。互联网媒介技术为艺术创作和创新实验提供了新的机遇。数字艺术、互动艺术和虚拟现实艺术等形式催生了新的艺术表达和体验方式，拓展了艺术界的创作边界。互联网媒介技术为个人和组织提供了广泛的内容创作和分享平台。这导致了大规模的用户生成内容，如博客、社交媒体、视频分享平台等。用户可以通过互联网发布、共享和传播自己的创作作品，推动了文化多样性和创意的发展。粉丝、饭圈文化、网红达人、电商直播、追星行为等议题一度占据近年来媒介文化关注高地①。互联网和社交媒体的普及使得明星与粉丝之间的互动更加频繁和直接。粉丝可以通过社交媒体平台关注明星的动态，与其互动、评论和表达支持。这种互动加强了明星与粉丝之间的情感联系，形成了一种紧密的关系②。饭圈是指一群热爱某个明星或偶像的粉丝组成的圈子。饭圈文化通过线上社群、粉丝论坛、社交媒体等渠道，让粉丝之间聚集在一起，共同讨论、分享和支持自己喜爱的明星。饭圈文化强调粉丝的身份认同感和归属感，形成了紧密的社群和文化共同体。明星和粉丝之间的互动和关系对于明星的影响力和商业价值具有重要意义。粉丝通过购买明星的音乐、电影、周边产品等方式支持明星，同时在社交媒体上积极传播明星的信息和作品，为明星扩大影响力提供了重要的推动力。饭圈文化促使粉丝组织和参与各种粉丝运动和互动活动。这包括粉丝见面会、庆生活动、线上投票、榜单竞争等形式，旨在展示粉丝团体的凝聚力和支持力量。这些活动也为粉丝提供了交流和表达的平台，增强了粉丝之间的联系和互动。饭圈文化强调粉丝对明星的情感投入和认同。粉丝表达对明星的喜爱、崇拜和支持，通过社交媒体上的评论、转发、创作等方式展示自己的情感。同时，粉丝之间也建立起了共同的价值观和文化符号，形成了一种特定的社会认同③。然而，饭圈文化也存在一些争议和问题，如过度追星、攻击性言论、粉丝之间的竞争等。这些问题需要平衡粉丝热情和理性，引导饭圈文化向更健康和积极的方向

① 白玫佳黛：《妈妈爱你：中国亲妈粉、偶像产业、性别和亲密乌托邦》，《传媒与社会学刊》2021 年第 57 期，第 127—158 页；胡泳、刘纯懿：《现实之镜：饭圈文化背后的社会症候》，《新闻大学》2021 年第 8 期，第 65—79、119 页；尹一伊：《从"跨粉都"到"饭圈"：论中国网络粉丝实践的形成》，《电影艺术》2021 年第 6 期，第 84—89 页；秦璇、陈曦：《偶像失格、群体非理性和道德恐慌：粉丝群体互相攻击中的举报策略与诱因》，《新闻记者》2021 年第 10 期，第 52—66 页；刘国强、蒋效妹：《身体、媒介及图像叙事："带 ID"式远程合影的技术现象学分析》，《现代传播》（中国传媒大学学报）2021 年第 7 期第 43 卷，第 144—149 页；李彪：《亚文化与数字身份生产：快手新生代农民工群体土味文化研究》，《东北师大学报》（哲学社会科学版）2021 年第 5 期，第 115—120 页；孙信茹、甘庆超：《对视：网络直播中的观看与角色互构》，《当代传播》2021 年第 3 期，第 79—82、85 页。
② 晏青、付森会：《粉丝——明星关系感知的影响因素与作用机理：基于混合方法的研究》，《国际新闻界》2021 年第 10 期，第 6—28 页。
③ 白玫佳黛：《妈妈爱你：中国亲妈粉、偶像产业、性别和亲密乌托邦》，《传媒与社会学刊》2021 年第 57 期，第 127—158 页。

发展①。

　　虽然饭圈文化可以提供粉丝们互相交流、支持明星的平台，但有时也存在粉丝攻击和谩骂、过度追星和侵犯隐私、虚假宣传、粉丝贫困和商业利益等负面效应。这些饭圈乱象不仅给个人和粉丝社区带来负面影响，也可能损害明星的声誉和心理健康。因此，引导饭圈文化向更健康、理性和积极的方向发展，加强监管和教育，是重要的任务②。有学者提出，饭圈严格意义上不能等同于粉丝文化，也不是粉丝文化发展中的某个特定阶段，饭圈和粉丝文化之间的界限并不是非常清晰，有时会存在交叉和重叠的情况。因此，饭圈可以被看作是粉丝文化的一种特殊形式，其特点在于对特定明星或偶像的高度关注和组织性。饭圈文化强调粉丝对明星的情感投入和身份认同。粉丝在饭圈中通常会表达对明星的喜爱、崇拜和支持，并与其他饭圈成员分享这种情感。而粉丝文化也关注情感投入和认同，但不一定以明星为中心，可以是对特定领域、文化或团体的情感认同。饭圈通常具有明确的组织形式和明星支持的目标。饭圈成员之间通过组织架构、粉丝称号等建立起一种明确的等级和组织关系。而粉丝文化的组织形式和目标可以更加多样化，不一定有明确的等级和组织结构③。通过媒介建设和网络技术可以在一定程度上治理"饭圈"乱象。媒介平台和社交网络可以加强对内容的管理和监控，建立更加严格的审核机制，禁止和删除违规内容，包括恶意攻击、谣言传播、侵犯隐私等行为。利用人工智能和自动化技术，实时监测和过滤有害内容。媒介平台可以积极引导粉丝之间的正向讨论和互动，鼓励分享支持明星的积极经历和心得，提倡友善、理性的交流。平台可以设置专门的区域或板块，为粉丝提供一个健康、积极的互动空间。媒介平台和网络技术可以设立举报机制，鼓励用户积极举报违规行为和有害内容。同时，平台需要确保快速响应和处理举报，及时采取适当的措施，阻止乱象的扩散

①　白玫佳黛：《妈妈爱你：中国亲妈粉、偶像产业、性别和亲密乌托邦》，《传媒与社会学刊》2021年第57期，第127—158页。

②　胡泳、刘纯懿：《现实之镜：饭圈文化背后的社会症候》，《新闻大学》2021年第8期，第65—79、119页。

③　尹一伊：《从"跨粉都"到"饭圈"：论中国网络粉丝实践的形成》，《电影艺术》2021年第6期，第84—89页。

和影响。媒介平台可以通过强化用户教育和引导，提高用户的法律意识和行为规范。平台可以提供相关的指南、宣传材料和教育活动，帮助用户了解乱象行为的危害，引导他们形成正确的行为观念和价值观。基于数据分析和智能推荐算法，媒介平台可以更好地了解用户的兴趣和偏好，为用户提供个性化、正向的内容推荐。通过引导用户关注和参与有益的内容，可以减少对乱象内容的关注和传播。同时，媒介平台还可以与明星、粉丝团队、政府、社会组织等各方建立合作机制，共同治理"饭圈"乱象。共同制定规范和行为准则，开展联合宣传和教育活动，共同营造一个健康、积极的粉丝文化环境①。

三　数字媒体赋权

老年人和青少年的媒介使用是一个广泛研究的领域，其中涉及许多研究问题。对于老年人，数字鸿沟和技能差距：老年人在使用媒介和数字技术方面是否存在数字鸿沟和技能差距？他们在数字技术的接触和应用上是否面临困难？媒介参与和社交互动：老年人如何使用媒介参与社交互动和社区活动？他们使用媒介的目的是什么？是否有助于减轻孤独感和社交隔离②？媒介内容和信息获取：老年人使用媒介获取新闻、娱乐和其他信息的方式是什么？他们对媒介内容的选择和偏好有何特点？他们对信息的理解和解读是否存在差异③：老年人使用媒介对他们的健康和福祉有何影响？例如，他们是否使用健康相关应用程序来管理自己的健康状况？媒介使用是否对他们的认知功能和心理健康有积极或消极的影响④？对于青少年，媒介素养和批判思维：青少年的媒介素养水平如何？他们对媒介的使用是否具有批判思维和信息辨识能力？他们能否有效评

---

① 秦璇、陈曦：《偶像失格、群体非理性和道德恐慌：粉丝群体互相攻击中的举报策略与诱因》，《新闻记者》2021年第10期，第52—66页；王喆：《可计算的情感回环：后情感社会中情感计算的生成与批判》，《新闻记者》2023年第5期，第52—61、83页。

② 陈娟、甘凌博：《向信息寻求关系——基于微信的老年人健康信息分享行为研究》，《新闻记者》2021年第9期，第10—24页。

③ 周逵、何莘莘：《驯化游戏：银发玩家网络游戏行为的代际研究》，《新闻记者》2021年第9期，第72—85页。

④ 刘毅、曾佳欣：《银发数字"潮"：微信老年用户健康信息回避行为的影响因素探讨》，《新闻记者》2021年第9期第463卷，第25—35、47页。

估和解读媒体内容？社交媒体使用和身份建构：青少年如何使用社交媒体来表达自我、建立身份和参与社交互动？他们对社交媒体的使用方式、行为和隐私意识有何特点？数字鸿沟和不平等：青少年在数字技术的接触和应用方面是否存在数字鸿沟和不平等？是否有些青少年无法获得或利用数字技术的机会？媒介暴力和影响：青少年如何处理和应对媒介中存在的暴力内容和负面影响？他们对于暴力媒体内容的接触和观看有何后果[①]。

自我传媒（Self-media）是指个人或个体通过互联网和新媒体平台，以自主创作和发布内容的方式进行传媒活动。它使个人可以成为媒体的创作者、发布者和传播者，无须传统媒体的中介角色。自我传媒的核心在于个人的自我表达和传播，个人通过自媒体平台（如微博、微信公众号、个人博客、YouTube 等）发布文字、图片、音频、视频等多种形式的内容，与用户进行互动和交流。在数字媒体赋权看来，数字媒体的使用能够帮助特定群体进行自我传媒的发展。例如，对癌症患者日志的内容分析显示，数字媒体能够为患者提供平台和工具，例如患者博客、社交媒体账号、在线论坛等，让他们能够自主地创作和发布内容。帮助患者了解如何有效地利用数字媒体进行自我传媒。包括教授数字媒体平台的操作技巧、内容创作的基本原则、网络安全和隐私保护的知识等。鼓励患者在数字媒体上进行自我表达，分享他们的经验、感受和观点。可以通过个人故事、日记、照片、视频等形式，让患者用自己的声音讲述自己的故事。通过数字媒体平台促进患者之间的互动和支持，基于建立患者社区或论坛，让患者能够相互交流、分享经验，提供彼此支持和鼓励[②]。然而，并非所有研究结果都指向一幅乐观的赋权图景。对微博自闭症话题的社会网络分析显示，商业、资本、流量逻辑渗透到话题的媒介实践中，制造大量的伪信息和虚假转发，使得主体数据呈现"泡沫化"

① 黎藜、赵美荻、李孟：《"行之有效"还是"徒劳无功"——父母干预会降低孩子手机游戏成瘾吗？》，《新闻记者》2021 年第 10 期第 464 卷，第 67—76 页；王炎龙、王石磊：《"驯化"微信群：年长世代构建线上家庭社区的在地实践》，《新闻与传播研究》2021 年第 5 期，第 85—99、127 页。
② 徐亚萍、李爽：《疾痛身体的媒介化"活力"——对癌症患者社交视频日志的内容分析》，《新闻与传播研究》2021 年第 7 期，第 59—78、127 页。

特征，淡化资源对自闭症群体的关注。而自闭症群体和他们的看护者几乎失声，被排除在中心节点和转发网络之外，他们的内在赋权非常弱①。利用数字媒介介入新型经济实践的残疾人，虽然能够获得经济收入和社会化渠道，但在保障就业质量、培育可持续生存环境和发展职业等方面存在困难。农村短视频的创作者也在流量竞争中陷入多边市场的剥削和监管审查②。而从农村迁移到城市的双薪夫妻，虽然能够在一定程度上改变小家庭的权力结构，但这种平权是情境化的。微信传播将实现内部平权的小家庭重新嵌入农村这个大家庭中，让小家庭依然被旧的农村观念所宰割③。数字技术对社会生活的介入，在不同的生活结构和文化脉络中可能不会带来相同的结果，所以要运用社交媒体在地化的方法和操作框架，深入对人的具体使用情境中去理解。农村人群的技术运用并没有摆脱地方群落文化的束缚，仍然根植于当地的社会结构和文化逻辑④。

四 疫情与健康传媒

新冠疫情的出现推动了全球数字化转型，社会政治、经济和文化结构中，信息技术和网络平台正在深度成形。在传媒政治经济学的视角下，七个方面的议题体现为：第一，远程办公和远程学习：疫情期间，许多组织和学校被迫实施远程办公和远程学习措施。这推动了在线协作工具、视频会议平台、远程教育平台等数字化工具和服务的广泛应用和发展。第二，电子商务和线上消费：随着封锁和限制措施的实施，线下零售业受到冲击，电子商务得到了迅速发展。消费者更多地采用在线购物、订餐和配送服务，推动了电子商务平台和数字支付系统的普及和增长。第

---

① 黄月琴、黄宪成：《"转发"行为的扩散与新媒体赋权——基于微博自闭症议题的社会网络分析》，《新闻记者》2021年第5期第459卷，第36—47页。

② 曹钺、曹刚：《作为"中间景观"的农村短视频：数字平台如何形塑城乡新交往》，《新闻记者》2021年第3期，第15—26页。

③ 曹晋、曹浩帆：《流动民工的男女平权与代际父权制再生产——基于大都市医院"双薪护工"劳动与微信沟通实践的分析》，《南京大学学报》（哲学·人文科学·社会科学）2021年第3期第58卷，第82—94、159—160页。

④ 孙信茹：《社交媒体在地化：一种进入整体情境的方法论》，《南京社会科学》2021年第3期，第108—119页。

三，医疗和健康领域的数字化：疫情使得数字医疗和远程医疗得到推广和应用。在线医疗咨询、远程监测、健康数据管理等数字医疗服务得到普及，加速了医疗行业的数字化转型。第四，社交媒体和数字娱乐的增长：随着人们被迫居家隔离和社交限制，社交媒体的使用和数字娱乐的需求大幅增加。人们通过社交媒体平台保持联系、获取信息和娱乐，推动了社交媒体和数字娱乐行业的快速发展。第五，云计算和数据驱动的创新：疫情期间，云计算的重要性进一步凸显。企业和组织采用云计算解决方案，以实现远程工作、数据存储和处理等需求。同时，数据的收集和分析在疫情监测、预测和控制中发挥了重要作用。第六，数字化服务和供应链管理：为了应对疫情的挑战，许多企业加速了数字化服务的发展，通过在线服务、无接触交付等方式提供产品和服务。供应链管理也更加数字化，以提高效率和灵活性。第七，数字支付和金融科技：疫情期间，数字支付方式的使用得到提升，人们更多地采用无接触支付方式，推动了数字支付和金融科技的发展。移动支付、电子钱包和虚拟货币等数字金融工具的应用增加。这些表现显示出疫情对全球数字化转型的推动作用。尽管疫情带来了挑战，但也促使各个领域更广泛地应用数字技术和创新解决方案，推动了数字经济的发展和社会的数字化转型。早在疫情爆发之初，在疫情期间，健康媒体通过精心设计和传播各种标语，体现了其社会动员作用。标语通过简洁明了的语言和鲜明的表达方式，传递了积极向上的信息和行动号召，激发了公众的责任感和行动意愿。健康媒体通过标语，动员公众参与疫情防控，共同为战胜疫情做出贡献[①]。健康媒体和动员活动通过传播特定的信息和价值观，影响着公众的态度和行为。它们不仅在推动健康行为方面起到引导作用，更在社会层面传递和强调社会文化价值观，促进了社会的凝聚力和共同进步。健康媒体和动员活动强调社会责任和对他人的关怀。它们传达的信息和行动呼吁公众采取防护措施、遵循指导，不仅是为了个人的健康和安全，更是为了整个社会的福祉。这体现了社会的价值观，即每个人都有责任保护自己和他人的健康。健康媒体和动员活动鼓励公众团结一心，共同

[①] 胡雨濛：《"防疫"标语的健康动员：话语策略，框架与权力结构》，《国际新闻界》2021 年，第 86—105 页。

应对挑战。它们传达的信息呼吁公众在疫情防控中积极参与，相互支持和帮助。这反映了社会价值观中的团结、协作和共同努力的精神，认识到只有通过集体行动，才能有效应对全社会面临的健康危机。健康媒体和动员活动强调科学防控和依据的重要性。它们传递的信息和指导基于科学研究和专家建议，以确保公众得到准确可靠的信息。这体现了社会价值观中对科学知识和专业意见的尊重，认识到科学的力量对于解决问题和做出明智决策的重要性。健康媒体和动员活动强调公共利益和整体利益的重要性。它们传达的信息和行动鼓励个人在疫情防控中采取行动，即使可能需要做出个人牺牲，也是为了整个社会的利益和福祉。这体现了社会价值观中的公共利益至上，认识到个体的行为和选择对于整个社会的影响和重要性①。

　　研究发现，人们对风险的认知与是否采取防疫行为无关，而媒体则具有改变风险认知的效果。媒体是传递疫情信息的重要渠道，它们的报道方式、内容准确性和可靠性对公众的风险认知起着至关重要的作用。如果媒体提供准确、客观的信息，公众能够更全面地了解疫情的严重性和风险程度。相反，如果媒体传播不准确、夸大或歪曲的信息，可能导致公众对风险的错误认知或恐慌。媒体使用的语言和表述方式可以影响公众对疫情风险的感知和理解。例如，使用警示性的词汇和强调病毒的严重性可能会引起公众的恐慌，而使用冷静、客观的语言可能更有助于公众理性认知风险。同时，媒体也可以通过简明扼要地传递信息，避免过度夸大或混淆的表述，帮助公众更好地理解风险。媒体使用的图像和视觉元素也对公众的疫情风险认知产生影响。疫情期间，媒体可能会使用病患图片、疫情统计图表等视觉元素来展示疫情的严重性和影响。这些图像可以通过直观的方式传递信息，引起公众的关注和认知。媒体经常邀请专家发表意见和解读疫情数据，这些专家的声音对公众的疫情风险认知起着重要作用。专家的权威性和科学解读可以帮助公众理解疫情的严重性、传播途径和防控措施。媒体在报道中平衡各个专家观点，提

---

① 杨莉明、徐智：《垂直集体主义价值观在新冠防疫中的说服作用与行动影响——基于中老年群体的研究》，《新闻记者》2021 年第 9 期，第 36—47 页。

供准确和全面的解读，有助于公众形成更为准确的风险认知①。

媒体可以通过恰当的信息传递、情感表达和角色塑造，帮助公众保持冷静、理性的情绪状态，增强信心和团结精神，减轻焦虑和恐慌情绪。媒介可以以不同的频率和数量传递疫情相关信息，包括感染数据、病例报道、政府措施等。大量的、频繁的信息可能引发公众的焦虑和恐慌，尤其是当信息充斥负面和恐怖的细节时。相反，适度的信息量和频率可以帮助公众保持冷静和理性，减轻焦虑情绪。媒介在报道疫情时，可以选择不同的情感表达方式，如严肃、紧张、温暖、鼓励等。这些情感表达会影响公众的情绪状态。过度渲染负面情感可能加剧公众的恐惧和焦虑，而积极正面的情感表达则有助于鼓舞公众的信心和勇气。媒介可以通过报道疫情中的公众故事和英雄事迹，传递积极向上的信息。这些报道可以激发公众的希望和团结精神，增强抗击疫情的信心，减轻负面情绪。社交媒体在疫情期间扮演了重要角色，公众在其中分享信息、观点和情绪。社交媒体的信息流和用户之间的互动可以对公众情绪产生直接影响。负面情绪的传播和扩大可能导致公众情绪的负面化，而正面和支持性的社交媒体互动则有助于提升公众情绪。媒介使用可以塑造不同的角色形象，如专家、政府官员、医护人员等。这些角色形象的塑造可能影响公众对不同群体的信任和情感态度。正面的角色形象可以增强公众的信心和情绪稳定，负面形象可能导致公众的不安和不信任情绪②。

五 物质性与身体问题

"物质性转向"作为人文研究中的关键认识论变革，在近年来的媒介使用研究讨论中不断出现，媒介使用研究中反思了物质性内涵，发掘了媒介物质性的经验维度，重新思考了媒介中的媒介的物质性更多地与技术现象学、社会理论、媒介政治经济学相结合，体现了研究者对社会的反思与批判。

---

① 李晓静、付强、王韬：《新冠疫情中的媒介接触，新闻认知与媒介信任——基于中外大学生的焦点小组访谈》，《新闻记者》2021年第3期，第76—86页。

② 周葆华、钟媛：《"春天的花开秋天的风"：社交媒体、集体悼念与延展性情感空间——以李亮亮微博评论（2020—2021）为例的计算传播分析》，《国际新闻界》2021年第3期，第79—106页。

媒介的物质性指的是媒介技术所具备的物质属性和实体特征，以及这些属性和特征对媒介的功能和使用产生的影响。媒介存在于物质世界中，需要具备一定的物质基础。比如，印刷媒体需要纸张、墨水和印刷设备；广播媒体需要无线电发射器和接收器；互联网媒体需要服务器、计算机和网络基础设施等。媒介的物质基础决定了其存在和使用的物质实体。媒介的物质性还包括其具体的技术特征和功能。不同的媒介技术有着各自的物质特征和操作方式。例如，电视媒体通过电子信号和显示器来传递图像和声音；互联网媒体通过计算机和网络连接来实现信息的传递和交互。这些技术特征直接影响了媒介的功能和使用方式。媒介的物质性还表现在其具体的形态和载体上。不同的媒介可能有不同的形态和载体，例如纸质媒体的载体是纸张，电子媒体的载体是数字文件，广播媒体的载体是电磁波等。媒介的形态和载体决定了信息的表现形式和传播方式①。媒介的物质性不仅仅是媒介存在的基础，也对媒介的功能和使用产生重要影响。媒介的物质特征决定了其传播信息的方式和范围，以及用户与媒介的互动方式。同时，媒介的物质性也受到社会、经济和文化等因素的影响，不断发展和演进，从而影响着媒介的功能和形态的变化。因此，理解媒介的物质性是研究媒介与社会互动、媒介效果和媒介创新的重要前提。

理解互联网基础设施的媒介的物质性有助于认识到互联网的实体基础，以及它对信息传递、交流和媒介使用的影响。互联网的物质基础决定了数据传输的速度、稳定性和安全性，影响着互联网应用和服务的性能和可靠性。同时，互联网基础设施的不断发展和演进也为互联网的创新和发展提供了技术支持和可能性。互联网基础设施包括网络硬件设备、通信线路、网络交换设备等。这些硬件设备和设施构成了互联网的物理基础。例如，路由器、交换机、光纤线路等都是构建互联网的关键要素，它们通过物理连接和数据传输来支持信息的传递和交流。互联网基础设施还包括数据中心，它们是存储和处理海量数据的核心设施。数据中心通常由大量的服务器、存储设备和网络设备组成，用于托管和管理互联

① 戴宇辰：《从"全景敞视"到"独景窥视"：福柯、拉图尔与社会化媒体时代的空间——权力议题再阐释》，《国际新闻界》2021 年第 7 期，第 6—24 页。

网上的各种服务和应用。数据中心的物质性是支撑互联网应用和服务的基础，它们提供计算和存储资源，为用户和企业提供数据交换和处理的能力。云计算和虚拟化技术是互联网基础设施的重要组成部分，它们通过软件和虚拟化技术将物理资源抽象为虚拟资源。云计算提供了按需使用的计算、存储和网络资源，使用户能够通过互联网访问和管理这些资源。虚拟化技术可以将物理设备划分为多个虚拟实例，提供更高的资源利用率和灵活性。互联网的运作依赖于一系列的互联网协议和标准，它们规定了数据的传输和交换方式。例如，TCP/IP 协议是互联网的核心协议，HTTP 协议用于网页传输，SMTP 协议用于电子邮件传输等。这些协议和标准的物质性在于它们定义了数据传输的格式和规则，确保互联网的各个组成部分能够相互通信和协作①。

　　通过质化的研究方法，从媒介物质性的角度来看待儿童日常游戏活动可以帮助我们认识到媒介工具、物质环境、媒介内容和媒介交互对儿童游戏行为、认知发展和情感体验的重要影响。同时，也需要关注媒介物质性所带来的潜在风险和挑战，如过度依赖电子媒介、过度暴露于虚拟世界等问题，以确保儿童的健康发展和媒介素养的培养②。除了游戏，日常生活中的截屏练习也是媒介化生活的缩影。截屏练习是依赖于特定的媒介工具，如电脑、智能手机、平板电脑等设备。截屏功能是这些媒介工具的一项特性，它使用户能够捕捉并保存屏幕上的图像。媒介工具的物质性决定了截屏练习的可行性和操作方式。截屏练习涉及具体的操作行为，即按下特定的按键或使用特定的手势来执行截屏动作。这些操作行为需要借助于媒介工具的物质性特征，如触摸屏幕、按下键盘等。媒介工具的物质操作决定了截屏练习的可行性和实施方式。媒介工具还可能通过软件应用程序或插件来扩展截屏练习的功能。例如，一些截屏工具提供了编辑、标注、截取特定区域等附加功能，这些功能的物质性

---

　　①　束开荣：《互联网基础设施：技术实践与话语建构的双重向度——以媒介物质性为视角的个案研究》，《新闻记者》2021 年第 2 期，第 39—50 页。

　　②　胡翼青、张一可：《如何破局：数字经济时代传媒业的挑战与机遇》，《南方传媒研究》2021 年第 6 期，第 3—9 页。

特征可以影响用户的截屏体验和效果①。

从媒介物质性的角度来看待具身媒体实践可以帮助我们认识到物质工具、身体互动、空间环境和身体感知经验对具身媒体实践的重要性。这种观察方式突出了媒介实践中物质性的作用和影响，强调了身体与媒介之间的互动关系，以及物质环境对实践的塑造作用。具身媒体实践通常依赖于特定的物质工具，这些工具可以是实际的物理设备、材料或装置。例如，可穿戴设备、智能传感器、交互式装置等，它们的物质性决定了具身媒体实践的形式和可行性。具身媒体实践强调身体的参与和互动。媒介工具与身体之间的物质性互动成为实践的关键。这种互动可以包括触摸、移动、感应等身体动作，以及媒介工具对身体动作的反馈和响应。身体的物质性特征和媒介工具的物质性特征相互作用，共同构成具身媒体实践的核心。具身媒体实践还与特定的空间环境相关。物质环境的组织和安排对具身媒体实践的进行和体验产生影响。例如，创造具身媒体艺术作品的工作室、互动装置的展示空间等，它们的物质性特征决定了实践的场所性和环境感知。具身媒体实践通过身体感知和经验来实现交流、创造和表达。身体对物质工具和环境的感知和经验成为实践的基础。媒介工具的物质性特征可以引发身体的感官刺激、动态体验和情感共鸣，从而塑造独特的创作和体验过程②。

综上，媒介物质性的研究涉及众多学科领域，如人类学、艺术与设计、文化研究等。这些学科之间的交叉与互动为媒介物质性的研究提供了不同的理论视角和方法工具，丰富了对媒介使用行为和媒介技术影响的理解。多学科的交叉与互动促进了对媒介物质性的全面探索，为我们更好地理解和应对媒介技术在社会、文化和个体层面的影响提供了深入的洞察。人机交互研究探讨了人类与计算机技术之间的互动和界面设计。媒介物质性的研究借鉴了人机交互领域的理论和方法，特别是在媒介工具的界面设计、用户体验和可用性方面。社会学研究关注人类社会的组织和交互。媒介物

---

① 宋美杰、陈元朔：《为何截屏：从屏幕摄影到媒介化生活》，《福建师范大学学报》（哲学社会科学版）2021年第1期，第123—132、171页。

② 刘海龙、谢卓潇、束开荣：《网络化身体：病毒与补丁》，《新闻大学》2021年第5期第181卷，第40—55、122—123页。

质性的研究从社会学的视角探讨了媒介技术对社会行为、社会关系和社会结构的影响,以及人们如何使用媒介工具来塑造和表达自己的身份、社交网络和社会参与。传播学研究涉及媒介对信息传播和意义构建的影响。媒介物质性的研究在传播学中强调了媒介技术的物质特征对信息传递、媒介选择和受众参与的重要性,同时也考虑到了媒介技术在传播过程中的权力和控制关系。设计学研究关注如何通过设计来创造有意义的产品和体验。媒介物质性的研究从设计学的视角探讨了媒介工具的物质特征如何影响用户体验、界面设计和信息呈现,以及如何通过设计来满足用户的需求和期望。心理学研究涉及人类行为和心理过程。媒介物质性的研究从心理学的视角探讨了媒介工具的物质特征对认知、情感和行为的影响,以及用户如何感知、理解和使用媒介技术[①]。

六 算法与人工智能

社交媒体、大数据、人工智能的发展不断推动算法向各个领域渗透。到今天,不论是个体还是机构,越来越多的认知与决策,实际上都是在算法的辅助甚至是主导下完成的[②]。算法和人工智能为个体提供了大量的信息和数据处理能力,改变了人们获取、处理和利用信息的方式。个体可以通过算法和人工智能技术获取个性化的推荐、搜索结果和信息过滤,从而塑造了他们的认知。然而,算法也可能引发信息过滤的偏见和信息茧房效应,限制了个体对多样化信息的接触和认知。算法和人工智能能够分析大量的数据和信息,并利用机器学习和预测模型进行决策。这种自动化和优化的能力使得机构在决策过程中更加高效和准确。例如,金融领域中的算法交易和风险管理,医疗领域中的诊断和治疗决策,以及物流领域中的路线规划和资源分配等都受益于算法和人工智能的应用。算法和人工智能使得个体和机构能够提供更加个性化和定制化的服务。

---

① 蔡润芳:《技术之上的"价值之手":对算法"物质性"的媒介政治经济学追问——以美团外卖平台"超脑"系统为例》,《新闻界》2021 年第 11 期,第 32—42 页;刘于思、赵舒成:《"洁净"亦危险:物质性和废弃社会视角下电子媒介垃圾的理论反思》,《国际新闻界》2021 年第 4 期,第 74—92 页。

② 彭兰:《AIGC 与智能时代的新生存特征》,《南京社会科学》2023 年第 5 期,第 104—111 页。

通过分析个体的数据和行为模式，算法能够提供定制化的产品推荐、广告投放和用户体验。这种个性化的服务能够满足个体的需求和偏好，提高用户满意度和参与度。算法和人工智能对社交互动产生了影响。社交媒体平台通过算法推送个性化的内容和社交关系建议，影响着个体之间的社交互动模式和网络结构。此外，人工智能还为社交互动提供了新的方式，如虚拟助手和机器人交流等。算法和人工智能的应用也引发了一系列的隐私和伦理问题。个体的数据被用于训练和优化算法，涉及个人隐私的保护和数据安全的问题。此外，算法的不透明性和决策的自动化也带来了公平性、道德责任和社会影响的问题①。总体而言，算法和人工智能的发展改变了个体的认知方式和机构的决策过程。它们为个体提供了更多的信息和决策支持，但也带来了一系列的挑战和问题需要解决。因此，我们需要在技术发展和应用中积极探索和引导，以确保算法和人工智能对个体和社会的发展产生积极而持续的影响。

1956年，在美国达特茅斯，人工智能作为一个工作领域正式宣告形成②，聊天机器人、家庭照料机器人等也随之发展起来。在给人类社会带来极大便利的机器人的发展也引发了更多关于人、人机关系等概念的思考。随着机器人在各个领域的应用，人们开始思考自己的身份和角色。机器人在某些任务中能够替代人类工作，这引发了关于人的价值、职业认同和生活意义的思考。人们开始重新思考自己的独特特质和能力，以及如何与机器人共同工作和生活。机器人的出现引发了对人机关系界限的思考。人们开始思考机器人和人类之间的界限和交互方式。机器人是否仅仅是工具或工作伙伴，还是具有类似人类的意识和情感的存在？这引发了对人机界限、人机互动和道德责任的讨论。机器人的发展引发了一系列技术伦理和道德问题。例如，人工智能驱动的机器人是否应该具有决策能力？如果机器人在某些情况下对人造成伤害，谁来承担责任？这些问题涉及人机关系中的道德责任、权力分配和社会正义等方面。机

---

① 皇甫博媛：《"算法崩溃"时分：从可供性视角理解用户与算法的互动》，《新闻记者》2021年第4期第458卷，第55—64页。

② 王颖吉、王袁欣：《任务或闲聊？——人机交流的极限与聊天机器人的发展路径选择》，《国际新闻界》2021年第4期，第30—50页。

器人的出现也带来了对人的情感和互动的思考。人们开始研究和设计能够与人建立情感联系的机器人，如陪伴机器人、护理机器人等。这引发了对情感、互动和人类关系的研究，同时也带来了对人机关系中的孤独、依赖和亲密性的思考。总之，以机器人为代表的高新媒介技术的发展不仅带来了便利，同时也促使人们重新思考人、机器人和人机关系的概念。这些思考涉及身份认同、界限划分、技术伦理和人的情感互动等多个层面，推动着人们对于技术与人类社会关系的深入思考和探索①。

算法和人工智能的发展为媒介技术使用提供了更多的可能性和挑战。媒介平台可以借助算法和人工智能的力量，提供个性化、智能化和优质化的媒介体验，同时也需要关注数据隐私、算法公正性和用户参与等问题，以实现可持续发展和社会价值的媒介技术应用。算法和人工智能技术可以分析用户的兴趣、偏好和行为模式，从而为用户提供个性化和定制化的媒介体验。媒介平台可以利用算法推荐相关内容、个性化广告和建议，提高用户参与度和满意度。算法和人工智能能够分析大量的数据和信息，从中提取有价值的洞察，并支持媒介技术的决策过程。媒介平台可以利用机器学习和数据挖掘技术，优化内容推荐、广告投放、用户分群等决策，提高运营效率和效果。人工智能的发展使得媒介技术可以提供更加智能化的交互和体验。例如，虚拟助手和聊天机器人能够与用户进行自然语言交互，解答问题、提供建议等。媒介平台可以利用这些技术改善用户体验、增强用户参与度。算法和人工智能的应用在信息过滤和推荐中起着重要作用，但也存在过滤偏见和信息茧房效应的风险。媒介平台需要关注算法的透明度和公正性，努力避免信息过滤的偏见，提供多样化和全面的信息选择。算法和人工智能的应用涉及大量的个人数据，引发了隐私和伦理问题。媒介平台需要确保用户数据的安全和隐私保护，并遵守相关法律法规。同时，媒介平台也应该考虑算法决策的公平性和透明度，确保用户能够理解和控制自己的数据使用②。

①　王颖吉、王袁欣：《任务或闲聊？——人机交流的极限与聊天机器人的发展路径选择》，《国际新闻界》2021 年第 4 期，第 30—50 页。

②　申琦、王璐瑜：《社交网络假新闻判别中的"直觉依赖"——基于智能手机端新闻阅读的实证研究》，《新闻知识》2021 年第 7 期，第 3—13 页；王洪喆：《诺伯特·维纳、控制论与信息传播的人文精神》，《全球传媒学刊》2021 年第 2 期，第 43—58 页。

第 二 章

媒介使用的对象与发展心理视角

　　由于传媒过程在传递与互动方面存在特殊性质，学界对媒介使用的研究往往围绕着群体与个体展开，即落实在具体的媒介使用主体与客体（传播者与接受者）之间。也就是说，媒介使用过程是一个以人的行为为基础的过程，其背后是个体根据已有认知和环境信息进行的复杂心理活动。想要从媒介使用主体与客体的角度进行更加深入的研究，必然离不开对二者及其发展心理视角的探索，其中不同的社会群体、不同的文化背景、不同的信息环境等因素都有可能影响媒介使用主体与客体的心理活动与预期，进而影响他们在媒介使用过程中的角色和参与程度。

　　以下内容将从媒介使用中的主体与客体讲起，涵盖二者的特征及其之间的联系，并为读者提供有关不同年龄群体的媒介使用概述。

第一节　媒介使用的主体与客体：
传播者与接受者

　　媒介使用的过程即信息的传递过程，也就是信息通过各种媒介在传媒主体与传媒客体之间流动的过程。传媒主体即传播者，也被称为宣传者或传者；传媒客体即接受者，也被称为接收者或受众。当人使用媒介发布信息时即为传播者，当人通过媒介接收信息时就是接受者，二者是传媒过程中的角色，可以是不同的人，也可以是一个人在不同时间承担的不同角色[①]。

---

　　① 陈锐：《传播心理学》，中国人民大学出版社 2020 年版。

下面将从媒介使用过程中主体和客体的特征出发，探讨二者之间的联系以及影响二者在媒介使用过程中的各个因素。

一 媒介使用的主体：传播者

传播者作为使用媒介发布信息的主体，处于信息传递链的第一个环节，是信息传递活动的发动者，也是传媒活动内容的源头。因此，传播者不仅决定着传媒活动的发生和发展，而且决定着信息内容的质量与数量、流向与流量①。

由于近些年媒体行业的日新月异及媒体创作服务平台的蓬勃发展，在传播者总体数量与日俱增的同时，普通传播者的数量正在以惊人的速度增长，这与传统依靠专职传播者的传媒过程有着较大的区别。比之以往，传播者具有专业性、集体性、信息集中性等特点，如今更多的传播者具有普泛性、复杂性、代表性和创新性等特点。

（一）传播者的普泛性

自 1991 年网络论坛在国内兴起之后，自媒体开始了它的初始化阶段，越来越多的人逐渐意识到传统媒介的局限性，并开始在论坛平台中发表自己的看法和见解，使用媒介发布信息的传播者逐渐由从事传媒活动的专职人员转为普通民众。

2003 年 7 月，谢因·波曼与克里斯·威理斯联合撰写了一份关于"We Media"（自媒体）的研究报告，该报告出版于美国新闻学会下属的媒体中心。在这份长达 60 多页的报告中，两位学者虽未明确界定自媒体的概念，但详细分析了自媒体的兴起过程，并列举了一系列当时影响自媒体发展的重要事件，认为自媒体的兴起依靠于易于使用的网络发布工具、始终稳定的连接装置和越来越强大的移动设备，这使得在线受众有能力成为各种信息的积极传播者。至此，"自媒体"这一概念才真正地进入大众的视野。

2009 年国内新浪微博上线，社交平台的自媒体风潮开始迅速席卷全网；2012 年微信公众号上线，自媒体逐步向移动端发展；2012 年至 2014 年门户网站、视频、电商平台等纷纷涉足自媒体领域，社交平台更加丰

---

① 方建移：《传播心理学》，浙江教育出版社 2016 年版。

富和多元化；2015 年至今，直播、短视频等形式成为自媒体内容创业的新热点①。

随着互联网的逐步普及和飞速发展，媒体互动与交流的平台展现出更多的优势、带来了更多的便利，自媒体运营也展现出"三低优势"：一是运营成本低，传播者只需拥有网络设备并注册账号，便可在相应的平台中发布信息；二是传播者的门槛低，无论人力财力如何、年龄长幼或学历高低，都可以较轻松地掌握在媒介中发布或传播信息的方法；三是时空限制低，只要拥有相应的设备，无论任何时间或地点，都可以通过媒介发布信息，成为网络上的传播者。

这种"人人都是传媒人"的现实浪潮，使得传播者普泛化的特点愈来愈成为一种趋势。更多的个体意识到了便捷的传播媒介带给自己的便利，普通传播者也拿到了更多的话语权，让民众的声音更加得到关注。因此，传播者的普泛化不仅展现出更多的个体价值，也在一定程度上支持了民意的表达。

（二）传播者的复杂性

传播者的复杂性正是来源于传播者的普泛性。无论年龄长幼、学历高低、身份地位如何，如今便捷的传播媒介仿佛为每一个人开启着机会之门，这使得传播者这一群体涵盖了各行各业的人员。这种传播者的复杂性就像一把双刃剑，从两个方面影响着媒介使用过程中的接受者。

一方面，传播者的复杂性能够带给接受者大量的信息。以往使用传统媒介的传播者虽然具有专业性的特征，但由于人数有限且信息来源片面化，无法将大量的信息传播出去，这往往会导致接受者获取信息的渠道单一且掌握信息内容不够丰富。不过在当今时代，各行各业的传播者可以通过网络媒介发布跨行业、跨地域、跨文化的大量信息，接受者既可以通过官方网络详细了解各地新闻资讯，通过公众号学习职业技术或学术知识，也可以通过短视频平台体验不同行业人员工作的一天。大量信息的涌入在很大程度上扩展了接受者的视野，提升了接受者的认知能力，更增加了接受者对自身和当今世界的思考。

---

① 白冰茜：《自媒体的发展研究》，《新媒体研究》2018 年第 6 期第 40 卷，第 109—110 页。

另一方面，传播者的复杂性导致信息质量良莠不齐。由于大部分使用媒介的传播者并未经过专业的训练，缺少一定的传媒素养，所以在进行媒介使用的过程中，可能会引发一些传媒乱象，使得接受者获得的信息质量不佳，有些信息甚至难以保证其真实性和有效性。例如，在各大平台中经常存在一些带有科普标志的虚假信息，很多信息并不是由专业的人员或组织进行编辑的，在大量的间接传播之后会造成极大的不良影响。再如，新闻领域中也常有一些传播者进行歪曲不实的报道，其中有些传播者本身是被信息误导，但也不乏一些传播者别有用心，想要创造社会热点事件以获取更多的利益。另外，部分传播者由于过度追求热度和流量，甚至通过自媒体平台传播一些违背伦理道德或社会公德的信息，这些信息会在一定程度上影响一些缺乏独立意识的接受者，在思维观念层面产生负面作用。

（三）传播者的代表性

虽然在传播媒介的不断发展中，传播者变得更加具有普泛性和复杂性，但无论是过去还是现在，传播者总是具有代表性的群体，因为任何能够引起接受者广泛关注的信息，都是与一类人或一类群体息息相关。换句话说，能够得到大量热度和流量的信息，一定是带有思想性和倾向性的信息，这些信息或能反映出同一类人的遭遇，或能引起群众广泛的讨论，或能引发社会的共鸣，或能代表着一定阶级、集团、组织的利益、愿望和要求。

正是这种传播者的代表性，将一些广泛发生的却不被关注的事件带到人们的视野中，将一些持续呢喃但从未被呐喊的声音传达到人们的心里，将一些弥漫在人群周围迫切想要被表达的思想传递到人们的脑海中。

（四）传播者的创新性

在大量信息等待被选择的今天，传播者的创新性是媒介使用活动中不可或缺的重要因素，创新能力的多少直接影响着信息传播的广度和信息被接受的程度。

在传统媒介使用过程中，由于传播媒介的匮乏和对传播者的限制，大量的接受者在信息传递过程中处于被动的一方，根本无法对信息进行挑选，接受者对信息的渴求程度使得信息的创新与否被全然忽视了。然而，如今的接受者在快速发展的媒介使用过程中已经处于优势的一方，人们在大量接受信息的同时，开始更倾向于内容丰富有趣、编辑独具风格、令人眼前一亮的信息。所以信息的创新性更是逐渐成为了流量的代言词，大量的传播者开始不断创作更加新颖、有趣的题材，企图在自媒体的千军万马之中争得不败之地，甚至越来越多的官方传播组织也开始加入这个大军。"没有创作瓶颈""官方整活"等网络调侃用语的风靡在趣味之余也向大家展现了创新至上的媒介使用环境。

二　媒介使用的客体：接受者

接受者是媒介使用过程中的重要客体，信息所达之处，接受者对信息的传播效果起着重要的作用。如今传播者所传播的信息覆盖着更加广泛的群体，接受者也面对着更加庞杂的信息，对信息的选择与被选择在不断地进行着，而扮演着接受者的群体也在这种动态发展的过程中表现出广泛性、主动性和隐匿性的特征。

（一）接受者的广泛性

接受者的广泛性主要指数量的庞大性和地域的广阔性。由于移动电子设备的普及，越来越多的信息不再依靠特定的传统媒介，而是可以通过网络媒介搜索得到，大量的信息不再属于某些特殊的群体，而是向社会中的所有人开放，无论任何种族、性别、年龄、职业，都可以成为媒介使用过程中的接受者。另外，互联网的发展也使信息可以跨越地域的间隔，使得相隔万里的接受者可以在同一时间接收到同样的信息。

（二）接受者的主动性

如上文所述，如今的接受者面对庞杂的信息，需要使用传播媒介对信息进行不断的选择，这种选择不仅是被动地挑选接收到的信息，更是主动地去寻找和搜索想要得到的信息。

在传统的有关媒介使用过程的研究中，都认为接受者处于被动地位，他们既受制于传播者，也受制于传播媒介，会随着传播信息和传播媒介的不同做出被动的、可预期的反应。但如今接受者在媒介使用和信息传递的过程中逐渐占据了优势地位，他们不再被动地被传播者左右、被信息驱使，而是在某种意义上，成为了信息的主人，通过自己的喜好和对信息的态度进行选择。越来越多的接受者不再是单一的接受信息的内容，而是通过增加所接受信息的广度去强化自己的理解和判断。他们虽处于信息传递活动的终点，是信息的受体，但他们对信息的选择已经从消极的、被动的，转换为积极的、自主的、充满独立意识的选择。

（三）接受者的隐匿性

对于普通民众而言，网络媒介中信息的接受者具有更为突出的隐匿性特点。相比于报纸、广播等传播媒介而言，通过网络媒介接收信息的接受者可以足不出户而接收到大量的信息，尽管接受者有时也采用多种形式反馈于传播者或传播组织，如网络留言、接受问卷调查、实名反映意见或提出诉求等，但总体来说，如今获取信息的接受者仍然是隐蔽的、带有神秘面纱的存在。

但接受者的隐匿性同样是有利有弊的。一方面，这种隐匿性可以增加接受者在媒介使用过程中的参与程度，比如对于性格胆怯或内向的个体而言，隐匿性便可帮助他们竖起一道心理屏障，使其可以通过网络媒介获取信息或参与线上传媒活动。另一方面，由接受者的隐匿性所造成的弊端也不容忽视，如接受者只以虚拟的身份代号存在时，传播媒介并不会为其筛选合适的信息，无法判定其是否为某种信息的受众，部分接受者可能在大数据的作用下窄化其所接受信息的种类；另外，这种接受者的隐匿性特征也会使部分接受者将社交重心从现实生活中转移至网络平台，并且由于接受者过度依赖网络媒介，导致其在现实生活中出现社交隔离等问题。

三　媒介使用中主体与客体的关系

（一）媒介使用过程中的传者中心论

在早期研究传统媒介使用的过程中，学者常认为主体和客体，即传播者与接受者的关系是一种以传播者为中心的决定性关系，这种理论被称为"传者中心论"，是根据最初的魔弹论演变而来的。

20世纪初期，大众传媒如报纸、广播、电影等媒介迅速发展开来，人们开始感受到传播媒介的力量给生活带来的巨大影响，学者们也纷纷对媒介使用展开了最初的研究，但当时的研究大都以观察法作为基本的研究方法，并未遵循严格的科学逻辑和流程验证。这一时期的人们针对媒介使用研究得出的普遍观点认为：传播媒介无所不能，当传播者使用它来传递信息时，接受者会随即产生快速、高效的反应，接受者不仅会按照传播者的预想来改变自己的态度和意见，甚至会受传播者的驱使，改变自己的行为。这种通过传播媒介传递到接受者头脑中的信息就如子弹击中躯体、药剂注入皮肤一样，该理论在当时被广泛接受，称为魔弹论，也被称为皮下注射理论。

被称为传播学之父的美国学者威尔伯·施拉姆曾对这一理论提出如下评价：传播被视为是魔弹，它可以毫无阻拦地传递观念、情感、知识和欲望。使用传播媒介似乎可以将某些东西注入接受者的脑子里，就像电流使电灯泡发光发亮一样直截了当。由此可见，在早期的媒介使用研究中，由于人们心中对初步兴起的传媒活动存在惊奇和恐惧心理，多认为传播者借助传播媒介产生了一种强大的、不可抵抗的力量，而接受者在通过传播媒介获取信息的过程中则成为了弱小且被动的群体。在充满计划性的传媒活动面前，缺乏独立意志的接受者群体，其生活习惯、对事物的认识甚至思想和信念都会随之改变。

如今看来，魔弹论的形成与当时的社会环境和政治军事背景是密不可分的，这种理论过度简化了传媒活动的过程，将其简单地表现为拥有权力和计划的传播者群体和缺少意志和能动性的接受者群体。由此发展而来的传者中心论也同样夸大了传播者在媒介使用过程中的影响力，并在一定程度上忽视了接受者拥有对信息选择的权利。随着传播媒介的逐步丰富和发展，传者中心论逐渐展现出它的荒谬性，难以与时代的发展相契合，这种理论也逐渐被广大学者所抛弃。

（二）媒介使用过程中的受者中心论

20 世纪中后期，互联网的进一步发展将有关媒介使用的研究带入了新的阶段，一些学者逐渐意识到传者中心论与时代的不适性，进而将视角转向通过媒介接收信息的接受者。

1981 年，英国传播学家丹尼斯·麦奎尔和瑞典学者斯文·温德尔共同撰写了传播学著作《大众传播模式论》，并在其中正式提出了以"使用与满足模式"为代表的受众中心模式，认为受众的行为在很大程度上由个人的需求和兴趣来加以解释，且强调这是一个接收过程的模式①。此

---

① Denis M., & Sven W., *Communication models for the study of mass communication*, New York: Longman Inc., 2015.

后，有关媒介使用的研究重心逐渐由以传者为中心转向以受者为中心，认为"一切传媒活动均以接受者为中心，其他的传播要素也均围绕着接受者而展开"的受者中心论思想也被广大的媒介使用研究者所接受。

受者中心论的产生改变了长期以来传播者在媒介使用过程中的主导地位，说明广大群众逐渐意识到：一直以来，传播者的影响力被夸大了，而接受者在本质上是更加具有主动性的群体，他们对媒介使用和信息获取有着源自于心理上的需求，这种需求使接受者可以有目的地对信息进行选择。

受者中心论虽然更能体现出人本主义思想，认为通过媒介进行的传播活动其价值会更多地体现在满足接受者的需要，但是该思想过于强调个体，这使它很难与更大的社会结构产生联系。另外，有关受者中心论的媒介使用研究在依赖于主观报告内心状态的同时，也忽视了一些传媒过程中的影响因素，这使其仍具有一定程度的局限性。然而，时至今日，受者中心论的思想仍活跃于有关媒介使用的各个领域，并被许多学者所接受。

（三）媒介使用过程中的去中心化

如上所述，以往有关媒介使用的研究展现出两大视角，即传者中心视角和受者中心视角，两大视角仿佛呈现出一种二元对立的状态，但如今的传播媒介发展非同以往，传播者和接受者之间展现出更多的交流和共享，二者之间的互动更加频繁，联系更加紧密。总而言之，传播者和接受者之间不再呈现东风压倒西风之势，也不再争夺主导地位，二者之间产生一种相互制衡、平等交流的状态。这说明在媒介使用过程中，无论是传者中心论，还是受者中心论，都体现出一定的局限性，此时，去中心化的思想开始崭露头角。

传播者与接受者之间的去中心化思想主要基于二者在媒介使用过程中所具有的动态发展的传受关系，这种关系主要表现在以下三个方面。

1. 传播者对接受者存在引导作用

对于信息传递过程而言，使用媒介传播信息仍然处于其第一环节，传播者作为掌握信息的一方在整个传媒活动中的引导地位是不容忽视的。

即使在传播媒介更加丰富的今天，传播者的影响力仍起到潜移默化的作用，尤其是对于主流媒体而言，其肩负的责任更为重大，主流媒体中的传播者应当树立正确的价值观，坚持做到持中守正，利用其影响力，在传播过程中凸显主流价值、实现引导作用。

2. 接受者也可以成为传播者

如今，人人都是传媒人的浪潮使得接受者并不局限于"接受"之中，接受者在整个信息传递的过程之中，已从最后环节逐渐转为中间环节，每一个接受者既可以成为所接收信息的间接传播者，也可以成为其他信息的初始传播者，即信息源头。由此可见，随着信息传播媒介愈加复杂，传播者与接受者之间的界限也逐渐模糊起来。

3. 接受者对传播者存在反馈和制约作用

新媒体时代，传播者与接受者之间通过媒介进行互动已经成为一种常态，接受者在接收信息的同时，也不断地通过媒介将信息所带来的结果反馈给传播者，传播者可以利用这些反馈信息进行内容或形式上的修改，以更好的方式呈现信息，进而提高自身的影响力。另外，接受者的心理需求带来的信息选择能力也在一定程度上制约着传播者，使其在媒介使用的过程中不断调整，以使信息符合接受者的心理预期。

以上在新媒体时代所展现出来的动态的传受关系，为媒介使用研究中去中心化的思想提供了现实基础，如今，越来越多的学者逐渐意识到：承载着传播者和接受者的天平趋向于保持动态的平衡，任何一方在信息传递过程中都处于重要位置，在未来有关媒介使用的研究工作中，需要进行更加细致的考量。

四 媒介使用影响主体与客体的因素

在传媒活动中，信息在传播者和接受者之间的传递过程会受到多重因素影响和制约，下面将分别从文化背景、时空因素、个体认知三个主要的角度进行简要介绍，以说明其对信息传递过程所产生的影响。

（一）文化背景因素对媒介使用过程的影响

文化是某一社会成员习得的传统习俗和生活方式，这其中包括一些具有模式化且反复进行的思维方式、感觉特性和行为习惯。一般来说，这些为某一社会成员所独有的特性会影响人们对信息的选择和接受程度，如个人主义文化和集体主义文化之间媒介使用及信息传递过程在很大程度上会受到文化背景因素的影响，一些个人主义文化以个体为中心、强调"个体利益和价值、尊崇个人自由"的信息与集体主义文化背景下人们的价值观存在冲突，较难被认同和接受。同样，一些集体主义文化以集体为中心、强调"集体利益和集体责任、重团结重大局"的思想，也较难对个体主义文化背景下的人们产生冲击、造成影响。

（二）时间空间因素对媒介使用过程的影响

媒介使用过程中信息的传递虽然具有跨越时间和空间的特性，但时空因素仍然在一定程度上制约着信息的传播效果。一方面，时间的限制会影响人们对不同传播媒介的选择，如广播媒介通常需要在固定时间获取固定方面的信息，纸质媒介需要花费较多时间进行信息的搜索，相比之下网络媒介在时间因素方面的优势较为突出，在存在时间限制的前提下能更加迅速地传播或获取需要的信息；另一方面，信息传递过程中空间的改变意味着信息的跨地域性，而地域的不同则影响着传播媒介发展的水平和人们的生活方式，接受者所处环境能否接收到信息、接收信息过程中是否存在对媒介的干扰，对媒介使用和信息传递有着相当大的影响。

（三）个体认知因素对媒介使用过程的影响

个体认知指个体通过感觉、知觉、思维、想象等认知过程，对信息进行加工，获得的具有个体差异的认知经验。个体认知因素是在媒介使用过程中最具有独特性的影响因素。

当信息通过各种媒介传递给接受者时，接受者对该信息的注意程度、接受程度和态度都受到个体认知经验的影响，例如，当接受者对自己所熟悉的传播媒介中的信息进行处理时，其关注程度会更高。另外，接受者的个体认知经验也会使其对不同的传播媒介产生喜爱、厌恶等不同态度。

除以上影响因素之外，政治经济因素、媒介使用的广泛程度、信息传播接受者的注意度和态度等因素都在一定程度上影响着媒介使用的整个过程，值得广大学者进一步思考媒介使用研究的方向、完善媒介使用研究的内容。

第二节　关注青少年群体的媒介使用

随着科技发展的不断创新和新媒体时代的到来，青少年群体在传媒活动中接触的传播媒介越来越丰富，信息内容越来越复杂。这个现象从一方面来看，它有助于开阔青少年的视野，帮助他们认识世界和理解世界，从另一方面来看，它也为青少年群体带来了诸多复杂的问题，比如对信息的辨别能力较低、易受不良信息的影响、曲解信息的意义和价值等。因此，由媒介发展所带来的问题无论是在社会还是学界都引起了关于媒介使用和青少年群体之间的强烈讨论。

如今，传媒素养和思想价值观已经成为现阶段大众对青少年群体媒介使用的重点关注方向，本节也将从媒介使用对这两方面的影响出发，探讨影响现状和影响原因，并试图提出解决问题的具体方向。

一　青少年群体在媒介使用中的传媒素养

传媒素养又被称作媒体素养或媒介素养，指现代社会中的一般公众对传播媒体以及传播信息的认知、解读、批评和利用的整体素质和实际能力，是大众对于传播媒体所从事的信息传播这一社会现象的基本诉求及基本看法，实际上反映了社会个人和社会传播机制之间的一种互动关系。

近年来，随着信息技术的发展和传播媒介的进步，新增的网络媒介用户在年龄结构上呈现出低龄化趋势，青少年已成为使用网络媒介的主要群体。基于该群体现在对网络信息传递活动的广泛参与，一些由于青少年传媒素养不足带来的问题也逐渐暴露出来，这主要表现在以下三个方面。

（一）传媒素养缺失导致的认知错误现象

对信息的获取影响着我们对这个世界的认知，但对于已经在社会中获取了丰富生活经验的成年人来说，这种认知影响在一定程度上是经过个体主观判断的影响，而对于涉世未深、尚未清晰认识自我、形成自身稳定思想体系的青少年群体来说，这种认知影响的作用可以说是巨大的。

青少年群体正处于个体社会性发展的伊始阶段，他们的身心发展还未成熟，且批判性思维能力尚处于萌芽阶段，这就使得他们在使用传播媒介获取信息的过程中，容易被一些传媒所建构的虚拟世界吸引，过于相信其真实性而缺少对信息的质疑能力。这种缺乏传媒素养而导致的理性分析和判断的缺失，在一定程度上会形成种种错误的认知及行为，影响青少年群体对自身、他人、社会的认知以及未来的发展。

（二）传媒素养缺失导致的道德匮乏现象

由于青少年群体的生活经验和社会经验尚且不足，他们还未形成成熟的心理态度和传媒素养，在使用传播媒介获取信息的过程中，易受道德水平参差不齐的传媒信息内容影响，并受到错误道德导向信息的指引。如当青少年看到包含人身攻击、肆意谩骂、低俗评价等暴露出较低的道德水准和知识水平的不当言论时，难以对信息的适当性进行判断；当青少年看到一些包含校园霸凌、社会暴力等违反法律法规的视频内容时，易受其不当道德指引而减少对自身思想和行为的约束。

使用媒介过程中大量的信息会对青少年群体产生不同方面、不同程度的影响，如若青少年缺乏正确的传媒素养教育和思想道德指引，无论作为传播者还是接受者使用传播媒介，都易受到不当影响而接受低下道德信息所包含的错误思想和价值理念，长此以往，在诸如网络媒介这种具有隐匿性的传媒环境中，便会利用自己的话语权传播不恰当的言语信息，甚至将这种风气带到现实生活中来，既影响公共环境秩序的维护，也影响青少年自身的成长和发展。

（三）传媒素养缺失导致的娱乐至上现象

随着社会经济文化的不断发展，青少年群体在学习压力的紧张气氛下，基于娱乐需求对传播媒介的使用次数也逐渐增多，娱乐至上被青少年群体充当为现实生活的"减压阀"，泛娱乐化的现象也逐渐从传媒环境转移至现实环境中，如更多的青少年在职业或理想选择时倾向于朝着娱乐化方向发展。但是，由于青少年传媒素养的缺失，娱乐至上现象或可导致青少年价值衡量标准的歪曲，使得青少年群体滋生娱乐化思想、拜金主义、享乐主义等不健康思想理念和价值标准。

娱乐传媒的盛行的确在一定程度上为人们的生活增加了趣味性，平衡了人们的生活压力和学习压力，但如若不针对这一现象对青少年群体加以引导，提升其传媒素养中的认知、批判和利用信息的能力，娱乐至上的泛化仍然会对青少年群体的成长产生误导，使其耽溺于物质上的享受和精神上的娱乐。

以上青少年群体在传播媒介使用过程中引发的错误认知、道德匮乏和娱乐至上现象，是如今青少年媒介使用研究领域中的重要组成部分。针对这些现象的泛滥影响，已有不少文章指出应对青少年群体进行诸如传媒目的、传媒手段、传媒意义、传媒价值等传媒素养方面的训练，使青少年群体对传媒活动构建的虚拟世界能够正确识别和认识，提高他们对传播媒介的正确使用和对信息的分析和评判能力，这些针对提高青少年传媒素养的培养和训练主要存在三种途径：

1. 通过主流媒体的引导作用，提高青少年群体的传媒素养

要加强青少年群体的传媒素养，使青少年能够正确地使用各种传播媒介获取信息，主流媒体应该担负起重要的责任。国家可以借助主流媒体的正面形象和导向作用，通过各级官方媒体的宣传作用，不断优化网络信息的传播环境，提高传媒信息内容的准确性、客观性和正向性，向青少年传播正确的媒介使用知识和技能，引导青少年群体有序参与到媒介使用活动之中，提升其了解和运用媒介、评价信息的能力，并通过了解传播媒介的影响力和局限性，增加青少年对虚假信息的甄别和防范能力，为青少年创造一种健康参与信息传递过程的条件。主流媒体可以开展各种相关主题活动，并与其他自媒体或公众号联合创办传媒素养教育活动，增大活动的力度和广度，提升主流媒体对青少年群体的引导和帮助。另外，主流媒体也可以通过与学校的联合行动，从线上走到线下，依靠传媒素养相关征文或演讲活动提高传播度，发挥青少年对传媒素养的主体学习能力，让青少年能够从多个方面获得正确的传媒教育和引导，为青少年的成长提供一个良好的大环境。

2. 通过素质教育的引导作用，提高青少年群体的传媒素养

通过素质教育对青少年群体进行引导，体现的是国家在传媒素养提高方面的重要意义。由于新媒体的快速发展，青少年接触和使用传播媒介也越来越频繁，传媒素养在青少年的发展过程中起到越来越重要的作用，成为教育过程中不容忽视的一环。国家可以把握时机，将传媒素养教育纳入国家素质教育体制中来，使其成为素质教育的一部分，形成有法可依的传媒素养教育培养制度，使传媒素养教育为社会文化所接受，

这可以从根本上对青少年的传媒素养进行整体提升，为其成长和发展提供更加健康的环境。

在传媒素养教育纳入素质教育的具体实践过程中，可以通过设置传媒历史、文化相关的课程、开展主题活动、推荐课外读物等方式开展教育工作，使不同年龄阶段的青少年能够接触到适合其发展阶段的传媒知识，逐步加深其对媒介使用过程的理解和认识，避免其受到不良传媒信息的影响。

3. 通过家庭环境的引导作用，提高青少年群体的传媒素养

无论是素质的培养，还是习惯的养成，家庭环境都起到基石的作用。基于此，想要提高青少年群体的传媒素养，不应该仅仅借助于家庭之外的引导和教育功能，而是要发挥出家庭内部的培养作用。

在青少年传媒素养的教育过程中，家长承担着重要的责任，家长的言传身教对青少年的价值观和行为习惯有着至关重要的影响。家长应该不断充实和完善自身的知识结构，积极学习传媒知识、了解传媒的优缺点，在对孩子指引的过程中不断进行反思和实践，与时俱进，及时更新传媒知识和对信息的评判能力，在提高自我的过程中以更好的方式将传播媒介使用的知识与能力传递给孩子，使家庭成为青少年传媒素养教育的主要场所，培养青少年成为具有传媒素养的现代公民，更好地适应和参与社会发展。

二　青少年群体在媒介使用中的思想价值观

青少年群体正处于形成思想价值观的关键阶段，社会环境和文化环境的因素与个体的主观能动性相交织，共同影响着思想价值观的发展与塑造。在这一阶段，必须予以青少年正确的方向引导，其中科学的思想价值观教育具有特定的意义和价值。而在当前的社会环境和文化环境下，随着网络活动和信息技术的不断发展，传播媒介的使用过程对青少年群体思想价值观的影响逐渐渗透到其生活的各个方面，如传媒过程中的人物形象、价值观念、思维和行为方式等均会对青少年群体产生影响。目前，新媒体时代的媒介使用对青少年思想价值观的影响已经引起了社会层面的广泛讨论。

下面将从媒介使用对青少年思想价值观的影响出发，分别探讨青少

年群体的人生价值观、社会价值观、经济价值观和审美价值观在新媒体时代中发生的改变和呈现的现象。

（一）传播媒介的使用对青少年群体人生价值观的影响

人生价值观是对个人的人生与社会、与集体、与他人之间的关系等进行认识和评价时所持的基本观念①。青少年是社会的未来，他们的人生价值观直接关系到社会的未来发展。当下青少年对传播媒介的使用，一方面为他们形成和发展人生价值观提供了广泛的信息基础，增加了青少年群体对自我和社会的认知能力，但另一方面也存在着潜在的风险，如传媒环境的复杂化使得一些价值观低下、带有不良导向的信息对青少年群体的人生价值观产生冲击，使部分青少年产生了诸如享乐主义、娱乐至上、漠视生命价值等歪曲的人生价值观，在此前提下，如果人们任其发展，将会导致部分青少年产生追求精神娱乐、漠视他人情感和社会等问题，甚至产生虚拟世界与现实世界的认知分离。这与当前社会的主流价值观念相违背，亟须社会、学校、家庭与集体的积极帮助和正确引导。

（二）传播媒介的使用对青少年群体社会价值观的影响

社会价值观，一般是指个体或群体在认知体系中关于生活的基本信念、信仰、理想等思想观念的总和，它以稳定而持久的形态对个体的外在行为和内在心理产生着重要影响，是判断是非曲直、真善美和假丑恶的价值准则②。

如今的社会传媒活动中，充斥着对社会问题和事物的不同评判标准，青少年群体在使用传播媒介的过程中，需要有选择地接受这些标准和理念，以内化为自身稳定而持久的社会价值观。这一方面丰富了青少年群体社会价值观的多样性，但另一方面也可能会吸收一些不利于自身发展的价值标准，产生违背社会主义核心价值观的理念和行为，如歧视他人的宗教信仰、无视社会的道德规范、重视权力和私欲等等，而这些歪曲的社会价值观可能降低年轻一代的群体凝聚力，阻碍青少年群体对良好的社会价值取向的追求。

---

① 黄希庭、郑涌：《当代中国青年价值观研究》，人民教育出版社 2005 年版。

② 侯松涛：《中国共产党百年历程与社会价值观的历史演进》，《北京联合大学学报》2021 年第 1 期第 19 卷，第 39—45 页。

媒介使用对青少年群体社会价值观的影响问题看似抽象，实则它对个体生存、社会稳定、国家发展都具有持久而深刻的影响。在针对这一问题的教育和指导过程中，社会和学校要坚持以社会主义核心价值观为导向，通过进行传媒素养教育引导青少年群体对媒介使用中接触的不同价值理念进行正确的选择，自觉抵御不良文化和行为带来的影响，坚定自身的理想信念，提升学习能力和认知水平，从而树立正确的社会价值观。

（三）传播媒介的使用对青少年群体经济价值观的影响

经济价值观是指人们对经济价值及创造经济价值的过程的认识和评价，具体而言，是指人们对经济目的、经济行为、经济现象的价值取向和态度观点。

青少年群体处于经济价值观发展的萌芽阶段，在进行传播媒介的使用过程中，不乏会接触到一些吸引眼球的扭曲价值信息，如铺张浪费、极度奢靡的生活理念，以及金钱至上、物欲横流的生活态度，这些都会给涉世未深的青少年群体带来经济价值观上的冲击，此时，这种扭曲的价值观就好像营造了一种拟态现实的世界，它影响着青少年群体对现实世界价值观的选择和判断，使青少年在价值判断上的界限变得愈加模糊。由此，部分青少年产生了一种利益至上的经济价值观，其具体表现为拜金主义、功利化和重物欲而轻精神。这种功利的价值观，使青少年群体缺乏精神内涵和长期的人生目标，使他们更多地关注于当下的利益和物质，认为利益是衡量一切行为的标准，缺少对社会的责任感和对他人、对集体的奉献精神。

（四）传播媒介的使用对青少年群体审美价值观的影响

审美价值观是指个体通过自身形成的对美的理性认识，对客观事物有关美的属性进行的分析和判断。由于青少年群体正处于审美价值观的形成阶段，所以在媒介的使用过程中一些外在的美学价值和标准会对其起到塑造的作用。这其中确实有一些积极方向的引导，如对传统美学元素的创新和推广，但是由于泛娱乐化在媒介使用过程中所带来的诸多问题，部分青少年的确受到了畸形审美价值观的影响，产生了审美价值观的庸俗化和病态化，对审美的追求缺少理性的判断和审视，在注重猎奇审美和感官刺激的同时还缺乏自身的审美自信，长此以往，甚至可能会引起身体和心理上的问题。

帮助青少年群体树立正确的审美价值观，离不开主流媒体的正向引导作用，主流媒体对一个民族在审美逻辑、审美观念、审美价值方面上的正向引导，不仅仅可以帮助青少年群体的成长和发展，更是一种文化自信的重要表现。

青少年对传播媒介的使用增加了其对世界的认识、加深了其对自我的认知的同时，也对他们的社会自我和心理自我的形成产生了重要的影响。媒介使用过程在赋予青少年群体自由表达观点的同时，也需要青少年拥有良好的媒介素养和正向的思想价值观，能够合理地运用媒介力量提升学习和生活水平，以良好的社会心态和积极的价值观念参与到媒介的使用过程之中，坚持以正确、公允的视角看待问题，并形成能够正确认知、解读、批评和利用传媒信息的实际能力。

然而，对以上内容的实现往往需要多个方面的指引和帮助，其中政府应当加强对媒介使用环境的管理和监督，主流媒体应该发挥自身的正向引导作用，学校理应强化青少年的传媒素养教育和思想价值观教育，家长需要理性看待青少年对媒介的使用情况并创造和谐的家庭环境。

第三节　关注成年人群体的媒介使用

由成年人构成的群体是社会中最广泛的群体之一，他们相对青少年群体而言，其心智发展更加成熟，且已经建立了较为稳定的思想价值观，他们的情绪更加稳定，在媒介使用过程中面对良莠不齐的信息时，也可以以一定的标准和价值取向加以判断。总而言之，对于成年人群体来说，媒介使用对他们的影响已不局限于单边的信息影响，而是更多地体现在双边的参与过程中。

近些年来，有关成年人媒介使用受到广泛关注的领域主要包括使用过程中的主观幸福感、自我呈现、个人特质或使用策略的影响、网络媒介与人际关系、媒介使用与舆情传播、媒介使用与谣言传播以及媒介依赖的影响等等。

下面将主要选取网络媒介与人际关系、媒介使用与舆情传播、媒介使用与谣言传播三个方面进行简要阐述与说明，来探讨成年人群体在参与传媒活动中受到的影响。

一 网络媒介与人际关系

随着互联网的迅猛发展，人们的社交重心逐渐从现实世界向社交网络中逐渐转移，人们在网络媒介上的互动和交流也迅速增多，网络媒介已经成为了如今成年人在当前的时代背景下进行人际交往的重要途径之一，而这种新型的社交关系也吸引了众多学者对其形成过程和影响机制进行探究。

下面将分别从成年人群体社交孤独感、社交支持和社交焦虑的角度出发，探讨其在网络媒介与人际关系之中的作用和影响。

（一）社交孤独感在网络媒介与人际关系中的作用和影响

孤独感是指个体的亲密需要和社交需要没有得到充分满足时出现的复杂感觉，是一种相对弥散性和持久性的情绪体验，在个体产生社交挫折或社交失败时，往往会感受到孤独、无助和空虚的情绪体验。

在现如今的快节奏生活中，现实的社交环境往往由于时间和空间的限制，难以满足人们的社交需要，这成为了成年人群体产生社交孤独感的现实基础。另外，部分个体由于个人性格的内倾性和羞涩心理，较易在现实生活中受到社交挫折和人际交往危机，这使得越来越多的成年人群体开始将社交重心转移至网络媒介环境中，试图使用网络媒介来缓解自身的社交孤独感。

对于社交孤独感在网络媒介与人际关系中的作用和影响，不同的学者通过研究得出了不同的结论，如美国乔治华盛顿大学胡佛研究所资深研究员罗兰·德沃金认为："我们拥有越来越多新的社交工具，却越来越少地拥有一个真实的社会，社交应用就是为孤独而生的，孤独的人喜欢社交媒体。"而德国社交网络媒介研究学者格罗斯·德特斯持有不同的意见，她认为社交网络不会让人们感到更孤独，人们担忧网络社交会使人孤独，害怕网络社交会成为现实社交的替代品的想法是不正确的，因为科技只是工具，会带来什么结果完全取决于人怎么用它①。

---

① 陈锐：《传播心理学》，中国人民大学出版社 2020 年版。

（二）社交支持在网络媒介与人际关系中的作用和影响

1976 年，学者柯布首次对社会支持进行定义，认为社会支持是能够使个体认为自己具有能力和价值、值得他人爱与关怀的信息[①]。2002 年马莱茨基等人将社会支持进一步定义为个体对外界援助和支持的感知，是一种能够提高个体社会适应能力的外界支持性行为[②]。

如今，更多的研究发现并证明了人们通过对网络媒介的使用可以获得信息支持、情感支持和社会成员支持，网络媒介的使用数据也可以显著预测个体的网络社会支持程度。这种社交支持来源于虚拟的网络平台带给人们更加便利的人际交往途径，当人们在现实生活中找寻不到对自我支持的环境时，使用网络媒介便提供了寻找精神寄托和社会支持的可能，网络的隐匿性特征也使个体之间存在着发生积极交往的可能。

（三）社交焦虑在网络媒介与人际关系中的作用和影响

社交焦虑是个体在与他人的日常交往过程中表现出来的一种紧张、焦虑、恐惧的情绪体验。它对个体的身心健康和社会性发展具有较大程度的影响，产生社交焦虑的个体往往难以维持正常的人际关系，对人际互动产生抵触和排斥的情绪。如今，社交焦虑障碍已经成为全世界的三大心理健康问题之一。

目前社交焦虑在网络媒介与人际关系中影响的相关研究，主要有两种方面的取向：其一，认为网络媒介的使用会增加人们的社交焦虑，如网络媒介的部分使用者会担心自己没有及时回复信息，或为自己传播的信息内容感到焦虑；其二，认为网络媒介的使用会缓解人们的社交焦虑，如网络的隐匿性特征会增加人们的自我表露倾向，尤其对于一些在现实社交中体验到紧张感和焦虑感的个体，网络媒介的使用能够促进他们产生新的人际交往动机并满足自身的社交需要。

---

① Cobb S., "Social support as a moderator of life stress," *Psychosomatic medicine*, Vol. 38, No. 5, 1976, pp. 300 – 314.

② Malecki, C. K., & Demaray, M. K., "Measuring perceived social support: Development of the child and adolescent social support scale (CASSS)," *Psychology in the Schools*, Vol. 39, No. 1, 2002, pp. 1 – 18.

二　媒介使用与舆情传播

舆情，即舆论情况。从广义上来讲，是指社会民众的社会政治态度，通俗来讲，就是泛指社情民意，即民众对特定对象的认知、态度、意见和情绪①。

在新媒体时代中，传播媒介的使用可以增加民众对更多社会事务和热点问题的表达，众多的社情民意可以通过各种媒介快速地传播开来，同时，媒介也成为了舆情发生和传播的重要阵地，每一个人都可能成为舆情的参与者。下面将从舆情言论参与者的从众心理、注意转移和领袖意识三个角度出发，探讨舆情在媒介中传播时，媒介使用者的心理活动和变化。

（一）舆情传播中媒介使用者的从众心理

心理学家迈尔斯认为，从众是个体在真实或想象的团体压力下改变行为与信念的倾向②。即个体在面对群体的理念或行为导向时，选择违背自己最初的想法或行为以达到与群体保持一致的目的。

从众心理不仅仅发生在人与人的现实交往中，在传播媒介的使用过程中，这种影响民众的从众心理依然存在着。如在互联网的强大催动能力下，社会民众对讨论社会事务和热点问题的情绪极易被点燃，而当事态形成波澜之时，民众又往往试图通过群体的理念佐证自我的思想或通过改变自我去附和群体的声音，这是在使用媒介时，个体为避免被孤立而产生的从众心理。这种心理，不但会对个体产生思维的束缚和创造力的抑制，而且还潜藏着对社会和谐稳定的危害因素，也就是说，当情绪变得群体化之时，理性的力量便被遏制了。

（二）舆情传播中媒介使用者的注意转移

注意转移是指注意力的主体有意识地将注意从一个对象转移到另一个对象中去。如今的传播媒介为舆情提供了便利的思想传播和发酵环境，往往一起舆情事件尚未平息，另一起舆情事件又引起了广泛的关注。

---

① 陈锐：《传播心理学》，中国人民大学出版社 2020 年版。

② 侯玉波：《社会心理学》，北京大学出版社 2018 年版。

在舆情引起的媒介使用者的注意转移过程中，存在两种方向的转移过程，其一是民众的注意力由一起舆情事件转移到另一起舆情事件中，其二是民众的注意力在一起舆情事件中的核心目标发生了转移。这种注意转移现象一方面导致了社会热点事件易沉没的特征，另一方面也为治理恶性的舆情传播事件提供了一定的思路——可以利用该现象遏制恶性舆情爆炸冲顶的发生，即在事件冲顶之前及时引导民众进行注意转移。

（三）舆情传播中媒介使用者的领袖意识

关于舆情传播中媒介使用者的领袖意识，针对的并不是广大参与舆情传播的群众，而是在舆情传播事件中充当特殊角色、有着特殊影响力的部分媒介使用者。

学者郭庆光曾在其书中对传媒过程中的意见领袖做出一些解读，他认为传媒过程中的意见领袖是活跃在人际传播网络中，经常为他人提供信息、观点或建议并对他人施加个人影响的人物，他们对传媒效果产生着重要的影响[①]。同样，在舆情传播事件中，仍存在着一些推动个人言论影响力、带动舆情方向的意见领袖，这对民众来说既有利处又有弊处。其利处在于，意见领袖往往善于分析和挖掘舆情事件的本质，有助于帮助民众把握事态的走向、理清事件的脉络；而其弊处在于，一些具有领袖意识的媒介使用者其动机是出于利益驱使，或者本身承担着事件公关的工作，他们对其他媒介使用者的引导仅仅是为了借助自身的影响力去满足自己对利益的需求。

三 媒介使用与谣言传播

谣言，被誉为最古老的传媒，是指没有相应的事实依据，却被传播者捏造出来并通过一定手段进行传播的言论。借助现代媒介产生和传播的谣言与传统的谣言相比，其内核是不变的，只是增加了传播媒介的多样性和数字化特性。

下面分将分别从对媒介使用主体和客体心理的把握两方面出发，简要概括谣言传播事件中传播者和接受者的心理出发点和心理活动

---

① 郭庆光：《传播学教程》，中国人民大学出版社 2002 年版。

过程。

（一）谣言传播事件中媒介使用主体的心理

如今，在人们受教育程度不断提高的同时，普法教育也正在以多样化的方式在全社会层面开展，绝大多数的民众都已经认识到了不当谣言传播对法律底线的触碰，但时至今日，仍然存在部分通过媒介使用制造谣言的传播者，他们不惜冒着违反法律的风险去捏造不实的言论、传播不实的信息。造成这种心理现象的原因有很多，包括炫耀心理、逐利心理、虚荣心理、娱乐心理、自我满足心理等等，下面将简要介绍逐利心理、虚荣心理和娱乐心理在谣言传播事件中的影响。

1. 逐利心理

不同的传播者通过媒介使用制造或传播谣言时存在不同的逐利心理。例如部分传播者试图通过制造谣言扩大自身的影响力，以收获流量和热度，进而满足自身对利益的不当追求，而其他传播者可能试图利用社会热点问题制造不实言论，引起民众对某种商品的需求心理，以此机会获取暴利，赚取不义之财。

2. 虚荣心理

虚荣心理不同于对利益的追求心理，由虚荣心导致的谣言传播者往往并不是出于自身的利益企图，而是想通过媒介传播谣言以证实自身的某种"能力"。如通过传播经其编造的"秘辛"和"真相"来创造自己受人仰慕、高高在上的虚拟地位，通过传播一些无中生有的名人故事和国家未来政策来证明自己获取信息的能力，通过传播具有争议性的虚假信息来维系与各种媒介上信息接受者的关系纽带。

这些通过传播谣言而受到的吹捧和获取的地位，其根源无不来自于传播者那爱慕虚荣的心理状态，久而久之，这种建构于虚假之上的优越感终会崩塌，使谣言传播者坠入深渊。

3. 娱乐心理

泛娱乐化的传媒活动现象对众多媒介使用者的心理都产生了冲击，这在一定程度上导致了部分使用者对乐趣和刺激的过度追求。基于娱乐心理的谣言传播者，其出发点是建立在玩乐之上的，他们乐于制造出一些无中生有的信息，并享受于谣言接受者那深信不疑的态度，整个谣言传播的过程都使他们获得快感、沾沾自喜。

基于娱乐心理进行谣言传播的媒介使用者与其他传播者的最大区别在于，在进行传播的过程中他们很少会出现愧疚感、负罪感或产生心理负担，因为他们追求娱乐的态度在一定程度上掩盖了他们理性思考的能力。

(二) 传媒谣言事件中媒介使用客体的心理

新媒体时代的飞速发展使通过媒介获取信息的接受者的需求得到了满足，较多的接受者不再因为对信息的渴求而选择盲目相信，如今的媒介使用对于接受者而言已变成一种认识世界和获取知识的便捷方式。但是由于接受者个人认知的局限性和互联网平台强大的扩散和发酵能力，部分接受者难免出于各种不同的心理原因去相信一些谣言事件，以下将针对媒介使用过程中接受者的社会焦虑心理和猎奇心理，对其心理活动进行简要分析。

1. 社会焦虑心理

在国内，社会焦虑的概念最初由吴忠民教授于 1999 年提出，它是指由于社会中的不确定因素使得民众产生的压抑、烦躁、不满、非理性冲动等紧张心理，这一紧张心理集聚到一定程度就会形成社会张力，最终以社会冲突或其他形式释放出来①。

社会焦虑心理带有社会性和时代性，当谣言传播事件的内容与当下引人关注的社会问题相契合时，媒介使用过程中的接受者就会通过社会焦虑心理而产生共鸣。如在美国9·11事件发生之后，众多不实言论开始盛行，正是由于大量谣言事件与当时民众的社会焦虑心理相契合，其中很多谣言得到了民众的广泛相信。

2. 猎奇心理

猎奇心理指媒介使用者对新奇事物或现象的需求心理，猎奇心理的产生源于人们天生对事物的好奇和乐于探索的本性。

在谣言通过各种媒介被制造和传播的过程中，一些谣言事件的传播者专门利用人们的猎奇心理，编造一些源自"特殊途径"的、虚假的小道秘闻，或者合成一些吸引眼球的虚假照片，加以配文并宣传，从而增加媒介使用者对其相信的程度，以此达到自身对利益或娱乐的需求。对

---

① 吴忠民：《渐进模式与有效发展——中国现代化研究》，东方出版社1999年版。

于谣言事件的接受者而言，这种猎奇心理得到满足也为自身带来了新奇的体验和感受。

总而言之，在传播媒介迅速发展的今天，平衡网络媒介和现实世界中的人际关系、对舆情传播事件形成客观全面的认知、增加针对谣言传播事件的理性判断能力，是人们在传播媒介的使用过程中，需要终身学习的课题。

第四节　关注老年人群体的媒介使用

在媒介使用过程中，老年人群体属于较为特殊的群体。首先，老年人群体的社会化认知具有时代性的特点，很多新媒体时代的传媒信息很难与其认知中的概念相符合；其次，老年人群体对快速发展的传播媒介表现出较弱的接受和学习能力，较难借助一些网络媒介参与到传媒活动中来；最后，部分老年人群体受到自身生理条件退行的限制，较难通过媒介使用过程获取到信息。

近些年，以上问题在研究领域引起了广泛关注，越来越多的研究者将媒介使用研究的重心转向对老年人群体的研究。本节将从我国人口老龄化的现状出发，简要概述媒介使用过程中的适老化和老年人群体在接触传播媒介时的心理特征。

一　媒介使用过程适老化

2023 年 1 月 18 日，国家统计局公布的相关数据显示，2022 年末，我国 60 岁及以上人口为 28004 万人，占比 19.8%，其中，65 岁及以上人口为 20978 万人，占比 14.9%。与 2021 年相比，60 岁及以上人口增加了 1268 万人，比重上升了 0.9 个百分点；65 岁及以上人口增加了 922 万人，比重上升了 0.7 个百分点[1]。这表明截至目前，我国已进入深度老龄化阶段。

适老化是由无障碍化发展而来的概念，它主要从老年人群体的老化

---

① 中国经济网：《王萍萍：人口总量略有下降 城镇化水平继续提高》，2023 年 1 月 18 日，http：//www.ce.cn/xwzx/gnsz/gdxw/202301/18/t20230118_38353400.shtml，2023 年 4 月 29 日。

过程和特征出发，对老年人的生理和心理特点进行充分了解，对老年人在公共场所、交通、建筑、健康、公共服务等多个方面的需求进行周全考虑，并以此指导社会实践。而媒介使用过程中的适老化则将以上概念应用于传媒内容、媒介技术和媒介设备设计之中。

（一）传媒内容的适老化

传媒内容的适老化并不是指传播者所传递的所有信息都要符合老年人群体的时代性认知和思想价值观，而是指在媒介平台中增添与老年人的需求相契合的信息。当今时代，媒介平台中的信息主要以符合年轻人需求的新兴文化为主，许多官方的传媒平台和自媒体也将受众定位在青年群体中，这就在一定程度上忽视了老年人群体对信息的需求，使得老年人群体在根本上对媒介使用的兴趣减弱，进而减少了他们在媒介使用过程中的参与程度。

在传媒内容适老化的进程中，应重点把握两个方面的内容，其一是在电视媒介、广播媒介等传统媒介中，适当增加符合老年人观看或收听的节目比重，把握住老年受众的数量比例；其二是在网络媒介中，增添以老年人群体作为主要受众的平台，提升老年人对网络媒介使用的兴趣，将老年人这个"潜力最大的用户群体"的能力发掘出来。

（二）媒介技术的适老化

媒介技术的适老化指增加新媒体时代媒介技术的适用性，使老年人群体能够更加便捷地使用诸如网络媒介技术的产品和服务，解决生活中的诸多障碍和困扰，满足自身对信息的需求问题。

媒介技术的适老化能够帮助老年人进一步消除信息鸿沟，享受信息化发展的数字红利。这既有助于推动积极老龄化的发展，为老年人提供机会，使得老年人能根据兴趣、需求和能力，参与社会、经济、文化、精神、公民活动，持续为社会做出贡献并创造价值，又有助于解决老年人在发生紧急公共事件时的信息技术难题，如在紧急事件期间能正确运用网络媒介技术实现出行通畅、满足生活需要。

（三）媒介设备设计的适老化

随着人口老龄化问题的加剧，媒介设备的适老化设计越来越重要。由于老年人群体随着年龄的增长，身体机能逐渐衰退，其感知觉、记忆、理解、语言能力均有不同程度的下降，在使用传播媒介的设备时，难免会遇到一系列问题，如视力问题、听力问题、对相关指引信息的理解问题、设备操作问题等，这就导致部分老年人虽然肯定传播媒介的设备所具有的便捷与优势，也对其产生兴趣，但由于自身生理机能的原因，难以掌握这些设备的使用技能。

媒介设备的适老化设计应该分别考虑两个方面的问题，其一是设备硬件的问题，如手机、电脑、遥控等其他设备的按键设计要易于操作，颜色与大小的设计要易于老年人分辨，同时也要避免太多的功能和按钮，以免引起老年人混淆；显示屏设计应大小适合、清晰、亮度适宜，避免老年人因视力问题而产生的困难。其二是设备软件的问题，如用户界面的设计要简单、直观、易于理解和操作，尽量减少操作步骤和复杂的流程；功能选择设计可以提供专门针对老年人的模式，减轻老年人在进行软件操作时的难度。

二　老年人群体在媒介使用过程中的心理特征

如上文所说，老年人群体不仅是传统媒介传播活动的主要接受者，更是新时代媒介传播活动中最具发掘潜力的接受者，如能够使更多的老年人参与到媒介使用过程中来，这会为现代传播媒介的发展带来更多的利益和价值。为了更大限度地增加老年读者、听众、观众的数量，使媒介使用效果得到更加卓越的表现，媒介使用研究者需要对广大老年人群体的心理特征进行大量研究，通过了解老年人对信息的需求心理、对情感的需求心理、对人生目标的观念态度，来进一步加深对其所思所想的理解，从而将研究结果与实际媒介使用过程相结合，增加老年人对媒介使用的参与程度，创造社会价值。因此，无论是出自对老年接受者群体人文关怀和需求满足的角度，还是出自对社会经济效益的考虑，充分分析和研究老年人群体在媒介使用过程中的心理特征都是非常必要的。

（一）老年人群体对信息的需求心理

人们每天都在接触大量的信息，传媒活动的本质就是信息的流动过程。可以说，在当今时代，信息是人们生存必不可少的重要部分，无法获取信息我们便寸步难行，所以广大媒介使用者受本能的驱使去满足自身对信息的需求，建立与整个世界的联系。

老年人群体对信息的需求也是一样的。一方面，虽然年龄的增长使得他们中的很多人离开了工作岗位，不再站在社会舞台的中央，但他们对国家和社会的责任感并没有消退。他们中的多数人从年轻时就形成了一种信念，把自己的前途命运同国家的繁荣富强紧紧地联系在一起。老年人的生活范围逐渐缩小，但他们通过新闻了解国家和社会的变化，维持对国家和社会大事的知晓权，这无形中成为老年受众表达对国家的关心、维持自己不被社会和时代完全抛弃的渠道和途径①。另一方面，由于老年人的身体素质在不断地减弱，在日常生活中会遇到更多的困难，因此老年人群体对衣食住行等方面更加关注，物价、医疗、养老、出行等信息也成为了他们信息需求的重点方面。

与这些信息需求心理恰恰相反的是，老年人群体在获取信息的途径方面更加闭塞，他们的日常活动范围在逐渐缩小，使用的传播媒介工具更加有限，这在很大程度上阻碍了信息的流通。另外，这种实际生活中的负面体验也会增加其内心的无助感和对生活的失控感，进而形成负面影响的循环。

（二）老年人群体对情感的需求心理

与其他年龄段的群体相比，老年人群体对情感的体验相对深刻而持久，且较易产生消极的情绪和情感体验。随着家庭成员的结构变化，选择独居或创建核心家庭的子女越来越多，"空巢老人"成为很多城镇老人的生活常态，老年人的情感需求也常常被人们忽视。

一般来说，老年人的情感需求主要包括爱和关爱的需求、归属感的需求、社会交往与社会支持的需求和被尊重的需求。

1. 爱和关爱的需求

爱和关爱的需求是指老年人群体需要感受到家庭、社会和朋友们的关心与爱护，这种情感需求的满足能够帮助他们保持精神健康和获得幸福感。

2. 归属感的需求

归属感的需求是指个体与所属群体间内在联系的需求。部分退休之后的老年人脱离了与单位团体之间的联系，体验到了归属感的缺失并产生了不被需要的情感体验，他们迫切地想要建立与群体之间的联系，想

---

① 方建移：《大众传播心理学》，浙江大学出版社2007年版。

要找到自身在社会中的新角色和新位置。

3. 社会交往与社会支持的需求

社会交往与社会支持的需求是指老年人群体在活动和社交范围逐渐缩小的同时，需要保持与其他人的联系和交流，这可以包括家人、朋友，也可以是志愿者组织或其他社会团体，这种需求的满足能够减少老年人内心的孤独感并增加其主观幸福感。

4. 被尊重的需求

被尊重的需求是指老年人群体在日渐衰老的同时，渴望获得尊重和尊严。这是一种人格和精神方面的价值体现，是老年人情感需求的核心成分。

如今，越来越多的老年人通过对媒介的使用增加了与亲人、朋友和社会的联系，如通过网络媒介建立新的朋友关系、参加虚拟平台中的兴趣团体、作为信息的传播者进行知识和技能的交流等等，在这些媒介使用的过程中，老年人群体既能体验到丰富的老年生活，也能使自身的情感需求得到很好的满足。

（三）老年人群体对人生目标的观念态度

谈及人生目标，大部分人都会想到青年人对未来的憧憬和发展的追求，仿佛"人生目标"是年轻一代的专属名词，但是人生目标只是一种对生活的规划，人在任何年龄阶段都会拥有规划生活、追求目标的权利。

走过人生中的大部分历程，大部分老年人的人生目标已从年轻时的挥斥方遒转变为朴实无华，身体健康、家庭和谐、精神富足、心灵安宁也成为很多老年人追求的"简单的幸福"。但无论年龄几何，人们都有体现自身价值和发挥贡献作用的需求，对老人而言，不管是只能做简单工作还是可以从事复杂劳动，他们都希望作为一个有用的人直到生命的结束。很多退休老人希望再就业、再学习、再工作，就是这一愿望的集中体现①。

老年人群体在使用传播媒介的过程中，既可以作为知识和技能的传播者，也可以成为各种文化信息的学习者和接受者。在挖掘老年人群体的传媒潜力时，也要把握好老年人在多个方面的需求，增加老年

---

① 方建移：《大众传播心理学》，浙江大学出版社2007年版。

人对媒介使用的兴趣，提升媒介技术和媒介设备与老年人身心的适配程度。

未成年人群体网络媒介使用情况

2022年，中国互联网络信息中心（CNNIC）发布的《2021年全国未成年人互联网使用情况研究报告》表明，2021年我国未成年网民规模达1.91亿，未成年人互联网普及率达96.8%，较2020年提升1.9个百分点，其中小学生互联网普及率达95.0%，较2020年提升2.9个百分点，未成年人触网低龄化的趋势明显。在未成年网络媒介使用者中，经常利用互联网进行学习的比例为88.9%，在所有调查内容中占比最高，经常参与网上粉丝应援行为的比例为5.4%，在所有调查内容中占比最低。另外，未成年人过度上网情况有所改善，表现为工作日、节假日的日均上网时长与2020年相比均有下降，且未成年网民对互联网的主观依赖程度和家长认为孩子上网时间过长的主观感受都呈下降趋势。该数据比较全面、客观地反映了我国未成年人使用互联网的特点和网上的生活状态，由此可以看出，虽然未成年人互联网在未成年人中普及率持续提升，但是未成年人对网络媒介的依赖程度有所下降[1]。

---

① 中国互联网络信息中心：《〈2021年全国未成年人互联网使用情况研究报告〉发布》，2022年12月1日，http://www.cnnic.cn/n4/2022/1201/c135-10691.html，2023年4月29日。

第 三 章

媒介使用的心理与行为分析方法

研究方法是一门学科发展必不可少的工具，是探索和发现事物内在规律的手段，是建立在理论和实践之间的桥梁，在媒介使用研究中自然也少不了研究方法的支持。媒介使用的主体和客体：传播者和接受者，通常需要对其在媒介使用过程中的心理和行为进行研究分析，因此，研究者就需要运用一些心理学、传播学、社会学、人类学、统计学、计算机科学等多学科的工具和手段。对于媒介使用的研究，其研究方法主要分为两类：定性研究法和定量研究法，本章的第一节将对媒介使用中常用的定性研究法（如深度访谈法、个案研究法和民族志研究法等）进行详细介绍，而在第二节将主要介绍目前在媒介使用研究中常见的几种定量研究法（如问卷调查法、实验法和内容分析法等）。

第一节 媒介使用的定性研究法

心理学作为一门兼有自然科学和社会科学两者特点的交叉学科，在研究方法上，既需要从数据层面上论证研究理论的定量研究，也会运用以文字形式呈现研究对象本质的定性研究，那么，在这一节将首先介绍媒介使用中几种常用的定性研究法。

一 概述

（一）定义

定性研究（qualitative research）又称质的研究、质化研究，是社会学、人类学、传播学等社会科学领域中常用的一种研究范式。那么定性研究的定义是什么？对于这个问题，目前学术界还没有一个公认的、统一的答案。

美国密歇根大学教授克雷斯韦尔（Creswell）在他的著作 *Research Design：Qualitative，Quantitative，and Mixed Methods Approaches* 中是这样解释定性研究的："定性研究是在社会或人类问题中对个人或群体意义进行探索和理解的一种方法。研究过程包括提出新的问题和程序、收集参与者的典型数据、对数据进行从具体到一般的归纳分析、从研究者的角度解释数据意义，最后形成结构灵活的书面报告。从事定性研究工作的学者们认为这种研究方法重视事实归纳、关注个人意义并且看重对复杂情况的报告。"①

赫德尔森（Hudelson）认为："定性研究是站在被研究者的角度来描述和分析文化和人及其群体行为的方法，强调要全面详细地了解研究问题所处的社会文化环境，并使用灵活多样的方式收集资料。"②

我国学者陈向明在《质的研究方法与社会科学研究》中对质的研究下了这样的定义："质的研究是以研究者本人作为研究工具，在自然情境下采用多种资料收集方式对社会现象进行整体性探究，使用归纳法分析资料和形成理论，通过与研究对象互动对其行为和意义建构获得解释性理解的一种活动。"③

综合上述对定性研究定义的讨论，本书认为定性研究作为一种研究取向，是研究者站在研究对象的视角，在自然情境下运用归纳的方式收集和分析资料，最终以文字的形式构建出对研究问题的解释性理解。

（二）特点

从定性研究的定义上来看，可以看出定性研究有以下几个特点：

首先，定性研究是一种强调在自然情境下进行研究的方法。定性研究强调问题发生的情境性，以"人"为中心探讨其在特定环境中的活动

---

① Creswell，J. W.，*Research design：qualitative，quantitative，and mixed methods approaches* (5th ed.)，Sage Publications，Inc.，2018.

② Hudelson，P. M.，*Qualitative research for health programmes*，Geneva：World Health Organization，1994.

③ 陈向明：《质的研究方法与社会科学研究》，教育科学出版社 2000 年版。

及其之间关系，这就要求研究者必须和研究对象进行直接接触，在研究过程中深入研究对象所在的社会文化生活环境，把握事件中各个部分的互动关系。因此，定性研究的结果更适合以文字的形式呈现，辅以图像、音视频等多元化的形式，使研究结果更加直观形象。

其次，定性研究所使用的资料收集方法比较灵活。定性研究强调研究对象动态的、非线性的真实情况，注重研究问题的具体呈现，灵活地收集各种资料，以便人们了解事件发生发展的全貌，同时更好地帮助研究者将实际问题上升到理论层面。但因其研究设计的灵活性，这种方法也就不具有客观性和可重复性，给研究结果留下了很大的阐释空间。

再次，定性研究是以归纳推理的方式来得出结论的。使用从一般到特殊、从具体到抽象的归纳式推理，这就决定了定性研究是一种自下而上的研究方法，从原始资料的基础上构建研究者自己的理解、阐释，最终形成理论。而这样形成的理论，在外部效度上有着明显不足，其研究结果只适用于特定的场景和条件，难以推广到样本之外的范围当中。

最后，定性研究是以研究者的自身经验来对研究对象做出解释性的意义构建的。进行定性研究的研究者是带着自己先前的"假设"和"偏见"深入研究对象所在的社会文化环境及生活环境中，在了解研究对象全貌的过程中不断反思、重构对研究问题的解释。因此，这种方法受研究者自身的经验、知识结构和信念等因素的影响较大，这就导致了定性研究的研究结果具有很强的主观性，不同的研究者对同一现象的解释可能因人而异。

（三）应用

在现今的科学界，虽然由于定量研究有着标准化、可靠性较高等优点而占据着方法论的主导地位，但定性研究依然是科学研究中不可或缺的一部分，例如探究互联网对老年人的生活产生了什么样的影响，这就需要使用定性研究的方法，深入老年人所处的环境，挖掘埋藏在现象背后的内在规律，所以，定性研究适合对研究问题进行长期、深入的理解和剖析。

在对媒介使用的研究中，定性研究呈现出百花齐放的势态，不仅应用范围较为广泛，而且其方法的种类也丰富多样。媒介使用研究中的定性研究法大多来自于社会学、人类学等社会科学领域，如民族志法、扎根理论分析法、框架理论分析法、现象学方法等，当然，心理学的研究方法也在媒介使用中有所运用，如深度访谈法、案例分析法等。这些定性研究法各有特色，那么，接下来本书会详细介绍在媒介使用中常用的几种定性研究方法。

二　深度访谈法

（一）概念

深度访谈法是一种常用的定性研究法，也是心理学在临床领域运用最广泛的研究方法之一，起初主要用于对精神疾病的治疗以及对罪犯的社会挽救等方面，它指的是研究者与研究对象围绕研究问题进行深入交谈，来获得研究对象的心理特征及行为数据的研究方法。

目前，深度访谈法也广泛应用于对媒介使用的研究中，其不仅可以作为一种单独的研究方法使用，还可以作为数据收集的方法与其他方法联合使用。深度访谈在媒介使用研究中作为一种独立的研究方法，其主要目的在于揭示隐藏在事件表象背后的事实，深入分析从而抽象得出内在的运行规律。而深度访谈在与其他定性研究方法配合使用时，只是作为收集数据资料的一种手段，例如在民族志研究中，深入走访研究对象，可以帮助研究者获得所需的资料。

深度访谈不同于生活中的日常聊天或一般交谈，深入访谈是根据一定的科学目的，选择特定的访谈对象，根据问题编制原则来精心设计访谈问题，使用标准化的流程进行数据收集及分析的方法。在深度访谈的过程中，访谈者与访谈对象其实是在进行一种由访谈者先发起问题，再由访谈对象来回答的社会互动或社会交往的过程，虽说这个互动是由访谈者的提问来主导的，但访谈的重点在于访谈对象在自然状态下的反馈信息。这就要求访谈者在访谈过程中了解访谈对象对研究问题的理解程度及其思维方式，并留给访谈对象充分的思考时间和语言表达的余地，按照访谈对象的思路、步调、语言表达习惯等来完成整个访谈。因此，本书认为深度访谈的研究结果是访谈双方之间的一种社会互动过程和社会交往的产物，在深度访谈的过程中，访谈双方的心理特征、态度、期望、动机、知觉和行为等因素相互作用和影响，以及访谈所处的情境、信息传递的性质等都会影响到访谈的效果。如图3-1表示访谈过程中访谈双方之间的交互作用关系①。

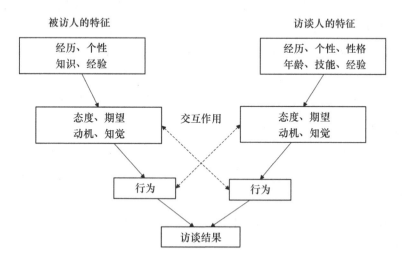

图3-1 访谈过程中访谈双方的交互作用

资料来源：王重鸣：《心理学研究方法（第二版）》，人民教育出版社2001年版。

（二）评价

深度访谈法是一种无结构的、直接的、个人的访问，在访问过程中，一个掌握高级访谈技巧的访谈者可以深入地访问每一个访谈对象，以揭示其对某个或某些问题的潜在动机、信念、态度和感情②。因此，深度访谈法具有以下几个优点：

第一，有利于对研究问题进行深入、广泛的探讨，以获得具体详细的资料。在访谈过程中，研究者可以对所探讨的问题进行灵活的、有针对性的提问，既可以围绕研究问题扩展其涉及范围的广度，也可以针对某一问题挖掘事件背后的深度。例如，当访谈对象的回答内容是访谈者事先没有预料到的但有意义、有价值的内容时，访谈者可以根据实际情况对其进行追问深究并及时记录信息。

---

① 王重鸣：《心理学研究方法（第二版）》，人民教育出版社2001年版。
② 柯惠新、王锡苓、王宁：《传播研究方法》，中国传媒大学出版社2010年版。

第二，深度访谈法的适用范围广，它不仅可以作为大多数研究问题收集资料的手段，而且其在访谈对象的选取上也具有更加广泛的选择范围。在媒介使用研究中，只要访谈对象具有基本的口头表达能力、思维能力，那么就能成为研究的访谈对象，不论身份背景、文化程度，例如有些因为先天或后天原因而不能书写的人，仍可以成为访谈的研究对象。

第三，深度访谈法收集到的资料具有较高的可靠性。首先，深度访谈法的提问方法十分灵活，当访谈对象表现出未理解问题或错误理解问题时，访谈者可以根据具体情况以合适的方式进行重复提问，或者当访谈者认为访谈对象有所隐瞒、回答模糊时，可以适当追问。其次，在进行访谈时，研究者可以通过访谈对象的一些非言语行为如表情、动作、姿势等，来观察当前访谈对象的受访状态，并综合环境等信息来判断所获资料的可靠性。

当然，深度访谈法在具有上述这些优点的同时仍有一定的缺点和局限性：

第一，由于深度访谈法在实施要求上的限制，研究者收集到的资料多为小样本。深度访谈法要求研究者与访谈对象进行一对一的直接访问，并且仅一人就能获得极为丰富的资料，因此，深度访谈法通常选择少量的具有关键性、代表性的人作为访谈对象。

第二，深度访谈法对访谈者的要求很高，访谈结果在很大程度上受到访谈者自身的专业素质的影响。在访谈开始后，访谈者是以无结构的形式来进行提问的，因此，考虑到访谈的走向在很大程度上取决于访谈对象最初的反应、访谈者的刺探技术和访谈对象的回答，那么研究者要想提高访谈的效果，就需要访谈者掌握一定的访谈技巧或话术。另外，从深度访谈中所得的资料，有时还容易受到访谈者自己的信念、价值观和刻板印象等因素的影响。

第三，深入访谈法比起其他方法，用时较长，所需人力、财力较多。一次深度访谈通常需要花费较长的时间，一般在一个小时到一个半小时左右，而事后整理访谈记录和资料也需要花费大量的时间。另外，深度访谈不仅需要人力，还需要花费不少的财力，研究者需要对访谈者进行培训或聘请专业的访谈人员，而访谈的记录工具也是必不可少的开销。

（三）步骤

1. 确定访谈目的及变量

首先在设计访谈时，需要具体化研究的访谈目的，即确定访谈研究中的各种具体变量，这就需要研究者将笼统的、大的研究目的细化为比较具体的、小的问题，并对每一个问题提出自己的假设。在细化问题时，通常可以查阅和访谈内容有关的文献，从中吸取有价值的部分，确定访谈的侧重点，并详细列出研究变量。研究变量简表可以帮助研究者罗列研究所涉及的所有变量，简表内容主要包括涉及变量的名称、类别等，这样既可以帮助研究者理清思路，又可以防止变量遗漏。

2. 编制访谈问题

首先，研究者要考虑的是访谈问题的形式。访谈问题的形式主要有两种：封闭式问题（又称限定性问题、固定选择式问题）和开放式问题（又称非限定性问题）。封闭式问题是要求访谈对象在事先给出的几个答案中选择自己认为最合适的答案的问题形式，例如"你最常获得新闻的方式是报纸、电视还是网络"等；开放式问题指的是让访谈对象用自己的语言说出自己对访谈问题的看法，例如"请谈谈你最常使用的获得新闻的渠道"等。在对媒介使用的研究中，最常使用的是开放式问题。

其次，研究者还要考虑到访谈问题的顺序。访谈者需要将访谈对象慢慢引导到研究者想要了解的问题上，让访谈对象以轻松自然的状态进入研究者所关心的问题中。通常，访谈遵循"漏斗顺序"的原则，从一般的、非限定性的问题逐步过渡到具体的、限定性的问题，问题与问题之间的切换要自然平稳，循序渐进，前后顺序具有一定的逻辑性。如果研究者未考虑到提问的顺序性，让访谈对象感到窘迫或产生敌意，那么将会对访谈结果产生很大影响①。

最后，在拟定具体问题时，还需要注意以下几个问题：第一，问题表述要清晰，不能模棱两可，尽量不要让访谈对象产生歧义；第二，尽量避免使用专业用语，尽可能做到通俗易懂，让访谈对象容易理解；第三，避免使用引导性的话语，提问中的措辞不能表现出访谈者自己的偏好；第四，尽量不提出敏感问题或易受社会赞许性影响的问题，比如

---

① 董奇：《心理与教育研究方法（第2版）》，北京师范大学出版社2019年版。

"你是否在网络社交媒体上匿名攻击过他人"。

3. 试谈与修订

在进行正式访谈之前，研究者还需要对访谈问题进行试谈，并根据试谈结果修订访谈问题。通过试谈来检验研究者设计的访谈是否达到预想的研究目的以及问题设计的合理性和可行性，并在此基础上加以改进，重点分析访谈顺序是否合理、表述是否清晰、是否存在语义矛盾等问题。

4. 实施访谈工作

在正式进行深度访谈时，首先访谈者需要做到以下几点：第一，避免显得高高在上或咄咄逼人，要让访谈对象以轻松自然的状态进入谈话；第二，提问时态度客观无偏见，不能让访谈对象受到指示性暗示；第三，必要时要向访谈者解释清楚问题，并对简单回答或含糊回答的问题进行追问；第四，力求深入访谈对象的内心。

其次，访谈者需要掌握一些深度访谈所需的刺探技术，常用的访谈技术主要有阶梯前进、象征性分析和投影技法。阶梯前进是顺着一定的方向逐步深入推进的，这样有机会了解访谈对象的心理脉络。象征性分析是通过反面比较来分析对象的含义，即想要知道"是什么"就先设法知道"不是什么"。投影技法要求访谈对象解释他人行为，从中间接了解访谈对象的态度、动机或情感等[1]。

最后，访谈者需要对访谈过程进行记录，以便进行后续的资料分析。在记录访谈过程时，访谈者要尽可能详细地记录访谈对象的回答，包括访谈对象在回答时主动做出的额外说明以及回答问题时的非言语信息（如表情、动作等）。同时，在记录时，也要注意与访谈对象的互动，尽量不要让访谈对象察觉到突兀的停顿，以影响后续问题的回答。在访谈结束后，及时整理记录笔记，以免遗忘信息。

三　个案研究法

（一）概念

个案研究法是一种在多个领域都能运用的调查设计，如法学、医学、心理学和管理学等领域，它指的是研究者对某个或某些特定的对象

---

[1]　章洁：《大众传媒心理学教程》，浙江大学出版社 2011 年版。

进行深入的分析，这些特定对象可以是个体、群体、组织或者事件，在真实情景中考察研究对象的多个侧面，以收集与研究问题相关的丰富资料。

一般来说，个案研究法常用于提出理论或假设，即通过归纳总结从个案中获得的详细且丰富的资料，来提取影响事物发展变化的因素或变量，并分析其作用，从而形成假设。而要验证并推广从个案研究中得到的理论或假设，这就需要其他研究方法的帮助了。

（二）评价

梅里亚姆（Merriam）列出了个案研究法的四个基本特征[①]：

1. 特殊性

个案研究侧重于研究特定的情况、事件、进程或现象，这对于现实生活中的真实问题来说是一个很好的研究方法。

2. 描述性

个案研究最终得到的结果是对其研究问题的详细描述。

3. 启发性

个案研究可以帮助人们理解当前的研究问题。新的解读、新的视角、新的意义、新的见解，都是个案研究的目标。

4. 归纳式

大多数个案研究都依赖于归纳推理，即从数据分析中概括出一些原则或规律。许多个案研究的目的是发现新的关系而不是验证现有假设。

从上述个案研究法的特点，可以看出个案研究法具有以下几个优点：第一，研究者可以从中获得丰富、详细的资料；第二，研究者通过记录个案发展、变化的过程，深入探讨事件的内在规律；第三，研究者通常可以从中获得某种假设或理论。

但是，与此同时，个案研究法也存在一定的局限性：首先，从个案研究法中得到的结论只适用于少数案例，难以向外推广，不具有普遍代表性；其次，许多个案研究缺乏严谨的科学性，易受研究者的主观影响；

---

① 参见 Wimmer, R. D., & Dominick, J. R., *Mass media research：an introduction*（10th ed.），Wadsworth Publishing Co, 2013；Merriam, S. B., *Case study research in education：A qualitative approach*, Jossey-Bass, 1988。

最后，个案研究可能在花费大量的时间、精力后，却只能得出有限的研究结果。

(三) 步骤

1. 研究设计

首先，研究者需要确定其研究目的，一个清晰明确的研究问题是后续整个研究的基础。接下来是研究对象的选择，即选择个案。在对媒介使用的研究中，个案可以是一个人，也可以是某些特定组织，可以是一个单独的事件，也可以是同类型的一系列事件，研究者可以根据研究问题，通过查阅过去的文献，来确定个案的明确范围，从中选择适合的案例。

2. 数据采集

个案研究法需要收集大量资料来支撑研究，这些资料包括文字、实物、音视频材料等，研究者可以通过观察、收集文本或实物资料、访问等方式来获取这些资料，一般收集到的资料远远多于研究实际用到的资料，因此，研究者需充分了解这些信息，从中寻找更具说服力的数据来支持研究。

3. 资料分析

个案研究法收集到的资料多且繁杂，因此资料分析环节是整个研究中最困难的阶段。为了使研究更加客观、有逻辑，研究者可以遵守以下几条原则：第一，研究者可以采用贝西（Bassey）的谨慎理论来概括他们的结论；第二，研究者需要反思自己的立场和可能的偏见；第三，在做出明显有争议的断言时，研究者可以通过三角测量（即提供不同的证据来源）来强化他们的证据；第四，研究者需要确保他们的叙述为个案提供了足够丰富的描述，以便读者可以更好地理解研究内容；第五，研究者向研究相关者（如学生、受访者等）共享当前的分析，征求他们的意见；第六，研究者可以采取后现代的立场，声称所有研究报告都是研究人员的故事，以便推进讨论并丰富理解[1]。

4. 报告撰写

个案研究法的研究报告，可以按照从研究方案到调查过程再到结论

---

[1] Cousin, G. , "Case study research," *Journal of geography in higher education*, Vol. 29, No. 3, 2005, pp. 421 – 427.

得出的顺序撰写，也可以按时间顺序或从事物间的相互关系的角度进行写作，形式灵活多样，重点是考虑读者的特点选择报告形式，围绕研究问题将研究结果阐述清楚。

四　民族志研究法

（一）概念

民族志又称人种志，是典型的定性研究方法，是文化人类学家马林诺夫斯基（Malinowski）在 20 世纪初创立的一种人类学研究方法，现在这种方法也广泛运用在对媒介使用的研究中。民族志研究法指的是，研究者在一定的自然环境中，长期观察研究一个完整的文化群体的行为、语言和心理的方法。

民族志传播学是指将民族志的研究方法引入传播研究的领域中，它是从文化人类学和社会语言学中演化来的传播学中的一个分支。1964 年，海默思（Hymes）首次在 *American Anthropologist* 上提出"民族志传播学"（ethnography of communication）这一术语①。

（二）特点

马库斯（Marcus）和库什曼（Cushman）认为，民族志的撰写具有以下 9 个特点②：

（1）民族志的叙事结构是对一个文化或社会的完整描述，最少要提供地理位置、人际关系、经济、政治和宗教等方面的详细信息；

（2）作者不是以第一人称叙事，而是作为一个观察者来叙述客观事实；

（3）使用一个标准的共通的角色模型来代替文化中的个体；

（4）提供地图、图表和照片作为实地工作研究的标志物；

（5）从时空的角度描述真实的生活细节；

（6）忠实地表述当地人的观点；

---

① Hymes, D., "Introduction: toward ethnographies of communication," *American anthropologist*, Vol. 66, No. 6, 1964, pp. 1 – 34.

② Marcus, G. E., & Cushman, D., "Ethnographies as texts," *Annual review of anthropology*, Vol. 11, No. 1, 1982, pp. 25 – 69.

（7）写作风格趋于一般性描述，而不是对个别事实进行细致的探讨，被研究的个别事项（仪式、婚姻、政治组织）很少有个性，而具有典型性（典型仪式、典型婚姻、典型乡村委员会等）；

（8）使用专业术语；

（9）对土著概念加以注释。

（三）撰写

民族志研究法主要由三大要素组成：第一，作为研究者/作者的专业人员，即人类学者；第二，以参与观察为主要内容的田野调查的实地研究方法；第三，对研究对象进行整体性描述的文本写作方法。

那么，研究者要想做好民族志研究就需要做到以下三方面：首先，研究过程具有自然性，研究者要积极融入研究对象的群体内，参与他们的活动，并以参与者的姿态观察自然情境中发生的事情，并尽量避免对研究的情景抱有预设和偏见；其次，研究者需要对微观问题进行整体把握，这就要求研究者要沉浸在特定的文化之中，以获得关于某一具体微观问题的整体画面；最后，研究者要采用多元的研究策略与模式，也就是说研究者并不局限于使用某一种或几种特定的方法，而是随环境的需要，灵活地运用各种方法，在研究过程中对探究和解决问题的方法进行随时修正。

第二节　媒介使用的定量研究法

前面主要介绍了媒介使用中的定性研究法，定性研究法对结果的解释较为自由，因而无法得出唯一的、明确的结论。所以，要想让研究结论更加具有科学性、规范性，研究者就需要使用一些定量的研究方法。

一　概述

（一）定义

定量研究（quantitative research）又称量化研究，指的是运用数学与统计工具分析研究对象的数量或数值信息，得出数字或图表形式的研究结果，以验证研究假设的方法。

定量研究使用的是演绎推理，即从一般到特殊、从抽象到具体的逻辑推理方式，是一个假设检验的过程。在使用定量研究法做研究时，首先需要从现有的文献或理论中提出自己的研究假设或命题，再通过量化的方法收集所需数据，并对收集到的数据进行统计分析，以检验研究者所提出的假设或命题，如果结果和假设一致，那么说明研究假设成立，否则假设失败。

因此，定量研究与数据紧密相连，是在数据的基础上来验证研究假设的。那么在收集数据时，研究者必须严肃对待，严禁数据造假，一旦数据并非反映真实情况，那将歪曲研究结果，对研究产生巨大的不良影响，研究意义也就不复存在了。

（二）评价

定量研究作为科学研究中常用的研究方法，具有以下几个优点：

第一，定量研究的研究结果可重复、可检验。定量研究的重点在于"检验假设"，一般都有较为严密的逻辑架构，因此，不同的研究者使用相同的研究设计和方法应该得出的是相同的研究结果。

第二，定量研究所收集的数据是具有代表性的大样本。在进行定量研究时，首先要做的是抽样得到可以代表研究总体的样本。有代表性指的是，样本和总体的分布相同、均值相同、变量之间的关系相同。常用的抽样方法有简单随机抽样、分层抽样、系统抽样等。

第三，定量研究的标准化和精确化程度较高，具有较好的客观性和科学性。定量研究分析数据时，使用的是基于数学原理的统计方法，有标准化的数据分析流程，因此对结果的解释也较为科学。

第四，定量研究的结果可以从样本推广到研究问题的总体。用定量研究得到的结果通常是数据、模型或图表，且研究对象是具有代表性的大样本，因此研究者可以将研究结果外推到更大范围上去，用于指导实际问题的解决。

然而，在定量研究具有上述优点的同时，定量研究也有一定的局限性和缺点：

首先，就资料的具体性与详细程度而言，在定量研究中所收集的数据不如在定性研究中所获得的资料。因此，不是所有的研究问题都可以通过量化的方式解决，例如"是什么造成了信息茧房"，类似于这样的问题，就不太适用于用量化的手段进行分析，或者即使能对某些因素进行量化，也不如使用定性方法分析得更为全面。

其次，规模很大的定量研究也耗时费力，研究成本巨大。当定量研究的样本量过少时，所得的研究结果可能不太可靠，可能会出现数据离散程度太高，从而得不出相关关系等这样的结果。因此研究者就需要使用大样本进行定量研究，而大规模的定量研究，也相当耗费人力物力和财力。

（三）应用

在对媒介使用的研究中，定量研究多用于验证传播过程中的某个现象或某个效应的影响，其结论具有精确性和概括性，适合总结和预测，例如，使用定量研究调查智能手机在我国乡村的普及情况，其研究结果也可以用来预测智能手机何时能在乡村全覆盖等问题。媒介使用研究中常用的定量研究法主要有问卷调查法、实验法、内容分析法等，下面本书将对这三种定量方法进行一个简单的介绍。

二 问卷调查法

（一）概念

问卷调查法是媒介使用研究中最常用的定量方法之一，尤其适合用来研究大范围的传播效应或大规模的传播者，其不仅能用于探索性研究，还能用于描述性和解释性研究中。问卷调查法指的是，研究者使用统一的、经过精心编制的问卷来收集研究对象的心理特征和行为数据等资料的一种定量研究方法，调查内容可能涉及大众传播的行为、态度、动机、需求、知识、生活情况及一些人口学变量等。

在对媒介使用的研究中，问卷调查法主要用于两种研究目的：第一，描述特定人群的传播特征，比如，媒体从业人员的职业状态和职业意识调查、媒体市场的基本情况调查等；第二，描述传播与其他观念和社会行为之间的关系，比如，通过受众调查来总结其对媒体的使用情况以及从中获得的满足感。除了理论研究以外，问卷调查法还可以用于应用研究，最典型的就是收视率调查、发行量调查、广告市场调查和报纸读者调查等等[1]。

---

[1] 陈阳：《大众传播学研究方法导论（第二版）》，中国人民大学出版社 2015 年版。

（二）评价

问卷调查法主要有以下几个优点：第一，问卷内容客观统一，所得数据便于量化分析；第二，问卷调查较其他方法更节省时间、人力和经费；第三，问卷有很强的匿名性，容易获得更真实的答案；第四，问卷调查是间接调查，研究者和调查对象不直接接触，可以减少研究者和研究对象之间的相互作用。

同时，问卷调查法也存在着一些局限性和不足：首先，问卷的问题和回答方式往往比较固定，灵活性不高，限制了调查对象的作答，有时还可能反映不出实际情况；其次，问卷调查只适用于有一定文化程度的人，需要调查对象能进行阅读理解和文字填答，因此对于那些文化程度较低的群体，问卷调查难以进行；最后，问卷调查一般只能了解到一些比较简单、表面的问题，无法对复杂的问题进行深入探讨。

（三）实施

1. 问卷设计

问卷调查法的核心在于问卷的编制，问卷是调查法中收集数据最基本、最重要的工具，问卷的质量直接影响着调查的结果。问卷是一份经过研究者精心设计的问题表格，其将研究者要调查的问题转化为调查对象能回答的具体问题，以收集有关的心理特征、动机、态度和行为等资料。一般来说，一份完整的问卷包括三个部分：封面信、问卷正文和结束语。

封面信是向调查对象简单介绍这次调查的一些基本信息的部分，一般而言，一份问卷的封面信需要包括四个部分的内容：第一，调查单位，研究者的身份需要向调查对象表明，可以直接在封面信中说明，也可以在封面信的落款中说明；第二，调查的目的、内容和范围，用简单明了的一句话来向调查对象交代清楚此次问卷的调查目的或实际内容，比如"此次调查的主要目的是了解×××地区互联网的使用情况及其影响"；第三，调查对象的选取方式，简单说明研究者是如何选取出调查对象以及承诺对被调查者隐私的保护，以减轻调查对象的心理压力；第四，指导语，研究者需要在指导语中说明问卷的填写方式、要求、回收方式等信息。同时，在封面信中研究者要向每一位合作的被调查者表示真诚的感谢。

问卷正文是一份问卷的主体部分，是按照一定顺序排列组合而成的一系列具体问题和相应的选项或答题空间。问卷中的问题从形式上可分为开放式问题和封闭式问题，开放式问题就是调查对象根据自己的实际情况自由回答的问题，比如"您为什么订阅此公众号"；封闭式问题是给每个问题都提供若干个事前确定好的可能答案，让调查对象进行选择，例如图3-2，研究者可以根据研究目的来选择合适的问题形式。调查问卷里绝大部分都是封闭式问题，因为封闭式问题填答方便，调查对象也容易理解，并且数据的编码和录入也更简便、更易于量化。但是，封闭式问题也封闭了调查对象的思路，迫使调查对象选择已给出的答案或随意填答，因此，封闭式问题更适合于事实信息的调查和对于调查对象来说有明确意向的主体，不适合进行探索性研究。

您是通过什么方式了解到这款游戏的？ （可多选）

□ 微博、抖音等网络平台广告

□ 手机应用商店推荐

□ 游戏博主推荐

□ 朋友推荐

□ 其他，请说明_____

图3-2　封闭式问题

结束语是一份问卷的结尾，一般包括三个内容：第一，提醒调查对象复核已答问卷，避免漏填和错填；第二，设置几个开放性问题，欢迎调查对象对此次调查主题或问卷本身发表看法；第三，对调查对象为此次问卷付出的时间和精力表达真诚的感谢。

2. 调查步骤

使用问卷调查法进行研究，一般有以下六个步骤：

（1）确定研究问题

在这一阶段，研究者需要明确具体的研究问题，同时提出研究假设，比如，某自媒体公司想要研究旗下产品进行个性化广告推送前后用户的使用体验，那么研究者提出的问题就是"广告推送个性化是否影响了某产品使用者的使用体验"，研究假设就是"广告推送的个性化对用户体验感有正向促进作用"。

（2）设计研究方案

在设计研究方案时，研究者需要确定调查的方式以及选取调查对象。研究者使用什么样的调查方式，取决于研究目的和研究经费，如果研究需要严格控制调查对象的特征并且经费充足，那么可以选择入户调查或街头拦截调查；如果想要调查敏感信息但经费不足时，则可以选择邮寄调查或网络调查；如果研究者重视数据质量，那么可以选择个别发送问卷或电话访问；等等。

在选取研究对象时，研究者需要考虑几个问题：要调查的总体是什么样的人群？为什么要调查这些人群？我们是否能找到这些人来参与调查？同时，研究者也要选择合适的抽样手段，选取出能代表总体的样本，这些都是在选取调查对象时需要考虑的问题。

（3）培训调查员

当研究选用入户调查、街头拦截调查、电话访问等这些调查方式时，就需要大量的调查员，而调查员的职业素养和调查技巧是需要专业培训的。对调查员的培训主要包括：待人亲切有礼貌、不泄露调查对象的信息、保持中立态度、掌握一些对话的小技巧、善于倾听等。

（4）收集数据

问卷的回收也是调查过程中的重要环节。为了保证数据质量，研究者需要定期检查收集的数据，在出现问题时及时解决，并且在调查对象完成问卷时，给予调查对象和调查员相应的报酬，以感谢他们对此次研究的付出。

（5）分析数据

问卷回收后，研究员需要将数据编码并录入计算机进行统计分析，问卷所得资料与数据是十分庞大的，研究者可以用专业的统计软件对其进行处理，如 SPSS、Stata 等。

（6）撰写研究报告

在数据处理完毕后，研究者需要根据所得结果，总结研究结论，并将调查研究的整个过程包括研究问题、研究假设、方法、数据分析、结果、结论等撰写成研究报告，以方便读者理解研究目的及内容，并将研究结果向外推广。

三　实验法

（一）概念

实验法指的是创设一定的情境，在控制变量的条件下进行观察，以探求传播过程中一些效应、现象的原因、发展规律等，其基本目的在于研究并揭示变量间的因果关系。简而言之，对变量的操纵和对因果关系的揭示是实验法的核心内容。

实验法的类型繁多而复杂，根据不同的分类标准，可以分为不同的类型。根据研究目的的不同，可以分为探索性实验和验证性实验，前者是为了探索现象的本质及因果关系，后者是为了检验已有的理论或研究。根据实施情境的不同，可以分为实验室实验和自然实验，前者指的是在人为的严格控制的环境下进行的实验，后者指的是在实际环境中进行实验，对变量的控制程度要远小于实验室实验。根据实验设计的不同，可以分为非实验、准实验和真实验，非实验是指既不随机选取被试，又不控制变量的实验设计，例如单组后测设计、事后回溯设计等；准实验是指严格控制变量，但不随机选取被试的实验设计，例如时间序列设计、不等组实验组控制组前测后测设计等；真实验是指既要随机选取被试，又要严格控制变量的实验设计，例如随机实验组控制组后测设计、随机区组设计等。

（二）评价

实验法作为媒介使用研究中一种常用的定量研究方法，有很多其他方法不可替代的优点。首先，实验法最大的优势在于可以揭示变量间的因果关系。通过对变量的操纵和控制，将自变量对因变量的影响从各种因素间复杂的相互作用中抽离出来，以检验变量之间的因果关系。其次，实验法所得结果可重复、可检验。一项成功的实验研究应具有较高的信度，即无论研究者是谁，在基本相同的实验条件和设计下，都能得到大致相同的研究结果。最后，实验法标准化和数量化指标明确。实验法的标准化和数量化的程度较高，其结果具有较强的说服力。

虽然实验法作为一种量化程度很高的定量研究优点颇多，但与此同时，实验法也有一些无法避免的局限性。第一，主试和被试之间的相互作用会影响实验结果，即主试效应和被试效应。主试效应又叫实验者效应，是指主试在实验中可能以某种方式（如表情、语气、手势等）有意或无意地影响被试，使他们的反应符合主试的期望；常见的被试效应有罗森塔尔效应、霍桑效应、安慰剂效应等，主要是指被试在实验中会自发地对实验目的产生一定的假设或猜测，并用自以为能满足实验目的的方式来进行反应的现象。第二，实验法不适用于那些无法对变量进行量化的研究问题，或那些无法控制变量的研究问题，比如文化传统对外国电影接受度的影响；第三，实验法的人为性较强，会影响结果的外部效度。研究者无法完全排除实验中人为因素的影响，而脱离自然生活环境和过分控制的实验也使其结果的推广受到限制。

（三）应用

1. 变量

（1）自变量及其操纵

自变量又叫刺激变量或独立变量，是指实验者所操纵的，对被试反应产生影响的变量。常见的自变量有作业变量、环境变量、被试变量和暂时造成的被试差异：作业变量是指在实验中的被试任务或给被试呈现的刺激，如一闪而过的文字；环境变量是指由各种环境因素充当的自变量，如地区、班级等；被试变量是指在外界条件一致的情况下，被试间不同程度的持续、稳定的特征，如年龄、性别等；暂时造成的被试差异是指主试通过对被试进行不同的实验指导，使被试的某些特性或机能状态等方面发生暂时性的变化，如疲劳、恐惧等。

实验者需要根据实验目的，选择合适的自变量，并对其进行操纵，主要可以从以下几个方面操纵自变量：第一，对自变量下操作定义。操作定义是指用可感知、可度量的事物、事件、现象和方法对变量做出具体的界定、说明，对自变量下操作定义就是将变量从抽象概念转化为具体指标，这是实验设计的关键一步。第二，确定自变量的各个水平。自变量的水平是指自变量的不同取值，确定自变量的水平包括确定处理水平的数量、范围和间距，自变量的水平要选取合适，数量太少可能观察不到由自变量引起的因变量的变化，间距太大则可能遗漏某些重要的变化。第三，校准测量自变量的仪器。若仪器的测量误差太大，则会对实验结果产生巨大影响。第四，控制刺激呈现的方式。刺激要以恒定的方式呈现。

（2）因变量及其观测

因变量又叫反应变量或依从变量，是指由于实验者操纵自变量而引起的被试的某种特定反应，可以分为客观指标和主观指标。常用的客观指标主要有反应速度、反应速度的差异、反应的正确性、反应标准、反应的难度及生化指标如皮肤电、心率等，主观指标主要是指被试的口语记录。

对因变量的观测即精确客观地记录下因变量的变化，主要有以下几种方法：第一，反应控制，反应控制的目的在于让被试的反应发生在实验者所需要的维度上，在以人为被试的实验中，对反应的控制往往是通过指导语实现的；第二，选择恰当的因变量指标，一个恰当的因变量指标往往需要满足有效性、客观性、数量化等标准；第三，避免量程限制，量程限制是指由于反应指标的量程不够大，而造成反应停留在指标的最顶端（天花板效应）或最底端（地板效应），从而影响指标有效性的现象。

（3）额外变量及其控制

额外变量又叫控制变量、干扰变量，是指与实验目的无关但对被试反应有一定影响的变量。额外变量按照特点分，可以分为系统的额外变量（其引起的误差称为系统误差）和随机的额外变量（其引起的误差称为随机误差）。额外变量的来源主要有以下几个方面：第一，被试方面，即要求特征，主要涉及被试的动机、兴趣、先前经验、性格、当时的生理和心理状态等，如霍桑效应、安慰剂效应等；第二，主试方面，即实验者效应，主要涉及研究者本身的特质，如年龄、性别、外表、言谈举止、态度暗示等，如罗森塔尔效应；第三，实验设计方面，主要是研究方法本身的局限性、测量仪器的安排布置、测量工具的不完善、抽样的代表性问题等，如顺序效应、练习效应、疲劳效应等；第四，环境方面，主要是光线、温度、声音、空间以及一些偶发事件，如设备故障、被打扰等；第五，数据处理方面，主要指对数据分类不当、评价标准不统一、统计方法不合适等。

在实验研究中，研究者希望能尽可能地减少额外变量对实验结果的影响，以下是几个控制额外变量的常用方法：第一，消除法，指把额外变量从实验中剔除出去的方法，在控制主试效应和被试效应时常使用双盲实验，即在主试和被试都不知道实验目的的前提下实施实验；第二，恒定法，指使额外变量在实验过程中保持恒定不变的方法，如相同的地点、主试等；第三，随机取样法，指将被试随机分配到各个处理组中的方法，这种方法在理论上可以使不同组的被试除实验条件外，其他额外变量保持不变；第四，等组匹配法，指使各组内被试特征基本相同的划分方法，它和随机取样法都是控制被试间个体差异的常用方法；第五，抵消平衡法，主要用于控制顺序效应和处理水平之间的权重效应，主要有 AABB 法和拉丁方设计；第六，统计控制法，指在实验后采用统计学方法，将影响实验结果的额外变量区分出来，主要包括剔除极端数据、统计矫正、协方差分析等。

2. 实施

（1）确定研究问题

实验法并不是对媒介使用中的所有问题都适用，如大众传播的社会环境、媒介文本的内容特征、新闻工作者的职业特征等，这些问题都无法使用实验法研究。因此，在确定研究问题时，研究者需要注意研究中的自变量是其所能控制的，并且研究对象应是具体的个人，例如，研究不同年龄段的个体其阅读速度对文字信息传播的影响，或是在广告中哪一种色彩更能刺激消费者的购物欲等问题的研究，这些问题适合于使用实验法进行研究。

（2）确定实验环境

是选择对环境因素控制更加严格的实验室实验，还是选择更加贴近实际生活的自然实验，对于这个问题的回答，就需要综合多方面的因素进行考虑。如果研究者进行的是理论研究，对变量控制的要求很高，且研究经费有限，那么应该选择实验室实验；如果研究更偏向于应用研究，希望实验结果有很好的外部效度，可以向外推广，那么研究者应该选择自然实验。

（3）进行实验设计

实验的设计取决于研究问题、研究假设、研究中的变量、被试的选择以及所能使用的资源等。在设计实验时，研究者需要将研究问题转化为可操纵和观察的变量，控制那些可能对实验产生干扰的额外变量，尽可能确保因变量的变化是由于研究者操纵了自变量的不同水平导致的。同时，研究者还需考虑使用合适的统计方法来分析实验数据，常用的统计方法有独立样本 t 检验、相关样本 t 检验、单因素完全随机设计方差分析、两因素重复测量方差分析等等。

（4）进行预实验

在大规模施测前，研究者需要先进行小范围的预实验，来帮助研究者发现实验设计和测量工具存在的问题，比如是否有效地控制了额外变量、自变量水平的选取是否合理、因变量的测量是否准确等。

（5）招募被试参与实验

在选取被试时，需注意以下几个原则：首先，选取的被试要具有代表性，参与实验的被试应是其所属群体的一个样本，只有样本具有代表性，其实验结果才能反映总体的情况；其次，被试需以随机或配对的方式进行分组，以保证实验的内部效度；最后，在被试真正参与实验时，研究者需要给被试的一系列权益提供保障，如被试的知情同意权、随时退出实验的自由、保护被试免受伤害以及对被试的个人信息进行保密等。

（6）实施实验

在主试指导被试进行实验时，需要向被试解释清楚实验目的、流程以及在实验过程中如何对刺激进行反应等必要的实验指导，并且保证每位被试的指导语都是一样的。同时，在实验过程中主试应避免影响被试，并保证实验环境的稳定。在被试完成实验后，研究者需要确保被试不将实验目的和实验任务透露给其他可能参加实验的潜在被试。

（7）分析和解释实验结果

数据收集完成后，研究者需要使用统计方法来进行数据分析，并对结果进行解释。数据分析的结果通常以统计图或统计表的形式呈现在研究报告中，图表的方式更直观、更清晰，有利于结果的理解和比较。与定性研究不同，实验法对结果的解释通常具有唯一性，即不会因为研究者的不同而对相同的实验结果产生不同的解释。

四　内容分析法

（一）概念

关于内容分析法的定义，传播学领域中的许多学者都给其下过明确的定义，其中最权威的定义是 1952 年贝雷尔森（Berelson）在其著作《内容分析：传播研究的一种工具》中所提出的："内容分析法是一种对显性传播内容进行客观、系统和定量描述的研究方法。"其中"客观""系统"和"定量"三个词，是内容分析法最核心的三个特点。我国学者祝建华对其进行了阐释：所谓"客观"，是指研究者必须从现存的材料出发，原始材料说了什么就是什么，绝对避免个人的主观好恶倾向。所谓"系统"，是要求按照一个前后统一的计划，对全部有关材料进行研究，而不能为了证明某个观点专门去搜集有用的资料。所谓"定量"，是用绝对数、百分比、平均值、相关系数等数量概念，把分析结果精确地表述出来①。

在对媒介使用的研究中，内容分析法主要用于以下几个研究目的：第一，描述传播内容的趋势或特征。内容分析法可以描述传播内容在一个或多个时间点上的特征或变化趋势，例如《中国日报》对外传播新闻价值变化趋势的研究，也可以用于研究社会变迁或比较不同媒体的报道特征，例如英国媒体与欧洲媒体对"英国脱欧"报道的比较研究。第二，比较传播的信息内容与社会现实。通过研究媒介内容和再现手段与真实世界里的社会观念和行为之间是否相符，来帮助人们更好地理解和解释社会现实。第三，从信息内容推测信息传播者的态度。研究者一般假定，媒介内容在相当程度上会自然而然地体现出媒介或传播者的态度，如从某杂志中的妇女形象可推断出该杂志对女性的态度。第四，从媒介内容推论传播效果。与受众调查结合在一起，用定性方法来了解受众对媒介内容的态度，并与内容分析法的定量结果进行比较，来探究受众是否受到了媒介内容的影响及其传播效果②。

（二）评价

内容分析法作为媒介使用研究中最常用的研究方法之一，有许多不可忽视的优点：第一，内容分析法是一种较为客观的研究方法。内容分析法按照统一固定的维度对研究对象进行分析，取样科学，且可重复、

---

① 祝建华：《内容分析——传播学研究方法之二》，《新闻大学》1985 年第 10 期，第 4 页。

② 赵蓉英、邹菲：《内容分析法学科基本理论问题探讨》，《图书情报工作》2005 年第 6 期第 49 卷，第 6 页。

有较高的信度，保证了研究结果的客观性和可靠性。第二，内容分析法是一种非接触式的研究。其研究对象是文本或其他媒介内容（如图片、视频等），因此研究者与研究对象之间无互动，可以很好地消除主观印象和偏见。第三，内容分析法更节省人力和研究经费。内容分析法一般不需要大量的研究人员、专门的研究环境以及昂贵的设备等。第四，内容分析法适合于跨文化、跨国家或时间跨度很长的研究。相比于实验法、调查法等，内容分析法可研究的样本更多且获取更方便。

当然，内容分析法也有一定的局限性：首先，内容分析法只适用于那些明确的、外显的媒介内容，无法对一些具有深层意义的概念（如意识形态、价值等）进行研究；其次，内容分析法的编码工作十分烦琐枯燥，可能会在长时间的阅读、记录中出现人为性的误差；最后，内容分析法无法揭示变量之间的因果关系，至多可以证明各个变量间有关系。

（三）步骤

内容分析法的研究过程一般有以下 6 个基本步骤①。

1. 提出研究问题

由于具体问题要具体分析，因此构建一个研究大纲对指导方法的实施是十分重要的。在研究大纲中需要确定研究目的、划定研究范围并提出假设。

2. 抽取文献样本

在不能研究整个文献信息的总体时，就需要进行抽样。样本的选择要符合研究目的、信息含量大、具有连续性、体例基本一致等要求，简言之，应能从样本的性质中推断出与总体性质有关的结论。

3. 确定分析单元

即发掘研究所需考察的各项因素，这些因素应与分析目的有一种必然的联系，且便于抽取操作。分析单元可以是单词、符号、主题、人物，以及意义独立的词组、句子或段落乃至整篇文献都可以作为分析单位。

4. 制定类目系统

即确定分析单元的归类标准。有效的类目系统首先应具有完备性，

---

① 邱均平、邹菲：《关于内容分析法的研究》，《中国图书馆学报》2004 年第 2 期第 30 卷，第 12—17 页。

保证所有分析单元都有所归属；同时类目之间应该是互斥和独立的，一个分析单元只能放在一个类目中；类目系统还应具有可信度，应能得到不同编码员的一致认同。

5. 内容编码与统计

编码是将分析单元分配到类目系统中去的过程，可以借助计算机完成这项重复性工作，不仅速度快，而且保证了编码标准的一致性。对数据的统计工作也可以交由相应的统计软件完成，百分比、平均值、相关分析、回归分析等各种统计分析均可实现，且精度更高。

6. 解释与检验

研究人员要对量化数据做出合理的解释和分析，并与文献的定性描述结合起来，最终得出研究结论。分析结果还要经过信度和效度的检验，才更具说服力。

媒介使用研究方法的演进与前沿

在早期的纸媒时代，传媒研究主要集中于民意调查、政治宣传等，所使用的方法以面访调查和邮寄问卷为主。而随着数理统计方法的发展，数学家、社会学家乔治·盖洛普提出了定额抽样的方法来选取问卷调查的样本，应根据美国居民在性别、年龄、收入等方面的差异，按比例抽取调查对象。在1936年盖洛普仅用3000份问卷就得到了当年美国大选相对准确的预测结果，自此，使用科学的抽样方法对媒介使用进行研究的理念得以推广。20世纪50年代，随着美国社会学家伯纳德·贝雷尔森《传播研究的内容分析》一书的出版，内容分析法在媒介使用研究中的地位被正式确立起来，其主要用于意见分析及历时性研究。除了定量研究方法外，研究者们还会使用访谈法、观察法等定性研究方法，其中以归纳为特征的访谈法可以帮助研究者从主观角度深入解析社会问题的特征，观察法则特别适合解释特定环境中公众的态度和行为[1]。

随着媒介技术的演进，传媒领域进入了大数据时代，从小数据

---

[1] 李丹珉、谢耘耕：《舆情研究方法的历史演变与未来选择》，《新媒体与社会》2022年第2期，第18页。

到大数据，传统的问卷调查、访谈等方法已不足以把握媒介使用过程的规律与影响，随之而来的是基于计算机技术的大数据分析法。在研究方法上，使用文本挖掘、社会网络分析、机器学习等大数据分析法确实更符合当前时代背景下媒介使用的特点，这是媒介使用研究作为一个跨越个人微观心理、中观群体互动以及宏观社会结构的跨层次理论领域发展的内在要求。但是，与此同时，研究者需要注意的是大数据的代表性问题，大数据不代表数字化时代媒介使用过程的全部内容，无论是基于传统媒体的内容分析，还是基于随机抽样的社会调查，甚至是反映深层心理的质化数据，都说明，在对媒介使用的研究中，全面、立体地理解传播过程是至关重要的①。

现如今，从大众传播时代到数字传播时代，人们发现，离散的观点已经难以满足时代的需求，被认知整合的感知、思维、行为正逐渐在传播过程中形成群体态度和社会舆论，并决定着人们在传播行为上的边界。在认知视角下，数字媒介环境的改变将不断冲击并重塑着人们的认知行为模式，尤其是在深度媒介化和高度联系的社会中，传播媒介将如何占用人们更多的认知资源，这是新兴的、发展中的认知传播学所要研究的一个基本问题②。

---

① 周葆华、连昕萌、张思琪、杨天铸：《数字时代的计算舆论研究：主题，理论与方法的进展与前瞻——基于 2000—2020 年代表性传播学国际期刊的分析》，《新闻与写作》2023 年第 2 期，第 11 页。

② 喻国明、颜世健：《认知竞争时代的传播转向与操作策略》，《东南学术》2022 年第 6 期，第 227—237 页。

第 四 章

媒介使用的认知心理与行为

第一节 媒介使用感知觉的基本原理

你是否想过，你的大脑如何体验名家画作上的绚丽色彩，如何体验经典乐曲的悠扬旋律，如何体验美味佳肴的酸甜苦辣，如何体验亲人朋友的温柔拥抱，以及如何体验春天田野的花香阵阵？你的感觉和知觉永远在带领你去不断地理解周围世界的意义，而心理学将会带领你理解你的感觉和知觉。

在媒介使用研究中，感知觉原理作为媒体对受众特性最基础的了解，决定了媒体的形式和内容如何更好地传播和产生影响。本节内容将以人类的感知觉特性为切入点，逐步带领读者了解传媒如何将这一基本的心理学原理运用于自身的发展。

一 感觉

感觉是一切心理现象的基础，没有感觉就没有其他心理学现象。同时，感觉是由物体作用于感觉器官引起的一个物体有颜色、大小、温度、硬度、气味等等属性，我们无法直接全部认识，只能通过一个个感觉器官来分别反映这些属性。

（一）视觉

1. 人眼

整体结构：眼睛的光学结构就像一台相机，光线穿过角膜（眼睛前部的透明突起），通过瞳孔（光圈）进入晶状体（透镜），并成像到视网膜上（CCD 或 CMOS 图像传感器）。瞳孔大小（7—2 毫米）控制曝光。

当光线太亮时，瞳孔变小；当光线变暗时，瞳孔放大，睫状体控制晶状体实现焦距调节。人眼的结构如下：

角膜：眼球被一层坚韧的膜包围，从前面突出的透明部分称为角膜，其余部分称为巩膜。角膜是由角蛋白组成的透明球形表面，角蛋白是眼睛的主要折射介质，占眼睛三分之二以上的屈光力，相当于凸透镜。外界光线首先通过角膜进入眼睛。角膜组织结构规则有序，具有良好的自我保护和修复特性。角膜含有丰富的感觉神经，使其高度敏感。角膜没有血管。

前房：角膜后部的晶体空间被称为前房，其中充满折射率为 1.3377 的透明液体，即房水。房水具有维持眼内组织代谢和调节眼压的功能。前房的深度约为 3.05 毫米。

虹膜：虹膜位于晶状体前面，中心有一个圆孔，限制进入眼睛的光束的孔径，即瞳孔。虹膜的主要功能是根据外界光线的强度缩小或扩大瞳孔，以调节进入人眼的光线的能量，确保在视网膜上成像。瞳孔大小与年龄、屈光状态和精神状态等因素有关，瞳孔直径通常在 2.5 毫米至 4 毫米之间。

睫状体：睫状体位于虹膜基底和脉络膜之间，是一个由睫状肌和睫状上皮细胞组成的 6—7 毫米宽的圆形组织。它通过睫状肌的收缩来调节晶状体。

透镜：透镜是眼睛折射介质的重要组成部分，是由多层薄膜组成的双凸透镜。它的直径约为 9 毫米，中心厚度约为 4 毫米，折射率约为 19 D。在其自然状态下，其前表面的曲率半径约为 10.1 毫米，后表面的曲率直径约为 6.1 毫米。通过调节睫状肌的收缩或松弛，可以改变晶状体前表面的弯曲半径，从而改变眼睛的折射率，并使不同距离的物体能够在视网膜上成像。晶状体可以过滤掉一些紫外线，对视网膜有保护作用，而且晶状体没有血管。

玻璃体：从晶状体后部到视网膜的空间是玻璃体，玻璃体是眼睛折射介质的一个组成部分，对晶状体和视网膜等周围组织具有支撑、减震和代谢作用。玻璃体的主要成分是水和胶体。正常情况下，玻璃体处于凝胶状态，具有可塑性、黏弹性和抗压缩性。

视网膜：眼睛后面的内壁与玻璃体紧密相连的部分是由视神经末梢

组成的视网膜，它是眼睛光学系统成像的接收器。视网膜是一个曲率半径为12.5毫米的凹球面。视网膜有一个非常复杂的结构，由10层组成。视网膜上的两种感光细胞不仅具有不同的光谱响应特征和空间分布特征，而且与其他视网膜神经元的接触方式也不同，这决定了它们在灵敏度和空间分辨率上的差异。

脉络膜：视网膜的外层被一层黑色膜包围，位于视网膜和虹膜之间，平均厚度为0.25毫米。它被称为脉络膜，含有丰富的黑色素，黑色素吸收穿过视网膜的光，使后房变成暗房。脉络膜血管丰富，因此它们对眼睛也有温度调节作用。

巩膜：巩膜是一种不透明的乳白色外层皮肤，围绕着整个眼球。它由密集交错的胶原纤维组成，前部与角膜相连，后部与视神经相连，分为内层和外层。

视杆细胞和视锥细胞：人眼在视网膜上的两种感光细胞。

视杆细胞：它们主要在昏暗的光线下发挥作用，没有颜色识别功能，因此人类无法在昏暗的灯光下区分颜色。

锥细胞：在明亮的条件下发挥作用。在正常情况下，人类的视网膜上有三种类型的视锥细胞可以感知红色（R）、绿色（G）和蓝色（B），自然界中的所有颜色也可以由红色、绿色和蓝色的组合组成。因此，通过不断组合三种类型的视锥细胞来感受不同的光线，让人类可以区分不同的颜色。手机和电脑上显示的丰富多彩的图像也来源于这种RGB组合。

2. 颜色视觉的理论

三色论（trichromatic theory）又称三色说，是颜色视觉的第一个科学理论，由英国科学家托马斯·杨（Sir Thomas Young，1773—1829）于1800年提出。他假设人类的视网膜中有三种不同的颜色受体，每一种都对可见光谱中特定频率的光波敏感并做出反应。当不同频率的混合光入射到视网膜上时，三种类型的受体对特定频率的光波做出反应，产生基本的心理感觉：红色、绿色和蓝色。他还认为，所有其他颜色都是通过将这三种颜色相加或相减并混合而获得的。

除了三原色说，埃瓦尔德·海林（Ewald Hering，1834—1918）在18世纪晚期提出了另一种颜色理论，称为拮抗理论（opponent-process theory），也简称为四原色说。他提出，人眼对光的反应的基本视觉单位是成对组织的，有四种原色：红色、绿色、黄色和蓝色，以及三对黑色和白色，它们在光波的影响下起作用。每对中的两种元素，如红色和绿色、蓝色和黄色，具有相反的作用和拮抗作用，这意味着其中一种停止作用，则另一种激活。

多年来，这些理论的价值一直存在争议。最后，科学家们意识到这些理论实际上并不矛盾，而是描述了与视觉系统中连续的生理结构相对应的不同处理阶段，第一阶段为在视网膜水平上，加工机制符合三色说，第二阶段为视觉传导通路上，加工机制为拮抗的，最后在视觉高级中枢产生各种颜色感觉①。

（二）听觉

1. 声音的特性

声音的物理维度：正如大家所知，声音的产生来自物体的振动。当振动物体向前和向后推动介质中的分子时，振动的能量被传递到周围的介质，如空气、水等。由振动引起的压力的微小变化以每秒约 340 秒的速度以叠加正弦波的形式扩散出振动物体。

正弦波有两个基本的物理特性，即频率和振幅。频率通常以赫兹（Hz）表示，表示固定时间单位内的循环次数；振幅是声波强度的物理特征，即从波峰到波谷的高度。

声音的心理维度：频率和振幅的两个物理特征构成了声音的三个心理维度：音高、响度和音色。

音高，也称为音调，代表人类耳朵对音高的主观感知。客观地说，音高大小主要取决于声波的基频。如果频率高，则音调高；如果频率低，则音调低，以赫兹（Hz）表示。人们能感觉到的纯音范围可以低至 20 赫兹，也可以高至 20000 赫兹。

响度，也称为声音强度或音量，由振幅决定。响度是对声音强度的感官判断，也就是说，声音的大声程度。基于此，声音可以按从小到大的顺序排列。

---

① Hurvich L. M. & Jameson, D. , "Opponent processes as a model of neural organization," *American Psychologist*, Vol. 29, No. 2, 1974, p. 88.

音色，也称为音品，是由声音波形的谐波频谱和包络线决定的。由声音波形的基频产生的最清晰的声音被称为基频，由每个谐波的小振动产生的声音被称作泛音。一个单一频率的音调被称为纯音，而一个有谐波的音调则被称为复音。每个音高都有一个固有的频率和不同响度级别的泛音，可以区分具有相同响度和音调的其他声音。

2. 听觉的生理系统

人的耳朵主要由四个部分组成：外耳、中耳、内耳和连接大脑的神经。

外耳：外耳由耳廓和耳道组成，在声源定位中起着重要作用。耳廓的特殊形状会产生发射和衍射，到达耳朵的信号取决于声音的方向。耳道是一条弯曲的通道，其末端有鼓膜。它可以被看作是一个封闭端和一个开放端管道。如果耳道的长度等于声音的波长，就会产生相应的共振频率。

中耳：中耳的主要功能是将声音振动（在充满空气的耳道中）转换为压力振动（在充满液体的内耳中）。中耳充满空气，并通过咽鼓管与喉咙相连。当人类吞咽或打哈欠时，咽鼓管可以帮助平衡中耳和外部空气的压力。鼓膜的振动将通过三个听骨传递到内耳。

内耳：内耳主要由蜗牛状的耳蜗组成，耳蜗中充满了淋巴。其中，中耳的卵形窗与内耳的 Scala 前庭相连，而圆形窗与内耳朵的 Scala 鼓膜相连。当椭圆形窗口向内移动时，圆形窗口可以防止明显的压力。

（三）其他感觉

1. 嗅觉

你是否想过，你是如何闻到春日的花香，厨房的饭香？又是如何闻到下水道的臭味？从化学的角度分析，气味分子与嗅纤毛膜上的受体蛋白相互作用，嗅觉过程便开始了。只要有 8 个物质分子就可以诱发一个神经冲动，不过至少要刺激 40 个神经末梢才能闻到那个物质的气味。一旦启动，这些神经冲动将嗅觉信息传递到位于感受器上方和大脑额叶下方的嗅球。

嗅觉对于不同物种来说具有不同的意义。人类将嗅觉和味觉结合起来寻找和获取食物，而其他动物则利用嗅觉来探测潜在的危险源或进行有效的信息交换，因此它们的嗅觉比人类更为发达。

2. 味觉

你是否想过，你是如何品尝到柠檬的酸，甘蔗的甜，苦瓜的苦？舌头表面凹凸不平是因为乳头覆盖着，其中大部分乳头含有被称为味蕾的味觉细胞束。在舌头上位于不同位置的味蕾负责品尝不同的味道。

3. 触觉和肤觉

你知道人体最大的器官是什么吗？实际上是我们的皮肤。皮肤作为人体最大的器官，其总重量约占人体体重的16%，表面积约为2平方米。例如，对于一个体重150磅的人来说，他们的皮肤大约重24磅。这不是很不可思议吗？皮肤也是一个多功能器官，除了保护身体、保存液体和保持体温外，它还含有产生压力、温暖和寒冷感觉的神经末梢，这些感觉被称为皮肤感觉。

4. 前庭觉和动觉

你知道为什么开车看书会让你头晕吗？这是一种晕动现象，当来自视觉系统和前庭感知的信息发生冲突时就会发生这种现象。前庭感觉对你来说可能不熟悉，因为它的受体不像眼睛、鼻子或耳朵那样直接可见。前庭感受器位于充满液体的导管和内耳囊中的小纤毛中。当头部快速旋转时，内耳中的液体流动并压迫纤毛，导致纤毛弯曲。前庭感觉的功能是利用你的身体，尤其是你的头部，根据重力来确定方向。

动觉的功能是使你的大脑能够始终准确地定位各个部位的当前位置和相互关系，为人类提供运动过程中身体状态的反馈信息。它的受体位于关节、肌肉和肌腱中。位于关节中的受体对关节运动过程中的压力变化做出反应，而肌肉和肌腱中的受体则对肌肉收缩和放松的变化做出反应。

5. 痛觉

你会对拥有痛觉而感到庆幸吗？也许答案是肯定的，因为疼痛对生存至关重要。想象一下，如果没有疼痛，当你的身体受伤，血液流动，但你没有感到疼痛，你是否可能会因为没有采取紧急措施或避免危险而失去生命？也许答案是否定的，因为有时你希望能消除疼痛，而止痛药可能无法将你从疼痛中拯救出来。在你的大脑中，内啡肽会影响你的疼痛体验。至少在某种程度上，内啡肽是安慰剂产生镇痛作用的原因①。

二　知觉

（一）基本概念

试想一下，你的视网膜上有几百万个感受器，如果你的大脑不把这几百万个视觉感受器所输入的有用信息综合及组织起来，那你眼里的世界看起来将多么的混乱不堪，而这一过程，即将感觉信息组织起来，使你产生连贯知觉的过程，就被称为知觉组织过程。

知觉和感觉之间有什么区别和联系？感觉是大脑对直接影响感觉器官的客观事物的个体属性的反映。感觉是最基本的认知过程，也是最简单的心理现象；知觉是客观事物作为一个整体的各种属性的综合反映。两者的生理机制也不同，感觉是单个分析器活动的结果；知觉是通过多个分析器的协作活动分析和合成复杂刺激或刺激之间的关系的结果。

（二）知觉的组织原则

格式塔心理学对知觉的组织原则进行了深入研究，他们证明了整体与局部之和是非常不同的，他们总结出了一套规律来描述人们知觉图形的方式。

1. 接近律

人们将距离相近的各部分趋于组成一组，构成整体知觉对象。

2. 相似律

人们将相似的元素（如形状、亮度、色彩）组织在一起。

3. 连续律

即便线条被截断，人们也会将其知觉为连续的，最典型的例子就是IBM 公司的 logo。

4. 闭合律

当元素不完整时，人们倾向于填补小的空隙而将客体知觉为一个整体。

---

① Benedetti F., Mayberg, H. S., Wager, T. D., Stohler, C. S., & Zubieta, J. - K., "Neurobiological mechanisms of the placebo effect," *Journal of Neuroscience*, Vol. 25, No. 45, 2005, pp. 10390 - 10402.

感知觉基本原理在媒介使用中的经典运用案例

（一）阈下广告

感觉阈限是心理物理学中的一个重要概念。感觉阈限包括绝对阈限和差分阈限。感觉阈限是一个范围，其中可以感觉到的刺激的最小强度称为下限，可以容忍的刺激的最大强度称为上限。上限和下限之间的刺激都是可以引起感觉的范围。并不是所有的刺激都能引起人们的感觉，强度太小的刺激，比如皮肤上的灰尘，也不能引起人们的感受。刚刚能够让人们感觉到的身体刺激量被称为绝对阈限。

阈下广告是感觉阈限在媒体领域最经典的应用，指的是信息刺激强度低于消费者感觉阈限的广告。由于这类广告刺激低于消费者的感觉阈限，他们的刺激信息只能被潜意识接收，而不会被消费者在意识层面感知和处理。故意设计和制作人们不知道的广告信息，以影响人们的态度、倾向，甚至购买行为的广告，可以被视为潜意识广告。

维卡瑞在美国新泽西州北部的一家电影院进行了一项阈下广告实验。他要求影院老板在上映《Picnic》的期间，在屏幕上以微弱的强度显示"喝可口可乐"或"请吃爆米花"，并以 1/3000 秒的速度每 5 秒插入一次。这样，尽管有意识的眼睛无法注意到叠加在电影场景上的广告信息，但无意识的眼睛已经记住并"读取"了这些信息。整个 1957 年的夏天，这项测试都取得了成功，由于阈下广告宣传，可口可乐的消费量增加了六分之一，爆米花的消费量超过了 50%。

（二）电影技术

3D 是指三维空间，3D 电影是指三维电影。当观众戴着立体眼镜观看时，感觉就像是在面对面，他们看到的电影图像充满了立体感。3D 电影的原理是利用人眼的双眼视差：它是指由于正常瞳孔距离和凝视角度的不同，左眼和右眼在视网膜图像的水平上存在差异。人类视觉之所以能够分辨距离，是因为两只眼睛之间的距离。一个人的两只眼睛相距约 5 厘米,当他们直视前方以外的任何东西时,他们的角度都不一样。尽管差异很小,但是当信息通过视网膜传递到大脑时,大脑会利用这个小差异产生距离上的深度,从而产生立体感。现有理论将这一原理称为"极化原理"。基于人们的生理视觉感知特征,3D 电影有效地将"偏振原理"应用于电影制作,贯穿于拍摄、投影和观看的过程。在拍摄过程中,基于人眼观察风景的方法,使用两个平行相机来表示人的左眼和右眼,同步拍摄两个具有轻微水平视差的图像;在放映过程中,两个胶片条被分别加载到左投影仪和右投影仪中,以产生左眼和右眼的图像;观看电影时,当观众佩戴专门设计的偏光眼镜时,左右偏光片的偏光轴相互垂直,并与投影镜头前的偏光轴一致,导致观众的左眼只能看到左图像,右眼只能看到右图像。通过使用双目会聚功能,左右图像叠加在视网膜上,大脑神经产生三维视觉效果,呈现连续的三维画面,让观众感受到画面上冲向他们或进入深处的风景。

第二次世界大战后,第一部彩色 3D 电影《博瓦纳的魔鬼》上映;恐怖蜡像馆也首次采用立体声,在视觉和听觉两个方面都达到了身临其境的效果。迪士尼、环球、20 世纪福克斯等好莱坞电影公司都开始制作 3D 电影。与被动接受视觉定向的传统电影相比,3D 电影允许观众自由选择视觉焦点,以实现审美主体的主动性。阿纳海姆在《视觉思维》一书中认为,视觉感知不是刺激的被动复制,而是一种积极的理性活动。他说:"积极选择是视觉的一个基本特征。"

在 3D 电影的基础上,出现了 5D 电影。它可以让观众从听觉、视觉、嗅觉、触觉和动态电影背景与效果这五个方面来获得最强的真实感。它可以放大周围环境的真实感:观众可以沉浸在"闪电、烟雾、雪花"中,在"火焰"面前有燃烧的感觉,当海浪冲到他们身上时会"弄湿"他们的衣服,体验新的、真实的感觉,如跌倒、振动、风、雨和扫腿。5D 影院设备主要依靠计算机数字所创建的 3D 场景,然后使用视觉效果渲染技术将 3D 场景划分为左眼图像和右眼图像。然后，这两幅图像通过投影仪投影到屏幕上，并在投影仪前面放置偏振板，对投影仪发出的光进行光学处理。然后，使用特殊的偏光眼镜将光线从投影仪中分离出来，使用户可以用左眼看到预设的左眼图像，用右眼看到预设的右眼图像，从而呈现出逼真的光学图像。

在影片播放的同时，通过专门设计的液压或气动底座，利用传感技术模拟3D场景的视角转换、车辆的颠簸感，甚至人物的动作，从而形成第四自由度。

在角色移动的同时，特效同步软件提取电影中预设的场景信息，通过集成电路板将数字信息转换为电信号，并控制各种环境特效设备，模拟电影的环境效果（如风、雨、雪、闪电、烟雾、气味、摩擦等），形成第五维度①。

（三）立体环绕声

环绕声最初是指人类听觉对空间声源位置的全空间立体声感知。只有环绕声才有真正的声音空间感。一般来说，立体声是指利用现代电声技术，在不改变扬声器位置的情况下，调整左右声道中每组扬声器对应的音量和相位，使每组扬声器在正面不同位置都有一个心理上的"声像"。关于环绕声，在后面再放置两个扬声器，这样每个声音组不仅在前面，而且在后面的不同位置都会有一个心理上的"声像"，形成全面的声音空间感②。

20世纪60年代是立体声的黄金时代。当时，"环绕声"一词在唱片公司或音频制造商的词典中并不存在。然而，在研究领域，研究人员已经产生了利用音乐厅的室内声音信息来建立逼真立体声效果的想法，并进行了相关实验。例如，Keith等人提出的"环绕声音响"系统是在听众身后放置两个或多个扬声器，以再现声场效果，这与今天的环绕声非常相似。然而，由于技术和设备的限制，这些实验研究并没有在市场上得到广泛推广。

① 黄迎春：《浅议动画电影仿真》，《电影评介》2009年第21期，第72—74页。
② 张宪荣：《工业设计辞典》，化学工业出版社2011年版。

> 20世纪60年代中期，多声道录音机的诞生引入了多声道录音方法。声音工程师可以使用多个声道进行录制，从最初的3个声道到24个声道，使独立录制环境信息成为可能，这对环绕声系统在音乐领域的推广也起到了至关重要的作用①。
>
> 当我们听环绕声作品时，我们会发现自己被音乐包围，仿佛置身于录音空间。我们不再是旁观者，即使我们不能参与，我们至少是一个内部观察者（至少在我们的感知中)②。

第二节　媒介使用的意识形态与注意类型

津巴多（Zimbardo）在《心理学与生活》一书中提出"意识既有助于生存，也让你认识到你是谁和你在世界中的合适位置"。那么，到底什么是意识？人们常见的意识形态有哪些？另外，注意是和意识紧密相关的一个概念，但又不同于意识，那么到底什么是注意？常见的注意类型又有哪些呢？

在媒介使用中，意识和注意的原理作为媒体对受众特性最基础的了解，对传媒的运转过程产生影响。本节内容将以人类的意识形态和注意类型的心理特性为切入点，逐步带领读者了解传媒如何将这一基本的心理学原理运用于自身的发展。

一　意识

（一）基本概念

在1892年出版的经典教科书《心理学》的第一页上，作者詹姆斯对心理学的定义是："心理学是对意识状态的解释和描述。"由此可见，最早的心理学研究已经涵盖了意识的内容。然而，到目前为止，人们还没有找到一个令人满意的意识定义，因为来自不同角度的意识总是指向不

---

① 王鑫、唐舒岩：《数字声频多声道环绕声技术》，人民邮电出版社2008年版。

② 莫伊伦：《混音艺术与创作（第二版)》，吴潇思、熊思鸿译，人民邮电出版社2009年版。

同的含义。

从心理状态的角度来看，意识意味着清醒、觉知等，它与无意识（如麻醉、睡眠）有关。从心理学内容的角度来看，意识包括一些可以表达的东西，比如你对某事的记忆和看法。从行为层面来看，意识是指受某种意图调节的动作或活动，而不是自动的反应。

1. 意识和觉知

清醒时的意识通常包括当时的感知、思考、情绪、意图和欲望，也就是你所关注的所有心理活动。从这个意义上说，意识在个体身心系统的整合、管理和调节中发挥着作用。相应的无意识，如睡眠中的梦、醉酒时的幻觉，以及所有处于无意识状态的心理活动，都可以称为无意识。

通常很容易理解什么是意识，但什么是无意识？

当谈到无意识时，人们必须追溯到这个概念的起源，这就是弗洛伊德的无意识理论。弗洛伊德开辟了无意识研究领域，在他之前，传统心理学只研究意识领域内的认知过程。他认为，一个人的心理结构包括三个部分：意识、前意识和潜意识，这就是意识的三结构理论。他的观点也构成了著名的"冰山理论"。

弗洛伊德的"冰山理论"认为意识是指个体目前所意识到的一切，是与直接感知有关的心理部分，是一种肤浅的心理活动，是一个人精神结构中非常小而脆弱的部分，就像海上的冰山一角。前意识是指尽管目前还没有意识到，但可以通过回忆转化为意识内容的一切，处于意识和无意识之间。潜意识是一个隐藏在水下的巨大物体，包含大量的想法、欲望和因与社会道德冲突而被压制的想法。但事实上，人类的大多数行为，尤其是自动化行为，不是由意识控制的，而是由潜意识决定的。

2. 意识的功能

当思考意识的存在能给人们带来什么时，其实是在思考意识的功能。进化心理学家认为，意识的最初功能是帮助个体生存，而意识可以帮助个体了解环境信息，并利用这些信息来计划最合适、最有效的行动。

首先，意识可以限制你的感知和注意力的范围，作为一种过滤手段，从而减少不相关刺激的输入。例如，当你全神贯注于阅读时，你可能会忽视厨房里烧焦食物的气味，因为你的注意力完全集中在面前的文本上。

意识也起着选择性储存的作用。当你遇到因出发时间不够早而错过火车的情况时，你可能会有一个深刻的想法："未来，每次乘坐火车，你都应该早点离开，以防止再次错过火车。"这就是意识如何选择性地存储你想记住和利用的刺激。

意识的另一个重要功能是停止你的想法，回顾过去的经历，总结模式来推断其他结果。当你需要在当下做出决定和采取行动时，意识可以唤醒过去积累的所有表征，以推进你的决定和行动，这就是意识赋予你的巨大潜力。

（二）几种不同的意识状态

1. 睡眠

一个人一生中大约有三分之一的时间是在睡眠中度过的，那么睡眠中的意识状态是什么？心理学通过脑电图（EEG）揭示了睡眠中大脑的活动。根据脑电图研究，睡眠可以分为四个阶段。

根据脑电图研究的结果，正常人从入睡到进入非快速眼动睡眠（NREMS），可分为四个阶段。当他们第一次入睡时，他们的身体放松，呼吸减慢，睡眠浅，很容易醒来，他们可以听到周围发生的事情。这是睡眠的第一阶段（约 10 分钟），称为朦胧阶段；然后进入第二阶段，属于轻度睡眠期（30—40 分钟）。轻度睡眠期是最长的睡眠期，这段睡眠时间占总睡眠时间的一半；随后，出现深度睡眠的第三和第四阶段，脑电图的波形变高、变宽，也称为 δ 波，导致肌肉进一步放松，有时伴有嗜睡、梦游等，导致睡眠沉重和意识丧失。

2. 催眠

催眠在人们心中一直充满着神秘感。在电影、电视剧和小说中，催眠师似乎能够对被催眠者施加巨大的力量。那么什么是催眠呢？"催眠"一词来自神话中的睡眠之神 Hypnos 的名字，但事实上，催眠和睡眠是完全不同的东西。上文已经解释了睡眠状态，催眠的广义定义是一种不同的意识状态，其特征是一些人具有对线索做出反应的特殊能力，并经历感知、记忆、动机和自我控制的变化。在催眠状态下，参与者对催眠线索的反应增强——他们经常觉得自己的动作可以在无意识中完成，或者不需要努力。

催眠的过程大致如下：它始于催眠师对被催眠者的催眠诱导，在一系列准备活动后逐渐减少外部干扰，引导被催眠者只关注暗示性刺激，并相信他们处于特殊的意识状态。经典的诱导活动包括想象特定的经历或可视化事件和反应，多次练习，获取诱导信号，并逐渐进入催眠状态。

当然，催眠的有效性取决于许多因素，除了上述的催眠诱导活动外，个体是否具有易感催眠体质也很重要。脑电图研究发现，高度催眠的人胼胝体前方的区域更大。津巴多在《心理学与生活》中提出：催眠的力量不在于催眠师的特定能力或技能，而在于被催眠者的相对催眠。处于催眠状态并不需要放弃个人控制；相反，被催眠的经历为个体提供了理解一些实施控制的新方法的机会，例如催眠训练参与者展示的控制，这使个体能够探索和塑造自己的意识[①]。

二　注意

（一）基本概念

1. 内涵

在心理学中，注意力的概念与意识密切相关。简而言之，注意力是心理活动或意识对某个物体的方向和集中。因此，要注意两个特征，即方向性和集中性。

什么是方向性？方向性是指选择一个对象而忽略其他对象的心理活动。例如，当你在电影院看电影时，你的注意力指向屏幕，或者人们的注意力集中在电影屏幕上演员的行为和语言上。在这一点上，人们将忽略坐在旁边的其他观众偶尔发出的声音。

什么是专注？注意力是指所选对象上剩余的心理活动的强度。例如，当外科医生进行手术时，他们会将注意力集中在当前的手术动作上，此时他们的感知等心理过程会高度集中在手术上。这时，他们会对与手术无关的事情视而不见，反映出注意力的集中。

2. 注意和意识的关系

在心理学中，注意力和意识是两个完全不同的概念，注意力决定了意识的内容。因此，与意识相比，注意力则更为主动和可控。注意力更像是一只推动的手，将某些物体推入意识。

---

① 理查德·格里格、菲利普·津巴多：《心理学与生活》（第 19 版），王磊译，人民邮电出版社 2014 年版。

　　注意力和意识密切相关，当人们处于注意力状态时，意识的内容相对清晰。从睡眠到觉醒，再到注意力，人们的意识状态处于不同的水平；即使一个人处于清醒状态，他们也不可能意识到所有的外部刺激。而注意力所指向的内容一般处于意识活动的中心，人类的意识相对清晰。

　　因此，注意力和意识是密切相关的，并且存在差异。它们本来是不同的心理过程，但也融入了人连贯的心理活动中。

　　3. 注意的功能

　　注意力的两个基本特征，指向性和集中性，决定了它的功能也是双重的。

　　首先，注意力的指向性决定了它的选择性功能。周围环境不断向人们传递大量信息。针对人们即将执行的任务，应注意选择性地接收与当前任务相关的信息，将更重要和有价值的信息置于次要信息之前，留下有用的信息，过滤掉无用的信息。例如，当急诊医生为患者提供急救时，他们会首先根据最危险的症状采取措施。

　　其次，注意力的集中性决定了注意力的保持功能。在选择了关注对象之后，在当前任务中保持注意力的需求会有所不同。在这一点上，人们可以根据任务执行注意力的强度和持久性。例如，同声传译员需要调动对客户谈话的高强度注意力。

　　4. 注意的类型

　　注意力包括两种类型：有意注意和无意注意。

　　无意注意，又称不随意注意，是指事先没有目的、不需要意志力的注意。在这种情况下，人们对需要注意的事情没有准备，对任务也没有明确的认识。注意力的唤起并不取决于意志力，而是主要取决于刺激本身的性质。例如，刺激的新颖性、强度、运动的变化以及刺激和背景之间的差异。当然，无意注意也受到主观因素的影响，如一个人对事物的需求和兴趣、积极的情绪态度、个人的情绪和精神状态、情绪和主观期望。不随意注意既有积极的影响，也有消极的影响。它可以帮助人们适应新的和不同的事物，对事物有清晰的理解，也可能分散人们对当前活动的注意力并干扰他们。

　　有意注意，又称随意注意，是指有预定目的的注意力，需要一定的意志力和努力。例如，学生在课堂上会有意识地努力将注意力集中在老师的解释上，这是典型的有意注意。

（二）注意的过滤说

布罗德本特（Broadbent）在 1958 年提出了注意的过滤器理论，这一理论认为，神经系统处理信息的能力是有限的。当信息进入神经系统时，它首先经过一个过滤机制，该机制只允许一部分信息通过并进行进一步处理，而其他信息则因被屏蔽而消失。这一理论也被称为瓶颈理论或单通道理论。

在双耳听力分离实验的基础上，提出了注意力过滤理论。所谓双耳听力是指让受试者的耳朵同时听到两个独立的声音。例如，在双耳听力实验中，预先确定参与者只叙述来自一只耳朵（跟随耳朵）的输入信息，而不叙述来自另一只耳朵的输入信息（非跟随耳朵）。结果受试者能够很好地识别来自跟随耳朵的信息，而他们通常无法识别来自非跟随耳朵的信号。因此，布鲁德本特提出，进入下一只耳朵的信息因被注意而被接受，而进入非下一只耳朵的信息因未被注意而不被接受。

意识的基本原理在媒介使用中的经典运用案例

广告传播中的催眠效应是意识形态原理在媒体研究中的经典应用。广告传播的催眠效应是指利用各种营销和传播方法，创造一个有利于产品推广和销售的环境，诱导受众发生心理变化，增强消费动机，并试图使消费过程处于潜意识的心理状态。

广告传播中催眠效果的构建经历了从"以产品为中心"到"以消费者为中心"的发展过程，迎合了消费者心理，使他们能够积极参与催眠的构建。这个传播圈的每一部分，包括广告商和消费者，都紧密而积极地参与到催眠效果中。中国国际催眠协会副秘书长蔡忠怀曾提出"世界上最大的催眠其实是广告"的观点。在《你，正在被催眠》一书中，作者指出了人们在新媒体下被无意识催眠的现状，其中一章是"你知道自己被广告催眠了吗？"系统地指出了现代广告的催眠作用，并以"今年节假日不收礼物，只收某礼物""某山泉有点甜"等流行广告语为典型案例，对广告的催眠效果进行了详细分析①。

虽然在广告业中并没有真正提出多少广告催眠效果，但关于广告催眠作为一种文化现象和心理策略有很多讨论。马歇尔·麦克卢汉在他的《理解媒介——论人的延伸》一书中，指出广告"是作为无意识的药丸设计的，目的是造成催眠术的魔力，尤其是给社会学家催眠。这就是广告潜移默化功能的一个侧面"。② 上海麦肯光明资深创意总监方少白先生也曾于2011年9月在上海戏剧学院做了一场题为"广告催眠术"的讲座，在讲座上他讲道："创造销售额是广告的最终目标。为了实现这一目标，每一个广告都会尽最大努力去改变人们的思想和行为。此外，重要的是，这是在消费者不知情的情况下进行的。在某种程度上，这也可以被认为是一种催眠形式。这是广告最大的力量，也是广告最神秘的部分。"③

注意的基本原理在媒介使用中的经典运用案例

（一）过滤器理论对媒介使用研究的启发

根据注意力过滤器理论，一个人所感知的信息是有限的。因此，在信息传播过程中，吸引受众的注意力是很重要的。

1960年，美国学者克拉克在《大众传媒效果》一书中就将受众的选择性心理归纳为选择性接触、选择性理解和选择性记忆三个方面，这三个方面就像保护受众的三道防线，从外到里依次环绕受众，抵御未选择的信息。

（二）无意注意在广告中的应用

在广告行业，有一句名言："良好的注意是成功推广的一半。"获得消费者的关注确实是产生广告效果的第一步。一般来说，广告往往会吸引消费者的无意注意力，正如本章之前在关注注意力类型时所提到的，无意注意力主要受刺激本身的性质的影响，如新颖性、

---

① 张殿元：《世界性广告消费主义的文化批判》，《中南民族大学学报》（人文社会科学版）2008年第2期，第171—174页。

② 李淑芳：《广告传播与拟态环境》，《广告大观理论版》2008年第1期，第33—38页。

③ 刘蓓：《现代广告的人文关怀探析》，硕士学位论文，苏州大学，2008年。

强度、运动变化以及刺激与背景之间的差异。因此，为了吸引消费者的无意关注，需要在广告刺激的属性上做出努力。

那么，大家如何才能关注广告刺激的属性呢？

1. 新异性刺激物

选择新颖，而非传统的刺激物作为广告形式和内容，让消费者眼前一亮。

2. 高强度刺激物

选择强度更大的刺激物，如广告的声响更大、光线更强等。

3. 变化的刺激物

变化和运动中的刺激物比起静止的刺激物更能引起消费者注意，如会动的玩偶优于平面海报。

4. 对比性刺激物

当某一刺激的颜色、形状、光线等属性与周围环境形成鲜明对比时，人们会更轻易地注意到它。

第三节　媒介使用的记忆与思维产生过程

你最早的记忆可以追溯到什么时候？那些记忆是否生动依旧？津巴多在《心理学与生活》一书中向读者提出这样的关切："请你想象一下，如果没有了关于过去的记忆——你认识的人或发生在你身上的事，将会变成什么样子？你将会不记得母亲的脸，不记得你最好的朋友是谁，也不记得拿到大学录取通知书时你飞上天空的好心情。没有了这些'时间锚'，你将怎样保持一种你是谁的感觉，如何形成你的自我同一性？如果你失去了记忆的能力，那么曾经在你的世界中发生的一切都会消失，就好像这些事件从来没有存在过，好比你的头脑里不曾有过任何想法一样。"记忆，它让过去浮现于当下，用经验塑造了每一时刻都在变化更新中的你自己。

记忆和思维是紧密相关的，记忆帮助人们认识事物的外在及内在联系，认识的过程需要依靠思维来进行。思维以感知觉和记忆为基础，它是一种更复杂和高级的认知活动。法国哲学家笛卡尔曾说："我思故我在。"那么，思维在人们的心理活动中扮演着怎样的角色，它又是如何铸造我们的存在？

在媒介使用研究中，记忆和思维的原理作为媒体对受众的重要特性的了解，对传媒如何作用于人产生启发。本节内容将以人类的记忆和思维的心理特性为切入点，逐步带领读者了解传媒如何将这一基本的心理学原理运用于自身的发展。

一　记忆

（一）基本概念

首先，在心理学中将记忆定义为人脑编码、存储和提取外部世界输入信息的过程。

编码相当于记忆的过程，这是记忆过程的开始。大脑以自己的方式对外来信息进行编码，形成记忆过程进入下一步的基础和前提。有不同类型的编码，包括视觉、听觉和语义编码，不同的编码方法对记忆有不同的影响。

存储是将编码信息保存在人脑中的过程。例如，知识在人脑中的存储方式是通过知识的表示。这种表示将当前信息与过去的经验联系起来，在记忆过程中形成中间环节，继续前一步的编码并推进下一步的提取。

提取是指从人脑中检索和提取所需信息的过程。如果编码和存储可以被视为"内存"中的内存，那么提取就是"内存"里的内存。识别和回忆是两种提取方法，识别是一种心理过程，当过去的经历再次出现时，可以识别和确认；记忆是在一定的激励下在脑海中重现过去经历的过程。例如，再次识别就像考试中的多项选择题，而回忆就像考试中的填空题。

记忆对人们来说价值最为重要。首先，作为一个基本的心理过程，它与其他心理活动密切相关。如果没有对过去经历的记忆，人们就无法形成基于感觉的感知，从而无法形成更高层次的心理过程，如思维、动机、决策和情绪。没有完整的心理过程，就无法成为一个功能正常的人。此外，记忆本身在个体发展中发挥着重要作用。当人们从小就需要发展行走、跑步和跳跃等运动技能时，他们必须对自己的动作形成经验记忆；当人们需要听、写、说等语言和思维技能时，就必须首先形成相关的经验记忆；更重要的是，当一个人发展出自己的性格特征或其他能力时，相关的经验记忆仍然是一个先决条件和基础。

（二）记忆的类型

1. 感觉记忆、短时记忆和长时记忆

根据记忆保持的持续时间，记忆分为三类：感觉记忆、短期记忆和长期记忆。感官记忆，也称为即时记忆，是感官信息到达感官的第一个直接印象。它只能在几十到几百毫秒的时间里保存来自各种感官的信息。在感觉记忆中，信息可能会受到关注，被编码以获得意义，并继续进入下一阶段的处理活动。如果没有被注意到或被编码它们将自动消失。

短期记忆，又称工作记忆，是信息处理系统的核心。感官记忆中的编码信息进入短期记忆，经过进一步处理，然后进入可以长期存储的长期记忆。信息在短期记忆中通常只持续 20 到 30 秒，但如果使用复述和分块等进一步加工的方法，信息可以继续保存。短期记忆存储目前正在使用的信息，在心理活动中发挥着至关重要的作用。第一，短期记忆起着意识的作用，使人们意识到自己当前的行为。第二，短期记忆使人们能够整合许多感官信息，使其更具整体性。第三，短期记忆在思考和解决问题中起着临时的寄存器作用。第四，短期记忆保存了当前的策略和意图。第五，工作记忆可以理解为一种短期记忆，因为短期记忆是指那些可以持续几秒钟到几分钟的记忆，而工作记忆的维持时间正好在这个范围内。如果只考虑信息的存储时间，可以说工作记忆只是一种特殊的短期记忆。工作记忆被认为是人类高级认知活动的核心基础，已成为神经科学领域的热点问题之一。工作记忆所维护的信息为随后的认知活动服务，基于这种存储方式的处理是这些认知活动的先决条件。例如，心算中的记忆是一种工作记忆。短期记忆的功能只是存储信息，存储的信息可能不会被下一次认知活动所应用。例如，当参观动物园时，会不小心想起动物园入口处盛开的迎春花。如果仅仅从信息存储的角度来看，工作记忆和短期记忆是相通的，但工作记忆在功能上比短期记忆有额外的信息处理功能。

长期记忆是指信息在经过充分的处理后，在脑海中保留很长一段时间，从一分钟到很多年，甚至一辈子。长期记忆就像一个巨大的存储空间，存储着人们未来可以使用的各种事实、表象和知识。长期记忆的容量几乎是无限的，在长期记忆中，信息可能会永远保存下来。长期记忆的来源大多是对短期记忆内容的复述，也有由于印象深刻而立即获得的。

2. 情景记忆和语义记忆

长期记忆可以分为两类，即情景记忆和语义记忆。情景记忆是指与特定时空情境相关的记忆，与个体的个人经历密切相关，受情境和时空情境的影响，具有一定的局限性。

语义记忆是指一个人对一般知识和规律的记忆，不受时间、空间和上下文的影响。语义记忆，如公式、单词、概念等的记忆，比情景记忆更稳定，因为它不受某些因素的影响。

3. 外显记忆和内隐记忆

在过去的 30 年里，记忆研究中最显著的成就是内隐记忆和外显记忆。外显记忆是指过去的经历在意识的控制下对现在的影响。它对行为的影响是个体意识到的，因此它也被称为有意识记忆。

内隐记忆是指过去的经历对当前任务的无意识影响，有时也称为自动无意识记忆，个体可能在无意识中产生。

4. 程序性记忆和陈述性记忆

程序性记忆是一种惯性记忆，也称为技能记忆，可能很难用语言描述。这种类型的记忆通常需要多次尝试才能逐渐形成经验，而这种记忆的使用通常不需要意识的参与。程序性记忆是指对如何做事的记忆，包括感知技能、认知技能和运动技能。程序记忆是关于如何做某事或刺激和反应之间联系的知识。例如，熟练地骑自行车、游泳、舞蹈等主要依靠程序性记忆的参与。

陈述性记忆是指对相关事实和事件的记忆。它可以通过语言教学一次获得。它的提取往往需要意识的参与，比如学生在课堂上学习的各种课本知识和日常生活知识，都属于这种类型的记忆。例如，如何推导数学公式、默写文言文、讲故事，都需要陈述性记忆的参与。

（三）记忆的脑机制

与记忆相关的四个主要的脑组织是小脑、纹状体、大脑皮层、海马组织和杏仁核。

1. 小脑

主要负责程序性记忆，这种记忆主要靠后天的重复，以及经典条件反射获得。

2. 纹状体

是前脑的一个复杂结构，是习惯的形成和刺激反应间联系的基础。

3. 大脑皮层

负责感觉记忆以及感觉间的关联记忆。

4. 海马组织

负责事件、日期、名字等的陈述性记忆，也负责空间记忆的巩固。

5. 杏仁核

在具有情绪意义的记忆的形成和提取中起着关键作用。

二 思维

（一）基本概念

前文中，已经介绍了感觉、知觉、注意力和记忆。这些基本的心理过程可以帮助理解事物之间的外部联系，也可以从事更高、更复杂的认知活动来理解事物之间内在的联系，这就是思维。法国哲学家笛卡尔曾说过："我想，所以我是。"在日常生活中，人们不能总是离开思维，因为它可以让我们学习知识和解决问题；分清是非，了解善与恶；探索未知，探索世界。思维的重要性使其成为心理学研究中的一颗璀璨明珠。

心理学对思维的解释如下：思维是一种高级认知形式，通过语言、外表或行为来总结和间接识别客观事物。它可以揭示事物的本质特征和内在联系，主要表现在概念形成、问题解决和决策等活动中。因此，思维的两个最重要的特征是一般性和间接性。

（二）思维的类型

1. 直观动作思维、形象思维和逻辑思维

直观动作思维，又称实践思维，是一种依靠直接感知并伴随实际行动的思维活动。实际行动是这种思维的支柱。例如，当技术工人在修理机器时，他们会检查并思考故障的原因，直到发现并解决问题。在这个过程中，行动思维占主导地位。然而，成人的运动思维是在经验的基础上实现的，并受到第二信号系统的调节，这与尚未完全掌握语言的儿童的运动思维有着根本的不同。

　　形象思维是一种利用现有表征的思维活动。表象是这种思维的支柱。表象是指当某件事不在个人面前时，出现在个人脑海中的形象。人们可以利用头脑中的这种形象来进行思考活动。它在儿童早期和小学早期非常突出。例如，儿童的算术加法不是对抽象数字的分析或合成，而是对手指或头脑中一定数量的苹果等物理表示的加法。形象思维仍然是青少年和成年人的主要思维类型。例如，要想更快地到达目的地，需要考虑到通往目的地的几条道路的具体图像，并使用这些图像进行分析和比较以做出选择。在解决复杂问题时，生动形象有助于思维顺畅。艺术家、作家、导演、工程师、设计师和其他人都依赖于高级视觉思维。学生需要更多的视觉思维来理解知识，并成为他们发展抽象思维的基础。

　　逻辑思维是通过概念、判断和推理来理解事物的本质特征和内部联系的一种方式。概念是这种思维方式的支柱。概念是一种反映事物本质属性的思维形式，因此抽象逻辑思维是人类思维的核心形式。科学家研究、探索和发现客观规律，学生理解和演示科学概念和原理，人们分析和解决日常生活中的问题，所有这些都依赖于抽象的逻辑思维。在某些学科中，公式、定理和规则的推导、证明和判断需要抽象的逻辑思维。

　　儿童思维的发展一般经历三个阶段：直观的动作思维、具体的形象思维和抽象的逻辑思维。当成年人解决问题时，这三种思维往往是相互联系、互补的，并共同参与思维活动。例如，在进行科学实验时，不仅要有高水平的科学总结，还要发展丰富的联想和想象力，还要通过动手操作来探索问题的症结所在。

　　2. 经验思维和理论思维

　　无论思维过程是基于日常经验还是以理论为指导，都可以分为两种类型：经验思维和理论思维。经验思维是根据日常生活经验判断生产和日常生活中的问题的一种方式。例如，人们对"朝霞不灭，晚霞行万里"的判断，孩子们根据自己的经验认为"鸟是会飞的动物"，其他事情都属于体验式思维。

　　理论思维是基于科学原理、定理、定律和其他理论来分析和判断问题。例如，根据"地球上所有物质都受到重力作用"的一般原理，来确定某种绿色植物的光合作用，科学家和理论家利用理论思维来发现事物的客观规律，教师用理论思维传授科学理论，学生用理论思维学习理性知识。

3. 直觉思维和分析思维

从思维方式来看，思维可以分为直觉思维和分析思维。直觉思维是人们在面对新的问题、事物和现象时能够快速理解和做出判断的思维活动。这是一种直接而富有洞察力的思维活动。例如，一些经验判断具有快速性和跳跃性等特点。

分析思维也是逻辑思维，遵循严格的逻辑规律，逐步推导，得出合理的、循证的结果。

4. 辐合思维和发散思维

当人们在现有信息的基础上，从狭隘的角度分析问题，并朝着某个方向、范围和组织进行深入思考时，这就是辐合思维。

相比之下，发散思维可以让你打开大脑，产生出许多新的想法。人们可以根据存储在记忆中的知识储备从多个方向思考，通过这种方式，他们可以获得多个问题的答案。

5. 常规性思维和创造性思维

常规性思维是指人们根据现有的模式思考和解决问题，如学生使用现成的公式来解决问题。这种类型的思维具有较低的创造力，不需要对现有知识进行重大重组，这些知识可以直接利用。

相比之下，创造性思维需要重组现有知识，并采用新的方式和方法来解决问题，例如开发新的工具和程序。这种类型的思维需要创造力，是人类思维的最高形式。

记忆的基本原理在媒介使用中的经典运用案例

（一）情景记忆与语义记忆理论对媒介使用的启发

如前文所述，情景记忆是指对个人亲身经历过的，在一定地点和时间发生过的事件或者情境的记忆，是零散的、经验的、具有故事性的。相较而言，语义记忆是对字词、概念、规律和公式等各种概括性知识的记忆，与一般特定事件并没有关系，语义记忆是系统的、有组织的、具有逻辑性的。

情景记忆的规律和特点如何运用在传媒中呢?

在新闻报道中,尤其是人物报道中,最好采用讲故事的方式,并将其与观众所经历和熟悉的事件相结合,这有助于加深观众对报道内容的理解和记忆。对于孩子来说,他们抽象的逻辑思维和知识存储都有局限性,情景记忆的作用更为突出。在儿童节目中,如果能根据儿童观众的记忆特征激活他们的相关情景记忆,肯定会比简单地使用语言推理更有效。

语义记忆的规律和特征如何在媒体中应用?

在新闻报道,特别是政策报道中采用清晰、合乎逻辑的叙事方法,并将其与观众已经掌握的概念和规律相结合,有助于加深观众对报道内容的理解和记忆。对于成年观众来说,他们已经具备了成熟的抽象逻辑思维能力,大量的单词、概念、规则、公式等都存储在了记忆中。如果能够在新闻报道中及时激活受众的语义网络,用简洁明了的逻辑语言描述政策内容,必将有助于加快受众的理解和记忆[1]。

(二) 记忆特性在传媒中的应用案例

2015 年"两会"期间,一组关于"小明看两会"的报道获得了"点赞"。报告用一个虚拟卡通人物"小明"来代表普通人,解读"两会"对"小明"生活的影响。

该小组报告的成功之处在于:首先,使用了"小明"这一观众熟悉的形象,唤起了观众共同的记忆,并立即增加了熟悉感。而"小明"的身份设定也很有代表性:年龄,二十几岁;工作经验,3年;职业,公共机构员工;地址:北京市东城区珠市口东街 5 号。其次,所讨论的对小明生活的影响关系到人民的切身利益,与人民的日常生活密切相关。相关报道首先解释了新政策,然后讨论了它对"小明"生活的具体影响。这种叙事方式改变了传统政策解读方式的模糊性,帮助受众回忆起自己的经历以及已经存储在脑海中的概念、规则等,从而促进受众对政策内容的理解和接受[2]。

---

① 方建移:《传播心理学》,浙江教育出版社 2015 年版。
② 方建移:《传播心理学》,浙江教育出版社 2015 年版。

思维的基本原理在媒介使用中的经典运用案例

（一）思维的基本原理在推理类综艺节目中的应用

推理类综艺节目是将观众的思维特征运用到媒体中的典型代表。截至 2022 年 3 月，中国共有 22 档推理类综艺节目。为了避免观众在观看节目时产生审美疲劳，制作人通常会选择增加节目的游戏规则和脚本的难度，或者邀请不同的嘉宾录制节目来创造节目效果。然而，如果程度没有得到很好的控制，就会导致程序的重点转移。基于推理的综艺节目需要以"推理"为核心进行内容创新，把握"推理"与"娱乐"的平衡，不能为了顺应潮流而娱乐至死，背离了节目的初衷。在创造节目效果之前，有必要澄清是否有助于推理，不要为了追求难度而填写与案件无关的内容。高质量的推理类综艺节目应该关注如何在内容上打开观众的推理思路。将观众融入节目互动，引导他们调动分析性、收敛性、发散性、创造性和其他不同类型的思维，主观地参与节目①。

（二）思维的基本原理在知识问答类节目中的应用

中国最早的知识问答类节目出现在 1980 年。当时，广东电视台率先推出《"六一"有奖智力竞赛》。1981 年，中央电视台开始举办《北京中学生智力竞赛》。20 世纪 80 年代中后期，电视益智类节目开始盛行，如中央电视台的《法律在身边——"二五"普法特别节目》、地方台的《民族知识竞赛》《规范用字用语知识竞赛》等。

这种类型的知识问答节目在呈现给观众时会产生悬念效果，让他们无意识地参与到积极思考的过程中。在观看电视节目时，观众会因节目效果而自发地调动自己的各种思维过程。这样做的结果是，观众会因为参与度高而对此类节目"上瘾"，他们的思维受到刺激，情绪也受到刺激，给节目留下深刻印象。这类节目的传播效果自然是极好的。

---

① 邓肯、陆楠茜：《国内推理类网络综艺节目的现状、困境及对策》，《传媒》2023 年第 1 期，第 1—43 页。

第四节 媒介使用的行为动机与决策

当你驻足在冰淇淋店的柜台前，是选择草莓味还是巧克力味的冰淇淋？当闹钟响起，本来想赖床的你，却翻身起了床，这是为什么？生活中有无数个需要做出选择的时刻，从穿哪一件衣服，到选择什么职业，而你为什么会做出那样的选择呢？当你思考为什么的时候，你已经触及了动机的核心问题。而当你真正做出决定，意味着你刚刚经历了一个决策的过程。在心理学中，动机和决策总是相伴而行，决策是动机的产物，它们同属于人类高级的心理过程。

一 动机

（一）基本概念

动机是一个通用术语，指的是引起、指导和维持生理和心理活动的所有过程。这个词来自拉丁语中"倾向"的意思。不仅是人类，所有生物都倾向于某些刺激和活动，并远离它们，这是由它们的偏好和厌恶决定的。动机理论解释了这种普遍模式。

（二）驱力与诱因

心理学家霍尔（Hall，1884—1952）认为重要的行为是由内驱力触发的，内驱力是一种对动物生理需求做出反应的内在状态。当人们饿的时候需要吃东西，当人们渴的时候需要喝水。这就是驱使我们做出相应行为的原因。

行为不仅受到内部驱动的影响，还受到激励的驱动，激励是指外部刺激和奖励。例如，你为什么要熬夜工作，为什么要看那些你知道会引起焦虑和恐惧的电影？这些行为可能不是由内部驱动引起的，而是由内部动机和外部动机的共同作用所引起的。

（三）本能与学习

在心理学领域，早期的人类功能理论夸大了本能在人类中的作用。除了饮食和性行为的本能，人类还受到许多社会本能的驱动，如同情、谦逊、社交和爱。后来，行为主义学派提出了相反的观点，用行为实验来证明重要的行为和情绪不是天生的，而是通过学习获得的。大多数人类行为模式都是刺激—反应联系。

班杜拉（Bandura）的社会学习理论侧重于观察学习和自我调节在触发人类行为中的作用，强调人类行为与环境之间的互动。班杜拉认为，这是为了探索个体认知、行为和环境因素及其相互作用对人类行为的影响。他还指出，行为主义的刺激反应理论无法解释人类的观察学习现象。因为刺激反应理论无法解释为什么个体会表现出新的行为，以及为什么个体在观察到典型行为后的几天、几周甚至几个月才能表现出这种后天行为。因此，如果社会学习完全基于奖惩，那么大多数人就无法在社会化过程中生存。班杜拉的社会学习理论强调这种观察学习或模仿学习。在观察和学习的过程中，人们获得示范活动的象征性表征，并指导适当的操作。

（四）动机心理学的经典理论

1. 马斯洛的需求层次理论

美国心理学家亚伯拉罕·马斯洛（Abraham H. Maslow）从人类动机的角度提出需求层次理论，该理论强调人的动机是由人的需要决定的。此外，在每个时期，都有一种需求占主导地位，而其他需求处于次要地位。这些需求自下而上，分为五个层次：人类生理需求、安全需求、归属与爱、尊重需求和自我实现需求。需求是以从低到高的顺序方式形成和满足的。例如，在马斯洛看来，饥饿的人需要的是找到食物和饱腹感；一个缺乏安全感的人需要安全感；归属感的需求、爱和尊重的需求也是如此。如果需求得不到一定的满足，就会存在缺陷；自我实现是最高层次的需求，只有真正满足低层次需求的人才有自我实现的需求。

2. 归因理论

成就需求并不是影响一个人动机的唯一变量。判断某种结果的原因，即归因，可以对动机产生重大影响。归因理论由社会心理学家海德（Heider）于1958年提出。归因是指分析一个人或另一个人的行为并推断这些行为的原因的过程。归因风格影响未来行为和动机的强度。海德认为，事件的外部原因有两个：一是内部因素，如情绪、态度、性格、能力等；二是外部因素，如外部压力、天气、形势等。

海德认为人们不断进行因果分析的部分原因是因为他们试图充分理解社会。他们所做的是找到他们行为背后的因果关系。大多数归因分析的主要问题是澄清人们行为的原因（内在的或特质的原因）还是情境的原因（外在或情境原因）。

凯利（Kelly）在海德的思路基础上提出了协变模型，该模型指出，如果一个因素出现，可以看到一种行为，如果该因素没有出现，就看不到该行为，那么人们就会将该因素归因于该行为的原因。在对事物进行归因时，人们应该考虑三个特殊的信息：刺激对象、主体和上下文。基于以下三类信息的协变，可以准确预测人们的归因结果。

特定信息：也称为判别信息，是指行为主体的反应是否只对应于特定的特征上下文。高特异性意味着受试者只对特定的刺激对象做出反应。例如，小明只对烤鸭流口水，对其他食物不流口水。低特异性意味着受试者不仅对某个刺激对象有反应，而且对其他刺激也有同样的反应。例如，小明对所有的食物都垂涎三尺。

共同信息：也称为共同反应，是指不同的行为主体对特征情况是否有相同的反应。高度共性意味着不同的人对某个刺激对象有相同的反应。例如，刚上桌的烤鸭引起了桌上所有人的注意，除了小明，其他人都流口水了。低共性意味着其他人对刺激对象的反应与受试者对刺激物体的反应不同。例如，刚上桌的烤鸭只吸引了小明流口水，而其他人则没有流口水。

一致性信息：指同一受试者在不同情境下的反应是否一致。高一致性意味着受试者对刺激对象的反应在不同的情境下是相同的。例如，无论何时何地，小明都会流口水。低一致性意味着受试者对刺激对象的反应仅限于该时间。例如，只有在这一刻，小明才会为烤鸭流口水，其他时候他都不会为烤鸭流口水。

刺激对象具有高度的特异性、共性和一致性。例如，小明不会对其他食物垂涎三尺，只对烤鸭流口水的行为则说明了特异性，而烤鸭吸引了所有人则为共同反应。无论何时何地，小明看到烤鸭都会流口水，这几乎意味着流口水是因为烤鸭很好吃。

低特异性、低共性和高一致性归因于受试者。例如，小明对所有的食物都流口水，而其他人则不会对烤鸭流口水，这是低特异性和低共性的表现。小明一看到烤鸭就流口水，这几乎意味着流口水是小明个人的原因，且具有高度的一致性。

高特异性、低通用性和低一致性归因于上下文。例如，小明不会在其他食物上流口水，其他人也不会在烤鸭上流口水。小明此刻只在烤鸭上流口水，这几乎意味着此刻的情况与往常不同，说明他在此时此刻的场景下具备了高度的特异性。

二　决策

(一) 基本概念

什么是决策？晚饭吃什么，孩子上哪所学校，大学选择什么专业，购物时选择产品 A 还是产品 B。以上需要你在多个选项中做出选择的过程，都是决策。决策就像站在岔路口选择哪条道路继续行进，人生中密密麻麻的大小决策共同构成了你独一无二的人生轨迹。

显然，决策的好坏直接影响到行动的效果。家庭的决策影响家庭的物质和精神状态，企业的决策影响企业效益，国家决策影响国家发展。因此，研究决策，是心理学领域的重要课题。

(二) 风险决策和确定性决策

确定性决策是在一定条件下对替代方案做出选择的过程。例如，购买产品 A 还是产品 B？目前，A 和 B 产品的价格、性能、外观等都是已知的，所以你只需要根据自己的喜好选择 A 或 B。这种类型的决策是在相对确定的条件下做出的。

风险决策是在不确定的条件下做出选择的过程。当你不清楚一个选项的成功概率，也不知道做出选择后会面临什么风险时，风险决策比确定性决策更困难，这也是心理学研究的重要对象。

(三) 决策心理学的经典理论

1. 古典决策理论

经典决策理论基于"经济人"假说，认为决策问题应该从经济学的角度来看待，即决策的目的是为组织获得最大的经济利益。经典决策理论的基本假设是，作为决策者的管理者是完全理性的。决策环境条件的稳定性可以改变，在决策者充分了解相关信息和情报的情况下，可以做出实现组织目标的最佳决策。经典决策理论的内容是，决策者必须全面掌握与决策环境相关的信息和智力；充分了解替代解决方案的情况；建立合理的自上而下的执行命令的组织体系；决策者做出决策的目的总是为了使组织的经济利益最大化。

2. 行为决策理论

古典决策理论忽视了非经济因素在决策中的作用，这一理论不一定能指导实际的决策活动，逐渐被更全面的行为决策理论所取代。行为决策理论始于阿莱斯（Ales）悖论和爱德华（Edwards）悖论的提出，这为理性决策理论难以解决的问题开辟了新的途径。

行为决策理论的一般研究范式是提出关于人们决策行为特征的假设：证实或证伪所提出的假设，然后得出结论。这决定了行为决策理论的发展与决策行为的研究和研究方法之间应该有一些密切的联系。行为决策理论批评了将决策视为一种定量方法和固定步骤的片面性，主张将决策视为一种文化现象。例如，在对美国和日本企业决策差异的比较研究中发现，东西方文化的差异是一个不可忽视的原因，从而创建了一个跨文化的决策比较研究。行为决策理论主张将决策视为一种文化现象，决策不应只遵循固定的程序，而应根据组织外部环境和内部条件的变化及时进行调整和补充。

3. 期望效用理论

期望效用理论认为，可以使用严格的数学方法来解释决策者对效用的偏好，该理论的基本假设是决策者会追求效用的最大化。

但后来的研究表明，在实际情况下，人们的决策并没有完全遵循预期效用理论。例如，当你有两个选项时，第一个选项有80%的机会获得8000元，第二个选项是你肯定会获得6000元。如果期望效用理论被用来推断你是如何做出决定的，那么你往往是第一选择。但事实是，大多数人会倾向于选择第二种。

4. 前景理论

由于期望效用理论不能很好地解释人们的决策行为，因此诺贝尔经济学奖获得者，美国普林斯顿大学教授丹尼尔·卡内曼提出了前景理论。他发现人们在面对得失时的风险偏好不一致，在面对"失"时表现出风险追求，而面对"得"时却表现出风险规避；参照点的设立和变化影响人们的得失感受，并进而影响人们的决策。

在《赌客信条》一书中，作者孙惟微将前景理论归纳为5句话：

（1）"二鸟在林，不如一鸟在手"，在确定的收益和"赌一把"之间，多数人会选择确定的好处。所谓"见好就收，落袋为安"。称之为"确定效应"。

（2）在确定的损失和"赌一把"之间，做一个抉择，多数人会选择"赌一把"。称之为"反射效应"。

（3）白捡的 100 元所带来的快乐，难以抵消丢失 100 元所带来的痛苦。称之为"损失厌恶"。

（4）很多人都买过彩票，虽然赢钱可能微乎其微，你的钱 99.99% 的可能支持福利事业和体育事业了，可还是有人心存侥幸搏小概率事件。称之为"迷恋小概率事件"。

（5）多数人对得失的判断往往根据参照点决定，举例来说，在"其他人一年挣 6 万元你年收入 7 万元"和"其他人年收入为 9 万元你一年收入 8 万"的选择题中，大部分人会选择前者。称之为"参照依赖"[①]。

前景理论赞同启发式策略研究理论，认为人在决策时采用的启发法主要有：代表性启发法、易得性启发法和锚定与调整启发法。

动机和决策的基本原理在传媒中的经典运用案例

（一）归因理论对传媒的启发

美国心理学家韦纳（Weiner）及同事在奥地利社会心理学家海德的研究基础上，提出了成就归因模型，创造性地使归因理论和动机理论结合起来。该模型认为，一个人成功或失败的原因在于控制点、稳定性和可控性的共同作用。当一个人将自己的失败归因于内在能力不足时，可能会导致习得性无助。

"习得性无助"缘自美国心理学家塞里格曼（Seligman）做的那项经典实验：起初，一只狗被关在笼子里，蜂鸣器一响，它就受到了痛苦的电击。因为它被关在笼子里，无法逃脱电击。经过多次实验之后，新一轮实验开始，蜂鸣器响起，在电击之前，笼子的门被打开了。这时，这只狗不仅没有逃跑，还躺在地上，不等电击出现，就开始呻吟和颤抖——它本可以自己逃跑，但却拼命等待疼痛的到

---

① 孙惟微：《赌客信条》，电子工业出版社 2010 年版。

来，这就是"习得性无助"。

在媒体沟通中应避免错误归因。习得性无助的根源在于人们的归因方法。如果一个人的习得性无助和社会的习得性失望重叠，就会导致自暴自弃、破罐子破摔、同归于尽的冲动。

此外，在媒体传播中，应该改变对成功标准的不当宣传。近年来，金钱几乎被视为影视剧成功的唯一标准，这些所谓的成功人士进入高端场所进行高消费。在这种交流的氛围中，社会变得渴望金钱、虚荣和焦虑。因此，在媒体中，应该注意宣传正能量，例如展示各种成功模式，而不是宣传单一的金钱重点。

（二）内部动机和外部动机理论对传媒的启发

对外部动机的研究表明，通过奖惩激励人们的外部动机有利于加强主体的相关行为。例如，在杭州推广垃圾分类政策时，采取了实名制、媒体曝光实物奖励等奖惩方式，使该政策得以快速有效地推广和实施。当然，外部激励的有效时间并不长，所以应该抓住机会。如果奖励和惩罚不够，外部动机的作用可能会很快失去。

在传播过程中，捕捉观众的内在动机也尤为重要。鼓励公众参与，激发他们的主观能动性，也是公共政策顺利实施的理想途径。例如，"城市是我家，环境靠大家"的口号吸引了观众进入社会管理者的圈子，激发了他们的主人翁意识。此外，这种方法不仅促进了政策的实施，而且使公众更有能力承担所涉及的风险。

（三）成就动机理论对传媒的启发

麦克利兰（Mc Clelland）认为，社会成员的整体成就动机水平与社会的整体发展水平密切相关。

第一，在当前形势下，媒体应动员各种社会力量，积极传播正能量。媒体应该以鼓励人民为目标，创造努力工作的社会氛围。

第二，成就动机理论长期以来一直告诉大家，中等难度的任务可以最大限度地提高个人的成就动机。因此，人们应该设计难度适中的任务，比如在杭州实施垃圾分类时，将四部分法简化为干湿两部分法，这样才不会让公众感到过于复杂和困难。另外，媒体也应该加强人们的成功经验，传播积极的案例。

第三，媒体应该引导人们正确归因，对于个人来说，引导他们根据自己的努力程度进行归因。对社会来说，避免从稳定和不可控的外部因素中寻找原因，有利于社会的稳定和发展。

第四，成就动机认为，当人们看到与自己相似的人取得成功时，他们会受到鼓舞，激发更强的内在动机。因此，在媒体过程中，塑造"隔壁大哥"这样的形象可以拉近观众与社会榜样之间的距离，从而诱发更多积极的模仿行为。这种宣传是有效和有力的。

第 五 章

媒介使用的情感心理与行为

在媒介使用的过程中,我们传播和接收到的不仅是传播内容中的信息,更包括其中蕴藏的传播者本身的认知、态度以及情感,后者对我们行为的影响甚至有时会大过信息内容本身。前文针对媒介使用中的认知心理与行为我们做了简要的介绍,下文将以情感视角,从情感的基本知识和理论入手,对目前媒介使用的关键性情感问题进行分析和探讨,理论与实践结合,更清晰地展现媒介使用过程中的情感心理与行为机制。同时对个人情感和集体情感两个概念与相应理论进行简要介绍,结合具体实例,从媒介使用角度为情感社会治理提供一些思路与思考。

第一节 媒介使用的情感主义理论

一 情感的概述

情感是学术研究与社会生活的一个重要概念,类比人类物理生存中必不可少的空气,情感可以视作人类社会生存不可或缺的"社会空气"。从个人角度,个人没有了情感将无法感受到喜怒哀乐,无法产生爱憎,彻底失去"灵魂",变成有生命却无生气的"机器人";从社会角度,在没有情感的社会中人与人之间将失去连接,道德等柔性规则将全面崩塌,刚性的规则与程序在面对复杂的社会生活时会瞬间失灵,社会将难以为继。情感"社会空气"的属性不仅体现在它的重要性,亦体现在它的复杂性。因此,目前学界对情感的概念内涵并没有达成统一的意见。不过幸运的是情感的生理和社会双属性使情感研究有脉络可循,大致可以分成两个方向:其中一个方向是从神经生物学出发,在认知心理学与神经科学的理论、方法及结论的基础上，探讨情感对个体内在信息处理过程的影响；另一个方向则是沿着社会文化的路径，以社会心理学和社会学的研究为依据，关注的是个体情感与社会整体之间的关系①。因此，考虑到媒介使用主要发生在人与人、人与社会之间的互动层面上，后文主要从第二种方向的视角来介绍一些观点和成果，并对情感相关概念进行一定的补充。

（一）情感的概念界定

情感存在于我们日常生活的方方面面，在社会、心理、政治、人类发展等方面都有重要的研究价值。因此，心理学、社会学、人类学等多个学科都进行了情感方面的研究，但他们对情感的概念以及其内涵和外延的理解却有所不同。在心理学领域，情感和情绪概念比较模糊，在一些研究中两者往往表达相同的意思或者同时进行使用，具体的联系与区别将在下一部分进行详尽的介绍，在这里主要介绍情感中不与情绪相容的概念内涵。在心理学词典中，情感被定义为"人们对客观事物是否满足其需求的态度体验"②，在传统哲学心理学中与认知（cognition）和意志（volition）共同被划分为心理的三个功能，具有稳定性、深刻性和持久性的特点，有高级的社会意义和社会属性。由此，根据它的内容，国内主流心理学将其分为道德感、美感和理智感③。道德感是指人们从社会道德规范出发，用道德原则感知和评价自己和他人言行时所产生的情感体验。比如，当我们在看法制节目的时候，我们会对那些罪犯产生憎恶、嫌恶的情感；而对抓捕罪犯的警察则显示出敬佩、赞美之情。美感则是人们根据一定的审美标准，对客观事物、行为及艺术作品进行评价时产生的情感体验，分为自然美感、艺术美感和社会美感三个方面。比如，当我们看到美丽的夕阳、凡·高的《向日葵》、青春靓丽的少女所产生的欣赏、愉快的体验。理智感是人们在探寻真理、获取知识过程中认识和评价事物时所产生的情感体验。比如，我们探寻真理过程中在瓶颈期所

---

① 徐明华：《情感传播：理论溯源与中国实践》，社会科学文献出版社2021年版。

② 黄希庭、杨治良、林崇德：《心理学大辞典（上下）（精）》，上海教育出版社2003年版。

③ 张朝、林丰勋等：《心理学导论》，清华大学出版社2017年版。

产生的低落和沮丧，以及探索成功后获取到知识的喜悦。总之，心理学上的情感概念包含了态度和体验，承载了个体的价值观和情绪感受，具有很强的社会属性。

在社会学和人类学领域，情感总是与社会关系和历史文化交织在一起。法国的社会学家、人类学家爱弥尔·涂尔干（Émile Durkheim）认为情感是一种社会事实，不受个人意志的影响，它来自于集体并在社会情境中表现出来。他将情感分为集体情感和个人情感，强调集体情感对社会规范、社会团结的重要作用。在其关于哀悼的解释中可以看出他对情感和情感表达的认识："哀悼并不是因为骤然失去亲人而受到伤害的私人感情的自然流露，而是群体强加给他们的责任。一个人流泪，不仅仅是因为他很悲伤，而是因为他不得不这样做。"[①] 英国人类学家雷蒙德·弗思（Raymond Firth）把情感与文化相联系，认为情感是一种文化现实，是一种被社会建构的现象，它通过文化传承和社会交往而形成与发展，因此不同的文化和社会背景会对情感的表达和理解产生影响。总之，社会学和人类学把情感和社会规范、社会文化结合在一起，强调了其中的集体性质和社会性质。媒介使用研究整合了心理学、社会学和人类学的情感概念，既包括个体在社会过程中的情感体验和表达，又注重社会关系和文化背景对情感的影响。

（二）情感与情绪

情感和情绪的关系就像一对异卵双胞胎，虽然都是一种基于个人需要是否满足而产生的态度体验，但是情绪偏向于生理需要的满足情况。例如我们看到老虎会害怕，吃到好吃的食物会开心；情感则更偏向于社会需要的满足情况。例如我们对祖国的爱和民族身份的认同让我们产生爱国感，对社会秩序的维护让我们产生正义感。正是因为有这样的不同，所以相比于情感而言，情绪的情境性会更强，持续的时间会更短。另外由于生理需求一般出自原始本能，所以情绪虽然持续时间短却很难在发生期间进行控制。例如小孩子会因为挨饿哭闹，这期间如果不能给他提供食物，他的情绪就会一直低落并吵闹，而一旦吃饱了他又会开心地玩

① 扬·普兰佩尔：《人类的情感：认知与历史》，夏凡、马百亮译，上海人民出版社2014年版。

起来；而情感往往相反，它更多基于人们的内隐态度和价值观，所以一般具有较强的稳定性和深刻性。比如当我们和家人的观念产生分歧的时候，即使会产生愤怒和伤心的情绪，但我们对他们爱的情感却不会改变。除此之外，因为情绪的生理性特征和情感的社会性特征，情绪在刚出生的婴儿和动物身上也有所表现，但是情感却是为人类所特有的，需要在人的社会化过程中不断产生、发展。

情感和情绪虽然在以上的叙述中表现出明显的不同，但是就像开篇的比喻一样，他们就是一对双胞胎，有着紧密的联系。一方面，由于生理性和社会性的先后顺序，情感需要在情绪的基础上才能发展，离开具体的情绪，情感就无法进行表达。例如，面对罪犯犯下的暴行，我们会先产生愤怒的情绪，而后厌恶、憎恶的情感才会被激发。另一方面，情绪也依赖情感。相同的刺激源会因为情感的不同而产生不同的情绪。例如面对同样的难题，具有理智感和求知欲的人就相对没有那么焦虑和愤怒。总之，情绪和情感是同一株树上的两根枝蔓，一根指向生理，一根偏向社会，但本质上都是基于需要产生的态度体验。在媒介使用研究中，我们既要关注瞬时的情绪，也要重视稳定的情感。同时由于它们的同枝关系以及部分英文翻译的问题（emotions 和 emotion 有时既会被译为情绪又会被译为情感），情绪和情感会出现混用的现象，在一种理论或一项研究中往往会相互交杂，互融互通。故而在后续的情感理论介绍中也会夹杂着一些情绪理论。总之，无论情绪和情感有什么区别，它们在媒介使用研究中都发挥了重要的作用。

二 符号互动论的情感理论

符号互动理论是社会心理学的重要理论[1]，由美国社会学家、社会心理学家米德（Mead）奠基并创立，由他的学生布鲁默（Blumer）于 1937年正式提出。在米德的著作《心灵、自我和社会》的译本中，译者霍桂桓对米德的研究做了简要概括——"以主体意识问题为突破口，以实用主义哲学立场为出发点，从进化论和行为主义视角予以探讨个体通过运

---

① 黄旦、李洁：《消失的登陆点——社会心理学视野下的符号互动论与传播研究》，《新闻与传播研究》2006 年第 3 期，第 14—19、93 页。

用语言符号进行社会互动（social interaction）而形成其心灵和自我，并对社会进化产生主动影响的双向过程。"由此可以归纳出米德研究的三个支撑点，即自我、语言符号、社会互动与进化。自我理论是他研究的核心出发点，在他的自我理论中，他从发展心理学的角度进行了探索，以心灵代表未发展的自我，通过玩耍、游戏、承担角色（role-taking）等重要发展过程论述了个体自我从婴幼儿时期直到成年所经历的社会化过程的诸多阶段，突出强调了作为有意味的符号的语言在自我概念的发展、传播社会习俗并使之内化过程中所发挥的重要作用，得出个体自我是通过社会化形成的，"主我"和"客我"两个自我相互影响，在社会互动中发挥不同的作用，并对社会产生重要的影响①。情感在米德的符号互动论中较少被直接提及，在《心灵、自我和社会》一书中，仅在"社会"一章中提到伦理情感，米德表示：

> 任何一个希望自己的行为合乎伦理道德的人类个体，都必须使自己实现与有组织的社会行为模式的整合……像正确、善良、有德行的行为都与这种社会行为模式相一致……这个事实就是与良心——与"应当"和"不应当"——有关的深厚的伦理情感的基础：就我们在各种既定的社会情境中进行的行为举止而言，我们全都在不同程度上具有这种伦理情感。简而言之，个体自我所具有的这种关于他依赖这个有组织的、他本人所从属的社会或者社会共同体的感觉，就是他的责任感（以及一般说来，他的伦理意识）的基础和起源。

米德的符号互动论以"主我"和"客我"两个自我与社会、团体的整合为主旨内容，强调伦理情感在个体自我意识形成和社会化中的重要作用，但他对情感的直接关注较少，没有分析情感相关的动力机制。美国的社会心理学家库利（Cooley）则将情感动力机制引入符号互动论，提出建设性的情感互动理论。他认为人是社会整体的一部分，人必须与社会相联系，生命才有意义，因而对情感的框定也必须基于社会意义。根据达尔文的进化论，库利将生命分为生物遗传生命和社会遗传生命，由

---

① 郝伯特·米德：《心灵、自我和社会》，霍桂桓译，北京联合出版社2014年版。

此将情感分为本能性情感和社会性情感。他提出情感的基本特征表现为社会性，这种社会性的实质内容就是人际交流过程①。因此，相比与直觉性行为有关的诸如愤怒、恐惧等本能性情感，社会性情感更为重要，它是"社会自我"或者称"镜中我"——个体在与他人的互动中，通过感知他人对自己的印象、评价以及自我对这种态度与评价的感受认识自己，产生"自我"——的感受，换句话说就是社会性情感依赖于社会经验积累，依附于约定俗成的社会认可特征，人们通过与社会中的他人交互获取别人的（消极/积极）"评价"，从而对自己的行为产生（消极/积极）社会性情感，这种情感促进人们进行反思，形成经验，内化成为自我的认知，在下一次情境中情感会帮助人们进行行为决策，促使人们进行活动。举个例子来说，小时候我们帮助老奶奶过马路，会获得老师与同学们的赞许，由此我们产生了自豪感和正义感，定义自己是一个乐于助人、正义正直的人，从而以后我们一遇到这种相似的情境，我们的正义感就会被激起，促使我们去帮助他人。在这个例子中，自豪感和正义感就是积极的社会性情感。由此，我们也能看出社会控制在互动过程的重要意义。库利还提出了"情感互动"的概念，认为情感互动就是人怎样有意义地进入另一个人的情感世界的问题，由此他将社会行为的共情引入了研究，认为人类在交往的过程中，常常通过语言、眼光或其他符号产生对彼此的理解，从而获得共同的观念或情感，但在整个过程中必须要有共情的升华。总之，库利认为情感的社会性在人际互动中有重要的作用，情感互动过程由姿态和语言（符号）的交换行为（即共情行为）所构成②。情感发生的前提是个体意识到自己和其他个体是维系在一起的，社会自我（即镜中我）支配着情感的反应和特点。

符号互动理论后续还在演变和发展，如舍夫的情感心理分析理论、特纳的心理互动分析理论，但符号互动理论的思想根基还是米德和库利的研究，他们对自我的理解和社会情感的叙述对媒介使用研究产生了重

---

① 郭景萍：《库利：符号互动论视野中的情感研究》，《求索》2004 年第 4 期，第 162—163 页。

② 李文跃：《教学符号互动：课堂情感机制生成的重要路径——符号互动论的视角》，《现代大学教育》2013 年第 6 期，第 7—13、78 页。

要的影响，对自我与社会的关系、社会性情感的内涵及产生机制、有意义符号在情感传播中的作用等基本问题做出了一定的解释，为目前的媒介使用研究中的一些具体问题，如网络言论极化等提供理论参考和干预思路。

三 互动仪式链论的情感理论

科林斯（Collins）在涂尔干（Émile Durkheim）、戈夫曼（Goffman）等人关于互动仪式研究的基础上提出了互动仪式链理论，对互动仪式的情感动力机制进行了分析。科林斯认为社会结构的基础是"互动仪式链"，"互动仪式链"将微观社会和宏观社会相连接。个人首先在与他人交往和社会互动的具体情境中不断与不同的人接触，将交往链无限延伸，从而形成了互动的结构，并且随着具体情境的转变、人际互动频次和社交范围的扩张，进一步延展，就将这种交互变成了更为宏观的社会结构。通俗一点来说，就是在特定的情境内，个人与其形成的社会网络组成微观情境，微观情境相互交错从而形成宏观模式。有关情感在这其中的作用，科林斯吸纳了法国社会学家涂尔干在仪式研究中的一些概念和模式。例如涂尔干曾提出的"集体兴奋"概念——仪式的开始一般伴随着情绪要素（包括愤怒、恐惧、喜悦、悲伤、沮丧等基本情绪）的一种或几种，在共同的仪式下人们进行互动，从而在稳定的仪式框架下增强了这些情绪和情感，变成了共有的兴奋，即"集体兴奋"，后续这些情绪和情感被深化升华，形成了归属感等集体感情，增强了群体间的团结。例如我们在进行升旗仪式的时候，会产生一种敬畏、自豪的情绪，这种情绪在升旗这种集体仪式中被增强，最终升华为集体性的爱国感和民族认同感。

根据涂尔干的说法以及科林斯本人提出的互动仪式链概念，科林斯提出了相互关注/情感连带模型，认为人们会因为时间、地理等自然空间的转变，从一种际遇到另一种际遇，在这个转换过程中人们形成不同的互动仪式，并且互动者在离开一种际遇后符号资本和情感能量将会融入互动者本人，成为下一情境中的一部分。由此，科林斯指出互动仪式理论的核心机制是互相关注和情感连带，在中文版《互动仪式链》① 的译者前言中，林聚任描述道："柯林斯认为互动仪式理论的核心机制是，高度的相互关注，

---

① 兰德尔·科林斯：《互动仪式链》，林聚任、王鹏、宋丽君译，商务印书馆 2009 年版。

即高度的互为主体性，跟高度的情感连带——通过身体的协调一致、相互激起/唤起参加者的神经系统——结合在一起，从而导致形成了与认知符号相关联的成员身份感；同时也为每个参加者带来了情感能量，使他们感到有信心、热情和愿望去做出他们认为道德上容许的事情。"

　　图 5-1 是《互动仪式链》中的模型图，它将互动仪式描绘成一组具有因果关联与反馈循环的过程，在其中互动仪式（IR）有四种主要的组成要素或起始条件：两个或两个以上的人聚集在同一场所；对局外人设定了界限；注意力集中在共同的对象或活动上，并通过相互传达彼此通晓关注焦点；人们分享共同的情绪或情感体验[1]。并且整个互动仪式有四种主要的结果和感觉体验：群体团结，获得一种成员身份的感觉；个体的情感能量，一种采取行动时自信、兴高采烈、有力量、满腔热忱与主动进取的感觉；代表群体的符号，标志或其他的代表物（形象化图标、文字、姿势），使成员感到自己与集体相关；道德感，维护群体中的正义感，尊重群体符号，防止受到违背者的侵害[2]。

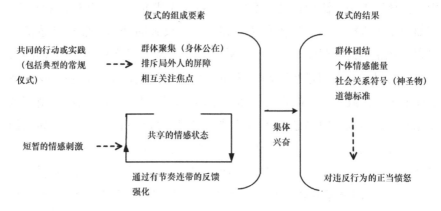

图 5-1　互动仪式

资料来源：兰德尔·科林斯：《互动仪式链》，林聚任、王鹏、宋丽君译，商务印书馆 2009 年版。

　　互动仪式链理论在传媒，尤其是目前互联网传媒的情感研究中极具

---

[1] 兰德尔·科林斯：《互动仪式链》，林聚任、王鹏、宋丽君译，商务印书馆 2009 年版。

[2] 董向慧：《"后真相时代"网络舆情与舆论转化机制探析——互动仪式链理论视角下的研究》，《理论与改革》2019 年第 5 期，第 50—60 页。

有价值。虽然在网络中人们没办法在物理距离上面对面，但不同的兴趣社区和不同的网络媒介使每个人的"圈子"不同，"圈子"提供了相对于现实的网络上的同一"场所"，而不同"圈子"中发生的热门事件就是"圈子"内成员关注的焦点，由此他们通过网络评论等方式在焦点问题上进行互动，交换彼此的意见，从而产生共同的情绪情感体验，形成一定的网络社区感，对"圈子"内的信息传播产生影响。例如，在共享的信息科研论坛中，如果我们是其中活跃的成员，我们就会对其中的科研信息更为信任和确信，也更愿意把自己的信息分享给别人，当别人质疑其中信息的准确性时我们也会对论坛予以维护。总之，仪式互动链理论在媒介使用的情感研究中有着重要的理论和实践意义。

四 情绪即社会信息模型理论

情绪即社会信息模型是克里夫（Kleef）于 2009 年提出的情绪情感理论，该理论以情绪社会功能论为根基提出情绪即社会信息模型（The emotions as social information model，EASI），正如情绪向自我提供信息一样，情绪表达也向观察者提供信息，这可能会影响他们的行为。

如图 5－2 所示，该模型假设情绪表达可能通过两条路径：推理路径（提供有关情境的相关信息）和情感反应路径（通过影响观察者的情绪和表达者的喜好）来影响观察者的行为。推理路径的形成主要是把互动一方的情绪作为一种认知线索输入另一方的行为决策系统，从而影响最终的行为结果。而情感反应路径则是通过两种方式影响人们的行为，第一种方式依据情绪感染理论——个体被周围情绪引发在人际互动中产生与情境或是他人相似的情绪——通过神经元活动、模仿和传入反馈等情绪感染机制直接从表达者传播到观察者，例如当我们作为行人路过高考的考场时，即使不作为考生或者家长，也会产生一些紧张的情绪体验；另一种方式是通过社会意图和关系取向的传达影响印象和人际关系喜好，一般来说，愉快等正向情绪会增加喜爱度和满意度，而愤怒等负向情绪会让负面印象更强[①]。结合上述两条路径进行举例，如果你和你的同事约

---

① Van Kleef, G. A., "How emotions regulate social life: The emotions as social information (EASI) model," *Current directions in psychological science*, Vol. 18, No. 3, 2009, pp. 184 – 188.

好中午一起吃饭而你迟到了一个小时，你的同事对你的迟到行为感到愤怒。一方面，你会感知到同事的不满和不悦（推理路径），意识到这样的行为是不合适的，从而在下一次杜绝迟到行为；另一方面，同事的愤怒情绪可能会影响到你，使你感到烦躁，从而引起对同事的不喜欢（情感反应路径），下一次不再约他一起吃饭。针对这两条路径的关系克里夫也进行了探讨，依据上述的例子推理和情感反应两条路径对个体行为会产生不同的影响，但是事实表明，在某些时候两条路径也可以共同促使同一行为的产生。例如当我们看到某人满脸焦急的时候，从推理路径，我们可以推测出他需要帮助而产生帮助行为倾向；从情感反应路径，对方这种焦急情绪会引发我们的同情，也会使我们产生想要帮助他的行为。两条路径关系的差异促使克里夫进一步思考，因此在情绪即社会信息模型中他提出了两个影响因素，一是观察者自身信息加工处理的能力和意向，观察者的情绪信息加工越彻底，其情绪信息预测的能力越强；二是社会关系因素，包括人际关系的性质、流行的（文化）规范以及表达情绪的方式，概括来说就是观察者自身所处的文化环境以及其依据社会规范与价值观进行行为判断、理解以及归因的方式。

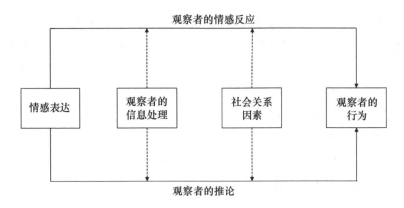

图 5-2 情绪即社会信息模型

资料来源：Van Kleef, G. A., "How emotions regulate social life: The emotions as social information (EASI) model", *Current directions in psychological science*, Vol. 18, No. 3, 2009, pp. 184-188.

情绪即社会信息模型理论为媒介使用情感研究中的情感—行为路径

提供了模型解释，尤其是在网络舆情的研究领域中，情感性文字和表情经常出现在微博、朋友圈等社交媒体上，由于网络的公开性和传播广泛性，很容易引起集体性情感和行为，有一些行为是值得推广的，如为灾区、贫困地区捐款，但也有一些行为冲击了人民的幸福生活，如有人利用社交网络，传播不实信息，制造恐慌情绪，使人们的安全感和信任感降低。因此，了解这些信息影响接收者情感和行为的路径机制，对舆论情感疏导、舆情控制都有非常重要的意义。

读心的细胞——镜像神经元与共情

社会学分支的情感研究偏向探索人的心理—行为机制、人与人以及人与社会的关系，但神经生物学分支另有趣味，更多从生理角度进行探索，一定程度上为社会学分支的情感提供生理依据，镜像神经元就是一个非常重要且有意思的发现。

2006年，《纽约时报》发表了一篇题为《读心的细胞》的文章，报道了镜像神经元（mirror neurons）。什么是镜像神经元呢？以贾科莫·里佐拉蒂（Giacomo Rizzolatti）为首的一群神经科学家于1988年，在恒河猴的腹侧运动皮层的 F5 区发现了一类神奇的运动神经元。这些神经元不仅在猴子执行与目标相关的手、嘴部动作时（比如抓取物体时）被激活了，而且在观察到其他个体（猴或人）执行相似动作时也被激活了，就像一面镜子将他人的动作映射到自己的大脑中，这就是镜像神经元[1]。后续的研究进一步发现人类的顶下叶、额下回与颞上沟同样具有镜像属性，因此以上区域被统称为人类镜像神经系统[2]。镜像神经元的发现可以解释很多生活中的行为，例如我们在看电影或者电视剧时会随剧中人物同悲同喜，在日常生活中同焦虑的朋友聊天后也会无意识地焦躁不安，依据镜像神经元理论，这都是因为大脑中的镜像神经元为我们提供了一个内在的模

---

[1] 陈巍：《以"镜"观心：从"见样学样"到"感同身受"》，《科技导报》2011年第11期，第80页。

[2] 吴飞：《共情传播的理论基础与实践路径探索》，《新闻与传播研究》2019年第5期，第59—76、127页。

> 仿网络，重新创造了他人经历的情境，让我们可以镜像体验电影中人物的经验和朋友的体验，致使我们更好地察、知晓别人，更好地与他人共情，具备一种可以"读心"的能力。

第二节　媒介使用的关键情感问题

在早期的媒介使用研究中，信息传播速度缓慢、人们获取信息的渠道单一，大部分信息都是经由口口相传而获得，是单一的人际传播模式，因此情感很难成为一个独立的要素成为其研究的重点。直到收音机、电视机这种声像媒介出现、普及后，人们获取信息的速度变快，信息的接收量激增，电子媒介开始占据人们日常休闲娱乐的大量时间，传播不再单纯地依靠文字，更多情绪、情感的信息通过声像设备被传播。因此，媒介使用研究中的情感要素比重逐年上升，情感理论被广泛应用于各类媒介使用研究中。随着互联网的出现，尤其是移动手机和社交平台在日常生活中的普及，媒介使用的情感研究又迎来了一个高潮。移动网络使人类进入了一个信息爆炸的时代，每个人都是一个超强的信息接收器，每时每刻都会有大量的信息涌入，即使不是特意去关注，人们也会因为刷朋友圈与公众号、看热搜等方式而无意识地被各种信息环绕，并且由于网络的瞬时性、强互联性和强互动性，传播者和接收者的角色界限越来越模糊，每个人都可以成为信息的传播者，蝴蝶效应出现的概率越来越大，一个人、一个微小的信息传播也有可能通过互联网引起大范围的社会关注，引发一次"龙卷风"。后文通过考察近些年媒介使用研究中的学术与实践资料，概括出几个由情绪、情感引发或者与之有关的媒介使用问题，并对目前的研究和实践做一些简要的介绍。

一　负性情绪感染与信任危机

如上文所述，声像媒介的普及、移动互联网互动性和瞬时性的加持致使人类社会的情绪传播变得极其容易。情绪逐渐具备流感一样的属性，只需极短的时间就能使一大群人被同一种情绪所占据。其中的理论机制被研究者形象地命名为情绪感染，即人们通过与他人进行互动或是处于弥漫的情绪情境中产生与他人相同的情绪。心理学和传播学对情绪感染做了很多机制的研究，其中一种是"原始性情绪感染"，它是意识前的感染，理论依据是人类具有自动化地、无意识地模仿他人的倾向性。因此，通过觉察别人的表情、声音、动作等信息会使身体产生无意识的模仿，例如当我们看到一记重拳打向另一个人的腿或者手臂时，我们总是不自觉地收缩我们自己的腿或者手臂①。这种模仿最终会在个体内部形成生理的反馈，从而复刻情绪，被他人情绪感染。在多媒体时代，信息的传播内容和形式更加丰富，语言文字、表情符号以及各种声像视频等为人们提供海量的觉察信息，同时移动互联网的广泛使用加强了信息的沉浸性，人们的注意负荷增大，很容易在毫无察觉的情况下被他人情绪影响。另一种情绪感染机制是"意识性情绪感染"，在这个过程中意识是有参与的，它对觉察信息的处理不再是单单的模仿，而是通过语义联想和观点采择两个高级的认知机制进行了信息的对比与评价，在自我分辨的基础上进行选择性接收。因为这种情绪感染机制包含信息觉察的无意识部分，同时又在意识部分和移情很像，很多人把这种"意识性情绪感染"视为移情的先导。在目前的传媒环境中，原始信息的传播者不再局限于权威媒体，因此某些时候信息的主角和视角也变成了常见的普通人，信息发布包含更多的情感因素，比如当事人叙述故事时激动的表情，发布长微博中强烈的情绪性语言等。根据语义联想和观点采择影响因素研究，人们很容易因为这种亲近性和高情绪唤醒度产生对信息和情绪的认同，从而达到意识性情绪感染，甚至是移情。

无论是原始性情绪感染还是意识性情绪感染，其本身并未给个人和社会带来过多的困扰，很多时候它往往能促进社会的和谐发展，比如患病新生儿的妈妈在网络上通过平台进行众筹，筹到可以使孩子恢复健康的手术费。在上述例子中，情绪感染具有良好的积极正面效应，带动了正能量的传播，帮助了事件的解决。然而，现在的网络媒体环境却并不总是这么乐观和积极，一些网红、非正规媒体为了博眼球、赚流量，虚

① 王潇、李文忠、杜建刚：《情绪感染理论研究述评》，《心理科学进展》2010年第8期，第1236—1245页。

假传播一些社会新闻，歪曲、臆测新闻事件，使得恐慌、不安等消极情绪在网络上不断扩散弥漫。2023年农历年初的胡鑫宇事件就是一个典型的负性传播的例子，其自缢死亡的真相让我们为这位少年惋惜，但发布会真相揭露前期的各种阴谋论——"被人摘器官""老师威胁私了"等等，让人们陷入了对社会治安、校园安全的广泛质疑，并且随着后续信息的大批量转发和点赞，这种质疑和恐慌情绪积累，催生出了极强的不安全感和信任危机。虽然后续事件警方通过记者会进行了全面的辟谣和澄清，使得真相大白，但这种负面事件的影响和负性情感的消除却需要很长的时间。胡鑫宇事件只是网络负性事件和负性情绪传播的小小一隅，有时候人们还未从上一次的负性情绪和情感中恢复过来，就又被另一起负性事件的情绪所裹挟，有时两者甚至还会同向叠加，长此以往，不安全感和不信任感的累积让人们越来越恐慌，不再愿意相信社会的真善美，不再愿意做出亲社会行为。但是，胡鑫宇事件也能反映出媒介使用研究者和各级传媒部门在这个领域做出的努力，比之以往的负性事件，胡鑫宇事件中官方媒体上的持续澄清和证据披露很大程度上削弱了相关负性情绪持续的时间和强度，当细节真相被及时传播，大部分人也能逐渐从情绪的恐慌中挣脱出来，渐渐地可以用理智去打败由负性情绪感染引发的不安全感和信任危机。总之，网络负性情绪与情感的强易感性使得人们很容易患上"负性情绪流感"，产生"信任危机"，因此我们仍然要进一步对其机制进行探索，不断完善和加强网络信息的传播管理。

二 "沉默的螺旋"和群体极化

"沉默的螺旋"理论[①]是诺依曼（Noelle-Neumann）综合社会学的社会控制、社会心理学的从众等观点提出的，它阐释了舆论的形成不是人们理性探讨的结果，而是个体在意见气候的压力下顺从于"优势意见"。简单来说就是人们在社会中根据自己观察到的周围人的意见，选择性地进行自我表达，尤其是当自己和绝大多数人持相反意见，相对来说处于弱势地位时，个体为了防止自己被群体"孤立"，就会选择沉默。当群体中的少数意见群体"沉默"累加，多数人的意见会越来越占据优势，而

---

① 伊丽莎白·诺尔—诺依曼：《沉默的螺旋》，董璐译，北京大学出版社2013年版。

少数人的意见则会慢慢销声匿迹,该现象即为"沉默的螺旋"。"沉默的螺旋"在社会学、传播学等多个学科领域中应用,来解释信息的传播。"群体极化"一词起初常运用于社会心理学研究领域,是由斯托纳(Stoner)于1961年因发现群体讨论中的极端现象而提出。美国社会学家桑斯坦(Sunstein)把群体极化定义为"团体成员一开始即有某些偏向,在商议后,人们朝偏向的方向继续移动,最后形成极端的观点"。这种偏向包括两个朝向,一是人们以类似或相同观点强化自己的观点。当有人支持自己的观点时,会因更加坚守自己的立场而走向极端。二是人们在与他人观点的比较中修正自己的观点。当发现群体中多数成员与自己的观点相左时,人们通常就会调整自己的立场,和大众观点保持一致①。随着自媒体的普及,网络群体极化日益受到关注。在互联网链接的多媒体时代,平民意见领袖(微博大V、抖音博主、B站UP主等)、微信公众号等自媒体的影响力逐渐超越传统媒体,成为大众声音的主导。由于自媒体的个体性和部分自媒体的营利性,其发布的信息内容往往具有很多主观性的情绪情感表达,根据上述情绪感染理论的介绍,情绪性信息具有强煽动性,容易使人们产生情绪的模仿和情感的共鸣,从而让接收者对情绪性信息的传播内容信服。加上"沉默的螺旋"现象,个体会因为害怕在网络和现实中被"孤立"而选择沉默,导致群体言论和情感一边倒,即产生"群体极化"。

总之,自媒体和社交媒体的出现让信息传播中的情绪内容激增,易产生群际间情绪和情感的交互,情绪的"传染性"变得更强,人们的情绪在信息接收和传播过程中逐渐同化。依据情绪和认知的关系,情绪的趋同会导致认知上趋于一致;再加上大数据分析技术和人工智能所带来的应用,"信息囚笼"与"信息茧房"让人们接触到的信息也渐渐趋于一致。两种效应累加使得网络群体极化现象越来越容易发生。另外,从"沉默的螺旋"角度出发,情绪情感的不一致会比认知上的不一致带来的孤立感更强,排斥性更大,因此相对于单纯的意见表达,加之情绪、情感的意见更容易产生"沉默的螺旋",而"沉默的螺旋"的发生将进一步

---

① 尹寒、杨军:《试论自媒体时代网络舆论群体极化及其引导机制》,《湖北社会科学》2023年第2期,第163—168页。

导致网络的群体极化①。大量的实证研究表明网络中的群体极化不利于社会的健康发展，可能会导致群体混淆事实，产生极端言论，传播非理性情绪，使个体决策、群体决策偏离最优选择，甚至威胁网络安全和社会稳定，导致严重的群体性事件，造成巨大的负面社会影响②。因此社交网络舆论传播实践中的群体极化引导、风险识别和舆情生态治理具有很强的现实意义和社会价值，群体极化以及极化相关的情感研究也成为了媒介使用研究中的重要议题。

三　网络情感表达与青年亚文化

自媒体、社交媒体等新兴传播媒介给情绪、情感的表达和宣泄提供了一个巨大的平台，青年人作为这些媒介的高频使用者，经常在网络上抒发和表达自己的情绪与情感，如当自己和朋友聚餐时，会通过发布相关的朋友圈或者微博来表达自己的喜悦；会在豆瓣、知乎小组中成立情感安慰小组，缓解内心悲伤的情绪。这种社交媒体带来的网络情感互动表达有很多好处，一方面，可以在一定的程度上帮助青年人疏解生活中的压力，通过互相的情感劝慰使自身更加积极地面对生活；另一方面，这种情感的表达有利于主流文化——以马克思主义为引领的网络文化——的传播，比如在国庆、建军等重要节日表达自己的爱国情感与强国之志，并经过网络的交互传播，形成正面效应，增加青年人的国家认同感和集体责任感，在网络生态中呈现积极向上、不断进取的中国青年形象和主流价值文化。然而，青年的网络情感传播在增强主流文化的同时也形成了许多新兴的亚文化。尽管网络亚文化中一些积极、合理、健康的部分能够满足青年人的个性心理需求，提供群体调侃等方式来减轻青年人的各种压力，释放一些不利的情绪。但一些研究和调查表明有些网络亚文化利用网络"隐而不露""秘而不宣"的互动交流与传播手段，逐渐演变成不同的网络亚文化样态及其衍生产品，凭借佛系文化、流行

---

① 伊丽莎白·诺尔—诺依曼：《沉默的螺旋》，董璐译，北京大学出版社2013年版。
② 邢云菲、王晰巍：《国外社交媒体中群体极化研究综述》，《情报科学》2022年第9期，第176—184页。

话语等文字符码、影视图像在网络媒体中交融互鉴①，对青年产生消极影响。

大数据时代的情感计算

　　上文提到的情绪感染和情感极化问题都涉及对情感信息的监控和分析，目前随着云计算和人工智能的发展，管理部门可以通过计算机对网络情绪与情感信息进行采集和分析，达到实时监控、精准识别、及时疏导的目的，其中一项技术就是情感计算。

　　情感计算是赋予计算机像人一样的观察、理解和表达各种情感特征的能力，由麻省理工学院 Picard 教授于 1997 年提出，特指源于情感、与情感相关或能够对情感施加影响的计算过程②。在情感传播过程中应用最为广泛的是情感计算中的情感识别，即让机器根据采集到的情感数据，对人类的情感信息进行提取、建模，从而识别人类复杂的情感。目前情感识别主要分为单模态和多模态识别两种，依据语言语音、面部表情、生理信号、姿势动作等信号进行识别。在多模态情感识别的发展中，支持向量机、大脑情感学习模型、深度神经网络等新兴技术、理论不断涌现，情感计算的准确性大大提升③。目前，情感计算被广泛应用于舆论监控、人机交互等多个领域，促进了健康医疗、专项教育、交通驾驶等管理方面的进步。

第三节　媒介使用的个体情感与集体情感

一　个体情绪、集体情绪和社会情绪

（一）个体情绪、集体情绪和社会情绪的概述

个体情绪一般是指在普通心理学中描述的情绪概念，即以主体的愿

---

①　杨月荣、郝文斌：《"00 后"大学生受网络亚文化影响情况分析》，《思想理论教育导刊》2021 年第 4 期第 268 卷，第 135—139 页。

②　徐明华：《情感传播：理论溯源与中国实践》，社会科学文献出版社 2021 年版。

③　Tao, J. , Tan, T. , & Picard, R. W. , *Affective computing：a review. Affective Computing and Intelligent Interaction*, Heidelberg：Springer Inc. , 2005.

望和需要为中介的一种心理活动。当客观事物或情境符合主体的愿望和需要时，就能引起积极的、肯定的情绪，反之则会引发消极、否定的情绪①。个体情绪主要由主观体验、外部表现、生理唤醒三部分组成。主观体验是个体对不同状态的自我感受，具有很强的主观性，因此相同的客体刺激对不同的人会引发不同的情绪体验。外部表现通常被称为表情。它是在情绪状态发生时身体各个部分的动作量化形式，包括面部表情、姿态表情和语调表情。生理唤醒是指情绪产生的生理反应，涉及广泛的神经结构，如中枢神经系统的脑干、丘脑、前额皮层等及外周神经系统和内、外泌腺等②。从进化论角度情绪可以分为基本情绪和复合情绪，普拉切克（Plutchik）根据自己的研究提出了恐惧、惊讶、悲伤、厌恶、愤怒、期待、快乐和信任八种基本情绪，不同的基本情绪相结合形成懊悔、失望等复合情绪③。典型的情绪状态一般有三种：第一种情绪状态是心境，其相对来说持续性较长，弥漫性较强，这种情绪状态不是关于某一事物的特定体验，而是以同样的态度对待一切的事物，如失去亲人往往会使人产生较长时间的郁闷心境。第二种情绪状态是激情状态，有强烈性、爆发性、为时短促性等特点，一般是由对个人有重大影响的事件引起，在这种情绪状态中，个体一般伴随着生理变化和明显的外部行为表现，有时会陷入"意识狭窄"的状态，产生一些失控的行为，一个形象的例子就是《儒林外史》中范进得知自己中举后喜极发疯。第三种情绪状态是应激，指人们对某种意外环境刺激所产生的适应性反应，一般产生于危险、挑战或者突然事件的情境中，如正常行驶的汽车突然发生故障后司机紧急刹车的过程中所产生的紧张的情绪体验。在媒介使用研究中，个体情绪一般受最初的传媒影响，这是后续集体情绪、社会情绪以及情感产生的基础。

集体情绪是比个体情绪更为宏观的情绪概念，中国学者陈满琪对群体化水平的情绪进行了梳理，研究发现群体情绪有很多不同的学术表达，

---

① 彭聃龄：《普通心理学（第 5 版）》，北京师范大学出版社 2018 年版。

② 彭聃龄：《普通心理学（第 5 版）》，北京师范大学出版社 2018 年版。

③ Plutchik R.，*Emotions and life: Perspectives from psychology, biology, and evolution*，Washington: American Psychological Association，2003.

产生了"社会情绪""群体情绪""集体情绪""群际情绪"等学术词汇，这些词汇依照不同研究者的研究角度而被选择性使用，综合后文理解，我们采用"集体情绪"一词进行介绍①。依照陈满琪的总结，集体情绪研究有以下三种主要观点：第一种认为集体情绪来源于对内、外群体群际关系的评估，突出外群体是集体情绪的客体，认为集体情绪是个体对某一特定群体或者社会成员所产生的情绪体验。第二种观点强调个体通过激活群体成员身份诱发集体情绪，关注个体对集体利益的情绪反应，即自我类别化为群体成员的个体所体验到的情绪。第三种观点认为集体情绪是群体内个体情绪的总和，由群体中成员的个体情绪组成，并经过群体升华显示出"1＋1＞2"的效果，对个体情绪产生影响②。在这三种观点中，前两种观点的情绪主体依然是个体，但这种情绪反应却是在个体类别化、认同某一群体后产生的，是个体的社会性情绪。在第三种观点中集体情绪的主体不再是个体，而是个人所在的群体，是多数人的情绪体验。它与社会心理学在社会心态研究中的社会情绪有一定的相似性，社会情绪在王俊秀的研究中被定义为"群体和社会共享的情绪，是群体和社会中众多个体在互动后逐渐出现的主导情绪"③，它由多数个体的情绪反应组成，通过宏观群体和社会累积后逐渐构成社会情绪、情感的基调，进而形成了一种准备状态，营造了一种情感氛围。

（二）媒介使用研究中的个体情绪、集体情绪和社会情绪

媒介使用研究中关于情绪的研究和应用渗透在各个领域，如传播效果研究、传播内容研究等，在多媒体时代情绪的媒介使用研究主要集中在网络空间，研究在网络舆论与集体行动、网络谣言、公共事件的网络传播等方面个体、集体与社会情绪的作用。在网络舆论方面，张志安等在2016年将舆论和情绪融合提出情绪型舆论，即"一种由于自身利益受到影响或受外界不良信息刺激，网民在网络上散布的一种片面的、偏激

---

① 陈满琪：《群体情绪及其测量》，《社会科学战线》2013年第2期第212卷，第174—179页。

② 陈满琪：《群体情绪及其测量》，《社会科学战线》2013年第2期第212卷，第174—179页。

③ 王俊秀：《社会情绪的结构和动力机制：社会心态的视角》，《云南师范大学学报》（哲学社会科学版）2013年第5期，第55—63页。

的、个人主义色彩浓厚的言论"①。他们认为由于网络空间表达的匿名性、圈子同质化等原因，网络舆论表达本身具有情绪化的特点，而且基于心理学情绪与认知的关系，情绪同样有助于观点的传播。在情绪型舆论中，个人情绪通常表现为说话方式不太文明礼貌、表达心态不太平和、表达过程不太冷静。具体以谩骂性的话语表达、宣泄性的情感抒发、戏谑化的标签文本运用为主要形式，这样的个人情绪表达在一定程度上"污染"了整个舆论氛围，造成网络上骂声一片的情景。情绪型舆论中的集体情绪比个体情绪的非理性属性更强。正如法国社会心理学家勒庞所叙述的，本能性的情绪特别容易感染，而理智的、冷静的情绪在群体中丝毫不起作用②。因此，群体中的集体情绪总是更具煽动性、负面性、盲目性、单极性，例如在分析舆论事件中选取的代表性情绪通常是愤怒、失望、同情与不信任，这种集体性情绪进一步经群体感染、群体兴奋等机制会继续影响个体的情绪和行为，导致较强的同质化和极化，甚至会引发群体的集体行动。而当这种情绪如果再大规模地扩散和积累就将会成为整个社会的情绪基调，进一步影响整个社会的稳定③。

在公共事件传播方面，谢耘耕等人以社会情绪理论、社会物理理论与公共传播理论为基础，从个体、群体、社会三个层面分析了情绪在公共事件传播中的作用，探讨公共事件与个体情绪、群体情绪、社会情绪共振之间的关系，构建了一个公共事件与社会情绪共振模型④。他们认为在网络公共事件的传播中，人们主要受到内隐认知的影响，倾向于用已有的认知原型——反复实践经验所产生的几种事件类型的基本认知——对公共事件进行归类。当公共事件发生后，人们的内隐认知将与已有的认知原型进行比较、匹配和补充，在原型的基础上调动相应的隐藏情绪，形成符合自己心理预期的事件解释。其中调动的这种隐藏情绪为"库存

① 张志安、晏齐宏：《个体情绪社会情感集体意志——网络舆论的非理性及其因素研究》，《新闻记者》2016 年第 11 期第 405 卷，第 16—22 页。

② 古斯塔夫·勒庞：《乌合之众：大众心理研究》，冯克利译，广西师范大学出版社 2007 年版。

③ 张志安、晏齐宏：《个体情绪社会情感集体意志——网络舆论的非理性及其因素研究》，《新闻记者》2016 年第 11 期第 405 卷，第 16—22 页。

④ 谢耘耕、李丹眠：《公共事件与社会情绪共振机制研究》，《新媒体与社会》2020 年第 2 期，第 213—225 页。

性情感"，即个体基于自己过去的历史形成的情绪，它会与个体基于环境形成的"场域性情感"结合最终形成公共事件发生后的个体情绪。群体中的成员往往具有相似经历和认知判断，因此在面对同一公共事件时，其"场域性情感"和"库存性情感"都会趋于一致，从而产生类似物理学中的同频共振现象，形成情绪的同频共振，进而产生前文互动仪式链理论中的情感能量，导致集体兴奋，进而可能会导致规模性的集体行动。随着多媒体时代的到来和网络技术的发展，网络群体增多，情绪的同频共振效果更强，范围更广，同时互联网的互动性和广泛性也使得个人和群体在情绪感染和扩散上的速度与范围更大，极易形成更为广阔的社会情绪，因此更容易产生规模性集体行动，尤其是大规模的网络舆论或网络集体行动。例如 2017 年的红黄蓝幼师虐童事件，此类事件一经曝光，人们开始寻找记忆中的相似虐童事件，产生愤怒等情绪，彼此进行事件和情绪的分享，使得"场域性情感"和"库存性情感"相互激荡，愤怒情绪同频共振，强度增强，情感能量井喷式爆发，从而掀起巨大的舆论风暴。基于上述理论论述，他们构建了"公共事件与社会情绪的三重共振模型"，如图 5-3 所示。

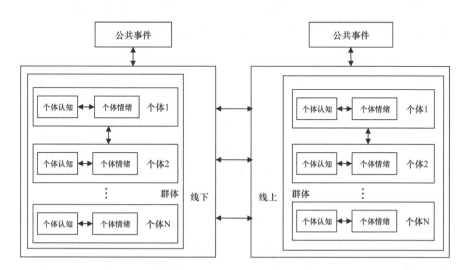

图 5-3 公共事件与社会情绪的三重共振模型

资料来源：谢耘耕、李丹珉：《公共事件与社会情绪共振机制研究》，《新媒体与社会》2020 年第 2 期，第 213—225 页。

公共事件发生后，个体认知以及库存性情感、场域性情感都会被激发出来，三者相互振荡，当振幅达到一定程度时，个体就会产生信息分享和情绪传递的欲望，共振开始从个体层面向群体层面演进。人们在群体中进行沟通和分享，这种群体包括线上和线下两种。由于群体成员一般有相同的经历和认知方式，因此群体中的个体在沟通过程中，对问题的共同看法会催生群体成员共同的情感体验，具有的相似性的情绪将从复杂的个人情绪中提取出来，产生集体情绪。个人情绪和集体情绪通过情绪感染和情绪扩散机制逐渐转化成社会情绪，对社会产生影响。总体而言，个体情绪在特定公共事件影响下被激起，在集群作用下转化为社会情绪。不过，社会情绪并非一成不变，它会随着事件的发展、社会环境的更迭发生流转①。

二　个体情感与集体情感

（一）个体情感与集体情感的概述

如前文所述，情感是更为持久和深刻的情绪状态，具有高级的社会意义和社会属性，涉及价值观、信仰、人际关系等多个方面。个体情感主要是指个人在面对某种事物或情境时所产生的主观体验和感受，第一节介绍了以情感内容为标准划分的道德感、美感、理智感，但以情感与社会联系的紧密程度为标准，情感亦可分为社会性情感和非社会性情感。社会性情感强调人们在社会生活中所产生的情感体验和感受，是社会文化环境和社会关系的产物，偏向于宏观的政治和社会，如公平感、正义感。非社会性情感和社会的关系强度相对偏低，一般是复合情绪的积累与升华，是情绪与认知、记忆、态度等高级心理过程进行结合所产生的。例如，爱是一种复合情绪，按照普拉切克的分类方法，信任和快乐构成了爱，但这种爱仍具有情绪本身的特点，例如比较短暂、强烈，随着时间的推移会逐渐减弱或消失。爱作为一种情绪，通常由于与他人建立亲密关系、产生幸福体验等引起，表现为心情愉悦、兴奋、活力充沛等身体和心理上的愉悦感受；而当爱作为一种情感时，它便是一种长期的、

---

① 谢耘耕、李丹眠：《公共事件与社会情绪共振机制研究》，《新媒体与社会》2020 年第 2 期，第 213—225 页。

深层次的情感体验，是一种对他人的深厚感情，包括亲情、友情、爱情等，涉及个体的认知、情感、行为等多个方面，是一个综合性的情感体验。虽然，个人情感分成社会性情感和非社会性情感，但个人情感本身在属性上仍然更偏向于社会，是基于个体以往的社会经验以及内化的社会道德规范而形成的，主体是个人，与个人的属性息息相关，如个性、经历等。一般情况下，个人的情感一般要在情绪的启动下产生，并在之后对情绪产生正向或负向的影响。例如当我们看到一个学生遭到校园霸凌，我们首先会升起愤怒、同情的情绪，随后该情绪一方面会与认知、记忆等复杂心理结构凝成持续性更强的非社会性情感——愤怒感，另一方面会引起正义感这种社会性情感，这两种情感结合进一步增强我们的愤怒情绪，同时激发我们做出一些如报告教务老师、联系家长等亲社会的行为。

集体情感是指在相同的环境中生活、具有相似经历的一群人所共有的情感和感受，它与集体记忆、集体价值观、集体潜意识等均有密切的关系，是群体文化和社会背景的产物。其中，集体记忆是指一群人共同拥有的记忆，是群体对历史记忆的书写，包括共同经历的历史事件、文化传统、社会习俗、故事传说等等。历史学家皮埃尔·诺拉（Pierre No-ra）认为历史记忆是蕴含着"情感"元素的，并提出它以象征性的纪念物为重要载体，同时心理学研究也论证了当人们的注意聚焦于某种情感刺激的时候，那些不含情绪元素的信息则难以进入记忆系统[1]，因此由集体共同书写的集体记忆中往往蕴含着深刻的集体情感，经过传承和共享成为社群认同和凝聚力的重要来源。以中国的近代史为例，无论是闭关锁国的压迫屈辱还是抗日战争、解放战争的斗争反抗，它都是中国人民鲜活的集体记忆，承载着炎黄子孙风雨同舟、不屈不挠的共同情感，蕴含着无限的力量，是民族认同感和使命感的重要来源。集体价值观是指一群人所共同认可和遵循的价值观念体系，反映了群体的信仰、道德、行为准则，对一个群体的行为方式、社会规范和决策过程有重要影响，不同文化和社会背景中生活的人具有相异的集体价值观。"富强、民主、文明、和谐；自由、平等、公正、法治；爱国、敬业、诚信、友善"的

---

[1]　皮埃尔·诺拉：《记忆之场》，南京大学出版社 2020 年版。

社会主义核心价值观是中国人民的集体价值观，它为中国人对事件的认知和评价提供了共同的价值衡量，使我们更有可能对相同的事件产生相似的态度体验和情绪情感。集体潜意识，又称"集体无意识"，是瑞士著名心理学家卡尔·荣格（Carl Gustov Jung）提出的心理概念，它是集体在形成和发展演化过程中所积累的文化、历史、精神等，经过符号、象征方式的原型聚合以及社会记忆、集体记忆的形式固化而最终形成的成员心灵底层的精神沉积物，具有强大的动力性特征，是人格或心灵结构最底层的潜意识部分。用荣格本人的话来说，它是"一种不可计数的千百年来人类祖先经验的成绩，一种以实际仅仅增加极小极少变化和差异的史前社会生活经验的回声"①。集体潜意识促成了人们的集体情感，甚至从进化论和进化历史角度，它奠定了人类的集体共有情感。总之，集体情感与历史、文化息息相关，是以集体为主体的情感体验，为集体所共有（集体可以小到家庭和组织，大到民族、国家甚至全人类），受集体价值观和集体认知的影响，具有极强的宏观效应。

虽然个体情感和集体情感强调的主体不同，但它们本质上都是人类的情感，是一种基于需要产生的相对持久的态度体验，有着密切的联系。总结来说，个体情感和集体情感之间相互交织，相互依存，相互影响，互为供给。个体的情感汇聚组成群体情感，为群体提供活力和动力；集体情感可以帮助个体提升认同感和归属感，从而为个人情感奠定一个总的情感背景和基调。例如，一个国家的集体性爱国情感可以为每个人提供认同感和自豪感，激发每个人的责任感和担当精神，促进国家的发展和进步；而同时这种集体性的爱国情感也正是个人爱国情感的汇集。总之，个体情感和集体情感之间是密切相关的，它们相互交织、相互依存，共同构成了一个完整的社会情感体系。

（二）媒介使用研究中的个体情感和集体情感

在媒介使用研究中，由于情感的社会、文化与历史属性，个人情感和集体情感的研究往往会与国家民族、意识形态、价值观等联系在一起，更偏向主流媒体的引领作用。例如很多研究聚焦在中国的综艺节目建设，

---

① 孟维杰：《形态共鸣视域下集体潜意识新维度与方法论价值》，《自然辩证法通讯》2018年第10期第40卷，第115—121页。

盖琪在 2018 年对中国大陆综艺节目演化历程进行了总结与评述："中国大陆的综艺节目大概经历了三次全面转型与升级：第一次是从 20 世纪 90 年代初开始，以中央电视台《综艺大观》和《正大综艺》为代表的舞台晚会类节目进入鼎盛时期；第二次是从 20 世纪 90 年代末开始，以湖南卫视《快乐大本营》为代表的游戏娱乐类节目步入黄金时期；第三次则是从进入 21 世纪第二个十年之后开始，以移动互联网语境为标识的各种真人秀和脱口秀节目的崛起时期。特别是第三次风潮中，综艺节目无论在制作还是在传播方面都达到了新的高度，短短几年间就将曾经效仿的港台综艺抛在身后，展现出堪与欧美综艺比肩的审美文化风貌。但与此同时，商业色彩浓厚、商业话语强势等问题也逐渐显露……为了扭转过度娱乐化、明星化的综艺生态，一些制作机构从 2013 年起就开始尝试在综艺节目中引入更加丰富的话语维度和文化资源——《汉字英雄》《中华好诗词》《中国汉字听写大会》等均属此间先锋。"由此盖琪提出"新主流综艺"，并以《经典咏流传》《国家宝藏》为例，阐述将个体情感建构为集体情感，将个体责任感贯穿于国家民族责任感中的综艺建设方案①。概括下来，"新主流综艺"借助文化符号和历史知识的传播，一方面满足公众的审美和求知欲，重塑带有中国特色的审美文化，促进民族历史在深度和广度方面的传播，激起个人的审美感和理智感以及其对国家、民族的自豪感；另一方面借助蕴藏于文化中具有集体内涵的象征和符号，加固集体记忆，唤醒集体潜意识，增强公众对国家、民族的认同感，提升整体的凝聚力。

也有部分学者将研究主题聚焦在如何将情感与自媒体、权威媒体平台联系进行传统文化或红色文化传播。如张金霞等人在研究中将"二人转"传统艺术的传播与"乡愁"紧密结合，在该研究中，"乡愁"被定义为"地方本身所具有的特质及人们自身对地方的依附"。他们表示"二人转"可以通过乡愁中的"地方依恋"和"地方认同"，在城乡融合过程中通过"同化"过程——群体和个体从其他群体获得记忆、情感、态度并且共享他们的经历和历史，逐渐相互渗透和融合，融汇成共

---

① 盖琪：《"新主流综艺"：个体认同与集体认同的双重建构》，《中国电视》2018 年第 7 期第 389 卷，第 35—39 页。

同的文化生活的过程——促进"二人转"的整体性传播①。杜鹃等人在研究敦煌文化在短视频平台的传播中，强调文化认同感在其中的作用，提出要不断挖掘古人和今人在精神、价值取向以及审美等层面的重叠点，为"快生活"城市群体编织情感互通的集体记忆，提升公众传统的文化理念和民族共识，激起用户基于敦煌文化的情感能量，建构文化身份认同②。

情绪记忆——强烈和持久的记忆

上文我们提到了集体记忆和集体情感，从机制上说明两者存在相互促进、相互影响的关系，那么情绪、情感和记忆有什么联系呢？心理学家关于情绪记忆的研究可能会带给你一些思考。

情绪刺激的加工在大脑中享有优先权，这条定律被克莱斯密斯（Kleinsmith）和卡普兰（Kaplan）于1963年证明在记忆领域同样适用，情绪在记忆中具有优势地位③。总的来说，情绪记忆被定义为对情绪信息编码、存储，并在一定情况下进行检索和提取的过程，其中情绪信息包括情绪的主观体验、情绪的生理和行为反应以及情绪刺激④。为什么情绪记忆会更加强烈和持久呢？一些学者认为情绪是记忆窄化（narrowing）的体现，即在进行情绪事件记忆过程中，与情绪相关的核心特征会被强化，而边缘或背景特征往往会在记忆中受损⑤。依据情绪的注意偏向理论，当情绪材料出现时，即使以阈下的方式呈现也会使得人类被试在生理上出现相应的应激，吸引其注意，而那些不含情绪的信息则会在一定程度上被忽视，极少被记忆

---

① 张金霞、柴明明：《"乡愁"——多元解构下的二人转艺术在年轻群体中的参与式传播策略》，《戏剧文学》2022年第12期第475卷，第122—127页。

② 杜鹃、方嘉莉：《敦煌文化在短视频平台传播的路径探析》，《中国博物馆》2022年第5期，第77—81页。

③ 吴润果、罗跃嘉：《情绪记忆的神经基础》，《心理科学进展》2008年第3期，第458—463页。

④ 张金霞、柴明明：《"乡愁"——多元解构下的二人转艺术在年轻群体中的参与式传播策略》，《戏剧文学》2022年第12期第475卷，第122—127页。

⑤ Levine, L. J., & Pizarro, D. A., "Emotion and memory research: a grumpy overview," *Social Cognition*, Vol. 22, No. 5, 2004, pp. 530–554.

系统编码①。因此，情绪性事件往往比非情绪性事件能更好地保存在长时记忆中并且更容易被提取出来。

第四节　媒介使用的社会情感治理

一　社会情感风险与社会情感治理

（一）社会情感风险的概述

社会情感风险指的是由社会情感行为所带来的影响到社会和谐的不确定性②。这种不确定性既包括情感风险行为时间、地点与方式的不确定性，又包括风险行为对社会稳定和和谐危害程度结果的不确定性。依据情感行为产生的后果性质，社会情感风险可以分为纯粹风险与情境风险，其中纯粹风险是只有不利后果没有有利机会的风险，它包括由道德性情感风险（指违背道德的情感行为）、法律性情感风险（指违背法律的情感行为）引起的社会失调的不确定性。情境风险则是虽然有不利后果却兼有有利机会的风险。总体来看，不管哪一种类型的社会情感风险都有可能造成社会失调，但产生的严重性程度却有所不同，因此面对有害无利的纯粹风险，管理部门必须力图避免、预防和控制，而面对兼有利害的情境风险则要进行精准评估，在防范风险的同时充分利用其中的有利机遇。从社会风险的功能性质角度，一方面从风险功能对象上可以分为对参与者和他们所属群体利益而言的内在功能和对社会整体，尤其是对社会和谐状况维持的外在功能；另一方面从情感风险行为的动机上可以分为行动者明确意识到并有意识要达到客观后果的显在功能以及没有被预料也没有被认识的客观后果的潜在功能③。因此，研究者在研究社会情感

---

① Compton，R. J. ，"The interface between emotion and attention：a review of evidence from psychology and neuroscience，" *Behavioral and cognitive neuroscience reviews*，Vol. 2，No. 2，2003，pp. 115 – 129.

② 郭景萍：《社会情感风险调控与社会和谐》，《中共福建省委党校学报》2006 年第 3 期，第 44—48 页。

③ 郭景萍：《社会情感风险调控与社会和谐》，《中共福建省委党校学报》2006 年第 3 期，第 44—48 页。

风险性质时要进行全面的功能评估。

社会情感风险因其风险的情感属性，总体上具有普遍性、不确定性、传染性和影响深远性的特征。社会现实中许多问题都与情感有关，一方面，许多社会问题是由情感问题所生、由情感缺陷所致，例如2011年的"小悦悦"事件，其源头之一就是部分社会成员的情感冷漠问题；另一方面，情感问题的不及时解决和积累也会引发许多社会问题，这就是社会风险的普遍性。虽然已经明确社会情感风险会造成一定的社会失调，但情感风险的发生时间、地点、频率和对社会造成损失的程度却很难被确定，一般情况下情感风险往往是随着危机突然地爆发，是危机事件的伴生物，由此情感风险具有不确定性。社会情感风险归根到底是情感风险，所以也具有情绪情感传染性的特点，很容易会产生循环反应。最后，情感风险是具有深刻影响的，这种风险并不是一次性的，也不是仅仅停留在事件表面，它是内在的，会逐渐通过时间和空间在人们心理上深入地积淀下来，甚至成为一种文化传统和制度化情感，正如什托姆普卡（Szo-tompka）所述："信任被证实的积极经验将产生信任文化；信任被背叛的消极经验将产生不信任文化，通过这种方式，未来的信任赌博的规范性氛围将会形成，信任或不信任的传统传递下去，而这个过程将无限延续。"社会情感风险就有这样的影响，一旦情感风险没有处理好，即使表面的舆论情绪已经被控制，遗留在公众内心的消极情感和情感伤害却会成为下一次情感事件的导火索或催化剂，因此在处理社会情感问题的时候既要注重短期的平息，也要做到长期的情绪消除。但正如美国投资专家罗杰斯（Rogers）说的那样"危机就是机会"，情感风险的深刻性也为人们进行情感事件处理提供了另一种思路，人们可以通过有效的危机处理方式，化危机为转机，在情感事件中强化积极的社会情绪和情感，促进社会和谐与稳定。总之，虽然大部分社会情感风险是由突发公共事件等具体事件产生的，但从根本上来说社会情感风险仍然是一种社会结构性风险，助长情感风险的因素部分便蕴含于社会结构本身。总之，情感作为一种社会现象，一方面受社会经济基础决定，另一方面受到社会上层建筑的倡导或限制。因此，在考虑社会情感风险的时候要注重社会结构的影响，牢记情感会随着社会结构的变化而变化，社会结构的性质和特点将决定社会情感风险的性质和走向①。

（二）社会情感治理的概述

"情感治理"的研究兴起于西方——1986年美国社会学会情感分会成立，其主导的"情感研究革命"在整个科学场形成了一场研究的"情感转向"。从古至今，中国人一直尤为重情，情感关系贯穿中国人日常生活中的方方面面，情感治理的实践也一直蕴含于中国的历史脉络之中。汪勇等人以中国共产党成立时间作为划分点，将中国古代社会所形成的政治治理价值、模式和行为称为大传统，将中国共产党成立以来所形成的治理模式称为小传统，分析了中国古代传统乡土社会依靠社会血缘亲密关系（如宗族长老）、乡土地缘关系（如富民、士人）和宗教崇拜关系（如僧侣）进行基层的社会情感治理；以枫桥经验分析了中国共产党的群众路线和情感治理模式，得出了"无论是大传统，还是小传统，中国的治理基础和治理实践都离不开情感要素"的结论，社会情感治理是中国社会治理的重要组成部分②。任文启和顾东辉总结了中国社会情感治理中中国人的8个情感内涵，分别是作为国民的国家情感、作为人民的政治情感、作为公民的法律情感、作为市民的社会情感、作为中国人的中华文化情感、作为社区居民的社区生活情感、作为家庭成员的家庭情感以及作为独立个体的个人情感，为建设具有中国特色的社会情感治理模式提供了参考③。

社会情感治理的首要工作是社会情感风险的调控，依照上述对社会情感风险的介绍，社会情感风险要根据其影响结果做出辨别和区分，具有普遍性、不确定性、传染性和影响深远性的特征。依照一般的风险管理模式，郭景萍提出社会情感风险调控的基本步骤——风险识别、风险估测、风险调控方法选择、风险管理效果评价——并做了详细的叙述④。

---

① 郭景萍：《情感社会学》，上海三联书店2008年版。

② 汪勇、周延东：《情感治理：枫桥经验的传统起源与现代应用》，《公安学研究》2018年第3期第1卷，第1—23、123页。

③ 任文启、顾东辉：《通过社会工作的情感治理：70年情感治理的历史脉络与现代化转向》，《青海社会科学》2019年第6期第240卷，第24—31页。

④ 郭景萍：《社会情感风险调控与社会和谐》，《中共福建省委党校学报》2006年第3期，第44—48页。

首先，在社会情感风险识别方面，可以通过对情感风险定性的认识，依据是否产生经济损失，风险的承受者、社会情感行为是否受控、是否可预见，所致损失是否超出社会承受能力以及导致社会情感风险的宏观因素等对社会情感风险进行细分，从而产生初步的定性分类。在初步定性识别后，进行社会情感风险的评估，也就是对风险的定量估计，主要衡量社会情感风险对社会的影响，确定社会情感风险所引起的后果及其严重程度，从而为调适社会情感风险做好准备。在损失确定指标上可以选用损失频率和损失程度，前者指在一定时期内某种社会情感风险可能造成的社会失调或利益损失的次数或概率；后者是指社会情感风险造成的社会失调或利益损失的范围和大小。社会情感风险是动态的，在不同的社会环境中风险会不断转化，因此在进行风险评估时也要考虑时间和空间的动态影响。在社会情感风险管理技术选择方面，有很多措施可供选择：可采取事前切断风险的完全回避措施；可在社会情感事故发生前消除风险源，防患于未然的预防风险措施；可通过把社会情感风险从时间上、空间上加以分散、化整为零，避免或降低非理性和情感的集中爆发的分散风险措施；可利用正规的或非正规的渠道，释放被压抑的情感和情绪的疏导风险措施；可通过采取一系列措施，减少社会情感风险事故发生和降低损失程度的抑制风险措施；或可让风险主体自行承担、自行解决损失频率低、损失程度小的自留风险措施等。总之，在方法选择的时候要根据事情的性质、涉及范围等，进行选择或组合，形成合适的风险措施进行风险调控。最后，在选择和实施社会情感风险管理方案之后，必须对风险管理的情况和效果进行评估和修正。

总之，正如中国社会心态领域著名学者王俊秀所述："社会治理也是社会情感治理，即在社会治理中使得社会正向情感最大化，实现以社会情感为基础的社会凝聚。"管理者要充分利用社会情绪与社会情感的社会信号、社会运行动力、社会行为调节和团结社会等功能，进行社会情感治理，促进社会的和谐稳定①。

---

① 王俊秀：《新媒体时代社会情绪和社会情感的治理》，《探索与争鸣》2016 年第 11 期第 325 卷，第 35—38 页。

二　媒介使用研究中的社会情感治理理论与实践

（一）主流媒体与社会媒体协同、技术与制度并行的情感网络舆论治理

移动互联网的应用与普及使得信息传播的方式发生了翻天覆地的变化，信息的传播不再受时空的限制，传播方式更加个性多样，同时自媒体和社交媒体平台使每个人都有发声的机会，任何人都可以通过互联网发布自己的信息，实现了信息的去中心化和平等化。这些变革使得网络舆论形势变得更加复杂，情绪情感因素更加突出，情感波动更加剧烈，因此网络舆论方面的情感社会治理成为了传媒学科中的一个研究热点，学者们对此提出了各种理论和实践建议，大体分为三个方面：一方面是从媒体主体角度出发，强调公权力与主流媒体引导作用的发挥与社会媒体的建设和监督；另一方面是从技术应用角度出发，强调新技术在网络情感社会治理的全过程应用；最后一方面是从社会建设方面，强调要提取情感舆论背后的社会矛盾点，通过建设方面的改进根本性减弱或消除这种社会情感风险。

在公权力与主流媒体引导作用发挥方面，研究表明公权力机构与主流媒体在公共事件引发情感风险时，及时、真实、具体的回应是非常重要的。政府与专业媒体通过第一时间介入社会舆情事件报道，发布官方消息，进行认知和情感上的框架设定，可以使其掌握社会舆论的主动权和引导权，及时对虚假信息进行辟谣并对因情绪感染和情感积累带来的归因偏向进行矫正，引起公众的理性思考，发挥正面情绪的共情与传播作用，阻断负性情绪和情感的进一步感染和累积，形成较为稳定、积极的社会情绪状态；另外公布真实、具体的官方信息，可以使主流媒体的权威性和政府的公信力增强，正如真实性是新闻的生命所强调的，只有官方信息真实可靠，公众才会对其信任，才不会被网络中各式各样的谣言和虚假信息所影响。另外从信息论的角度，信息传播是一个动态的循环过程，时常会伴有"噪音"的出现。如果官方信息发布的功能发生了"故障"，凭空想象或者口头人际传播很

大可能会造成虚假信息的流传和谣言的泛滥①。总之，根据谣言产生的规律，越是未知的事件，事件的未知性和模糊性越强，越容易被作为谣言的中心。因此，在网络舆论领域，公权力与主流媒体要及时公布真实具体的官方消息，传真辟谣，起到公众情绪情感的积极引导作用。同时因为网络发展带来的信息传播去中心化，政府部门也要加强社会媒介的监管教育，建立健全谣言传播的惩罚机制，与社会化媒体协同进行网络情感社会治理。在新技术的应用方面，一方面，可以通过建立信息公开平台、网络议事大厅，建构各种民间话语与官方话语对话平台，为弱势群体提供怨恨释放和利益表达的渠道，避免公众长期的负性情感累积；另一方面，利用平台大数据构建情绪地图，进行社会情绪预警预测、分析、研判，更为客观地分析社会情绪波动走向和实际状况，提供更有效、有针对性的疏导和治理决策，营造更健康、更正能量的网络空间生态。另外，"人类情感是身体和社会的语言"，社会情绪的生成，无论是正面还是负面，都在一定程度上体现着社会群体的情感体验和心理状况，能够反映出社会发展过程中的矛盾点与社会治理的状况，因此政府要关注这些情绪，寻找风险信号，从中分析社会转型、结构分化的问题，及早在社会治理中予以化解，避免这些社会情绪的进一步感染和发酵。

（二）传播文化历史，唤起集体情感，构建民族和社会认同

社会心态研究中提出情感治理就是在社会治理中使得社会正向情感最大化，实现以社会情感为基础的社会凝聚。其中，社会正向情感的最大化的解读可以有两种：一方面，如上一点所述，通过媒体协同和技术与制度并行的方式以逆向方法减少负向情感的传播和积累，及时调控社会情感风险，从而在整体上增加正向情感，通俗点说就是避免做正向情感的减法；另一方面，亦可以从正向角度思考，在媒体层面对人们进行积极引导，持续做好正向情感的加法，传播文化历史就是其中重要的方式之一。

最近几年，无论是《经典咏流传》《诗词大会》《国家宝藏》等热门

---

① 李金宝：《社会公共安全事件中的民众知情权——由〈南方周末〉两则报道引发的思考》，《新闻记者》2002 年第 12 期，第 20—21 页。

综艺，还是《觉醒年代》《人世间》等高分电视剧；无论是《山海经》《论语》等视频专栏，还是《西南联大》等纪录片的热切讨论，都能揭示文化历史在传媒领域逐渐升起的热度。大量研究表明，文化历史的传播可以激起、形成人们的集体记忆，唤起集体情感，从而增强个体的个人、民族与社会认同感，增强社会和谐氛围。人从出生伊始就受到社会文化的影响，无论是父母、老师等人的言传身教，还是课本书籍中的文化历史，都让个体携带了自己民族独有的"文化基因"，这种基因潜藏在个体的意识之下，以集体潜意识的形态存在。当公共媒体通过综艺、电视剧、讲座等方式传播文化历史的时候，文化的象征和符号会激活个体的"文化基因"，使个体的集体情感爆发出来，这种情感包含了个体对民族文化、历史的自豪感，又包括个体作为内群体成员的集体认同感。英国文化理论家雷蒙·威廉（Roymond Williams）曾提出"情感结构"的概念，用以描述在特定历史语境下人们所共享的感受和思维方式。他指出一个时代最普遍的情感结构可以看作是由该时代的主体人群最富代表性的经验、记忆、道德、伦理、理想、信仰等间接性要素交汇而成的有机系统，它既跃动于生活的表面又深潜其下，既具有相对的稳定性又始终处于变化之中。在文化研究的意义上，情感结构可以看作是个体情感和生活上升为集体情感和生活的结果。集体潜意识和情感结构等概念为现代文化传播实践提供了扎实的理论基础，在具体的实践方面，我们使用以《经典咏流传》为代表的文化型综艺的研究作为具体的实例。《经典咏流传》节目把流行音乐作为节目外包装，通过邀请具有较高知名度或能引发一定话题性的"经典传唱人"现场演唱达到引流目的，逐步贴近目前年轻人的情感结构，同时巧妙地在其中加入文化的讨论，即在演唱结束后，主持人撒贝宁会与场上的四位"经典鉴赏人"一起对诗词内涵和歌曲的艺术性及其引发的内心感悟和人生经验进行讨论、分享。通过这样的方式让传统文化很自然地融入年轻人的情感结构，增强其在年轻人情感结构中的重要性，促使传统文化和主流价值重返当代青年情感世界和生活中心。同时，《经典咏流传》选用的诗歌也会在一定程度上唤起个体的集体记忆，激起个体经久传承的民族集体情感。社会情绪和情感具有动力作用和团结作用。文化历史传播所激起的集体情感和正向社会情感将增强人们对民族国家内部的群体差异化的接受程度，增强个人的人际、社会信任，一定程度上减弱由于社会转型带来的群体怨恨，促进社会的和谐与稳定。

《舌尖上的中国》——用情感传播在国际上讲好中国故事

本章主要讲述了在媒介使用研究中的情感心理与行为，叙述和组织以国内的治理为主，但事实上媒介使用情感研究中的主题也包括跨文化的情感传播，"怎样讲好中国故事"就是中国学者在该主题下研究的热点问题，纪录片《舌尖上的中国》为我们提供了很多思路。党的二十大报告中指出要"增强中华文明传播力影响力"，要"讲好中国故事、传播好中国声音"，要"深化文明交流互鉴，推动中华文化更好走向世界"。但是讲好中国故事并不简单，尤其是要促进中国故事在跨文化语境中的国际传播。因为在跨文化语境的传播过程中极易发生高低语境、文化折扣等问题，使得传播方和接收方因语言和文化差异产生"乌龙"。而这一问题解决的关键在于能否最大限度地消解编码和解码过程中产生的偏差，使不同文化能够顺畅地沟通、理解甚至融通。为实现上述目标，"情感"这种先在性的沟通介质逐渐成为研究者在跨文化传播路径中的研究热点，也是讲好中国故事的重要路径。通过情感传播，人们得以从经验层面对他人情感反应进行"移情"，从而与他人共享情感意义，实现沟通互动[1]。

纪录片《舌尖上的中国》（下称《舌尖》）就是成功利用情感传播在国际上讲中国故事的生动案例。《舌尖1》创下了2012单年单集售价4万美元，在100多个国家和地区播放的骄人纪录，时隔两年的《舌尖2》更是在首轮海外版权买卖活动中单集销售高达35万美元[2]。这份纪录的产生不仅是因为中国美食文化的巨大吸引力，更归功于"乡愁""认同感"等情感在其中的主线传播。以《舌尖2》为例，它以城市和乡村两个地域作为背景，深刻反映城市化过程中游子离家的浓厚乡愁和城市奋斗中情感的酸甜苦辣，以小见大，展现

---

[1] 张龙、蒋烨红、康骏驰：《共情视域下中国非遗文化视频的国际传播》，《当代传播》2023年第2期，第45—49页。

[2] 卢连：《中国纪录片国际传播力研究》，博士学位论文，上海交通大学，2016年。

了当代中国社会日常生活世界中的"地方性经验"和精神力量。在《三餐》一集中，徐磊和文菲这对在富士康工厂工作的农村夫妻，在狭窄的厨房中制作家常菜品，以此践行"乡愁"，找寻在融入城市过程中隐没的身份认同与个性表达，"家乡的味道有种特殊的魔力，能让天各一方的家人穿越时空，聚在一起"；在《家常》一集中，为了求学，四岁学琴的子钰同专业伴读的母亲在上海生活，而生活开销完全由远在河南的父亲承担，为了省吃俭用父亲已经五年没有来上海了。"为孩子获得更好的教育，不惜背井离乡，这是中国很多独生子女家庭的选择。""相比于技巧，倾注的心意才值得回味"，在这样的叙述中母亲做的上海红烧肉、河南抻面不再仅仅是美食的呈现，更多的是爱意、期望等浓郁情感的凝结。《舌尖》系列纪录片的例子告诉我们，讲好中国故事，"讲情感才能感染人"。唯有以情叙事，以情为线，才能在国际文化传播过程中为我国的优秀文化增色，使其更具吸引力和共鸣性。正如日前在传播心理学界兴起的"暖实力"概念的内涵所述，在文化传播与国际交流中要培养让人感动、感染、感到召唤的升华力和暖心的能力①。

---

① 沈悦、金圣钧：《从软实力到"暖实力"：中国国际传播理念创新的话语、维度与愿景》，《东岳论丛》2023 年第 2 期，第 62—75 页。

第 六 章

媒介使用的意志心理与行为

从意识活动的形势来看，意识表现为认知形式、情绪形式和意志形式。在新媒体环境下，当代舆论场呈现多元化的格局，表现为官方舆论场、主流媒体舆论场、民间舆论场、个性化小群体舆论场等。各场域热闹纷呈，特征明显，相互角力，发出各自的声音。当代大众传媒的影响力逐渐渗透到主流大众，肩负起引领社会舆论的重任，在借用和改造传统媒体内容的同时，更应借助媒介实现对公民意志的再传播①。

第一节　媒介使用的人格元素与作用

从古至今，导致个人内部差异的原因及多样性一直被人类探索，人格是一个有多种不同含义和多重属性的模糊概念，西方心理学界一直争论不止，似乎每一位心理学家都通过自己的理解从不同角度对人格的定义做出了明确的描述和演化。人格（personality）是个体在先天生物遗传素质的基础上，通过与后天社会环境的相互作用而形成的相对稳定而独特的心理行为模式②。它表现为个体适应环境时在能力、情绪、需要、动机、价值观、气质、性格和体质等方面的整合，是具有动力一致性和连续性的自我，是个体在社会化过程中形成的给人以特色的身心组织。作为一个现实生活中的人，人格具有整体性、稳定性、独特性和社会性③。

---

① 王长潇：《播客平台的商业模式、监管自律与播客自媒体公民意志的再传播》，《现代传播》（中国传媒大学学报）2011 年第 3 期，第 116—120 页。

② 郑雪：《人格心理学》，暨南大学出版社 2007 年版。

③ 郭永玉：《人格心理学　人性及其差异的研究》，中国社会科学出版社 2005 年版。

　　个体处于社会之中，在社会化过程中人格必然受到各种社会因素的影响，同时，人格还可以以各种方式反作用于社会。一般而言，人格对社会的影响主要是通过个体人格和行为对其所处的情境发生影响，或通过个人思想和行为对宏观社会环境产生影响实现的。人格内在的各个特质协调统一，对外有较好的人际交往及超越的特性，就会达到健康人格，这种方式由理智所导引并尊重生活，因此人的需要得到满足，而且人的意识、才智以及热爱自我、自然环境和他人的能力都将得以发展。

一　人格特质理论

　　在描述和解释人格的各种理论中，人格特质学派认为人格特质是一般化了的、个人所具有的神经心理结构，它使许多刺激在机能上具有跨情境的一致性，即不同刺激能导致相似的行为。特质是人格的基本组成元素，包括聚焦性和广泛性。人格特质是指人在性格、思想和行为方面相对稳定的个体差异[1]，是一种内部心理倾向，对描述行为的产生以及行为跨时间、跨情境的一致性都有很大的作用[2]。人格心理学家使用特质概念来描述个体行为从一个情境到另一个情境的一致性。当我们尝试观察、理解他人的行为时，我们会发现个体行为的一致性以及不同个体间的差异。

　　（一）奥尔波特（Albert）的特质论

　　戈登·奥尔波特对人格特质进行了开创性研究。他给人格概念做了界定，强调人格的动力性、组织性和独特性；创建了人格特质理论，强调研究个人倾向；建构了健康、成熟人格理论，如健康人格的动机、动机机能自主、健康人格的统我及发展等方面的理论。

　　在奥尔波特看来，人格有着复杂的结构，它是由反射、习惯、态度、特质和统我等按其整合程度用金字塔式的层级构成的。在人格结构中，特质为最基本的结构单元，是概括性的神经—心理结构，能使个体在机能上对多项外在和内在的刺激等值，并诱发和控制相同形式的适应性和

---

　　[1]　McCrae, R. R. , & Costa, P. T. , "Trait Explanations in Personality Psychology," *European Journal of Personality*, Vol. 9, No. 4, 1995, pp. 231 – 252.

　　[2]　郭永玉：《走进心理学系列教材—人格心理学纲要》，教育科学出版社2018年版。

表现性的行为。奥尔波特将人格特质区分为共同特质和个人特质。从共同特质来看，它是在统一文化形态中，人们所具体形成的共同的一般特质；而个人特质则指个体所独有的人格特质，只有个人特质才能真正诠释和表达个人的真正内涵。

个人特质包括首要特质、中心特质和次要特质。首要特质是指一个人身上最明显的特征，其作为支配人格特点的特质，有着极强的渗透性，如孙悟空的机敏灵活，文天祥的忠贞气节；中心特质是指能够代表一个人特点的几种特质，通常一个人可以用5至10种特质来描述，如善良、温柔、激进、嫉妒等；次要特质是指一个人的某种偏好或反应倾向，其普遍性和一致性较差，通常只有身边熟悉其存在的人才会注意到，如某个人喜欢周末外出度假、上班时喜欢喝咖啡等。

奥尔波特认为，从儿童期不成熟的人格发展为成熟的人格是一个复杂的过程。他研究了许多机能成熟的健康成年人，认为不成熟的人格直接受生存需要的支配，而成熟的人格较少受生物驱力和反射驱力的影响，更多地受当前动机和情境的影响，而判断是否是健康成熟的人格需要以下6个标准：（1）将自我认同感扩展到自身以外的人和活动；（2）与他人关系融洽；（3）具有情绪上的安全感和自我接纳能力；（4）具有现实的知觉；（5）具有幽默感和良好的自我意识；（6）统一的人生哲学。他认为，使人格特质统一和整合成为一体的根源来自于一种动力组织机构"统我"，统我不是天生的，而是后天发展形成的。完整的统我机能就是人格，从出生到死亡，统我的实现需要经历8个阶段：躯体自我的感觉阶段（1岁）、自我同一感阶段（2岁）、自尊感阶段（3岁）、自我扩展感阶段（4岁）、自我映像感阶段（4—6岁）、自我理智调适感阶段（6—12岁）、统我追求阶段（12岁至青春期）和知者自我的显露阶段（成年至以后）。

（二）卡特尔（Cattell）的人格因素论

卡特尔认为，人格构成的基本元素就是特质。他延续了奥尔波特对共同特质和个人特质的区分应用，从个体与群体的角度区别出了独有特质与共同特质；但同时把特质分为了表面特质和根源特质。这两个概念在卡特尔的人格因素论中起到了关键作用。表面特质是指从外部易于被直接观察到的聚合关联的特征或行为，可能会随着环境的改变而改变，同属于一种表面特质的行为特征的集聚可能彼此之间有关联，但他们只是存在于浅显的组合特征倾向，而不是因为根源上的联系；根源特质是行为的内在根源，它是指"一个初级的因素维度，其值的变化取决于一个单一的影响或来源"，它制约并影响着多种表面特质，也是那些稳定的、作为人格结构基本因素的特质，个体的行为归根结底会受到根源特质强度的影响。卡特尔及其同事经过多年的广泛测量，根据词汇假设和因素分析法得到了 16 种根源特质，并设计了著名的 16PF 人格问卷（16 Personality Factor Questionnaire，16PF）。

根据卡特尔的观点，关于人格动力的特征就是激励个体朝着某一具体目标采取行动的动力特质，也是人格的动力性因素。具体来说，人格的动力系统包含三种动力特质，即能、情操和态度。其中，能是一种先天的心理—生理倾向，是体质性动力潜源特质，它与内驱力、需要或本能十分相似，能使个体产生选择性感知，并激起个体对某些事物的情感反应，进而指引个体趋向目的性行为，以完成或实现某个目标；情操是学习得来的动力潜源特质，通过与环境中的人、事、物接触所形成的，激起个体注意某种或某些事物的情绪反应，以固定的感受对待它们；态度则是对具体的人、事、物的兴趣、情感和行为。三种动力特质虽有不同的来源、处于不同的普遍性水平，但是它们都会以复杂的方式组织起来，形成动力网格。

与奥尔波特一样，卡特尔也认为特质是相对稳定的且具有预测性。但是，卡特尔在另外四个方面却有不同的理解。第一，人格当中的基本元素（根源特质）只有通过因素分析的方法才能够被区分出来；第二，只有少数一些特质是独一无二的，而大部分的共同特质在不同的人身上存在不同程度的差异；第三，卡特尔推崇精神分析理论；第四，他明确地对人格的动力与结构进行了区分，认为二者有明显的界限，特质是人格的结构①。卡特尔的研究结果后来曾多次被学界提起并探讨，对人格特质研究具有重大借鉴意义和价值。

（三）艾森克（Eysenck）的人格理论

在前人研究的基础上，艾森克用因素分析研究，对卡特尔的 16 因素

---

① 许燕：《人格心理学导论》，中国人民大学出版社 2017 年版。

进一步聚类，发现了两个最基本的维度—外倾性和神经质。他强调，任何其他特质都可以归结到这两个维度之中，位于维度的某一点上，并从正常范围过渡到极度不正常的一端。在特定环境和背景下，外倾性和神经质这两种维度可以产生交互，不同维度在不同个体身上就会形成以下四种特质组合：外倾—稳定、外倾—不稳定、内倾—稳定、内倾—不稳定。而在古希腊的体液假说中，这四种特质组合分别对应多血质、胆汁质、粘液质、抑郁质等四种气质类型。后来艾森克又加入了第五种特质，即精神质。高精神质者的特质表现出暴力、冲动、反社会、冒险、自私、无同情心、自我中心、有创造性、思维及行为迟钝等特点。学界通常用首写字母 PEN（E 为 extraversion 外倾性，N 为 neuroticism 神经质，P 为 psychoticism 精神质）来指称艾森克的人格三维度模型，即"大三"人格模型。人格维度是由人格特质的对立极构成的线性量化指标，它体现了人格量的差异，每个人都可以在某一人格维度上找到自己的位置。

艾森克的人格理论主要属于层次性质。他通过将人格特质放在一个层级组织里，建立了人格层次模型，它包括四个层次水平，分别是特殊反应水平、习惯反应水平、特质水平和类型水平。特殊反应水平一般是指个体在某个情境中的具体行为反应，它可能是个体的属性或可能不是，位于人格层级的最底层级；习惯反应水平是由一系列相似或同质的具体行为组成的特殊性反应，习惯通常只包含特定某类型相关的重复行为；对习惯反应水平的行为反应进行因素分析，提取出来的因子有机结合即特质水平，所以特质也可以是"不同习惯行为之间的显著交互作用"；特质的最高人格层次是类型水平，是所有特质组合后形成的更大人格维度，它几乎影响一个人行为的所有方面。

（四）大五人格因素

目前，在特质理论方面最具突破性的进展就是大五人格因素结构的提出与验证。大五人格模型起源于 20 世纪 20 年代，几代研究者从各自理论假设的发展和完善过程中不断分析与验证，最终确定了人格由五个基本维度构成，这五个基本人格维度被心理学家们称作"大五因素模型"。麦克雷和科斯塔（McCrae & Costa）对构成人格的大五因素进行命名，它们是外倾性（Extraversion）、宜人性（Agreeableness）、尽责性（Conscientiousness）、神经质（Neuroticism）和开放性（Openness），这五个因素的不同表现形式就构成了大五人格理论的核心内容。其命名顺序表明了五个因素在日常人格描述词中的表征次序，前面的因素比后面的因素更重要，在人格结构中有更大的分量，也更容易被重复验证①。大五人格理论目前是公认的人格研究模型。

二　人格与社会文化的交互作用

强调个体生物遗传因素对人格的作用是特质论的主张，情境理论则更看重后天的环境，尤其是社会文化环境对人格的决定作用。对此，情境论与特质论观点不一。后来，学界通过综合各方理论和实践，形成了交互作用论。交互作用论认为，人格系统不断地与外部环境发生动态的交互作用。

当置身于一个特定的社会环境中，人会直接或间接地受到各种微观和宏观的环境的影响，进而从生物学意义上的个体发展为社会中的一员，并形成自己独特的人格，这是个体能动选择与接受的过程。因此，人格不是简单的文化复制，而是个体所处社会环境的产物。人格受文化的影响，但个体并不是被动的承受者，因为社会是由人构成的，不同的社会形态是人类历史发展的产物，是人类在不同历史条件下创造出来的。在这个过程中，人格作为个体的内部动机和行为模式的统一体，作用于社会环境和政治经济体制，并在已有文化的基础上创造新的文化，而新的文化又继续对人格产生影响②。即社会环境在塑造个体人格的同时，人格又通过社会成员的具体行为影响着社会。人格系统与社会文化在个体的一生中形成了一个长期双向的动态过程。

（一）社会文化对人格的影响

遗传素质和生物基础决定了个体的先天条件，但其人格在很大程度上是由后天的社会因素塑造的，宏观和微观的社会背景在过去和当前对人格的形成和发展都起着重要作用。微观社会背景是指影响人格形成和发展的微观人际环境；宏观社会背景则是指大范围的、复杂的、持续的

---

① 郭永玉、贺金波：《人格心理学》，高等教育出版社 2011 年版。
② 陈幼平、辛勇：《文化影响人格的作用机制探析》，《人民论坛》2011 年第 26 期，第 210—211 页。

环境模式①。前者具体包括家庭、同伴、学校、大众传媒等因素；后者则包括历史背景、社会阶层等因素。

在传媒研究中，大众传媒是影响人格的主要因素。大众传媒是指人们用于获取和交流信息的各种手段，继报纸、期刊、通讯社之后，广播、电视、网络和多种新媒体相继问世。随着科学技术的不断发展，大众传媒无处不在、无所不能，传播媒介日趋多元化，媒介迅速、及时地传播大量的信息，提供社会角色模式和流行的价值观，对人的社会化产生了深刻的影响，某种程度上甚至改变了人们的交往方式。

当代社会，网络对个体的社会化和人格也产生了重要的影响。青年人更容易暴露于网络之中，所以网络对青年社会化的影响尤为深刻。网络上巨量信息的高度流动性和虚拟性使信息交流和沟通等活动超出了传统范畴。尽管网络中海量快捷的信息帮助人类实现了资源共享，克服交流的时间和地域的限制，但同时也可能给个体的社会化带来诸多负面影响②。网络能够营造一种虚拟空间，它以人机互动的方式取代人们面对面的对话和沟通，导致人际关系变得愈发冷淡和薄弱。相较于条框规矩众多的现实社会，网络空间更加自由，很容易使人放任自己而对世界漠不关心，致使个体逐渐游离于社会之外并脱离社会，而当个体重新回归现实时其孤独感会显著增加，严重影响心理健康。

（二）人格对社会文化的作用

一般而言，人格对社会的影响主要是通过个体的人格和行为对其所处的情境发生影响，或通过个体的思想和行为对宏观社会环境产生影响来实现的。

麦克雷从特质论的角度提出人格特质在总体上会影响文化，并提出了人格的五因素理论（见图6-1），其中，人格系统包含了生理基础、文化、人格特质、个性化适应和行为等成分，各成分之间相互作用③。在该模型中，人格特质与文化并非直接相关，而是经由个性化适应和行为影

---

① Winter, D. G., *Personality: Analysis and interpretation of lives*, New York: McGraw-Hill, 1996.

② 王晓刚：《大学生心理健康》，清华大学出版社2008年版。

③ McCrae, R. R., "Human nature and culture: A trait perspective," *Journal of research in Personality*, Vol. 38, No. 1, 2004, pp. 3–14.

响文化。个性化适应是个体为更好地适应社会生活而掌握的所有心理结构，包括知识、技能、态度、目标、社会角色、关系、图式、自我概念以及除人格特质以外的许多心理现象。由该模型可以看出，个性化适应和行为同时受人格特质与文化的影响①。

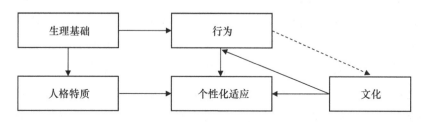

图 6－1　人格的五因素理论模型

资料来源：McCrae, R. R., "Human nature and culture: A trait perspective," *Journal of research in Personality*, Vol. 38, No. 1, 2004, pp. 3－14。

尽管该模型从特质论视角阐述了人格作用于文化的机制，但它过于强调生物因素对人格特质的影响，而忽视了环境尤其是文化对人格的影响。其实，在该模型中，还应加上"人格特质"通过"个性化适应"影响"文化"，以及"文化"通过"个性化适应"塑造"人格特质"②。

除此之外，人格会影响个体所处的社会阶层，当大量个体积聚在一起时，阶层流动或阶层固化会导致社会结构的变动。换句话说，因人格因素所能促成的向上流动、停滞或固着，不仅影响个人和家庭的命运，还会促进或阻碍社会建立更公平合理的利益分配机制，进而影响整个社会阶层的福祉。

三　现代媒介使用中的人格

随着现代化社会进程的加快和互联网的普及，传媒无论在思想意识形态领域还是在物质生活领域，越来越深地影响着受众群的思维。由于媒介技术的不断进步，传播媒介的功能和价值呈现出不断叠加的趋势，

---

① 陈红：《人格与文化》，安徽教育出版社 2009 年版。

② 郭永玉：《走进心理学系列教材—人格心理学纲要》，教育科学出版社 2018 年版。

互联网的发展取决于网络工具在什么程度上能最大满足人类信息需求方面的可能性空间。

电子时代的传媒作为一种文化传播手段具有特殊的意义。由于传播手段、方式、载体以及受众的改变，社会与人格之间关系更趋复杂，而网络、影视作品的虚拟化使得大众主体的价值取向发生变化。在电子时代，电子产品的感官冲击力随着技术的成熟被强化，这种感官刺激的最大化效应显著降低了大众的精神追求和道德品质，人的意志、信仰、对人生更高理想的追求被消解。电子时代传播媒介对传统道德在一定程度上进行颠覆，审美原则和道德价值取向的变异引发更为深刻的人的精神状态和社会风气的改变，这会对社会风气和受众群人格形成产生负面作用。以青少年为例，青少年对媒体的盲目崇拜加上媒体利用强大的宣传手段对审美的纯粹性进行过度消解，这些都很有可能导致青少年的观念扭曲，甚至会对人生观产生不良影响。由于网络的匿名性和表达的便捷性，个体在网络上更容易扮演真实的自我，从而传递其内心真实的思维方式与行事风格，并显示出有别于现实环境的媒介用户的人格，部分不良道德观念对互联网环境会造成一定程度的影响。因此，媒介平台应重视社会责任及文化传递功能，开展有效监管，同时恰当识别媒介用户的不同人格倾向，从传播和受众两个方向促进网络环境健康发展。

案例分析

网络时代的谣言凭借着覆盖率极高的网络社交平台，呈现出传播更迅速、内容更低俗、波及更广泛、成本更低廉的特征。而随着当下网络群体极化、下沉化愈来愈明显，针对特定群体或个人的谣言几乎每天都在恶性扩散。由于女性在当下社会中整体仍处于弱势地位，针对女性个人的社会关系的谣言风波也此起彼伏。这是女性污名化在网络时代的特殊表现形式，给女性群体造成了极大的精神伤害，已经成为当今严重的社会问题。

"造黄谣"一般是指通过个人想象，虚构有关受害者"性"方面的事实，并通过各种途径进行虚假信息散布，如明示或暗示受害者为性工作者、私生活混乱或编造受害者的性癖好等。通常，造谣者会配以受害人的照片、详细个人信息以增加捏造事实的可信度和热度。近日，网络上几起大学生"造黄谣"事件引发人们的关注，如苏州大学一名男大学生赵某某将女同学照片发布于黄色网站、南华大学何某某给女同学 PS 不雅图片后在网络上贩卖淫秽图文牟利等，虽然造谣者最终都受到了相应的处罚，但是无辜的受害者仍然遭受了极其痛苦的精神伤害。

《妇女权益保障法》第二十条规定："妇女的人格尊严不受侵犯。禁止用侮辱、诽谤等方式损害妇女的人格尊严。""造黄谣"无疑严重地践踏了公民的人格权。女性在现实空间中，人格受到法律保护，在伦理道德之下也进一步被关怀；在互联网中，女性也应当受到相应的保护。互联网并非法外之地，造谣者必然要为自己的违法行为付出相应代价。现实社会也要对公民不断加强教育，进行权益普法与系统警示普及，弘扬正确的网络价值观。

第二节　媒介使用的自我认识与自我控制

对自我的研究贯穿于人类研究自身的全过程。两千年前的古希腊先哲苏格拉底曾说："认识你自己。"你是谁？你如何成为自己所称的"自己"？人类一直没有停止对自己的探索。在本书中，"自我"是指个体意识中关于自己基本特征的观念的总和。自我不是一个恒定不变的概念，它不仅仅由人们的生理特征和社会角色所决定，也受日常生活中诸多因素的影响，自我贯穿于整个生命中不断地发展和完善。在传媒研究中，了解自我概念的形成、明细自我认识的机制、掌握自我控制的规律，有助于组织思想并指导个体和群体的社会行为。

一　自我认识

传播者的自我认识属于自我意识的认知部分，也是自我调节和控制的心理基础。自我认识是指人对自己及其外界环境关系的认识，是对自己在社会中所扮演社会角色的自我评价性总结，也是认识自我和对待自我的统一。它包括自我认知和自我评价等。

（一）自我图式

自我图式是指个体在已有的经验基础上形成的对自己的概括性认识，是自我认识过程的起点，也是自我概念形成的基础。图式是组织自己所处世界的心理模板，是对自己进行了解的心理结构。与图式一样，自我图式可以作为选择机制，决定个体是否注意信息、信息的重要性、如何建构以及处理信息、对信息的输入和输出，会影响人们注意的、思考的和识记的关于自己的信息，并影响人们对社会信息的加工，进而影响人们如何感知、回忆和评价的过程。

自我图式构成了自我概念，它可以帮助人们分类和提取经验。用自我图式对信息加以整合，能够帮助人们更好地组织这些信息；当信息与自我概念有关时，人们会将它们联系起来，并进行快速的加工和回忆。人们对自身相关信息识记效果更好的倾向就是自我参照效应。

自我参照效应可以阐明生活中的一个基本事实：人们对自我的感觉处于世界的核心位置，因此人们会高估别人对自己行为的指向程度。人们经常把自己看作是某件事情的主要负责人，而实际上只是在其中扮演很小的一个角色。当评判其他人的表现和行为时，人们经常本能地将其与自己的行为相比较。当同他人聊天时，如果无意中听到屋里其他人提起自己的名字，那么听觉雷达会立刻转移自己的注意力[①]。

（二）社会比较

当集中注意力于自己时，个体有自我评价的倾向和需求，会根据内在的标准与价值观来对自己现在的感受与行为进行比较。这种现象叫作社会比较，即在他人信息（包括能力、地位和表现）存在的情况下对自我进行评价。社会比较理论认为，自我认知的过程是一个社会比较的过程，这一过程包括认知、情感和行为等不同的成分。在缺乏客观的、非社会标准的情况下，人们会通过与他人的比较来评估自己，以判定自己

---

① 戴维·迈尔斯：《社会心理学》（第8版），侯玉波、乐国安、张智勇等译，人民邮电出版社2006年版。

在社会生活中的位置和形象，对人类来说具有基本的进化价值①。

目标性质会影响人们所做的比较。社会比较被学界分为三种类型：平行比较、向上比较和向下比较。个体的社会比较通过和与自己相似的他人进行，即平行比较；个体将自己与等级更高或表现更好的他人进行比较，寻找差距，以此为据形成自我评价，这是向上比较；向下比较是个体与比自己表现差或处境糟糕的人进行比较，以调节自己的情绪状态和自尊水平②。

通常来说，社会比较对人的影响主要体现在情感及情绪上。当个体处在一个无法被确定地评判的心理状态下，为了消除这种不确定性，人们会把社会比较的结果作为判定的标准，从而对自我进行确认。根据具体的情境不同，社会比较对个体的情绪和心理也会产生相应的积极或消极的影响。合理恰当的社会比较可以提升个体的自尊和自信，维持心理平衡与情绪稳定。不恰当的社会比较则会损害人的自尊，给自我带来威胁，产生不良情绪。对一般人群而言，上行比较更多地会给个人带来消极体验，而下行比较则能给个人带来积极体验，有助于维持其自尊和自信。

（三）他人评价

自我概念不是在单独的背景下发展的，而是在周围人的作用下形成的，如果不与他人接触，个体的自我形象将会是比较模糊的。公认的成就会增强个体的自我概念。人们不易评价自己的品质，就会依靠他人对自己的态度和反应。

根据社会学家查尔斯·库利"镜中自我"的概念，个体把别人当成镜子来进行自我感知——当人们想要了解自己的某些特点时，可以通过他人对待、回应自己的方式去了解自己在他人心中的形象。人们借自己的外显行为将自己介绍给别人，而别人对自己的看法就是个体能获取的信息，它会影响个体，如个体情绪和社会认知，这对个体的自我评价和

---

①　邢淑芬、俞国良：《社会比较研究的现状与发展趋势》，《心理科学进展》2005 年第 1 期，第 78—84 页。

②　Wills, T. A., "Downward Comparison Principles in Social Psychology," *Psychological bulletin*, Vol. 90, No. 2, 1981, pp. 245 – 271.

身心健康会有重要影响。因此，人们对自己的认识在很大程度上取决于从周围人的评价中获取信息，他人评价对不同自我认知的个体有不同的影响。

人们尤其看重生活中特别重要的人对自己的印象。例如，儿童会在意父母对自己的印象，其次是老师和同伴的评价；成年人可能更看重朋友、爱人、领导对自己的印象。人们以这些重要的他人形成的关于自己的印象为基础，来建立对自己的认识和评价。如果有个体因此而高估他人对自己的评价，其自我意象就会变得膨胀。

传播者在传播过程中接触到形形色色的人和事物，如何理解、编码这些信息，并将其呈现到受众面前，实质上是一个社会认知的过程。人们留给他人的印象表明了他人对自己的知觉、评价，甚至会使他人形成对自己的特定的应对方式。这便产生了印象管理，即"印象整饰"。它是指人们有意识地管理自己，试图控制或影响他人对自己形成某种印象的过程。渴望被别人积极看待，避免被消极、负面看待是多数人的一种基本动机。印象管理有两种类型：一种是试图使别人积极看待自己，这种努力被称为获得性印象管理；另一种是尽可能减少自己的不足，避免他人对自己产生负面印象，这种防御性措施被称为保护性印象管理。印象管理有多重具体的表现形式，它可以调节人际关系，使人际交往能够顺畅地进行下去，可以说，印象管理是人类社会发展的成果。

（四）自我评价

经典的社会比较理论认为，个体进行社会比较的目的是为了获得关于自己能力和观点的准确的自我评价，了解自己的观点是否正确以及自己的能力水平，而且只有与相似的他人进行比较才能获得准确、稳定的自我评价[①]。

传播者在进行自我认识时，还同时受到自身的信念体系的影响。人们常常会对自己的行为进行解读和评价，这些解读和评价有助于形成自我认识。当个体将注意力集中在自己身上时，个体会根据自己内在的标

---

① 俞国良：《社会心理学》，北京师范大学出版社 2011 年版。

准与价值观来评价和比较自己的行为，这就是自我觉知理论。[1] 自我觉知是指个体把自己当作注意对象时的心理状态。

人们在接受家庭和学校教育、接触大众传媒信息的过程中，逐渐会形成一整套有关工作、家庭、生活的信仰、价值观和态度以及应该遵循的道德规范。这些观念及规范作用于人们的意识，人们通过它们来进行自我评价。自我评价是自我意识的重要组成部分。个人的自尊心、自信心等都是在自我评价的基础上建立起来的，同时也是自我调节、控制的重要条件[2]。自我评价能使个体对自己的价值和言行进行正确、客观的解读和评估，能够处理好个人与社会以及他人的关系，有利于人格和个性的健全发展，从而实现和挖掘自我潜力。人们不仅依据他人的态度来观察认识自己，还会通过内省来认识和评价自己。个体关于自己在情绪、感受、信念等方面的信息主要来源于知觉自己的内心状态。人们需要持续的"内省"，把自己正在进行的活动作为自己注意的对象，对自己已有的心理经验有所认识。

二　自我控制

自我控制是自我意识在行为上的表现，指在自我体验的推动下，个体自主改变和调节自己的心理活动和行为，并使其与既定标准（如个人价值和社会期望）相匹配的能力。作为个体自我意识的心理结构之一，它是个体主动地提出目标，以实际行动与环境相互作用的过程，其目的是为了执行能带来长期利益的目标指向的行为，是个体自觉能动性的表现。个体自我控制体系对心理和行为的调节通常由以下步骤完成：主体意识到自己的需求或社会要求，并力求使自己的行为符合社会规范，从而激发起自我控制的动机；根据已往经验以及已有的知识，正确评价自己运用这些知识满足需求的可能性；还要制定能够实现自己行动的相应计划和程序；在行动中运用自我分析、自我体验、自我鼓励、自我监督、

---

① 参见 Carver, C. S. Self-awareness. In M. R. Leary & J. P. Tangney（Eds.）, *Handbook of self and identity*, pp. 179 – 196, New York: Guilford Press, 2003; Duval, T. S., & Silvia, P. J., "Self-awareness, probability of improvement, and the self-serving bias," *Journal of personality and social psychology*, Vol. 82, No. 1, 2002, pp. 49 – 61, 等等。

② 俞国良：《社会心理学》，北京师范大学出版社 2006 年版。

自我命令等各种激励手段，确保行动的完成。在整个行动的执行过程中，个体会有意识地控制自己的思想，对行为动机、行为计划和执行进行反复调整，同时调节自己的情绪，抵制满足直接需要和愿望的冲动，来达到对自己心理和行为的控制，最终实现自我意识的调节作用①。

（一）自我效能

自我效能是一种个体知觉到的自我控制。1977 年，班杜拉提出了自我效能的概念，用来阐释特定情境下的动机产生，是指个体在执行某一行为前对其实现既定领域目标所需能力的信念感知，这种信心和判断是个体对自身的一种主观评估的整体知觉，而不是能力本身。自我效能感是个体一切动机和行为的基础，它在个体的自我系统中起到核心的动力作用，影响着人们的行为和决策②。

个人自我效能的形成受到很多因素的影响，其中最主要的是个人行为的成败经验。通常情况下，个人一旦获得了成功的体验就会在一定程度上提高自我效能感，而一旦反复受挫或遭遇连续失败会降低个体的自我效能感。而这种成败经验对自我效能的影响还受心理控制源的影响。如果把成功归因于外部的不可控的因素，就不会增强自我效能；把失败归因于外部的不可控的因素，不一定会降低自我效能③。

在媒介使用研究中，自我效能感也与诸多行为有关。例如，突发公共卫生事件发生期间，人们不当使用社交媒体可能会对自身的危机应对能力造成负面影响，而过度使用社交媒体（信息超载、社交超载）会引发用户产生社交媒体超载感，使得社交媒体倦怠升高，进而导致健康自我效能感被削弱④；互联网为公众提供了便捷、即时、匿名且低成本的信息获取途径，越来越多的公众将互联网作为寻求健康信息的主要渠道。部分研究表明，自我效能感会帮助公众更积极地搜索网络健康内容，个

---

① Baumeister, R. F, et al., "Ego depletion: is the active self a limited resource," *Journal of personality and social psychology*, Vol. 74, No. 5, 1998, pp. 1252 – 65.

② Bandura, A., "Self-efficacy: toward a unifying theory of behavioral change," *Psychological Review*, Vol. 84, No. 2, 1977, pp. 191 – 215.

③ 黄希庭：《人格心理学》，浙江教育出版社 2002 年版。

④ 李凯、谢悦、何慧梅：《社交媒体超载对健康自我效能感的影响机制研究》，《新闻与传播评论》2022 年第 5 期，第 86—98 页。

体自我效能感水平越高，其网络健康信息搜寻的意愿更强烈，其搜寻行为通常也会越频繁，在搜寻过程中更容易产生积极情绪①，而高自我效能感的个体在上网过程中也能积极应对感知不确定性等负面影响②。

随着新媒体发展的日新月异，传媒生态格局发生了重大转变，一些高校的教学理念和教学模式与新型的教育价值观发生断裂，不能与媒介的发展同步，导致从业者在面对新兴媒介平台的工作时感到力不从心，产生自我怀疑，从而使效能感低下。要消减"习得性无助"，就得切断"根源"，为大学生提供了更多的成功机会，使他们能建立自信，提升自我效能感③。

（二）心理控制源

心理控制源又叫心理控制点，最初由社会学习论者罗特（Rotter）提出，是指个体对行为或事件结果的责任认知，即在周围环境（包括心理环境）作用的过程中，个体对自己的行为方式和行为结果的归因性看法④。心理控制源具体可分为内控型和外控型两种：内控者倾向将事件看成全凭自己的行为或全凭自己的特质而定，如个体智力、能力、性格等；而外控者则更愿意把事件归因于自身以外的因素如运气、机会、环境或

① St. Hilaire, C., "The social dimensions of the preventive efficient stress situation model (PRESS) questionnaire in light of the general self-efficacy, health belief model, the theory of care-seeking behavior, and symbolic interactionism in healthcare," *Cogent Social Sciences*, Vol. 2, No. 1, 2016.

② 参见曾润喜、李游《自我效能感与网络健康信息搜寻关系的元分析》，《心理科学进展》2023 年第 4 期第 31 卷，第 535—551 页；Cao, W., et al., "Modeling online health information-seeking behavior in China: The roles of source characteristics, reward assessment, and internet self-efficacy," *Health Communication*, Vol. 31, No. 9, 2016, pp. 1105 – 1114; Deng, Z., & Liu, S., "Understanding consumer health information-seeking behavior from the perspective of the risk perception attitude framework and social support in mobile social media websites," *International Journal of Medical Informatics*, Vol. 105, 2017, pp. 98 – 109; You, K. H., & Cho, J., "Investigation of the Influential Factors in Leading People to Seek Mobile Information for the Promotion of Health-Related Behaviors," *Sustainability*, Vol. 12, No. 24, 2020.

③ 戚庆燕：《新媒体时代新闻学子自我效能感提升路径探析》，《新闻爱好者》2020 年第 8 期，第 81—83 页。

④ Rotter, J. B., "Generalized expectancies for internal versus external control of reinforcement," *Psychological moNographs*, Vol. 80, No. 1, 1966, pp. 1 – 28.

上天注定的结果等外界因素，这些是无法预测的①。相比于外控倾向的个体，内控倾向的个体在寻找与自身处境有关的知识和信息时也更加积极和主动。通常学者们认为，心理控制源不是先天遗传因素决定的，而是个体后天经历过社会环境因素影响的变化而发展出来的过程，并且可以影响个人行为的取向。

一般自我效能感和心理控制源之间具有显著的相关性，通常认为自己在不同的情境中都有能力获得成功的个体往往也认同命运由自己的行为活动所决定，这种个体的自我效能感具有较强的稳定性。

个体的心理控制源的形成不是简单的经验累积，而是个体在所处社会环境中不断形成经验的基础上逐渐强化的产物。人们对行为或事件结局的一般性看法，既是个体对待事件结果的认知和归因方式，也是一种稳定的人格变量。在社会环境塑造个体的同时，个体的强化经验也包括了个体自身的经历，人格是生物、环境、社会及文化因素在整个生命过程中相互作用的结果，而观察、学习与社会文化因素在个体心理控制源形成的过程中长期交互影响。在传媒研究中，也有研究发现纷繁复杂的媒介环境会对心理控制源倾向的形成产生影响。

在媒介不良接触影响青少年问题行为的过程中，心理控制源这种具有稳定性和一致性的人格特征就会起作用。研究发现心理控制源在青少年媒体不良接触和行为问题上能够起调节作用：随着媒介不良接触的增加，外控者的问题行为的上升幅度比内控者更大。内控者相信自己能够控制行为的结果，有更强的成就动机和适应能力，因而能够更好地辨别良莠不齐的媒介信息并有效控制自己的媒介不良接触行为；然而，外控者认为事件的结果不是自己可以控制的，而是取决于如运气、机遇、命运或其他不可控的外部因素，这种性格特质会加剧媒介不良接触所带来的负面影响②。

（三）自我决定

自我决定理论是由德西（Deci）和瑞恩（Ryan）于1985年提出的研

---

① 刘裕、刘芳：《媒介不良接触导致问题行为：心理控制源的作用》，《教育研究与实验》2015年第4期，第86—91页。

② 刘裕、刘芳：《媒介不良接触导致问题行为：心理控制源的作用》，《教育研究与实验》2015年第4期，第86—91页。

究人类行为动机和人格的宏观理论。该理论认为，人在社会环境中具有寻求自我实现与自我成长的自然的社会发展趋势。作为一种积极的生物，每个个体都具有建设性的发展自我、整合自我以及与生俱来的动机，它是一种长期的社会组织融合趋势，受制于外在社会环境影响，外部环境或支持或阻碍着个体寻求自我整合倾向的实现。因此，有机体内在的自我成长、自我整合与外部环境之间构成了一对辩证的关系①。从2000年开始，自我决定理论的拓展研究才真正蓬勃发展，在心理学、教育学、管理学领域表现最为明显，在传播学受众研究中的应用处于起步阶段②。

基本心理需要理论是自我决定理论的子理论，也是自我决定理论的核心。该理论认为，个体需要社会和环境提供帮助以此来实现其基本心理需求——自主需要、胜任需要以及归属需要。自主需要是指个体在从事社会活动中，可以自主选择依赖或独立，相信自己可以自主决定自己的行为活动；胜任需要是指个体需要有对所感受到的事物能够控制以及在外部环境中有效掌握的效能感；归属需要也指个体需要社会关联感，即与他人建立良好关系，直接感受到他人的关心与支持，并体验到归属感。这三种基本心理需求是人类本身所固有的本能的心理需求，不同的满足程度直接影响到所形成动机的不同类型。

认知评价子理论旨在探讨社会环境对个体内部动机的影响，描述维护或破坏内部动机的因素。该理论将动机分为内部和外部两类：内部动机是行为的内在推动力，来自内部倾向，是先天固有的自然本能，由自身产生的兴趣快乐等所引起，不需要外部环境的驱动或控制；外部动机是由外部事件引起的，如奖励、环境等，如果个体从事某项行为是依靠外在奖励而维持，则具备外部动机。相比外部动机，内在动机更能促使行为人更加坚持，也会带来更好的行为表现和满足感③。在社会环境中，

---

① 参见 Deci, E. L. & Ryan, R. M., Intrinsic motivation and self-determination in human behavior, NewYork：Plenum, 1985；Deci, E. L. & Ryan, R. M., "The 'What' and 'Why' of Goal Pursuits：Human Needs and the Self-Determination of Behavior," *Psychological Inquiry*, Vol. 11, No. 4, 2000, pp. 227 - 268。

② 张晓旭、陈素白：《自我决定感与情绪易感度对社交媒体受众分享意愿的影响》，《现代传播》（中国传媒大学学报）2022年第6期，第132—142页。

③ 苏倩倩：《基于自我决定理论的阅读激励策略分析》，《编辑之友》2019年第1期，第31—35页。

任何能够阻碍人类内在的因果轨迹感知和自主性的因素，都将削弱其内部动机，促使人们把自己的行为认知成外部因素所主导。有机体整合子理论着眼于外部动机如何影响行为，它将人们动机的状态看作一个连续体，从去动机、外部调节、内摄调节、认同调节、整合调节到内部动机，不同位置上的动机状态具有不同的调节方式和自主程度。在合适的条件下，对于得到社会认可的价值观、态度、规则等内容，个体会意识到事件对个人的价值和重要性，以此加以整合并逐渐转化为与自我一致的价值，这个过程中外部动机会转化为内在动机，转化的条件是能够满足三种基本的心理需要。最重要的是，有机体整合理论提出了内化的概念，内化是一种积极、能动的自发调节过程，从无自我决定动机向自我决定动机发展。根据个体自我整合的不同状态，外部动机依次表现为外在调节、内摄调节、认同调节和整合调节，它们分别处于内化程度不同的连续体上，在一定环境中不同个体自我整合的差异性表现就是其内化的不同程度，其中，外在调节和内摄调节的控制性较强，而认同调节和整合调节的自主性较高（如图6-2所示）。

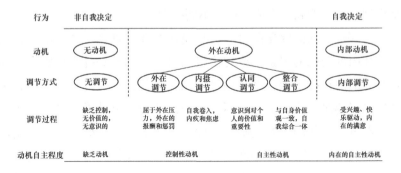

图6-2 自我决定连续体

资料来源：Ryan, R, M., & Deci, E. L., "Self-determination theory and the facilitation of intrinsic motivation, social development, and well-being," *The American psychologist*, Vol. 55, No. 1, 2000, pp. 68-78.

因果定向子理论认为，个体具有创作有利于自我的环境并进行自身学习与发展的心理趋势，是一种个体稳定地感知外部活动的自我决定程度的倾向，该理论认为，同一环境中因果定向可分为自主定向、控制定向和非个人定向三种不同水平。这三种定向在一定程度上解释了为什么外在事件对人类的因果轨迹感知和胜任感知的作用不同。自主定向是指个体会利用获得的信息进行选择并进行自我调节，拥有自主定向的个体对能够激发内在动机的环境为主要目标，常以兴趣和自我认同的价值观为基础，表现出很高的自我决定性；控制定向是指个体易受他人指令的控制，其行为易受报酬或外在奖励的影响，易对这些外部因素形成依赖；非个人定向指个体更容易感受到无法控制自己的行为，事情是由外界控制的，个人的机能是不稳定的、无特定路线且无目的性，非个人定向在行为上常表现为目的或意图的缺乏①。

（四）习得性无助

"习得性无助"现象最早由美国心理学家马丁·塞利格曼（Martin E. P. Seligman）于 1967 年在动物研究中发现，狗被关入箱子中，因持续无法逃避电击会产生恐惧，随后即便在可逃避的环境中仍然会放弃躲避，这便习得一种无助感，是出现因为重复的失败或惩罚而造成的听任摆布的现象；后来他将同样范式推广到更多被试中，发现同一现象也会出现在人身上。这种通过某种学习之后，在情感、认知和行为上形成的逃避缺陷就称作习得性无助。习得性无助感是一种因为失去自我控制而停止尝试的自我挫败思维。在归因过程中，具有习得性无助心理的个体更有可能将自己失败的原因归因于自身因素，而非外部环境因素。这种不恰当归因从根源上削弱了个体的心理效能感，进而影响其整个人的精神状态和正常生活，严重者会对心理健康产生负面影响，产生心理疾病。在媒介使用研究中，传播者与受众均可能产生"习得性无助"，值得人们对该现象及其成因进行针对性的探索与分析。

互联网时代的新媒体发展日新月异，媒介融合的态势加剧，传播格局相较于传统媒体时代发生了较大的变化，在时空分离机制的冲击作用下，传统媒体的传播中心地位弱化，话语权和公信力的主导地位逐渐成为新型媒介主体的争夺对象。钻研流量密码、抢占高地等不良竞争越来越成为新闻价值的新标准，媒介传播者陷入新闻生产的价值认同危机，

---

① 赵燕梅、张正堂、刘宁、丁明智：《自我决定理论的新发展述评》，《管理学报》2016 年第 7 期，第 1095—1104 页。

受众对新闻媒体的信任渐渐缺失，首先受到冲击的是新闻媒体在提供真相上的公信力。不良媒体一味追求新闻曝光度，罔顾新闻真实的基本原则，冲击着主流价值观，以至于为失实报道提供了野蛮生长的空间，破坏了现代社会中的信息环境。在这种情况下，传统媒体在获取新闻素材等方面逐渐走向被动，导致部分传播者产生习得性无助心理，甚至不惜以牺牲新闻真实原则为代价维持自己在行业的流量和地位。

近年来，高密度的网络用户、高度发达的信息技术推动在短时间内形成汹涌的网络民意。新媒体的出现为公众获取信息提供了更丰富的途径，加速舆论发酵，新媒体的情绪蔓延也比传统媒体时代更快更广，受众群体被海量网络信息淹没，无时无刻不被禁锢在瞬息万变的信息环境中，在反复渲染的焦虑氛围中，新闻反转现象频出，舆论急剧变化加剧"狼来了"效应，受众很难不陷入价值观念混乱、心理失衡等状态，面对扑朔迷离的现状，遂产生对真相无能为力自暴自弃的习得性无助心理。

要避免媒介使用中出现的"习得性无助"现象，就要求传播者与受众对失败做出正确的归因，重点在于需要消除媒介使用双方的信任危机，重构虚拟社会信任。对于新闻内容生产者来说，新媒体时代的内容生产充满着诸多挑战，在生产内容时不仅需要避免出现归因偏差，主流媒体更应积极引导舆论并把握正确风向，同时以社会效益优先为准则，在繁杂浮躁的媒介环境中，提高从业者的职业素养，权衡新闻的社会效益，不能让媒体行为丧失公众的信任；也要避免受众产生习得性无助，媒体应突破传统媒体时代的叙事框架，正确宣传与引导受众对信息的感知，革故鼎新，重塑媒体公信力，呈现多元化价值，完善虚拟社会的信任制度。

三 媒介使用的自我

当今维系新闻传媒正常经营有两条必备要素——自身经济效益与社会公共效益。自身的经济效益是在维持新闻传媒基本经营之上，满足员工生存发展与传媒长足进步的经济需求；而社会公共效益则是新闻传媒矢志不移追求的，在传递时新、报道时闻的同时，宣传时范、弘扬正义的社会良知角色。如果将当代传媒放在人格理论体系中，则这二者可以看作当代新闻传媒人格结构中"本我"与"超我"两格的具体展现：提供与满足新闻传媒自身生存发展的"本我"经济需求，对舆论监督、道德呵护以及塑造与弘扬道德文化的良知"超我"追求。"自我"则是涵盖与蕴藏"本我"及"超我"的新闻传媒现实运营状态。单个传播者、新闻传媒、整个传媒系统三者应当保持人格结构平衡，避免出现膨胀、萎缩和扭曲等状态，进行充分有效的约束和控制，完成当代传媒三我和谐的发展构想。

案例分析

　　父权制语境下女性话语权的缺失与媒介内容生产唯利益化等原因致使女性媒介形象长期陷于被误读、被消费的泥沼中。2019 年 12 月 19 日在芒果 TV 平台上线的治愈系生活类真人秀节目《你怎么这么好看》，引发了网友的激烈争议。该节目以"我从不设计你的生活，我是你生活的提案者"作为立意，但节目内容中却频出"怎样才够女人味""女人应该怎样怎样"等关于女性刻板印象的话语，众多网友强烈抵制该节目。这档节目的原型《粉雄救兵》旨在告诉大家战胜偏见，接受自我，认同自我，淡化歧视，让嘉宾找回自尊、自爱与自信。而《你怎么这么好看》只模仿了《粉雄救兵》的节目形式，却没有真正打造出节目内核，反而处处都在给女性贴上各类刻板的标签，加深社会对女性的偏见与歧视。

　　父权话语体系之下，女性常常处于失语状态。在如今的社会认知中，很多人想到女性就会联想到"漂亮、性感、可爱"，而媒体作为一个能够"告诉我们世界是什么样"的媒介传播者，在无形中又巩固并强化了这些刻板印象，在传播过程中利用符号语言，传达并加深女性刻板印象，给女性群体带来巨大困扰，甚至形成媒介暴力。要解决这一传播困境，媒介工作者要提高自身的素养，将媒介的传播目的由受众注意力变为媒介影响力，而不是一味顺应落后闭塞的社会主流和价值观。

第三节　媒介使用的价值观成分与影响

价值观作为人格的信念以至信仰系统处于人格的最高层面，对人格起着统领作用，并通过决策影响行为，而行为的成功或者失败的预期和结果又强化或改变着一个人的人格，包括价值观。从个人层面来看，价值观是个体态度、观念的深层结构，是人的动机和行为模式的统领。此外，价值观还是群体认同的重要根据——共享的符号系统，成为划分群体的依据之一，因此它又是重要的群体社会心理现象；而在社会变迁的背景下，个体和群体的价值观会表现出很大的变化。因此，价值观关注社会变迁的人文、社会科学家特别重视的社会心理标志。

一　价值观的概念

（一）价值观的含义和构成

"价值"这个普遍的概念是从人们对待满足他们需要的外界物的关系中产生的，人作为主体会对物质的客观属性形成相应的判断与认识。罗克奇（M. Rokeach）将价值观定义为"一种持久的信念，这种信念被认为是一种具体的行为方式或存在的终极状态，对个人或社会而言，比与之相反的行为方式或存在的终极状态更可取"①。勒温（K. Lewin1951）认为，价值观具有动力场的状态（势能或潜在愿望），当被环境中的机遇或威胁诱发时便产生目标，而目标具有力场的状态（动能或现实愿望)②。也就是说价值观对动机有导向作用，只有那些经过价值判断被认为是可取的，才能转换为行为的动机，并以此为目标引导人们的行为。所以，从心理学的角度来说，价值是在人的心理这一"天平"上衡量意义和作用的事物和关系。

由于事物和关系在人心中的主次地位和轻重程度是不一样的，因此就会形成不同的价值评价和价值取向体系。价值评价和价值取向共同构

---

① Rokeach，M，*The nature of human values*，New York：Free press，1973.

② Lewin K.，"Field theory in social science，" *American Catholic Sociological Review*，Vol. 12，No. 2，1951，p. 103.

成了一个人的价值观。价值评价即人对事物的意义和有用性的评价。价值评价存在着个体差异，有些人认为极有价值的东西，在另外一些人看来也许一文不值。价值评价还与评价对象和人的关系紧密联系，一些与人的关系密切的事物，往往被认为是极有价值的；而与人的关系不太密切或不能应急的事物，其价值就相应缩小①。价值评价是可变的，因为被评价的对象与人的关系因人因时因地在不断变化之中。

一般来说，人们的行动都指向他们认为有意义的方向和目标，因此价值评价决定价值取向。价值取向是人在价值评价的基础上所采取的行动或活动。由于人的价值评价的不同，便导致了人们在行为或活动中的价值取向的差异。

（二）价值评价体系和价值取向类型

价值评价体系是指人们对相关事物的地位和作用进行价值判断和评价，从而在内心形成的相对稳定的决定价值取向的心理内容结构。以不同的价值为中心来判断和评价事物就形成了不同的评价体系。价值评价体系是因人而异的，它还受到时代、环境、传统等因素的重要影响。

价值取向类型，就是在一定价值评价体系的影响下，行为活动指向主要价值目标的行为类型。一般而言，价值评价体系决定价值取向类型，价值评价体系的结构不同，尤其是体系中的中心价值不同，价值取向类型也不同。价值取向类型主要有以下几种：（1）事业型。这种取向的人以在工作中体现自身的价值为特征，对所从事的工作具有很强的责任心，主动去做好自己分内的事，不计较个人得失。（2）功名型。这种取向的人以获取体现自身价值的功名为特征，因此和事业型不同，他们追求的是价值体现的结果，追求付出以后的回报。（3）安逸型。这种取向的人以追求安逸太平的生活为特征，满于现状，常常与世无争。（4）享乐型。这种取向的人行为上以追求物质享受或精神享受为特征，精力主要集中在个人享受方面。（5）慈善型。这种取向的人行为特征是以身示范行善积德的价值。（6）索取型。与慈善型价值取向相反，索取型的人的行为是一切利益都以个人利益为主。

在实际生活中，多数人的价值取向不是单一的而是多重的，只是表

---

① 张云：《公关心理学教程》，首都经济贸易大学出版社2013年版。

现的领域不一样，另外，价值取向类型也是可能发生转变的。

（三）价值观的功能

从个体价值观的功能看，它具有社会引导的价值要求和规范功能，不断审查过滤自己的动机、欲望、需要、意图，判断事物价值的有无，并进行价值优劣的选择，以形成个体做人处事的价值标准和价值目标，从而激励个体为实现之而努力，是左右个人思想行为的主导因素，帮助个体进行价值判断与选择[①]。

价值观是在人的认知中产生的，属于思想意识形态层面，它的存在是基于人的尺度的判定，价值观在发挥作用时都是隐蔽的、温和的，且通过易于被接受的方式，不具有强制力，当进入人的潜意识层面，它又会成为人的内在精神支撑、左右人的价值判断、驱动人的价值行为，还会以一种行为准则和价值导向，对人发挥极为强大的感召力和鞭策力[②]。

二　媒介使用的价值观

信息传播活动的特殊性决定了在考察与信息传播相关的人之时，不可忽略其所依赖的媒介。媒介环境在传播价值观的过程中起着举足轻重的作用，会直接影响主流价值观。以社会思潮为例，社会思潮作为一种意识形态，体现的是某一阶级或阶层的利益诉求，通过传播来达成广泛的受众基础，将其特殊利益提升到普遍利益并从支流走向主流。当它与社会主义主流意识形态保持一致，在传播时对公众的社会价值观有正向的促进作用；而当社会思潮有悖于主流意识形态时，则会对受众群的价值观产生负面作用。社会思潮围绕受众群共同关注的社会热点、焦点、难点问题发表见解，缩短了与客体之间的距离，引起受众的关注度，满足了人们求解社会问题的迫切心理，潜移默化地让受众从根源上接受思潮观点和价值观的转变；社会思潮一般表现为"新""奇""异"等形式，博取受众群的眼球，让猎奇和求异心态得到满足，使他们从心理上逐渐认同社会思潮的理论观点，最终价值观发生转变。

---

① 石海兵：《青年价值观教育研究》，安徽人民出版社 2003 年版。

② 韩震、吴晓云：《社会主义核心价值观·关键词·平等》，中国人民大学出版社 2015 年版。

（一）新闻价值观的含义及表现

新闻行业拥有社会最敏锐的嗅觉，新闻媒介的报道或评论面向社会公众，通过呈现给受众连续的观点意见，反映社会百态、引发思考共鸣，从而引导人们思维习惯的形成并影响社会舆论的走向。没有任何一种意识传播形式能够比新闻报道更持续地为受众提供源源不断的发人深省的内容以及对社会事件的及时解释。价值是客体对主体的意义，新闻价值就是指事变、惊奇、地理上的接近性，个人的影响和冲突。新闻价值的本质指的是新闻的"交换价值"①，但它的价值标准更多还是停留在具体操作层面，即选择哪些事件进行报道的标准，还远远没有触及和上升到新闻价值观高度。既然新闻来源于现实，依托于事实，则提炼新闻价值一定离不开新闻价值观，而新闻价值观来源于人们关于新闻事件的取向、标准与思考，是人们关于新闻价值所形成的基本整体共识，人以实践的手段、从抽象的形式中正确地理解事物的价值观。从历史唯物主义出发，新闻价值观可直接表现为一种坚定不移的新闻理想，在不同的历史、政治、文化背景条件下，人会形成相应的世界观、人生观和价值观，人产生的新闻价值观是基于对新闻社会功能和影响作用的深刻理解②。

不论是作为选择标准的新闻价值还是作为社会功能的新闻价值，在价值活动中，新闻价值观对新闻价值创造起到了主导作用③。不同主体的新闻价值观以观念灵魂的方式，体现在主体关于新闻实践、新闻与社会关系的一系列具体论述和活动中。新闻价值观是对整个新闻价值系统的最根本最核心的看法，决定了新闻传播活动的价值取向，是整个新闻价值系统的灵魂和旗帜④。

新闻观不是单一的，世界范围内的话语体系不同，与之相对的新闻价值观也不同。在实际的新闻活动中，大部分新闻传媒并非只遵循单一

---

① 杜骏飞：《弥漫的传播》，中国社会科学出版社 2002 年版。

② 参见郝雨《价值观：马克思主义新闻观践行之基》，《当代传播》2022 年第 5 期，第 1页；张凌霄《传统新闻价值观所临挑战的多元审视》，《青年记者》2022 年第 9 期，第 18—22 页。

③ 杨保军、王敏：《论中国马克思主义新闻价值观的典型特征》，《山西大学学报》（哲学社会科学版）2018 年第 6 期，第 63—71 页。

④ 参见杨保军《新闻价值论》，中国人民大学出版社 2003 年版；杨保军《论"新闻观"》，《国际新闻界》2017 年第 3 期，第 91—113 页。

的新闻观，而是以这三种观念混合而成的一套观念作为指导。互联网传播在很大程度上颠覆了传统大众传播的线性模式，成为典型的动态、开放、非线性传播的混沌系统，不论是新闻信息还是个体意见的扩散，都在互联网这一集散场所以多元声音、碎片化的状态存在①。在新媒介传播形态下，每个用户都是一个传播节点，每个节点同时扮演着信息传播者与接收者的双重角色，信息沿着人们的社会关系网络而流动。

（二）媒介使用对价值观的意义和挑战

在当前的信息化背景下，传媒形式变得愈发丰富，媒体环境在传播主流价值观的过程中起着举足轻重的作用，当一些突发事件和热点新闻爆出时，网络是首先的爆发地。互联网为公众提供了便捷、即时、匿名且低成本的信息获取途径，因此备受青睐，它不仅逐渐演化为一种新型的社会交往方式，也成为受众的思想文化信息的集散地和社会舆论的放大器。社会思潮为拓展发展空间，聚集更多受众，多元网络舆论能够借助新媒体的空间加以发展，而互联网集文字、图片、视频、音频为一体的强大优势为传播者提供了有力工具。面对网络上铺天盖地的各种信息，许多思想理论不需要费力发掘。基于用户的诸多个人特征，信息的个性化、精准化传播使内容和价值观被有效吸收和接纳，让网络用户获得了更好的信息获取体验。多形态媒介平台助推媒体走向智能化发展道路，建构了新媒体信息传播的新路径，探索主流价值传播的新途径，对我国的意识形态起到了重要的宣传作用。

但随着新媒体的空前繁荣，它影响着人们的思维方式，成功吸引并赋权广大网络用户参与到信息和舆论的发酵之中，舆论传播领域和新闻行业原有的传播格局和秩序被打破。尤其是自媒体平台和营销号出现了恶意营销以及网络失范失德的诸多案例②。同时，泛娱乐化的出现是包含在后现代主义文化中的一种广泛趋势③，即人们对待文化不是以一种高敬

---

① 陈力丹：《互联网的非线性传播及对其的批判思维》，《新闻记者》2017年第10期，第46—53页。

② 郝雨：《中国话语体系的新闻价值观建构与实践》，《青年记者》2022年第9期，第9—12页。

③ 党晶、周亚文、刘济良：《论大众传媒泛娱乐化影响下的青少年价值观教育》，《中国教育学刊》2017年第9期，第94—97页。

仰的心情来顶礼膜拜，而在推崇"万物皆可娱乐"的浪潮中，对娱乐元素无底线运用，追求低俗的感官刺激，流量热度逐渐成为衡量媒体的绩效标准。目前在新媒体环境下，泛娱乐化有愈演愈烈之势。大众传媒的泛娱乐化是一把双刃剑，尽管它给受众群的知识价值观、人生价值观和生命价值观带来积极影响，随之而来的也有不少负面影响，将不利于在社会中有效传播主流价值观，尤其在青少年的价值观的发展过程中成为了绊脚石，如生活价值观功利化、意识形态被渗透、审美低俗化、漠视生命等。因此，应当最大限度地消解大众传媒泛娱乐化给青少年价值观造成的消极影响，多方合力对青少年进行价值观教育，抵御泛娱乐化带来的不良影响和失范行为，确保青少年健康成长。

作为现代艺术的传播媒介，文化产品已经成为大众传媒的另一种重要形态，借助文字、图像、声音等媒介，经过一定思维过程创作而成的具有主体性、思想性和价值导向性的观念形态，是对现实社会生活的抽象反映和具象表达，如电影也承载着一定的社会价值传播和意识形态输出的使命。电影具有媒介和文化消费品双重属性，现代社会人们开始追求精神上的放松与享受，电影媒介效应得到了充分的价值利用，开始滋生出全新的具有融媒介特征的属性。任何国家的电影都潜移默化地反映着这个国家的意识形态。电影在中国仍是青少年重要的文化消费方式。一方面，电影媒介在传达语境中融入了思想政治的宣传和主流价值观，借助这一艺术性媒介，对青少年的教育不再空泛说教，而是把教育内涵和娱乐性相结合，传播易于接受和理解的时代主流价值；另一方面，随着全球多元化发展，消费主义和娱乐文化在青年当中盛行，电影媒介输出价值取向也日益复杂，当电影过度泛娱乐化与审美泛化时，也会出现信息茧房效应，使得碎片化传播广泛，一些低质量的电影内容破坏社会主义生态文化，导致青少年甚至广大观众对历史和传统文化认知的严重缺乏，更有甚者会逐步进行意识形态渗透。

新媒介环境下，各种传播方式发生了重大变革，民众与文化产品参与的互动性更强，从承载内容到传播方式都对受众价值观提出了一定的挑战，如呈现内容过度浑浊、开放和低俗，传播方式随意性强，文化产品衍生形态引发沉迷等不良现象①，这些都会使良莠不齐的媒介传播误导公众的道德观念与道德规范，与社会主义价值观背道而驰。

（三）媒介使用的价值观的引导和构建

新时代网络发展格局下，互联网模式不断创新，媒介智能化进程不断加速，人们精神文化与价值追求的水平愈发提高，我国网民的规模数量保持平稳增长的趋势，这些转变使得网络舆情传播泛滥。近年来，现实社会频繁出现被微博和微信引发的舆论倒逼的情况，新闻频道舆论引导的能力逐渐下降。主流价值观是主流媒体的支柱，新闻要按照规律办事，回归主流价值的构建，所以新闻主流文化和新闻价值观更要重视新闻媒体的社会职责，坚持正确舆论导向，有效提升网络意识形态的治理实效。

主流媒体发挥着连接政府与民众间沟通桥梁的特殊性作用，其目的是在网络化手段的前提下来增强民众间的平等交流权，不断提高民众与政府之间的互动性，进而实现现代化的传播途径②。因此，主流媒体应当以丰富的报道形式、客观的角度、权威的内容及合适的语言等来赢得更大的话语权，在引导社会舆论及宣传社会价值中发挥着更好的成效。在了解新媒介基础上，加强把关作用，严格把控新闻内容的真实性、权威性，避免发布谣言、谎言、流言等对网络环境的污染，细致分析新闻信息的要素与价值，帮助大众挑选和梳理事实，使其在复杂多变的新媒体环境里能做出理性判断；强化主题报道，支撑主流价值观传播，正面典型事例与主题报道是坚持主流价值观、履行好社会责任、体现道德守望职能最有效的途径；完善机制，规范引导，积极探索创新传播模式，建立包括数据开放、政策解读、舆情收集研判和回应在内的多维传播矩阵；提高媒体主流价值传播的权威性与公信力，加强全媒体传播体系建设与算法治理，建立和健全互联网管理机制与制度，全面保障主流媒体的发展，营造良好的网络环境和主流价值观氛围。

---

① 高志宏、吴雨歌：《新媒介环境下文化产品对青少年价值观的影响》，《苏州大学学报》（教育科学版）2022年第3期，第81—88页。

② 吴师川、师月：《主流媒体新闻报道对社会价值观的引导研究》，《新闻传播》2021年第22期，第117—118页。

在文化艺术产品的表达中，也要把握大众文化消费品对主流价值观的引导。新媒介输出价值观多元化导致人们意识形态有消解的风险，同时快餐文化受资本驱使，艺术作品有同质化风险。因此，应当注意艺术性媒介对社会主流价值观传播的引导和表达。首先要加强主流价值观在艺术创作中的体现，注重对核心价值观内涵的丰富和充盈，增强道德与审美传达的普适性，提高优质作品的供给力，讲好中国故事，展现文化自信；其次创设良好的价值观教育环境，如家庭、学校可以保障对青少年的价值观教育质量，有关部门强化市场监管以营造良好文化生态，严格规范文化产品市场。

案例分析

在 20 世纪 80 年代，"主旋律电影"的概念被提出，即"突出主旋律，坚持多样化"，用中国电影传递主流价值观。主旋律电影作为一种独具特色的突出意识形态属性的电影，对内凝聚主流价值，对外传播民族文化理念，具有当下主流价值观的导向功能，对社会主义主流价值观的建构及传播都具有重要意义。近几年，国内很多主旋律影片打破了传统模式化的政治宣教，将商业价值和艺术创作加以融合，注重表现个性化及对个人价值的肯定，多以小人物展现个人与集体、个人命运与时代命运的冲突与统一。

电影《我和我的祖国》于 2019 年十一国庆假期上映，正值新中国成立七十周年华诞，电影一上映便受到了积极的响应，观影热情空前高涨，观影人数创历年国庆档新高，成为当年最受欢迎的影片。《我和我的祖国》用七个短片来讲述共和国的七个高光时刻，聚焦每场事件背后默默奉献的无名者，用简短的故事情节宣扬了宏大的精神内涵。《前夜》讲述开国大典前夕升旗的准备工作，用卡时间点的叙事方式展开，大典前夕时间紧迫，布置科的林治远克服恐高等重重困难，坚持只身一人爬上 20 多米高的旗杆，亲手焊上顶部的阻断器；《相遇》的事件背景是第一颗原子弹爆炸成功，科研人员高远因投身科研事业，与家人、女友三年没有联系，甚至当受核辐射身染重病的他在公交车上偶遇曾经的恋人，也只能隔着口罩克制情感，默默隐忍无法相认；《回归》以香港回归为主要事件，讲述了为了保障在中英交接仪式中香港一秒不差地回归祖国，三军仪仗队升旗手、外交部交接仪式总指挥、钟表匠人等在背后所付出的努力……这些画面与镜头时刻阐释着爱国主义，以润物细无声的方式融入每位观众的心中，形成情感共鸣，将观众牢牢锁定在主流价值观之下，达到寓教于乐的效果。无论是经历过建立新中国的老人，还是新时代正在成为祖国栋梁之材的青少年，都能感受到主流价值观的熏陶和强烈的爱国情愫。

第四节　媒介使用的社会信念与行为规律

传统媒体自诞生以来就视真实为生命，因此积累了权威性和公信力。及时跟进事态、公正客观报道真相、深入明晰剖析事理，用权威的声音消除噪音和不理性因素，在融媒体时代信息泛滥的背景下拨乱反正，由"把关人"变为"引路人"，更好地发挥媒体的社会监测及文化传递功能。

一　社会信念的概念及形成

信念是人们相信主观与客观世界的某些方面能够持续存在的知觉与认知，是对两个或两个以上的概念或者事物间可察觉联系的一种思维模式和认知判断。信念在本质上是一种行为倾向，它总是和行动有紧密联系。社会信念（societal belief）是群体成员所共享的认知，这些认知涉及群体成员特别关注的主题，并有助于他们形成"自群体"的独特感[1]。它是个体基于对社会环境及运作机制的认知判断和总体感知而形成的理念，个体根据持有的社会信念权衡行为结果进而调整行为[2]。

集体记忆是形成社会信念的重要事实基础，也为形成社会信念提供

---

[1]　Bar-Tal, D., *Shared Beliefs in a Society: Social Psychological Analysis*, Thousand Oaks, CA: Sage, 2000.

[2]　张蓓、高惠姗、吴宝妹、文晓巍：《价值认同、社会信念、能力认知与果蔬农户质量安全控制行为》，《统计与信息论坛》2019年第3期，第110—118页。

了必需的认知评价框架。被群体成员共享的集体记忆，在个体层面上被群体成员公认是关于冲突的"真实叙事"，在群体层面上被看作一种"有效的社会历史"，为群体成员提供了更简捷的认知途径①。

社会信念形成后，会约束本群体成员对冲突以及外群体的认知，使群体成员对自己建立的社会信念深信不疑，形成认知冻结。当群体成员接受的外界信息与群体中主导的认知框架不一致时，这种信息就很可能被群体成员所忽略、拒绝、曲解或遗忘，而与群体认知框架相一致的信息则会被群体成员视为有效信息来进行加工，从而强化既有的社会信念②。

固化的社会信念在认知冻结上带来的最大消极影响在于，它使人们对解决冲突的信息和策略不敏感、不关注，在某种程度上甚至是排斥的。因此，应当对固化的社会信念进行解冻，增加双方群体对冲突相关信息的开放度，以克服根深蒂固的社会心理障碍。适当时候应当积极改变社会信念，接纳和加工丰富多样的信息，推广群际交往的经验，创新角度来思考，探寻新的干预策略，从而全面实现社会信念对群体以及群体成员的规范功能。

二 归因理论

（一）归因的概念和主要理论

归因是指知觉者推论自己或他人的行为或态度并对此找出解释原因的过程。从本质上来看归因也是一种社会判断过程。人们几乎时刻都在分析自己或他人社会行为的原因，从而做出社会判断，为自己的社会行为提供指导③。

对归因的开创性研究始于海德（F. Heider）。海德提出个体行为发生的原因基于两种强烈的动机：对周围环境一贯性理解的需要和控制环境

---

① 参见艾娟《群际冲突长期存在的心理基础与和解路径》，《学术交流》2022 年第 5 期，第 143—156 页；Bar-Tal, D., "Sociopsychological foundations of intractable conflicts," *American Behavioral Scientist*, Vol. 50, No. 11, 2007, pp. 1430 – 1453.

② Kruglanski, A. W., & Webster, D. M., "Motivated closing of the mind: 'seizing' and 'freezing'," *Psychological Review*, Vol. 103, No. 2, 1996, pp. 263 – 83.

③ 俞国良：《社会心理学》，北京师范大学出版社 2006 年版。

的需要。该理论从内因和外因视角寻求对行为的因果解释，即内因和外因视角：内因即个体的自身因素，包括人格、动机、情绪、态度、能力等；外因是情境因素，包括环境、任务的难易程度、活动的奖惩、运气等。如果某种行为是由内因所引起，那么之后在同种情况下再发生类似行为将不会有明显的变化。只有首先了解行为的根本原因是内在的还是外在的，然后才能有效地控制个体的行为。控制外在情境的一个关键因素，是能够预测他人在特定情境下如何行动，归因分析的主要目的是能够预测行为人未来的行为动向。所以，为了预测和控制环境，人们需要对他人的内在素质做出全面的判断。海德所提出的环境与个人、外因与内因的理论为后来归因规律的摸索与研究提供了借鉴价值。

在海德的归因理论的影响下，凯利（H. E. Kelley）提出了三维因果归因理论。他认为解释任何事件的原因最终可以归于三个方面：行动者、客观刺激对象和环境背景，相应地，在归因过程中需要用到三种信息：一致性、一贯性和特异性。一致性信息是指某个体面对相同的刺激做出与行为者相同行为的情况；一贯性信息是指在不同的时间和环境下，某项行为出现于同一行为者和同一刺激之间的频率；特异性是指某个行为者对不同刺激做出相同反应的情况。当一致性低、一贯性高、特异性低时，则该事件的解释应当归因于行动者；当一致性高、一贯性高、特异性高时，则应归因于客观对象；而如果一致性低、一贯性低、特异性高，那么就应归因于关系或环境因素。因此，凯利的三维归因理论也被称为共变归因理论。

韦纳（B. Weiner）研究了个体的成就归因模式，他发展了海德等人的归因理论，是归因理论的集大成者。他指出，人们对成功和失败一般是按照能力、努力、任务难易程度和运气这四种因素进行归因的，并进一步发展了他的归因理论，提出了控制点、稳定性和控制性这三个维度。其中，能力和努力是内因，运气和任务难度属于外因；能力和任务难度是稳定的，而努力和运气是不稳定的；能力和运气是不可控制的，而任务难度和努力是可控制的。个体成败的原因取决于控制点、稳定性与控制性三个维度的共同作用。

韦纳创造性地将动机和归因加以结合，研究出成就动机与归因模式的关系，认为不同的归因模式会影响到个体期望的情感，进而影响后续行为。他发现成就动机不同的个体在对成败进行归因时表现出以下特点：把成功归因于自己的能力和努力等内部因素时，个体能够提高自己的满意度、自豪感和自信心，个体对自己下次取得成功的期望值也会升高；如果个体将成功归因于情境环境等不稳定因素，比如这次运气不错，那么个体对下次取得成功的期望值就会降低。当个体把失败归因于缺乏能力或努力时，个体则会产生愧疚和后悔，以使自己在面对失败时能够抱有更高的期待，不会放弃努力；如果将失败归因于难以改变的稳定因素，如自身能力差，那么个体对下次类似的任务也会做好失败的准备。

（二）归因错误和归因偏差

归因偏差指的是认知者在知觉上会将注意力放在注意对象身上，系统地歪曲了某些本来是正确的信息。归因偏差的出现，多是因为个体在判断和认知过程中受到自身的局限性，尤其过度依赖贮存在个体图式记忆中的"初识判断"以及认知信息的片面化加工。从行动者—观察者偏差的着眼点来看，当个体作为实施行为的人对自己的行为进行归因时，往往把失败的行为归因于外部情境；而当个体作为一个观察者对他人的行为进行评价的时候，则更倾向归因于稳定的内部因素。也就是行动者高估情境因素的作用，而观察者则更强调个人特质因素。从归因者的动机来看，归因偏差主要表现为非动机性偏差和动机性偏差。动机性偏差是个体出于居功和利己的动机需要，对失败的结果采取逃避责任的防御性归因。防御性归因建立在动机性需要基础上，而不是建立在认知机制基础上。非动机性归因偏差是在归因过程中，由于加工信息资料和认识上的原因而导致的误差，这种偏差不是归因主体的特殊动机而是主观上有意造成的。

其中，基本归因错误是最常见的归因偏差类型。基本归因错误是指，当人们解释他人的行为时，常常会自发地归因于行为主体的人格或态度等特质，而低估所处情境因素的重要性[①]。显然个人特质不能完全解释行为主体的全部行为，造成这种错误的主要原因在于，一是人们习惯对自己行为结果负责的信念，所以更多地源于内因去评价和分析成因，而忽

---

① 刘宋冰清、俞宗火、唐小娟：《权力对基本归因错误的影响》，《心理科学》2022 年第 4 期，第 953—959 页。

略外部因素对行为的影响；二是因为情境中的行动者比其他因素突出，所以人们在知觉上把注意力聚焦在行动者，而忽视情境背景。

（三）媒介使用的归因

互联网为广大人群提供了便捷、即时、匿名且低成本的信息获取途径，众多信息内容质量往往需要用户对内容进行浏览甚至沉浸式阅读后方可判断，而以微博、抖音、知乎、小红书等新型传播媒介为代表，使很多网民的上网偏好出现信息茧房效应，逐渐碎片化浏览。用户在各种社交环境下的行为受到多维度变量的交互影响，所以有必要对不同网络环境下的用户行为进行针对性研究。以三维归因理论为例，可以将网络环境背景作为归因理论的情境，新闻内容是客观刺激物因素，而广大网民则是行为者，三维归因理论就可以解释社交媒介中网民的行为和舆论背后的成因与影响机制①。

三 社会行为及规律

（一）人类社会行为及规律的基础

环境与遗传共同决定着人类的心理与行为。任何一种心理特质与行为都有其遗传基础，遗传为心理发展提供了前提条件，即生理机制，它使人偏向于以某种特定的方式来感知、思维和行为。遗传素质的差异直接决定了个体的人格和行为所依据的物质基础，进而影响个体心理机能的差异。

遗传的影响固然起着关键作用，但它只是提供了个体心理发展的自然前提与可能性，不是个体发展的唯一决定因素。环境是人赖以生存和发展的物质基础，行为主义最早开始强调环境会对人类心理与行为发展有影响作用，后来随着心理学的进一步发展与分化，学界从很多方面找到了后天环境因素对人类发展的真实的重要性，如家庭环境的影响。家庭是人们接受环境影响的主要场所，个体的人格成长与社会技能的掌握主要是在家庭之中完成的。不同的家庭教养方式对儿童的心理发展有着

---

① 张坤、李力：《社交媒体用户从众信息分享行为影响机理研究：三度归因论视角》，《情报资料工作》2022 年第 6 期，第 58—67 页。

极为不同的影响，即使在同样的家庭中，孩子也面临着不同的被对待方式①。又如文化环境的影响，文化差异对人的行为的不同影响可以说明文化的作用。

在人类心理与行为的发展中，遗传与环境的作用从来都是不可分割的。遗传提供了生理上的基础，而环境提供了发展的空间。遗传特征的进化通过生理过程，而社会文化的进化则通过发展不同的行为规范。

（二）媒介使用的暴力行为

随着科学技术的进步和互联网的普及，网络正逐渐向社会的各个领域延伸，当发达科技为社会带来便捷的同时，人们也开始注意到媒介中的暴力性与日常生活中人们表现的暴力的关系。

1. 媒介暴力

媒介暴力通常是指通过媒介传播的暴力内容或者借助高科技条件所构建的虚拟暴力世界，对受众造成的身体、心理上伤害的行为。西方对媒介暴力的研究拥有 70 多年的历史，作为暴力研究的一种，媒介暴力研究是媒介效果研究的重要内容之一。媒介技术的不断发展，包括电影、电视、电子游戏等传播媒介向大众的展示，也使得媒介形式不断多元化，不断拓宽研究学者的学术视野和话语领域。

根据媒介传播的暴力对受众的暴力行为产生影响的可能性，媒介暴力可以分为两种表现形式：显性暴力和隐性暴力。显性暴力可以指在现实生活中真实发生的暴力形式或活动，这一类显性暴力会呈现在电视新闻节目的报道里，媒体描述其为不正当的、非法的暴力行为，包括家庭暴力以及校园暴力等种种真实暴力，如美国校园枪击案的报道等；显性暴力也可以指代暴力在电视、电影等娱乐节目中的反映，媒体对其展现形式持强烈的否定态度。隐性暴力是指被传播媒体通过戏剧化等手段肯定的、合理化甚至美化过的暴力行为，这种暴力通过音频、图像、游戏、娱乐节目等形式表现出来。人们可能会以宣泄内心积压的情感为由而对它存在的潜在负面映射表现出漠视的态度。相较于显性暴力，隐性暴力更容易为受众所忽视，潜移默化地受到受众的认可，同时也更容易以隐匿内化的渗透形式得到普遍认同，甚至能够内化成为人们习以为常的

---

① 侯玉波：《社会心理学》，北京大学出版社 2013 年版。

行为。

纵观媒介暴力现象的产生，网络空间的巨大性使丰富话题得以保存并延续成为了可能，网络技术已经渗透到媒介暴力形成以及扩散的整个传播过程之中；同时作为大众媒介无法割舍的始终有效的营销策略，以媒介化暴力内容为主的节目在传播过程中为大众媒介吸引了大批的受众，有利于媒介开拓受众市场。这使得当今的论坛交流逐渐走向显性，媒介暴力内容呈现愈发多样的表现形式。

虽然不能否认，媒介暴力的传播在一定程度上对社会或受众有一定的积极意义，如为受众提供了宣泄压力的释放口，但现代媒介的匿名性和开放性并存，一些人群倾向于追求眼球刺激，媒体相应地也做出迎合受众的改变，使得媒介暴力对受众产生了明显的负面效应。首先，媒介暴力弱化了人们的道德界限，尤其对青少年而言，部分缺乏判断力的学生对暴力的认同严重影响了他们的思维方式；媒介暴力能够引发尝试、模仿心理，造成现实悲剧事件，媒介本身对暴力的传播会在无形中产生诱导和示范行为，引发青少年犯罪，严重影响社会秩序和治安稳定。

在处理媒介暴力现象时，不仅仅是现有法规难以发挥其约束力，而且也因为网络的匿名性而难以追究相关责任人，即便是最终能够成功定位相关责任人，也经常因为没有相关法律对参与事件的施暴者予以法律制裁。要规范媒介暴力现象，必须完善法律法规，加强媒介管理与媒体责任感，注重正面情节示范，增强受众的素养，提升防备意识。

2. 网络暴力

网络谣言的传播，网络群体性事件频繁出现，这些网络失范行为增加了网络环境治理难度。自网络暴力出现以来，国内外学者便给予了广泛关注，并进行了相关研究。网络暴力是指在一定时间和空间内，大量网民通过激烈的语言和现实行为对网络最新事态中的当事人或舆情事件做出一致的非理性的负面意见，从而对当事人造成人格和声誉上的侵权①。

随着社会经济的快速发展，人们对现实社会的失望和对未来的焦虑都造成在安全感上的缺失，当人们在现实生活中累积了压力无处释放时，

---

① 罗昕：《网络舆论暴力的形成机制探究》，《当代传播》2008年第4期，第78—80页。

有可能倾向于进入虚拟网络环境中将自己的愤懑宣泄在陌生人身上，而信息技术的发展使得网络虚拟环境在某种程度上能够弥补人们的情感需求。在面对社会舆论的探讨时，部分人群通过造谣、诽谤、侮辱、围攻、恶意暴露个人隐私等方式，给舆论事件主体施加舆论压力，打着道德正义的旗号对当事人进行攻击，很多时候网络暴力是源于网民打着匿名的保护伞，通过谩骂与自己毫无关联的陌生人，从而发泄现实中的不满，获得情绪上的快感。

在现实生活中，人们发表言论会受到法律政策、道德准则还有伦理纲常等约束，因此在发布不良言论时会有所顾忌，而在自媒体时代的网络环境中，互联网的匿名性直接为大众提供了表达个人意愿、发表个人见解的便利通道，人们不担心被处罚，对于如此容易就掌握在手中的话语权，很多人便迫不及待地想以道德标杆和正义之士为标榜。因此，当网民遇到网络舆情事件时，部分人会根据看到的一面之词开始评判，而完全忽略了对事实真相的求证，当在社交网络上互相了解到彼此的看法，在找到自己认同的观点之后，这类人由个体形成集体，继而将舆论放大化，由个体形成集体；一旦网友中的大多数已经进入非理性的情绪之中，整个群体就会缺失对事件真实性的斟酌与考量，形成一个以占上风观点为主的舆论场，不明全貌的网民也易被误导和跟风，网民在各种情绪的催化影响下愈发偏激，并按已形成的错误认知一拥而上、打击异己；同时少量的理性、中立性的言论会不断地消减，具有攻击性和煽动性的言论则快速增长，产生群体极化的现象，极化一般就会促成集体暴力的产生。网络的群体极化主要表现在群体的聚集和盲从，在强势的极端言论面前，少数的异见派就会因群体施加的压力而选择沉默。

网络暴力产生的一个重要原因是由于网络媒介环境有别于传统的媒介环境。传统媒介传播速度慢，影响力较小。网络媒介则多以盈利为目的，传播速度快，为博取大众的眼球而丧失媒介固有的职业道德。网络媒介会选择对他们有价值的信息，并对这些信息进行整理、加工，进而影响大众对舆情事件的看法。所以，网络媒介环境能够轻而易举地引导大众舆论导向。当网络媒介环境对网络舆情做出错误引导时，就会导致群体的舆论出现极端行为，从而形成网络暴力。网络舆论暴力参与主体广泛、传播速度快、影响范围广，比现实中的暴力危害大。网络舆论暴力是网民表达自由权利的异化现象，网民的非理性行为不仅对当事人造成精神上的伤害，还在现实中给当事人带来人身及财产安全的严重威胁；网络暴力还给网络舆论环境带来一场场巨大的舆论风波，造成网络秩序混乱，对和谐有序的上网环境造成严重的视觉影响；社会存在决定社会意识，原本符合社会伦理和道德意识的价值观在网络暴力的冲击下会被扭曲，甚至触及法律的红线。

信息的多样性、网络的开放性增加了网络制度建立的难度，同时也增加了网络监管的难度。网络制度的缺乏使得网络参与主体即网民也具有多样化的特征，宽松的网络制度也给素质低下以及存在不良企图的人以可乘之机，在现有网络法律制度的基础上规则的执行也不够严格。某些受众把自己对社会的不满与愤怒在互联网上发泄，特别是以偏激的行为对网络舆论事件当事人造成恶意伤害，从而影响安定和谐的网络环境。因此，应当完善网络法律制度，加强网络的信息把关，严格执行现有网络法律制度，有法必依、执法必严是营造纯净网络环境、促进网络环境健康发展的重要条件。此外，还应提高网民素质，特别要加强网民对信息的识别与分辨能力，加强网络社会的道德教育，有效地提高网民自觉抵制网络暴力的能力，做到不发动、不参与、不支持和不受害，让他们在网络活动中发挥主力军的作用，正向引导舆论，从而形成积极向上的网络社会氛围。还要充分发挥主流媒体的引导作用，公正客观地引导大众舆论导向，不因私利而片面报道和隐匿事实，不能助推网络暴力的增长，要传播主流价值观，更好地发挥媒体的社会监督及文化传递功能。

案例分析

2022年3月21日14时，东方航空一架波音737客机在执行昆明——广州航班任务时，于广西梧州藤县上空失联。民航局确认该飞机已坠毁，机上共有132人，民航局启动应急机制，派出工作组赶赴现场。经过六天全力搜救，国家应急处置指挥部于26日晚确认，航班上人员已全部遇难。事故发生以来，从空难救援到家属安置，无一不牵动千万人心。而与此同时，不少与事故直接相关的人们却遭受了无端的指责和抨击——有沉浸在巨大悲痛中的罹难者家属发布视频公开缅怀亲人，却被网友批评"蹭热度"；还有退票乘客因为分享亲身经历，被质疑吃"人血馒头"。在复杂的网络舆论场中，网络暴力往往借由焦点事件肆意滋长。

这类私人事件经过新闻媒体的记录与传播具有了公共性，部分缺失人道主义的媒体为了提高点击率和争取资本，不惜违背职业道德底线，将当事人及其家属的私人生活过多暴露在公众视野下，并在报道时对事件带有主观倾向，引导公众对事件的舆论，这直接侵犯了其私人空间与隐私信息，对当事人及其家属造成额外的精神痛苦和心理伤害。

此外，部分媒体报道界限不明确，如《人物》栏目仅在东航失事后一天左右，就在其公众号上发布文章《MU5735航班上的人们》，短期内迅速刷屏传播，获得10万+的阅读量，但同时该文章也引发强烈争议。在此时对受害者进行报道，是在事故并未查明时对受害者家属进行"侵入式报道"，不仅对事故毫无帮助，反而将受害者及其家人推到大众面前。这是对受害者及其家人的二次伤害，使观者将目光从事件本身聚焦到受害者本人，也是一种媒介暴力。

第 七 章

助推传播效果提升的心理与
行为策略

在前面的章节中，本书论述了媒介使用研究与心理学理论之间的密切联系，对媒介使用研究的基本概念、历史发展与研究价值及媒介使用研究中的心理学议题与心理学方法进行了详细介绍。基于此，本书将在接下来的部分，从实践层面，论述心理学理论在传播活动中的具体应用。首先，需要明确的一点是，"传播效果"与信息传递与交流的过程息息相关，在拉斯韦尔（Harold Lasswell）的 5W 理论（如图 7-1 所示）中，传播效果作为传播过程的一部分，它存在于一切传播信息的活动中，而不仅限于狭义上由主流媒体介导的传播活动。同时，在媒介使用的研究中，有关传播效果的研究应该是面向所有传播各种信息的媒介，这种媒介（又被称为"传媒""媒体"或"传播媒体"）是指传播信息资讯的载体，即在信息传播的过程中从传播者到接收者之间能够携带和传递信息的一切形式的物质工具。因此，在提及媒介使用的相关研究时，除传播者、接收者以外，传播效果也是一个必不可少的话题。

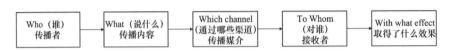

图 7-1 拉斯韦尔（Harold Lasswell）模型

资料来源：唐璞妮：《基于 5W 传播模式的党校图书馆阅读推广体系架构研究——以成都市委党校图书馆为例》，《图书馆工作与研究》2019 年第 3 期，第 5 页。

目前，"传播效果"在传播学的研究范围内，作为一个被广泛使用的名词，它多用于强调一系列结果，这些结果源自于传播者发出的信息，当人们所要传递的信息经传播媒介等中介因素后，信息会抵达传播活动的终点，并产生一定的效果，这些效果有些是无效的，有些是有效的。然而，只有最终形成的一系列有效结果才被认为是传播学界所广泛使用的"传播效果"一词所指代的内涵。其中，"传播"（Communication）的原意包含通讯、传达、交流与交往等内容，从中可以看出，无论是传播本身，还是传播所代指的这些功能与活动，它们都具有一定的"非物质性"特点。然而，正是由于这一特性的存在，所以人们也可以将传播理解为"精神内容的传播"。起初，有关传播效果的研究目的是，探讨传播者的传播意图或者传播目的是否能够实现，以及实现的结果。直到 20 世纪 80 年代，根据已有研究对媒介传播效果的研究成果，西方学者从时间的先后次序上，将已有的传播效果研究划分为三个主要阶段。

第一个阶段，是基于"魔弹论"的阶段，"魔弹论"是传播学的一种理论观点，该观点被用于描述传媒对社会的影响与效果。它认为传媒的信息与观点就像是发射出去的子弹，可以直接、迅速地影响到接收者，并产生强大而不可逆转的影响。根据魔弹论，传媒的信息被广泛传播并广泛接受以后，会对接收者的思想、态度、价值观以及行为产生深远影响，其核心概念是传媒的一致性与直接性，它认为传媒的信息在传递过程中几乎没有阻碍与干扰，可以直接影响到接收者的心智状态与行为选择。这种理论观点暗示了传媒对个体与社会的潜在操控力量，引发了各个学者对传媒权力和媒体效应的广泛讨论与研究。在这个阶段，由施拉姆（Wilbur Schramm）与拉斯韦尔（Harold Lasswell）所提出的观点认为"宣传是当今社会最强大的手段"。

第二个阶段，是基于"两级传播"理论的阶段，"两级传播"理论通常被用于描述信息在传播过程中经历的两个层级或阶段，该概念强调了信息从传媒到接收者的传播过程中存在着中介与转播的角色。在两级传播中，第一级是由传媒扮演的主要传播者，他们负责产生与发送信息。传媒机构，如电视台、报纸、广播等，是这一级别的代表。传媒通过选择、加工和传递信息，将其传播给广大的受众群体。第二级是由接收者扮演的中介和传播者。接收者在接收到传媒的信息后，通过与他人的交流和互动，将这些信息进一步传播出去。这个过程可以是口头的，如面对面的对话或电话交流，也可以是通过社交媒体平台的在线分享和评论等方式进行的。"两级传播"的重点在于接收者在传播过程中的作用。他们不仅是信息的接收者，还可以对信息进行解读、评价和传递给其他人。通过个人的社交网络与人际关系，他们在社会中形成了信息的传播链条。在这个阶段，由拉扎斯菲尔德（Paul F. Lazarsfeld）等学者所提出来的"意见领袖"理论指出舆论领袖可以在这个过程中发挥出更大的影响力，并且衍生出"有限效应论""创新扩散"与"说服效果"等学说。同时，因为传播效果的局限性被拉斯韦尔（Harold Lasswell）的测量结果所证明，所以一种消极的观点也随之扩散，例如伯纳德·贝雷尔森（Bernard Berelson）认为传统的传播研究在当前的社会和媒体环境中已经失去了其价值和意义，所以他提出"传播研究似乎已经名存实亡"。

第三个阶段，是基于"使用和满足"理论的阶段，"使用与满足"理论是由美籍以色列社会学家——伊莱休·卡茨（Elihu Katz）所提出的观点，该理论主要涉及人们在选择和使用媒体信息时的动机与心理满意度，其中动机可以用于解释他们为什么选择接触特定的媒体内容或者渠道。在"使用与满足"理论中，使用价值是指个体通过接触媒体信息所获得的实际利益或回报，它可以包括获取知识、获取娱乐、满足社交需求、获得认同感等。例如，一个人可能会选择阅读新闻报道以获取最新的全球动态，或者选择观看电视剧以获得娱乐和放松；而满意度则是指个体在媒体互动过程中的主观感受和满足程度。如果一个人在使用某种媒体渠道或者接触特定的内容时感到满意和愉悦，那么他们则更有可能会继续选择并利用该媒体。因此，使用价值与满意度是影响媒介传播效果的主要因素。然而，与使用价值相比，个体的满意度受到了多种因素的影响，如媒体内容的质量、与个体的兴趣和价值观的契合程度、媒体使用的便利性等。基于此，有研究者提出：以"使用与满足"理论为主要特征的阶段抬高了过去效用研究中的"受众的需要"，使得有关"受众"的研究不被"传播者的意图"所掩盖，从而回到了"受众中心"的"多效应"理论[①]。

---

① 弓越：《新媒体环境下中国文化遗产类视频传播效果研究》，硕士学位论文，华中师范大学，2022年。

　　至此，在研究传播效果的历程中，不同的发展阶段产生了不同的传播效果理论，且传播效果的研究经历了从"以传播者为中心"到"以受众为中心"的转变，并对"媒介权威"提出挑战，在充分阐释接收者主体性的同时，进一步推进了受众研究。

　　关于"传播效果"这一概念，国内学者分别从广义与狭义两个视角，对"传播效果"进行定义。在广义上，一项传播活动的影响不会只局限于传播信息的受众，而是以立体的、多元化的方式传播，并逐步渗透到人类的经济、社会、文化等各个方面，如郭庆光①认为"传播效果"并不只是指传媒对受众心理、态度与行为的影响，而是对全社会的直接和间接的影响，以及显性与隐性的影响。在狭义上，"传播效果"的传播客体既具有单一性，又具有特定指向，是指媒介对受众的影响，如陈龙②认为"传播效果是指在接受了传媒的信息之后，听众在思想、态度与行为上的改变"。

　　综上所述，在人们不断深化传播效果研究的历史进程中，传播效果的含义与解释出现了另外一种新的内容，即由人类的传播活动所能引起的一切客观结果，这些结果不仅包含了传播活动对受众态度的影响，还包含了传播在社会、群体等宏观层面所能引起的有意或无意的影响结果，是一切社会影响的总和。因此，从传播学的科学视角出发，结合传播学研究的发展历史来看，传播效果主要有两种内涵。其中，一种是劝服性传播效果，也被称为"说服性传播效果"，是指在传播过程中，信息发送者意图通过说服和影响接收者的态度、信念和行为，并成功引起他们的认同或采取特定行动的结果；而另一种是大众传播的社会效果，是指大众传播媒介活动对受众和社会所产生的一切影响和结果的总体③。总的来说，因为人类社会的传播活动几乎都带有强烈的目的性，所以研究传播效果是传播学研究的重点课题之一，也是媒介使用研究中体现媒介有效性的重要指标。基于此，正是因为传播效果是媒介使用研究中反映信息

---

① 郭庆光：《传播学教程》，中国人民大学出版社1999年版。

② 陈龙：《大众传播学导论》，苏州大学出版社2006年版。

③ Page，M.，Crampton，P.，Viney，R.，Rich，A.，& Griffin，A.，"Teaching medical professionalism: a qualitative exploration of persuasive communication as an educational strategy," *BMC medical education*，Vol. 20，No. 1，2020，pp. 1–11.

通过媒介在传播者与接收者之间产生效应的必要因素，所以本书将从主流媒体的视角来谈谈心理学理论如何应用于传播效果的提升与改善，从而有助于媒介使用研究进一步服务于国家与社会。

第一节 传播效果提升的意义与价值

传播媒体作为媒介使用研究的一个核心部分，其承担着信息传播的作用。信息传播是人类社会的一种基本功能，它主要指信息的传播者将相应的信息内容通过传播媒介到达信息接收者的一个动态过程，在此基础上，通过传播效果的评价来实现信息传播质量的控制，以及传播效果的增强[①]。由信息传播的定义可知，传播效果反映了信息传播的质量，正是因为提升传播效果的意义与价值同信息传播的目的与过程息息相关，所以在阐述传播效果提升的意义与价值之前，需要先了解信息传播的功能，以及信息传播可能会影响人们的哪些方面。

在《传播学概论》一书中，根据威尔伯·施拉姆（Wilbur Schramm）的界定，传播功能包含了控制功能、教育功能、娱乐功能和雷达功能，同时，传播功能又分为外向功能和内向功能，其中传播的外向功能是指传播过程对社会系统和个体行为的影响，而传播的内向功能是指个体在传播过程中的参与和个人层面的满足。基于该理论，有学者认为，传播是一项必须履行一定功能的社会活动。不论它是自我的内向传播，还是直接的人际交流，亦或是借助媒介的大众传播，甚至是跨国传播[②]。与之类似地，拉斯韦尔（Harold Lasswell）在《传播在社会中的结构与功能》中将传播的基本社会功能概括为：社会协调功能、环境监视功能和社会遗产传承功能。基于该理论，有学者提出，由于人类社会的发展是建立在继承和创新的基础之上，并且只有将前人的经验、智慧、知识加以记录、积累、保存并传给后代，后人才能在前人的基础上做出进一步的完

[①] 饶元、吴连伟、张君毅：《跨媒介舆情网络环境下信息传播机制研究与进展》，《中国科学：信息科学》2017 年第 12 期第 47 卷，第 1623—1645 页。

[②] 薛澜、张强、钟开斌：《危机管理——转型期中国面临的挑战》，清华大学出版社 2003 年版。

善、发展和创造，所以拉斯韦尔（Harold Lasswell）传播的三项功能是包括人际关系传播、群体传播、组织传播在内的一切社会传播活动的基本功能①。

综上所述，传播学认为，传播具有多重功能，是人类进行传播的客观要求，涵盖了传播活动所具备的各项能力，以及传播对个体和社会所产生的作用与效能。在传播学领域，传播功能可以进一步划分为组织功能和社会功能。其中，传播的组织功能包括了告知功能、表达功能、解释功能和指导功能，而传播的社会功能则主要反映在政治功能、经济功能、教育功能和文化功能等领域②。在组织功能层面，传播的告知功能是指向人们提供新近发生的新闻和信息的能力。它涉及迅速、及时地传递消息，以满足人们对信息的需求。通过告知功能，传播可以传递事实、事件、观点和知识，帮助人们了解和理解当前的情况和问题。这种功能使得传播媒介成为了人们获取新闻和信息的重要渠道，对个体和社会的意识形态、决策和行为产生重要影响。传播的表达功能是指通过媒介和符号来表述和交流个体的思想、观点和情感的能力。它涉及个体使用语言、图像、声音等媒介形式，将内在的信息外化并传递给受众。通过表达功能，个体可以通过传播媒介将自己的想法、情感和意见传达给其他人，促进交流和理解。这种功能使得传播成为了人们在社会中表达自我、互动和建立联系的重要途径。同时，传播的表达功能也影响着受众的认知、态度和行为，对塑造个体和社会的价值观和文化有着重要的作用。传播的解释功能是指通过传播媒介，向受众指出事件的背景及原因，阐释观点，从而帮助受众认清形势、明确态度和确定对策的能力。它涉及对事件、问题或观点进行解析和解释，提供更深入的理解和认识。通过解释功能，传播可以帮助受众理解事物的来龙去脉、背景和原因，揭示事件的意义和影响。这种功能使得传播媒介成为了向受众传递专业知识、分析观点和启发思考的重要工具。通过解释功能，传播有助于受众认清形势、明确态度和制定对策，从而对个体和社会的决策和行为产生重要

① 蔡小慎：《公共行政管理学》，大连理工大学出版社 2002 年版。
② 贺剑：《充分发挥信息传播在危机管理中作用的研究》，硕士学位论文，大连理工大学，2006 年。

的影响。传播的指导功能是指通过"告知、表达和解释"等功能，对受众的思想和行为产生一定的方向性指点和引导作用的能力。它涉及传播媒介对受众的引导、影响和指导，以促使受众采取特定的思考方式、态度或行动。通过指导功能，传播可以影响受众的决策过程、行为选择和行动方向，帮助受众明确目标、采取行动并实现预期结果。这种功能使得传播成为塑造社会行为、推动社会变革和实现目标的重要工具。通过指导功能，传播可以对个体和社会产生积极的影响，推动社会进步和改善。在社会功能方面，传播的作用主要反映在政治、经济、教育和文化等领域。在政治功能方面，传播的政治功能指的是传播在政治领域中发挥的作用和影响力。它涉及传播媒介在政治方面的功能和效果，既包括政府和政治组织利用传播来传播政策、宣传法律、维持与稳定社会秩序、收集情报，也包括人民通过传播来监督政府、表达民情民意、影响政府决策。传播的政治功能有助于政府与人民之间的信息交流、政策传达和民主参与，同时也对塑造公众舆论、影响选民行为和政治决策产生重要影响。通过传播的政治功能，政治实体能够通过媒介渠道传递政治信息、影响公众意见，并建立政治合法性和权威性。同时，个体和社会通过传播能够行使公民权利、表达政治观点、参与政治活动，从而推动政治参与和社会变革。在经济功能方面，传播的经济功能指的是传播在经济领域中的作用和效能。它涉及传播媒介在经济方面的功能和影响力，包括为经济发展创造适宜环境、促进经济信息的采集、传播和交流，以及指导和服务于经济生活。传播的经济功能在多个方面发挥作用，如推动市场交易、促进商业活动、建立品牌形象、影响消费者行为和决策等。通过传播，企业可以宣传与推广自身的产品和服务，进而达到吸引客户和投资者，提高市场份额和竞争力的目的。同时，传播也为经济参与者提供了获取经济信息、了解市场动态和参与经济活动的渠道和工具。传播的经济功能对经济体系的发展和繁荣至关重要，它促进了信息的流通、资源的配置和市场的运作，为经济活动提供了必要的支持和推动力。传播的教育功能是指传播在教育领域中的作用和效能。它涉及传播媒介在教育方面的功能和影响力，包括为社会吸收、享受和积累文化知识提供渠道和机会，促进学习、教育和知识传递。传播的教育功能通过媒介传播教育内容、课程信息、学术研究成果和教育资源，为个体和社会提供了获取知识、学习技能和培养能力的途径。传播媒介如教科书、电子学习平台、在线课程等扮演着重要角色，帮助学生获取教育资源，提供教育内容和学习指导。同时，因为传播还可以通过广播、电视、互联网等媒介形式，传播普及教育、提高文化素质、促进终身学习和职业发展等方面的信息，所以传播的教育功能对于个体的学习和发展、社会的文化进步和经济的知识创新具有重要意义，它有助于提升人们的教育水平、推动社会的整体发展和促进人的全面成长。此外，传播也在文化方面发挥作用，传播的文化功能是指传播在文化领域中的作用和效能。它涉及传播媒介在文化方面的功能和影响力，包括传承文化、选择文化、积淀文化和享受文化等方面。传播在文化领域中起到了传递和推广文化价值观念、传统习俗和艺术创作的作用。传播通过媒介形式，如电影、音乐、文学作品、艺术展览等，传达和传播不同文化背景和艺术风格的内容，帮助人们了解、欣赏和参与到多元文化中。传播媒介还促进了文化的选择和传承，让人们能够接触到各种不同的文化形式和表达方式。此外，传播也在一定程度上扮演了文化积淀的角色，通过记录和保存文化遗产、历史事件和传统知识，为后代提供了文化传统的延续和学习的机会。传播的文化功能对于社会的文化多样性、文化交流和文化创新都具有重要意义，它促进了文化的交流、互动和对话，推动了社会的文化进步和共同发展。总之，传播功能的各个子功能是相互联系、相互渗透、相互作用的统一整体。通过组织功能和社会功能的共同发挥，传播对个体和社会产生了广泛而重要的影响。对传播功能的深入理解和研究有助于揭示传播活动的本质和效果。

基于此，有人认为，认识与把握传播功能的正确程度，不仅会直接反映出决策者与传播者的水平，而且会影响传播的决策、效果与成败与否。也就是说，传播的效果将部分取决于传播的功能，而传播功能也反映出传播活动的一部分价值与意义。因此，讨论提升传播效果的价值与意义的前提，是传播活动本身所具有的价值与意义，而传播活动的价值与意义又与传播功能密切相关。

一　组织功能对国家和社会的价值与意义

如上文所述，传播活动的组织功能包含了告知功能、表达功能、解释功能和指导功能。根据组织功能不同维度的概念，结合真实案例来看，组织功能的子功能在处理突发事件、落实应急管理工作中具有十分重要的作用。例如，2021年河南省因极端天气发生了百年难遇的洪涝灾害，在事件发生之后，由于大量的现场视频信息、防汛预警信息、求助信息、抢险救援信息等碎片化的相关信息通过社交媒体迅速扩散，在互联网上相互交织，如果群众不经引导和安抚，就会给谣言以可乘之机，而过度放大或刺激受灾群众的负面情绪，也会给当地的防汛救灾工作带来阻碍，所以在自然灾害发生时，维护信息的有序传播，确保权威信息发布的传播效果，是保障防汛救灾工作稳妥推进的重要一环。

针对类似的突发公共事件，迈克尔·里杰斯特（M. Regester）作为著名的危机公关专家，他在危机处理的3T原则［即Tell You Own Tale（以我为主提供情况），强调政府牢牢掌握信息发布主动权；Tell It Fast（尽快提供情况），强调危机处理时政府应该尽快不断地发布信息；Tell It All（提供全部情况），强调信息发布全面、真实，而且必须实言相告］中，多次强调了信息发布与传播的重要性。其中，里杰斯特（M. Regester）认为，如果发生一次自然灾害，如地震，倘若相关机构或政府不能就其发生的危机与公众进行合适的沟通（即使用传播功能的表达功能），不能将社会大众在灾难中所能采取的补救措施告诉他们（即使用传播功能的告知功能），不能很好地表达自身对所发生事故的真实态度（即使用传播功能的解释功能），那一定会给相关机构或政府的信誉造成致命的打击与破坏，更有甚者，还有可能会导致一个组织或机构的消退与灭亡。因此，在危机管理的过程中，如何与公众进行有效的沟通，如何提高信息传播的信度与效度，这对于突发性公共事件的处理具有十分重要的应用价值。此外，在处理危机事件的过程中，保障沟通过程中信息流通的流畅性对于相关组织与机构而言，是最重要的环节。因为，当相关机构或政府能够迅速发布紧急通告，向公众提供关于地震的重要信息（如震级、地震发生的地点和时间等）时，人们才会产生信息感，所以只有保障相关组织能够充分了解危机的状况，他们才能保障危机事件可以得到及时、有力的掌控，并且只有保障大众的知情权，例如当地震发生时需要保障以事实为基础的、与大众利益相关的信息可以通过电视、广播、社交媒体和手机短信等多种渠道进行传播，他们才会不轻信谣言，才能从根本上避免谣言的产生与恐慌的扩散，进而促使事件中的人能积极配合机构与组织的调度，采取相应的措施（即使用功能的指导功能），以便更好、更快地减少危机带来的损失与伤害。

总的来说，首先，要及时发布紧急通告，如相关部门或机构利用一定的信息发布机制，对当前的危机事件做出快速的回应，这体现了组织功能中的告知功能，它是危机管理中必不可少的一环。其次，通过媒体把事实与相关信息（如传播防震知识和应急措施等）传递给社会大众，这体现了组织功能的表达功能，通过该行为可以缓解公众的集体情绪（如恐慌情绪或焦虑情绪），进而维护社会的稳定与人们生活的正常秩序。再者，通过创造一个良好的舆论环境，提供准确、可靠的信息来源，将有利于相关机构或组织帮助大众及时了解危机的最新变化、认清当前的形势状态，而这也体现了组织功能中的解释功能，该功能将有助于营造一种有利于相关部门及组织进行危机管理的环境。最后，通过与公众进行双向互动，实现意见与情感等各个方面的交流协同一致，人们将形成一定的观点、策略或措施用于应对危机，而这种足以指导人们的态度、行为与意志的纲领性信息就刚好体现了组织功能的指导功能。由此可见，危机管理中的信息传播是相关部门与组织进行危机管理的重要组成部分，是在危机前后及其发生过程中，在政府部门、组织、媒体、公众之内和彼此之间进行的信息交流的具体过程中，同时信息传播是影响危机管理的重要因素，而信息传播的有效性也影响着信息是否能够被充分获取（充分获取信息是危机决策的重要前提）、是否被恰当传递与反馈（恰当的信息传递及反馈是危机管理者进行决策与协调的重要基础）、亦或是能否实现对外交流（信息的对外交流可以为危机解决创造良好的外部环境）[①]。

此外，在新媒体时代，伴随算法推荐技术在传播平台的广泛应用，这种技术开始成为信息匹配的效率工具，但是由于信息的过度聚焦而可能造成的"信息茧房"问题也逐渐成为人们的担忧。同样地，在传播效果层面，人们需要反思像今日头条、哔哩哔哩、抖音、微博等内容分发

---

① 贺剑：《充分发挥信息传播在危机管理中作用的研究》，硕士学位论文，大连理工大学，2006 年。

平台所提供的聚类信息个性化推送所带来的弊端。现如今，虽然信息化技术的发展满足了接收者对个性化信息的需求，但是人们也必须意识到，接收者在接纳信息时存在着选择性认知的倾向。这意味着精准地推送内容可能进一步加剧了选择性认知的趋势，甚至导致接收者被限制在所谓的"信息茧房"中。起初，个性化推送的目的是根据用户的兴趣和偏好向其推送相关内容，以提供更好的用户体验。然而，随着技术的发展，这种个性化推送也存在一定的风险和挑战。当用户只接收符合其偏好的信息时，他们可能会面临信息的局限性和片面性，进而错失了其他可能具有价值的信息。"信息茧房"是一个比较新颖的概念，它是桑斯坦（Cass Robert Sunstein）于 2006 年在《信息乌托邦》一书中所提出来的概念，该概念是指公众只注意到那些包含自己选择的东西以及使自己愉悦的东西的传播领域。根据这一概念可知，人们如果长期身处在信息过度聚焦的环境之下，久而久之，就会将自身束缚于蚕茧一般的"茧房"中，使得他们更难接触到那些他们不感兴趣的内容、不甚赞同的观点与不愿接受的思想，而那些原本被拒绝与排斥的内容就会被精准的算法给排除在受众的可达范围之外。长此以往，人们不得不警惕那些受困于信息茧房的人。当人们长期身处在互联网信息泛滥的时代下，他们将面临片面化和简单化知识领域和观点的倾向，视野变得狭隘，个人独立判断能力逐渐丧失，甚至可能导致群体极化现象的产生①。另外，还值得人们关注的一点是，互联网在全体人民中的普及已经成为不可阻挡的趋势。尤其是在以微信和微博等社交媒体平台为主要研究对象的信息舆论战场上，研究者也敏锐地捕捉到了"信息茧房"和"群体极化"之间的联系②。此外，相关研究表明，高度匿名性和互动性的社交网络平台在大数据推荐技术的支持下，促进了"信息壁垒"的形成，使得网络信息的传播容易从个体的信息困境发展为群体性的信息困境③。例如，"兼听则明，偏

① 张成瑞：《论人工智能对视听信息传播的影响》，硕士学位论文，哈尔滨师范大学，2019 年。

② Stroud, N. J., "Polarization and partisan selective exposure," *Journal of communication*, Vol. 60, No. 3, 2010, pp. 556 - 576.

③ Bucher T., "Want to be on the top? Algorithmic power and the threat of invisibility on facebook," *New media & society*, Vol. 14, No. 7, 2012, pp. 1164 - 1180.

信则暗"的现象就表现了个人因为对某一个方面的信息投入了过度的关注而可能导致的认知偏差。然而，结合互联网的集聚效应来看，这种因为过度关注而造成的信息困境可能在集聚效应下被无限放大，从而导致公共领域出现大众情绪偏激、网络谣言和群体极化等问题。目前，已有研究证实，个体的信息茧房困境可能通过互联网的集聚效应导致舆论的群体极化，并且通过回声室（回声室是指在一个网络空间内，如果只能听到对自己意见的相同回响，就会扭曲自身对一般共识的认知。这一概念强调了群体意见的聚合、观点的强化与自我认知的膨胀，并与群体理论密切相关）的集群性和排异性特征扩大了群体之间的区隔[1]。这意味着回声室放大了信息茧房的负面影响，并最终引起舆论的群体极化，推动了群体意见的偏移。因此，人们必须要认识到个人信息茧房的负面影响，并努力寻求多样性的观点和信息，打破信息茧房的限制。同时，平台和个人应共同努力，促进开放性思考和多元化的舆论讨论，以维护舆论的多样性和社会的和谐发展。只有如此，人类才能更好地应对由信息泛滥所带来的挑战，并尽可能避免群体极化对社会所造成的负面影响。

综上，结合传播的组织功能来看，告知功能可以通过提供全面、客观和多元化的信息来避免信息的传播出现偏差和片面化，以减少人们的认知偏见和误解；表达功能可以通过鼓励多元化的意见和观点表达，创造开放、包容的讨论氛围，以避免信息的简单化和偏执化；解释功能可以提供深入解释和分析的信息，帮助人们理解复杂问题的多个角度，避免简单化和片面化的观点；而指导功能则可以引导人们获取权威和可靠的信息源，培养批判性思维和信息素养，以增强人们的独立判断能力，避免盲从和极端化。基于此，本书认为提升信息传播的效果，尤其是通过发挥传播活动的四种组织功能来提升信息传播的效果可以在一定程度上避免信息茧房的形成与群体极化的产生。

最后，还有一个与传播活动密切相关的话题——那就是"国家形象"。在党的十九大报告中"讲好中国故事，提高文化软实力"被视为当务之急，其后在党的十九届四中全会中所提到的"推动传统文化资源创

---

① 陈俊宇、纪杰：《新媒体时代信息茧房对舆论群体极化影响的实证研究——基于回声室的中介检验》，《决策咨询》2022 年第 6 期第 72 卷，第 85—91 页。

造性转化"又被视为坚定文化自信的有效路径，在二者相继吹响中华优秀文化传承发展的号角时，"国家形象"也被提升至战略性高度。"国家形象"作为一个国家在全球公众眼中的反映与认知，它代表了一个国家在国际社会中的形象和声誉的重要方面，涉及国家的形象表达和认知，属于形象的研究范畴。目前，有关国家形象的研究涉及多个学科领域，如传播学、国际关系和文化研究等。每个学科都从独特的角度和方法研究了国家形象的形成、塑造和传播。尽管有关"国家形象"的概念在国内还没有明确统一的定义，但是这种多样性也反映了国家形象研究的复杂性和多元性。其中，不同学科的专家学者通过各自独特的视角和方法，深入探讨了国家形象的内涵、影响因素和传播策略，并给出了不同的研究定义，例如李寿源[1]认为国家形象是"一个主权国家和民族在世界舞台上所展示的形状相貌及国际环境中的舆论反映"。刘小燕[2]则认为"国家形象是指国家的客观状态在公众典论中的投影，也就是社会公众对国家的印象、看法、态度、评价的综合反映，是公众对国家所具有的情感和意志的总和。国家形象是存在于国家传播中社会公众对国家的认识和把握，是公众作为主体感受国家客体而形成的复合体，以及国家行为表现、形状特征、精神面貌等在公众心目中的抽象反映和公众对国家的总体评价和解读"。而孙有中也提出了对应的概念，即"国家形象应该是一个国家内部公众和外部公众对该国政治（包括政府信誉、外交能力和军事准备等）、经济（包括金融实力、财政实力、产品特色与质量、国民收入等）、社会（包括社会凝聚力、安全与稳定、国民士气和民族性格等）、文化（包括科技实力、教育水平、文化遗产、风俗习惯、价值观念等）与地理（包括地理环境、自然资源与人口数量等）等方面的认识与评价"[3]。综上，尽管不同的学者从不同的视角界定了国家形象的概念，但是他们都在国际层面上对国家形象做了深入分析，提到了传播、认知、展现与反映，并强调了外部环境的作用。这意味着他们都支持同一种观

---

[1] 李寿源：《国际关系与中国外交：大众传播的独特风景线》，北京广播学院出版社 1999 年版。

[2] 刘小燕：《关于传媒塑造国家形象的思考》，《国际新闻界》2002 年第 2 期，第 61—66 页。

[3] 孙有中：《国家形象的内涵及其功能》，《国际论坛》2002 年第 3 期，第 14—21 页。

点，即国家形象是国家实力的对外传播展现，具有一定的向外性、宣传性和延展性①。

在当今全球化迅猛发展的背景下，全球信息化正在成为一种明显趋势。这种趋势不仅在国际传播和全球传播方面推动着前所未有的发展，也对政治、经济、文化和环境的全球化产生了深远影响。它使国家之间的直接距离缩短，联系更加紧密。举例来说，人们可以看到全球反气候变化行动的兴起，国际社会共同努力应对这个全球性挑战。又如，随着数字经济的崛起，全球范围内的电子商务和互联网金融正在迅速发展，改变着传统经济模式。此外，不同文化之间的交流和融合也变得更加频繁和广泛，人们可以通过社交媒体、视频共享平台等随处可见的网络渠道接触到来自世界各地的多样文化内容。这些例子清晰地展示了全球化的发展趋势，而传播学的研究者们需要深入探索其背后的动因和影响，以更好地理解和应对这一全球变化的时代。在复杂的全球化背景下，"国家形象"作为我国民族精神核心意志的集中体现，它在国际交往的过程中自然占有十分重要的意义。只是中国的国家形象在近代跌落以后一直未能焕发新的生机，所以从国家形象的复兴于 21 世纪初现端倪以来，国家形象的构建便成了迫在眉睫的事情。因此，倘若要重新构建我国的国家形象，那必不可少的环节之一，就是提升我国国家形象建构路径的传播效果。此外，破除近现代以来中国在国际上形成的刻板印象，对于树立全新的国家形象而言，也是一项艰苦卓绝却意义非凡的必要任务。

总的来说，传播活动的组织功能与国家、社会的关系是十分密切的，在国家与社会治理的过程中，当各级政府需要面临复杂的国际形式或突发的公共事件时，当全球化带来的国际交流日趋密切时，传播活动的组织功能便承担了一项极其重要的作用，它有利于各级组织维持社会稳态、团结并引导广大群众采取有效的应对措施，以及破除"信息茧房"与"刻板印象"等现实困境。因此，提升传播活动的传播效果，让传播效果的覆盖范围更广或影响程度更深则显得尤为必要。

---

① 朱永昶：《中国国家形象传播模式研究》，硕士学位论文，武汉理工大学，2012 年。

二 社会功能对国家和社会的价值与意义

与传播的组织功能不同，传播的社会功能在政治、经济、教育和文化等方面发挥着重要作用。从国家安全的角度来看，因为与政治功能密切相关的政治安全在传统安全观中是指一个国家或政治上不存在外部的其他国家的政治干预、压力、颠覆活动以及内部敌对势力的破坏活动的危险或威胁①，所以政治安全涉及防范外部政治干预、压力以及内部敌对势力的破坏活动。举例来说，考虑一个发展中的社会主义国家，如我国。一方面，政治稳定在内部意味着要坚守社会主义制度，防止内部动荡和社会不安，以维护国家的社会治安和稳定。这要求政府通过信息传播活动，如利用传统媒体和新媒体，传递价值观念、政策决策和社会稳定的信息，以促进社会凝聚力和公民的政治参与。另一方面，政治安全在外部意味着维护国家的政治独立和主流意识形态的地位，抵御其他国家可能对国内政治体系施加的干预、压力和颠覆。例如，通过新媒体平台的广泛使用，国家可以加强对外传播，塑造自己的国际形象，传达政治立场，维护国家利益，并提升在国际舆论场上的话语权。同时，新媒体也为国内公民提供了参与政治讨论、表达意见和批评政府的渠道，从而促进政治赋权和民主参与。与传统媒体相比，新媒体除了传统媒体（即传统的大众传媒）已有的政治功能（主要包含传播信息、影响舆论、监督政府等方面）以外，还具备一些其他的功能，如增强公众参与政治决策的能力（即政治参与能力）。举例来说，政府可以利用社交媒体平台开展在线民意调查，征集公众对特定政策的意见，以更好地反映民意和加强民主决策过程。这种政治参与的形式可以扩大公众的参与度，增强政府的合法性，并建立起政府与公民之间的互动关系。总之，信息传播活动对于政治稳定具有重要影响。通过利用新媒体的多样化功能，政府能够传达政策信息、塑造国际形象，同时也能够促进政治参与和民主赋权，为社会主义国家的政治安全和稳定做出贡献。

近年来，随着新媒体的迅速发展，人们逐渐认识到新媒体的双重性。

---

① 周国平：《网络发展对我国政治安全机制的冲击及对策》，《学习与探索》2002 年第 5 期，第 26—30 页。

它在为政治领域带来一些新的功能的同时，也给政治安全带来了一定的挑战。特别是在我国的外部政治安全方面，人们正面临着主流意识形态安全的问题。因此，这意味着我国要面对西方敌对国家的意识形态渗透，以及来自国内外敌对势力的网络侵略。例如，通过社交媒体平台，敌对势力可能利用虚假信息和宣传来煽动社会分裂、制造社会不安，甚至试图干扰国家的政治决策。而在我国的内部政治安全方面，对安全的威胁则主要集中在两个方面，即"网络谣言与社会治安"和"新媒体群集性事件与软暴力"[①]。首先，是网络谣言和社会治安问题。随着信息传播的快速扩散，虚假信息和谣言在网络上迅速传播，可能引发社会恐慌、矛盾激化甚至动乱事件。举例来说，一个不准确的网络谣言可能导致群众对政府的不信任，破坏社会的稳定与和谐。其次，是新媒体群体事件和软暴力问题。新媒体的群体性特点使得一些事件在网络上得到广泛传播，可能引发群体情绪激化和冲突升级，对社会稳定产生负面影响。举个例子，一场通过新媒体组织起来的抗议活动可能引发暴力冲突，对社会秩序带来威胁。在现代国际政治中，政治、经济、军事和文化是构建国家利益的基础和条件。这四个领域的权力不断发展和变化，也是当今世界和未来世界变化的主要动因。在战争的阴影下，出于对国家利益的考量，国家的首要任务是维护生存，为了维护国家与国民的生存，与之相对应的是军事权力将长期作为四大类权力中的核心权力而存在。然而，随着冷战结束和全球化重心领域的转移，经济、文化和意识形态等非军事权力要素在实现国家利益中的地位和作用不断得到上升。同时，因为时代背景的变迁而导致的意识形态问题也初现端倪。对于国家安全来说，意识形态的不安全意味着国家利益受到损害或威胁。因此，意识形态安全成为国家利益的重要体现[②]。举例来说，国家利益的实现不仅需要经济的繁荣和军事的力量，还需要文化软实力和意识形态的引领。总之，一个国家如果在国际舞台上无法维护自己的主流意识形态，意味着其他意识形态可能渗透进来，威胁国家的价值观和国家利益。例如，在文化领域，

---

① 张鹏：《浅析新媒体时代对我国国家安全的挑战》，硕士学位论文，西南大学，2015 年。
② 尹辉：《当代大众传播视域下的我国意识形态安全研究》，博士学位论文，兰州大学，2015 年。

电影、音乐和文学等文化产品在国际上的传播对于维护我国意识形态安全起着重要作用。这些文化产品能够传递中国的价值观和文化特色,增强国家的文化自信,抵御外部意识形态的影响。因此,随着新媒体的快速发展,人们必须认识到新媒体在政治领域的双重性,即新媒体既带来了新的政治功能,又对政治安全提出了挑战。在保护国家政治安全的过程中,相关部门需要采取措施来应对主流意识形态安全、网络谣言和社会治安等威胁国家安全的问题,同时还要加强意识形态安全的维护,以确保国家利益的实现与国家长期稳定的发展。

从古至今,意识形态安全与主流意识形态传播都有紧密的联系,而成功传播(是指传播目的与传播意图的完成率)又是意识形态的内在要求。在我国社会中,马克思主义意识形态是主导意识形态,它是一种理论化的意识形态。如果要向社会公众进行宣传和传播,就需要依靠适当的途径和媒介,以实现马克思主义意识形态的时代化和大众化。在大众传播时代之前,传统的主导意识形态传播主要通过组织传播和人际传播进行。然而,在大众传播时代的背景下,大众媒介已经逐渐成为主导意识形态传播的主要形式。同时,主导意识形态必须适应当前意识形态传播的感性化、视觉化和非正式性等传播特点,不断增强主导意识形态的吸引力和感染力,提高主导意识形态传播的实效性与最终的传播效果。但是,随着信息技术的迅猛发展,新媒体文化的诞生和推广在意识形态的传播工作中带来了新的挑战和机遇。

在新媒体环境下,意识形态的传播工作面临着诸多挑战。因为新媒体具有双重作用,它不仅会加剧西方价值观的渗透力度,还会增加引导民众思想的实际工作难度,以及人们难以控制信息传播等负面影响,同时新媒体也能提供多个传播渠道,及时传递各种信息,缩小信息传播和接收双方的距离,在信息传播的过程中具有一定的积极作用,所以使用新媒体来传播意识形态需要兼顾其优势与劣势,并尽可能减少新媒体在负面作用下的影响。举例来说,随着社交媒体的兴起,信息传播变得更加迅速和广泛。这为意识形态的传播提供了新的机遇,政府和组织可以通过社交媒体平台向大众传播马克思主义意识形态的核心理念和价值观。例如,通过在新媒体上发布有关社会公平、人民利益和可持续发展的内容,可以加强人们对马克思主义意识形态的理解和认同,从而巩固主流意识形态的传播效果。此外，信息的快速传播和广泛流动使得意识形态的传播更加复杂和多元，这是新媒体所带来的另外一项挑战。

在信息泛滥的时代背景下，一些西方国家和非政府组织利用新媒体平台宣传其意识形态，可能对我国的主流意识形态构成渗透和影响。例如通过在网络上散布西方价值观和意识形态，可能引导一部分人对我国的主流意识形态持怀疑态度或产生误解，从而对我国的意识形态安全造成一定的威胁。由此可见，意识形态安全和政治安全与传播活动密切相关。主流意识形态安全是政治安全的前提，两者密不可分。在新媒体的冲击下，它们都呈现出了双重效应，即既面临挑战，也蕴含着机遇。因此，人们需要认识到新媒体对意识形态传播的影响，并采取相应的策略和措施，以维护国家的意识形态安全和政治安全。

毋庸置疑，当今世界正面临着复杂而深刻的变化，全球化、市场化和信息化的冲击使得信息传播的过程变得更加复杂。其中，全球化涵盖了经济、政治、文化和意识形态等多个领域的内容，它包括以发达西方国家为主导的不平等交流与流动关系。从一定程度上来说，全球化的影响是全方位、多层面和立体化的。在全球化的过程中，市场化指的是通过市场机制来有效配置资源，并建立统一的市场运行机制和体系。信息化则是指培育和发展以智能化工具为代表的新生产力，使其造福于社会的历史进程。在这三者之间，市场经济是全球化的坚实支撑，市场化则是经济全球化的主要特征和制度基础，而经济全球化则是当前世界经济的主要特征和人类经济活动的主要发展趋势。举例来说，全球化加速了不同国家和地区之间的经济联系和贸易流动。跨国公司通过全球化的市场化运作，将产品和服务推向全球市场。例如苹果公司是一个典型的跨国科技公司，其产品在全球范围内销售和流通。这种市场化的全球化经营模式使得苹果公司能够更好地利用全球资源和市场机会，实现经济增长和利润最大化。同时，信息化也对全球化和市场化产生了深远影响。随着互联网和社交媒体的普及，人们可以实时获取来自世界各地的信息和新闻。这种信息的高速传播和广泛流通促进了全球交流与互动，同时也加剧了全球意识形态的碰撞和融合。例如，在全球化的背景下，中国的互联网企业（如阿里巴巴和腾讯）通过信息化工具和平台，不仅在国内市场获得了成功，还扩展到国际市场，与全球企业展开竞争和合作，推动了经济全球化的进程。

目前，已有研究指出，信息传播的全球化促进了经济全球化的迅猛发展，导致了经济全球化在多个方面发生了质的变化①。其中，信息传播全球化对经济全球化的负面影响主要表现为社会分配不公的加剧，特别是西方发达国家，尤其是美国从中获益最多。此外，在全球化的背景下，国家往往需要适应和遵循全球化的规则和标准，而这些规则和标准往往由跨国公司、国际金融机构和全球组织等主导制定。国家在面对全球经济压力时，往往需要做出让步和妥协，牺牲一部分经济主权以获取更多的经济利益。这使得国家在制定经济政策和保护本国产业时的自主性受到了限制。另外，在全球经济中，发达国家通常占据着更为有利的地位，他们拥有先进的科技、资本和市场优势，能够在全球范围内获取更多的经济收益。而发展中国家则面临着资源相对匮乏和技术水平相对滞后的挑战，往往处于较弱的地位。这种不平等的交往与流动关系导致了全球财富和资源的不均衡分配，加剧了社会经济的不公平现象。同时，随着全球经济的高度相互依存，国家在经济领域的安全面临着更多的挑战。经济全球化使国家经济更加脆弱，容易受到全球经济风险的传导和波动的影响。金融危机、经济衰退和市场失衡等问题可能在一个国家发生，却能迅速传播和影响其他国家，对全球经济稳定造成威胁。这些现象说明经济全球化在很多方面会削弱国家的经济主权，在一定程度上带来了经济安全问题。尤其是随着信息传播全球化的发展，网络逐渐取代了地域，传统的国家观念和主权观念受到了巨大冲击。同时，信息战的不断升级也直接威胁到国家安全和经济主权。经济主权是国家对本国经济所拥有的最高领导权和决策权，是对国家经济利益的最高权力，而国家经济利益又是国家安全的核心。所以确保经济安全实际上是确保国家的经济利益和人民群众不受侵害，保证国民经济能够正常有序地运行。因此，应对信息传播全球化对经济全球化的负面影响，需要了解信息传播的规律并增强有利信息的传播效果，借助社会功能的经济功能，为经济发展创造适宜的环境。例如，我国可以通过加强优势信息的采集和传播，利

---

① 卢新德、马兆明：《信息传播全球化与经济全球化》，《当代亚太》2002 年第 5 期，第 19—27 页。

用社交媒体、移动应用等新媒体平台，将国家的经济政策、科技创新成果等有益信息传递给公众，引导和促进经济发展，并指导服务于经济生活。同时，在全球化的过程中，拥有强大经济和科技实力的国家通常在交流中占据优势，他们常利用这些优势向其他国家传播自己的文化、意识形态和政治制度。例如，美国作为世界上最大的经济体之一，作为科技创新和研发的重要中心之一，它具有全球最大的国内生产总值和最强大的消费市场，以及拥有许多世界领先的科技企业和研究机构，因为美国在全球范围内拥有强大的经济和科技实力，所以美国通常在交流中占据优势地位，并能利用这些优势来向其他国家传播自己的文化、意识形态和政治制度。同时，在新媒体与传统媒体相互融合、各种资源相互贯通、各种内容相互包容的融媒体时代，我国的文化安全也面临着新的机遇和挑战。文化安全是维护国家主权和民族尊严的重要精神支撑，反映了国家生存与发展的文化需求，是总体国家安全观的重要组成部分。在信息化时代，文化安全也面临着复杂的内外局势，如果想要保护好国家的主流文化，让其不受外来文化削弱或侵蚀，抵御外来文化的冲击并进一步加强我国文化的对外输出，就需要借助社会功能的文化功能与教育功能来实现。例如，通过在以文化为内核的传播活动中加强我国人民对优秀传统文化的传承和宣传，结合新媒体平台的运用，可以推动中华文化的传播，增强国家的文化软实力，维护文化安全。综上所述，传播学的研究者应该深入了解信息传播的规律和经济全球化的发展趋势，积极应对信息传播全球化对经济全球化带来的负面影响。通过加强有益信息的传播和利用新媒体平台，为经济发展创造良好的传播环境。同时，加强文化安全的保护与传播，维护国家主权和民族尊严，推动国家文化的发展与对外输出。

还有一个与传播活动有关的安全问题，就是网络安全。谈及网络安全就必然涉及网络媒体。作为一种新兴的传媒形态，网络媒体在信息传播方面相比传统媒体具有独特的优势。近年来，凭借着技术上的特殊优势，网络媒体蓬勃发展，对我国社会的各个层面都产生了深远的影响。一方面，网络媒体的迅猛发展为信息传播带来了巨大的便利。以常见的社交媒体平台为例，它们通过用户生成的内容和分享机制，使得信息能够迅速传播到广大的受众群体中。这种高效的传播方式在抗击突发事件和宣传社会公益活动等方面发挥了重要作用。例如，在自然灾害发生时，人们可以通过网络媒体及时获得紧急救援信息，提高了灾害应对的效率。另外，网络媒体还促进了信息多样性和参与度的提升，使得人们可以更广泛地获取和分享不同观点的信息，从而促进了公共舆论的形成和多元化的讨论。然而，从另一方面来说，人们也不能忽视网络媒体的负面效果①。其中，信息污染是一个严重的问题。网络媒体上的大量垃圾信息和虚假信息对用户产生了困扰和误导，扰乱了信息传播的正常秩序。例如，社交媒体上经常出现的虚假新闻和谣言，往往会引起大规模的恐慌和误解，对社会造成不良影响。此外，网络媒体的公信力也面临挑战，不少媒体平台存在信息真实性和可信度的问题，使得公众对媒体的信任度下降。除了信息污染问题以外，网络媒体还带来了信息传播侵权等问题，以及因互联网的使用而滋生出的一系列安全威胁。这种威胁是互联网的普及和便捷性为信息安全问题埋下的隐患。例如，个人隐私泄露、网络钓鱼、网络诈骗等问题屡见不鲜。此外，网络暴力和水军现象也会对社会稳定构成威胁。在网络媒体上，人们经常可以看到针对个人或者团体的辱骂、恶意攻击和谩骂行为，这些行为不仅损害了个人的尊严，也破坏了社会的和谐与正常的公序良俗。综上，网络媒体作为一种新兴传媒形态，对我国社会产生了巨大影响。尽管其在信息传播方面具有独特的优势，人们也必须认识到其带来的负面效果，如信息污染、媒体公信力偏低以及信息安全和网络暴力等威胁。在进一步发展网络媒体的同时，需要加强相关部门的监管和引导，倡导网络媒体的负责任使用，以确保网络媒体能够更好地为社会进步和发展做出积极贡献。

总的来说，提升传播效果在国家与社会治理过程中是非常有必要的，尤其是在我国面临复杂的内外环境时，处在全球化与"一带一路"的特殊背景下，传播效果的提升对我国总体国家安全（它包括了政治、军事、国土、经济、文化、科技、网络、生态、资源、核、海外利益、太空、深海、极地、生物等方面）、国际形象构建、危机管理与文化输出等各个

---

① 参见薛晖《网络媒体信息传播中的负面效果及其治理研究》，《科技传播》2015年第7期，第107—108页；齐志《新媒体环境下信息传播效果评价》，《新闻研究导刊》2019年第22期第10卷，第72—73页。

方面的工作都具有现实层面的价值与意义。基于此，接下来的内容将从心理学的视角来谈谈具体的传播媒介如何通过心理学的理论来提升自身的传播效果。

第二节 助推图书、报纸、杂志媒介传播 效果提升的心理与行为策略

传播媒介是传播信息的工具和载体。在整个传播过程中，传播媒介是信息由传播者到接收者之间的介质。其中，大众传播的媒介是大众传播所使用的、面向大众传播信息符号的物质载体，它具体指报纸、杂志、图书，广播、电影、电视，互联网和手机等。大众传播是媒介组织运用传播技术向社会大众进行信息生产与传播的活动，可进一步分为印刷媒介与电子媒介[①]。根据已有的媒介分类，图书、报纸、杂志等纸质媒介都属于大众传播中的印刷媒介[②]。其中，图书的内容比较多，结构比较严谨，对收藏和阅读都比较方便，它可以说是从古到今经久不衰，承载着人们智慧的结晶；杂志又可以细分为两大类，一类是以趣味性为主，内容比较简单，以迎合大众的娱乐性需求为主，另一类是以专业性为主的杂志，此类杂志主要介绍该专业的一些前沿问题与研究现状，因为专业性杂志比专业性书籍的出版效率更高、呈现内容更新，所以具有便携性的杂志通常会受到读者的喜爱，其读者群体相对稳定，编排过程比较灵活，外在形式也比较新颖；相较之下，报纸的内容就比较简单，它主要是讲事实、摆道理，通过将事情讲述得详细、细致来传递重要的信息，同时报纸的种类也很多，能满足不同读者的阅读需求，制作成本也普遍较低，制作过程也相对简单，正是因为报纸具有的这些特性才保证了报纸出版的速度与质量[③]。

---

① 王屏、袁梅、欧阳雪莲、郭晓敏：《森林公园旅游解说媒介分类与评价研究——基于中西方游憩者比较分析》，《林业经济》2016 年第 5 期第 38 卷，第 84—90 页。

② 应佳丽：《媒介融合环境下〈人民日报〉及其新媒体平台的新闻报道研究》，硕士学位论文，兰州大学，2015 年。

③ 苗红、王晓宇、黄鲁成、宋昱晓：《基于专利的知识媒介跨领域特征测度与演化分析》，《情报杂志》2015 年第 9 期第 34 卷，第 47—53 页。

　　首先，需要明确的一点是，每一种传播媒介都有各自的优缺点，这些优缺点在一定程度上是由传播工具（或科技）的发明与使用所造成的。19世纪时，印刷媒介是主宰传统文明中最具有影响力的工具，直到1920年电子媒介的广播与1936年的电视相继问世，这才使得印刷媒介一度黯然失色，失去了过去的垄断局面，也造就了两种存在异同点的不同媒介。正如麦克卢汉（Herbert Marshall McLuhan）的观点，与电子媒介相比，印刷媒介更看重"线状形式"，它只凭视觉感官去接收，而电子媒介与印刷媒介最大的差异就在于前者冲击着人们的中枢神经系统。因此，当比较两种媒介时，人们会发现印刷媒介在传播速度方面对传递消息的适时性（timelyness）和机动性不如电子媒介，并且在电子媒介（不包括互联网）中通常以广播的传播速度最快，其次才是电视，而印刷媒介中以报纸和杂志的速度最快，书籍的速度虽然不如前者，但是它的内容深度也相对较深，所以适时性较佳的媒介（如报纸和杂志等）会更适宜于报道新闻，而适时性较差的媒介（如图书等）则以着重研究和思想传播等内容为目的；在传播深度方面，除专门的影片之外，电子媒介的深度通常是最低的。在电子媒介中，广播的深度也不够，电视的深入报道也较少，所以占有空间的印刷媒介相对完全讲求时间的广播媒介、与时空兼备的电影和电视媒介而言，具有完全空间的媒介（如图书等印刷媒介）似乎在传播较高深而难以理解的观念、较琐细的情报、较严谨的材料时，所占的优势较大，其中在印刷媒介中以书籍最具有深度，其次才是杂志，而报纸因为需要讲求速度与时效，所以在深度上自然低于书籍与杂志；在传播广度方面，由于广播是以听觉为主的媒介，重在听的感染力上，讲求时间与速度，所以它对资料的处理不如视觉的效果好，仅适用于传播较为简单的音讯，其广度比较狭窄，而时空兼具的电视媒介，因为兼有时间媒介的优缺点，所以它虽然不能由接收者自行控制速率，但是它可以靠着生动的形象来强化听觉，也可以借助声响的辅助来弥补形象的不足，从而表现出优于广播的广度与深度，只是相比于传统的电子媒介而言，最具广度的当属印刷媒介的书籍与杂志，其次才是报纸；在传播的普遍性方面，各种媒介都可以适应不同层次的接收者，通常是电子媒介占据的时间较多，相对于很少花费数小时去阅读一份报纸或书籍的人们来说，他们往往要花费几十分钟甚至数个小时来观看一场电影或电视节目或收听广播，由于印刷媒介的文字常常令人感到枯燥、乏味并且需要思考，所以它们的普遍性自然低于电子媒介，且印刷媒介中普遍性最高的是报纸；在传播的恒久性方面，印刷媒介通常比电子媒介更具有恒久性，尤其是印刷媒介中的书籍，其次才是杂志与报纸，电影则是电子媒介中最具有恒久性的媒介；在传播的地方性方面，报纸最具地方性，不过除了报纸以外，杂志与书籍则表现出全国性，在电子媒介中，广播与电视相比则较具地方性，而电视则同时具有地方性与全国性；在传播的开放性方面，电子媒介中除电影具有半开放性，能供给新的观念、新的思想以外，广播与电视跟印刷媒介相比则表现出闭锁性，在印刷媒介中报纸也是具有开放性的媒介，但是它还比不上书籍与杂志，因为它们一直被认为是人们获得知识的主要传播来源；在传播的感官参与性方面，由于印刷媒介重在视觉的运用，就感觉上来说，它的参与度通常最低，尤其是那些极具专业性的书籍被认定为最乏味的传播媒介，而报纸与杂志纵然有生动的图片衬托，但是相对于能牵动内在感受且视听兼具的电视而言则相差太远，同样地，即使是仅有听觉的广播媒介也能给信息的接收者提供一种真实感与临场感，特别是广播媒介还具备"随发随至"的特性，所以相比于电子媒介来说，印刷媒介的感官参与性则低很多；在传播的可靠性方面，尽管所有的媒介都具有一定的威望和可靠性，但是传统上的印刷媒介被认为比电子媒介的威望与可靠性更高，这是因为印刷媒介是以文字为主要构成的传播内容，需要有一定的受教育基础才能完成阅读与创作，例如阅读门槛已经相对较低的报纸却仍需要受过基础教育的人才能阅读与吸收，而一般专业的学术性书籍与专业的杂志则需要受过高等教育的人才能阅读与吸收，所以印刷媒介有更高的创作门槛与审核机制，它从信息的发出、传递到接收的过程中都体现了较高的学术素养与教育水平。基于此，人们会更倾向于相信由印刷媒介所传递的内容。与之相反的是，广播与电视媒介的涵盖性较广，普及率也较高，但是它们的可靠性却不如印刷媒介，这是因为电子媒介的信息为了能够被未受过教育的人所传播与接受，它们会主动降低接收与创作的门槛，以实现人人参与的目的。

综上，通过对比印刷媒介与电子媒介的差异可以发现印刷媒介所依赖的生产技术使得它的时效性不如电子媒介，而空间性则高于电子媒介，例如印刷媒介可以让信息的接收者自由地选定时间与空间去阅读与吸收，还允许他们自己控制接收信息的速度，比如人们可以选择一天花一个小时来阅读一本书的一个章节，也可以选择在一天的时间内阅读完一整本书的全部章节。但电子媒介的主动权则掌握在传播者的手中，比如《新闻联播》的播出时间为每天晚上的七点，在中央电视台播出半个小时，在此期间不论是传播的内容和速度，还是信息接收的快慢、时间，以及是否需要重复……总之，接收者所能接收的一切信息都受到了传播者的客观限制，而不能随自己的意愿去任意地控制自己接收某个信息的时间与速度。其中，在印刷媒介中，三种传播媒介都是以图画或文字为主的传播载体，相比于杂志与报纸而言，书籍的容量大，具有权威性、表现形式规范，以及便于人们阅读和保存等特点；而报纸的制作过程简单、制作成本最低，同时，它对事件的报道更为周密、深入、详尽、细致，还兼具了种类繁多、发行量大、价格低廉、能保证信息在大多数的可达范围内等特点；最后，杂志则可以区分为以一般社会大众为读者并介绍社会趣闻与生活常识等内容的趣味性杂志和以特定专业人员为读者并介绍专业内的研究前沿与最新问题的专业杂志，其中，杂志的优点在于读者群体比较稳定、内容安排比较灵活、排版的伸缩性较大，以及携带方便。不同于印刷媒介的特征，在电子媒介中，由于广播的收听不受环境的限制，同时它的收听对象非常广泛、节目制作成本低，所以它是覆盖面最广的电子类大众传播媒介；与之相比，集图像、音响、色彩与动作于一体的电视，能够调动人的视觉、听觉，表现形式多样，节目内容纷杂、繁多，服务对象的范围较广，老少皆宜，并且容易吸引人们注意与激发人们兴趣，所以它是最主流的电子类大众传播媒介，此外，电视的时效性也很强；最后，也是最近发展最为迅速的电子类大众传播媒介，即以互联网为基础的网络传播，网络传播的信息量十分巨大，人们可以在网络上选择与寻找自己需要的东西，同时网络的表现形式也越来越多样化，它伴随移动网络与手机网络等科技的发展而迅猛发展，其时效性相比于传统的电子媒介而言，是有过之而无不及。除此以外，由于网络传播在交换信息、交流想法、传播讯息的过程中能够做到随时随地地跨越时空界限，并且基于强大的算法而拥有了精准的个性化服务，所以它正逐渐变成一个必不可少的交流工具①。由此可见，信息的表现形式也是影响信息传播的重要因素之一，如文字、图片、音频、视频等。其中，文字信息的形式较为规范，而图片、音频和视频等信息则更为直观、形象。

基于此，正是因为印刷媒介的表现形式是以文字与图画为主，且印刷媒介的三种载体在传播的主客体及传播内容上不同于电子媒介，同时三种载体之间也各有差异，所以本书认为分别探讨采用哪些心理与行为策略来提升印刷媒介、传统电子媒介与新型电子媒介的传播效果是十分必要的。在此基础上，接下来的内容将针对以文字和图画为主要表现形式的印刷媒体展开讨论。

首先，需要区分的一点是，以文字和图像为主要表现形式的印刷媒介与更复杂的传统电子媒介都是以传播者为主导。其中，传播者或传播组织能够决定传播的内容与传播的主要方式，所以想要提升文字或图像的传播效果，就要从传播者如何制定高效且极具吸引力的传播内容出发。

一　提升文字信息传播效果的心理与行为机制

文字作为一种传播工具，在现代社会中起着重要的作用。它被广泛应用于新闻媒体、广告宣传、教育教学等领域，影响着人们的思想、情感和行为。因此，提高文字信息的传播效果对于有效地传递信息、引起读者的注意和兴趣至关重要。在心理学的研究中，对于文字信息传播的研究主要集中在三个方面，它包括了文字阅读的过程、文字的平面设计与文字传播的内容。

从文字阅读的角度出发，理解文字的加工过程对于提高文字传播中信息的传播效果至关重要。一般认为，文字的加工过程可以分为三个水平：特征层级（feature level）、字母（汉字）层级（character level）和词汇层级（word lever）。从特征层级到自我层级的加工过程是一种"自下而上"的加工（bottom-up processing）过程，这种加工过程也可以被称为

① 何龙：《媒介分类及其经营管理模式的异同性分析》，《新经济》2013年第14期第403卷，第51—53页。

"数据驱动的加工"（data-driven processing）[1]，指的是感知者从环境中的细小感觉信息开始，通过各种方式的组合，形成知觉。具体来说，特征层级的信息经过一定的编码后，进入字母层级的识别过程，然后两者的综合信息进一步进入词汇层级的识别。特征层级的加工主要涉及感知字的特征，如笔画、部件和位置等。在识别汉字的时候，人们会将输入的字符刺激与记忆中存储的过去经验特征进行匹配。通过对少数的几何子的识别，人们能够快速而准确地认出汉字，而无须识别其他局部细节。这种特征层级的加工为后续的字母层级和词汇层级的识别提供了基础。字母层级的加工涉及对字母或汉字的识别和处理。视觉文字通过视网膜和外侧膝状体传入大脑枕部的初级视觉皮层，将完整的文字信息分解为不同的视觉特征。随后，大脑腹侧枕颞皮层将大量的视觉特征重新匹配、整合，根据人们学习文字获得的正字法经验，将输入的字符刺激区分为文字和非文字。最后，文字信息会进入更加高级的脑区，以识别视觉文字的语义和语音信息。这种字母层级的加工是在特征层级的基础上，通过视觉信息的处理和识别，进一步加工文字信息的过程。词汇层级的加工是在字母层级的基础上进行的，涉及对词汇的识别和理解。词汇的识别始于对字的加工，而对字的加工又源自对字的特征的感知。在词汇层级的加工中，人们将识别出的字组合成一个完整的词汇，并将其与他们在记忆中存储的相关知识联系起来，理解其含义。在这个过程中，"概念驱动的加工"（conceptually driven processing）发挥了重要作用。概念驱动的加工是指个体的经验、期望、动机等因素引导其在知觉过程中对信息进行选择、整合和表征的建构。通过概念驱动的加工，人们能够根据已有的概念和上下文信息，快速理解词汇的含义，而无须逐个字母地进行识别和加工。在这里，词优效应的存在反驳了自上而下的加工理论，相反，支持了自上而下的加工过程（top-down processing），即概念驱动的加工。例如在阅读一本小说时遇到了一个生词，比如"ephemeral"（短暂的），人们可能会按照几个常见的步骤，对其进行加工和理解。首先，他们会将这个单词的字母（比如"e""p""h""e"等）进行识别处理。

① Lindsay, P. H., & Norman, D. A., *Human information processing: An introduction to psychology*, Academic press, 2013.

紧接着会根据这些字母的组合和排列，将它们识别为一个完整的词汇。最后再将这个词汇与他们在记忆中存储的相关知识联系起来，理解其含义为"短暂的"。因此，文字识别的研究证明文字的加工过程并不是单向的，它也存在自上而下的加工过程。其中，自上而下的加工是指个体基于感觉数据、记忆经验和逻辑推理等高级认知加工，迅速形成对对象整体的推测。在阅读过程中，人们可能会使用自上而下的加工过程来快速理解文本。比如，在个体遇到类似的词汇时，比如"transient"（短暂的），他们可以根据已有的概念和上下文信息，快速理解其含义，而无须逐个字母地进行识别和加工。

　　研究表明，文字识别的过程既涉及人脑对自下而上的视觉输入信息进行编码，也需要自上而下的预期的参与[1]。具体而言，高效提取信息所需的快速识别文字的特性包括了自动化非策略预期和策略预期两种类型[2]。自动化非策略预期是指基于个体对文字的正字法经验形成的非意识的预期，而策略预期是指基于任务和语境的有意识的预期[3]。这些预期对于快速识别文字并理解其含义至关重要。在这个过程中，文字识别的过程可以分为多个阶段。首先，视觉文字通过视网膜和外侧膝状体传入大脑枕部的初级视觉皮层，这些完整的文字信息被分解为不同的视觉特征[4]。然后，大脑腹侧枕颞皮层将这些视觉特征重新匹配、整合，根据个体学习文字获得的正字法经验，将输入的字符刺激区分为文字和非文字。最后，文字信息进入更高级的布洛卡和威尔尼克区，以识别视觉文字的

① Price, C. J., & Devlin, J. T., "The interactive account of ventral occipitotemporal contributions to reading," *Trends in cognitive sciences*, Vol. 15, No. 6, 2011, pp. 246 – 253; Dehaene, S., & Cohen, L., "The unique role of the visual word form area in reading," *Trends in cognitive sciences*, Vol. 15, No. 6, 2011, pp. 254 – 262; Nieuwland, M. S., "Do 'early' brain responses reveal word form prediction during language comprehension? A critical review," *Neuroscience & Biobehavioral Reviews*, Vol. 96, 2019, pp. 367 – 400.

② Price, C. J., & Devlin, J. T., "The interactive account of ventral occipitotemporal contributions to reading," *Trends in cognitive sciences*, Vol. 15, No. 6, 2011, pp. 246 – 253.

③ Price, C. J., & Devlin, J. T., "The interactive account of ventral occipitotemporal contributions to reading," *Trends in cognitive sciences*, Vol. 15, No. 6, 2011, pp. 246 – 253.

④ Dehaene, S., Cohen, L., Sigman, M., & Vinckier, F., "The neural code for written words: a proposal," *Trends in cognitive sciences*, Vol. 9, No. 7, 2005, pp. 335 – 341.

语义和语音信息①。针对这一识别过程，传播者可以从多个方面来优化文字信息的传播效果。首先，人们需要重视信息接收者在阅读和识别文字时的生理特性。不同的受众在教育水平、认知能力、用语习惯、个体经验、期望和动机等方面存在差异。因此，传播者应根据受众的特点来指导文字的使用和表达方式。例如，在写一篇关于健康饮食的文章时，如果目标受众是具有相关知识和经验的读者，可以使用相关术语和专业词汇，以便读者能够通过自上而下的概念驱动加工迅速理解文章的内容。其次，语境和预期对文字信息的识别和理解也起着重要的作用。在阅读过程中，人们根据自己的经验和预期，将所读文字与已有的知识和情感联系起来，从而更好地理解文字的含义。例如，当读者在一篇文章中遇到词语"抗氧化剂"，如果他们具有相关知识，他们可以通过自上而下的概念驱动加工，迅速将该词与健康饮食联系起来，并理解其在文章中的作用。因此，在文字传播中，传播者可以利用语境、引发读者的预期以及提供相关的背景信息，以增强文字信息的传播效果。

综上所述，从文字阅读的角度出发，因为人们识别文字的能力既需要人脑对自下而上的视觉输入信息进行编码②，也需要自上而下的预期的参与③，所以数据驱动的加工与概念驱动加工在文字信息传播中起着重要作用。通过理解人们在阅读和识别文字时的心理与行为策略，可以帮助传播者更好地选择和使用文字，以提高传播效果并与目标受众建立有效的沟通，这对于提高文字信息的传播效果至关重要。此外，通过重视信息接收者的认知特点和加工过程，传播者可以选择合适的文字表达方式，

---

① Blank S. C. , Scott, S. K. , Murphy, K. , Warburton, E. , & Wise, R. J. , "Speech production: Wernicke, broca and beyond," *Brain*, Vol. 125, No. 8, 2002, pp. 1829 – 1838.

② Dehaene, S. , Cohen, L. , Sigman, M. , & Vinckier, F. , "The neural code for written words: a proposal," *Trends in cognitive sciences*, Vol. 9, No. 7, 2005, pp. 335 – 341; Dehaene, S. , & Cohen, L. , "The unique role of the visual word form area in reading," *Trends in cognitive sciences*, Vol. 15, No. 6, 2011, pp. 254 – 262.

③ Hsu Y. - F. , Hämäläinen, J. A. , & Waszak, F. , "Both attention and prediction are necessary for adaptive neuronal tuning in sensory processing," *Frontiers in human neuroscience*, Vol. 8, 2014, p. 152; Gordon N. , Koenig-Robert, R. , Tsuchiya, N. , Van Boxtel, J. J. , & Hohwy, J. , "Neural markers of predictive coding under perceptual uncertainty revealed with hierarchical frequency tagging," *elife*, Vol. 6, 2017, p. e22749.

并结合具体的例子、语境和预期，以增强文字信息的传播效果。这些心理学策略为传播者更好地理解和运用文字，与目标受众建立有效的沟通提供了指导。

从平面设计的视角来看，文字的平面设计在信息传播中起着重要的作用。先前的研究已经表明，从阅读者的注视行为和阅读效率的角度来看，中文和英文材料的平面设计对阅读过程产生了不同的影响。同时，文字的颜色和字体的选择也对阅读成绩和信息处理起着关键的作用。最后，背景色彩的选择与颜色搭配也对信息传播起着重要的作用。以文字的平面设计为切入点，从心理学的视角来看，首先，注视行为和阅读效率是研究中的重要指标。已有研究发现，当中文阅读者阅读小字号的中文和英文材料时，注视次数的增加会导致关注的每行字数增加。具体来说，在阅读英文材料时，小号字体的注视时间相对于大号字体较短；而在阅读中文材料时，大号字体的注视时间相对于小号字体较短。此外，中文材料的阅读效率优于英文材料，即中文读者能够更快地扫视每行的字数，从而提高阅读效率。为了更好地理解这些结果，这里有一个例子可以用来说明。假设有两份材料，一份是英文报纸的小字号新闻文章，而另一份是中文书籍的小字号段落。研究发现，当阅读英文新闻文章时，使用较大字号的文字能够让读者更快地获取信息，因为他们的注视时间比较短。然而，在阅读中文书籍时，较小字号的文字可以提高阅读效率，因为读者能够更快地扫视每行的字数。除了注视行为和阅读效率以外，文字的颜色和字体选择也对信息传播效果产生影响。现有的研究表明，不论是中文还是英文材料，红色的字体在阅读成绩方面表现最好，而黄色的字体则表现最差。以英文材料为例，假设一篇文章以红色字体进行展示，根据研究的结果可知，读者在阅读并理解文章时可能会更加准确和高效。相比之下，使用黄色字体可能会导致阅读者在处理信息时出现困难，因为颜色对于信息的辨识程度较低。此外，字体的选择也需要传播者谨慎考虑。研究指出，在设计中最好不要超过三种字体，过多的字体选择可能会导致视觉上的混乱。在字体的选择上，最好选择常见的字体，以避免计算机无法识别等意外情况。例如，在设计一份海报时，使用三种字体进行标题、副标题和正文的排版会使整个设计看起来有序且易于阅读。除了字体选择，文字的尺寸和行间距也是平面设计中需要关注的要素。通常每个版面的字符行数最好控制在12行左右，每行字数不超过20个字。适当的字间距和行间距有助于阅读，使读者更容易接受信息，同时避免视觉疲劳的产生。以杂志设计为例，控制每个版面的字符行数在12行左右，并设置适当的字间距和行间距，可以使读者在浏览杂志时感到舒适，并且更容易阅读和理解内容。最后，背景色彩的选择也对文字信息的传播起着十分重要的作用。研究表明，白底黑字的对比过于强烈，容易造成读者的不适感。为了减缓对比度，传播者可以选择稍亮一些的深蓝色作为背景色。其中，不同颜色对个体的心理暗示作用不同，合理选择适当的颜色可以改善视觉效果，并影响和改善个体的情绪，减少疲劳，有利于大脑的信息加工。举个例子，在教学过程中展示教学内容时，适宜选择白色背景。白色背景相对明亮，有助于提供清晰的视觉感受。相反，黑色背景的记忆效果较差，蓝色背景则有助于提高教学效果。然而，需要注意的是，黑白色彩组合由于对比度强，容易吸引读者的注意力，但也容易造成疲劳感。此外，颜色的搭配也对信息的传播产生重要的影响。根据研究，红色的文字材料在识记效果方面表现良好，而绿色的文字材料相对于视觉而言更容易被接受和加工①。因此，在设计文字信息时，可以考虑使用红色的字体来强调关键信息，以提高读者的注意力和识记效果。因此，包括颜色、字体选择、尺寸和间距在内的各种要素都是平面设计中需要传播者考量的变量。

在文字传播中，传播者需要根据接收者的认知能力和偏好，结合传播目的，合理选择字体，控制文字尺寸和间距，选择合适的颜色搭配与背景色彩能够改善阅读体验，提高阅读效率，并更好地传达信息的目的。综上，从心理学的角度来看，文字的平面设计在促进文字信息的传播效果中发挥着重要作用。其中，注视行为、阅读效率、文字颜色、背景颜色、色彩搭配与字体选择都对信息的传播效果产生了影响。通过合理安排文字的排版方式，改善平面设计的各个方面，可以增强读者的阅读体验与提高读者的阅读效率，以确保信息的准确传达。因此，通过综合运用心理学的心理与行为策略，并遵循文字的平面设计原则，传播者可以

---

① 马小娟：《大学生浏览图书整体设计的眼动研究》，硕士学位论文，新疆师范大学，2012年。

更好地促进文字信息的传播效果。

　　从文字的传播内容来看，因为印刷媒介的信息接收者在社会中具有不同的社会经济地位、不同的年龄与文化层次，所以他们关注与关心的问题也不尽相同，所以想要从传播内容的视角来提升信息的传播效果，就必须保证传播者能掌握接收者的心理特征，例如在信息量与日俱增的今天，许多接收者对信息都有求新、求简与求乐的心理需求。其中，求新是指信息内容要涵盖新的理论、新的思潮或新的学科与成果，只有传递的信息有价值、有创新、有实际的操作性或指导意义，它才能吸引接收者的目光，从而达到更好的传播效果；求简是指接收者希望传播内容简单、易懂，版面设计明快大方，布局合理美观，语言表达直截了当、穿插要有序流畅。为了使接收者更容易理解和获取所需信息，印刷媒介中的文字表达应尽可能简洁扼要，贴近人们的生活。尤其要避免信息的冗长和烦琐，以免造成接收者精神耗竭和视觉疲劳。举个例子，想象一下一则广告海报。为了满足求简的需求，设计者将图文结合，使用简洁明快的语言和吸引人的图片，以简单明了的方式传达产品的特点和优势。版面布局合理美观，各元素有序流畅地呈现，使接收者在一瞥之间就能获得所需信息，而不需要费力去阅读冗长的文字；而求乐则指人们希望在工作和社交之余通过健康、轻松、简单的方式来放松和解除心理上的疲劳。因此，传播的内容信息应集科学性、实用性和趣味性于一体。它应当能够启发思维、陶冶情操、寓教于乐。只有符合接收者的实际需求，传播媒介才能保证信息的传播效果得以实现。举个例子，假设有人在一个社交媒体平台上分享了一篇关于健康饮食的文章。为了满足求乐的需求，文章不仅提供科学的营养知识和实用的健康饮食建议，还以轻松幽默的方式呈现，通过趣味的插图和生动的故事来吸引读者的注意。这样的文章能够在传递知识的同时，给读者带来愉悦的阅读体验，并激发他们对健康饮食的兴趣和探索欲望。

　　此外，在传播者和接收者之间，传播者的主观态度和客观态度也会对信息的传播结果产生影响。传播者的态度会在传播过程中，通过传播者的言语、语气和行为等方式传递给接收者，进而影响他们对信息的接受和理解。举个例子，如果一个新闻记者在报道中带有明显的偏见和主观判断，这种主观态度可能会引起接收者的质疑和怀疑，导致信息传播效果的降低。相反，如果传播者能够保持客观、中立的态度，以事实为基础进行准确的报道，接收者则更容易接受和信任所传达的信息。这也表明，接收者有平等的心理需求，他们会希望传播者设身处地地为自己着想，会希望自己在接收信息时产生被尊重的感觉，所以想要提升印刷媒介的传播效果。作为传播活动的主导者，传播者就不能忽视接收者的主观感受，必须紧紧围绕接收者的心理特征来制定传播的具体细节。

综上，在信息传播的过程中，文字信息的传播效果提升需要考虑文字本身的特性，以及接收者在接收文字信息时的主观偏好与身心局限，同时追求新颖性、简洁性和乐趣性对于有效传达信息至关重要。通过合理设计版面、简洁明了的语言表达以及提供有趣实用的内容，传播者能够满足接收者的需求，提高信息传播的效果。此外，传播者的主观态度和客观态度也对信息传播结果产生影响，因此在传播过程中应保持客观中立的立场。

二　提升图画信息传播效果的心理与行为机制

静态的图画与动态的音像不同，而抽象的文字也不同于具象的图画。已有研究证明，在提取、加工信息时，广告的文案与图案的提取过程不同，其中，广告的文案信息可以被直接提取，而商品图案却需要完成从图形到语义的转换，这是因为图形存储的方式很有可能在记忆中与图形名称是分开表征的[①]。因此，想要提升图画的传播效果，就必须要了解图画传播的心理原理。

与文字相比，图像主要通过视觉形象来表达、传递大量的信息，在视觉上的表现形式更加直观，能够产生强烈的视觉冲击，更适合视觉传达。基于以上特征的图像信息能够在信息传播的过程中表达出更加强烈的情绪信息，且情绪促进假说认为积极情绪能够通过扩大注意范围[②]、改

---

① 丁锦红、王军、张钦：《平面广告中图形与文本加工差异的眼动研究》，《心理学探新》2004 年第 4 期，第 30—34 页。

② Fredrickson, B. L., & Branigan, C., "Positive emotions broaden the scope of attention and thought-action repertoires," *Cognition & emotion*, Vol. 19, No. 3, 2005, pp. 313 –332.

善创造性问题的解决能力①来促进认知加工②，以及促进情绪效价信息的记忆编码和检索等重要的认知过程③。此外，积极情绪还被发现会促进个体的内在动机和外在动机④。由此可见，情绪对信息传播有很大的影响已经得到许多研究的支持，例如赵立华⑤认为情绪是人类行为的重要因素，它能够影响人们对信息的接受（即人们在情绪低落或愤怒的时候，可能会更容易接受传播中的负面信息，而在情绪高涨的时候，则可能更容易接受积极信息）、理解（即当人们处于情绪高涨的状态时，他们可能会更加倾向于看到信息中的积极层面，而忽略其中的消极层面，反之，当人们处于情绪低落或愤怒的状态时，他们可能会更加倾向于看到信息中的消极层面）和传播（即当情绪高涨的时候，人们可能会更愿意分享积极的信息，而在他们情绪低落或愤怒的状态下，则可能更愿意分享负面的信息）。

在信息传播的过程中，因为情绪会对信息的传递速度、传递路径与传递内容等方面产生影响，所以图片或绘画信息所蕴含的情绪内容可能会干扰其他信息的传播效果，尤其是传播者想要在群体处于消极状态时传播积极信息则需要更为谨慎，因为与接收者本身的情绪反应产生了认知冲突的信息或许会被他们抵触或排斥。一般而言，当设计者考虑图形信息对受众的影响时，从心理学的角度来看，除非刺激完全没有引起受众产生任何情绪的效果，否则通常会产生两个方面的效果，即正面情绪和反面情绪。当图形信息引起受众的情绪是正面的时候，它有助于传达信息并与设计者预期的效果一致；然而，当受众被

---

① Isen A. M., Daubman, K. A., & Nowicki, G. P., "Positive affect facilitates creative problem solving," Journal of personality and social psychology, Vol. 52, No. 6, 1987, p. 1122.

② Fredrickson, B. L., & Branigan, C., "Positive emotions broaden the scope of attention and thought-action repertoires," *Cognition & emotion*, Vol. 19, No. 3, 2005, pp. 313 – 332.

③ Nasby, W., & Yando, R., "Selective encoding and retrieval of affectively valent information: Two cognitive consequences of children's mood states," *Journal of personality and social psychology*, Vol. 43, No. 6, 1982, p. 1244.

④ Isen, A. M., & Reeve, J., "The influence of positive affect on intrinsic and extrinsic motivation: Facilitating enjoyment of play, responsible work behavior, and self-control," *Motivation and emotion*, Vol. 29, 2005, pp. 295 – 323.

⑤ 赵文华：《情绪对信息传播的影响及其应对策略》，《现代传媒》2018 年第 1 期，第 88—89 页。

诱发的情绪是负面的时候，传达效果就会与设计者的预期相反。因此，设计者在传达信息时应该特别注意受众所反馈的情绪是正面的还是负面的。举个例子来说，假设公司正在设计一个广告海报，公司的目标是激发受众购买一款新的健康饮品。如果设计者选择使用一张愉悦的照片，展示一位年轻活力的人正在享受这种饮品，这样的图形信息很可能会引起受众的积极情绪，如喜悦、渴望和满足感。这种正面情绪将有助于潜移默化地传达产品的价值和愉快的体验，与设计者的预期相符。然而，如果设计者采用了一张令人不快的照片，展示了一位不健康的人或者与饮品无关的负面情景，那么受众可能会感到恶心、沮丧或不安，这些负面情绪将会破坏设计师传达的信息。此外，如果使用过于刺眼或复杂的图形元素，超出了受众的心理承受能力底线，也会引发负面情绪和效果①。例如，一个过度使用强烈对比色彩和闪烁效果的广告，可能导致受众感到不适，而不愿意继续关注广告内容。因此，心理学研究者需要认识到图形信息对情绪的影响，并了解不同情绪对信息传达的潜在影响。这样，人们就可以更加精确地选择和设计图形元素，以确保与受众产生的情绪一致，从而提高信息传达的有效性。综上，不难发现图片的情绪信息传播要优于文字，但是图片传播的情绪内容有可能会起到双面效应，它既可以提升信息传播的效果，也可以抑制信息传播的效果。正因如此，在提升图片信息的传播效果时，正向引导与宣传时机就变得尤为重要。

总的来说，在印刷媒介的传播活动中，信息传播的感觉通道还较为单一，其信息的传播效果主要受视觉认知及信息内核（包括情绪信息、价值观、传播动机等因素）的影响，所以从心理学的视角来看，想要提升印刷媒介的传播效果就必须要落脚在信息呈现的方式是否符合人的视觉认知特点，以及传播的具体内容是否符合目标人群的各项特征，同时，是否存在其他心理因素（如负面情绪）阻碍了信息传播的效果等方面。

---

① 孔茜茜：《平面设计中图形信息的有效传达研究》，硕士学位论文，河北师范大学，2013 年。

第三节　助推广播、电视、电影媒介传播
效果提升的心理与行为策略

由于前文已经充分阐释了有关电子媒介的内涵，所以此处将不再赘述，但是需要回顾的是，电子媒介可以进一步细分为传统电子媒介与新兴电子媒介。其中，以互联网为基础的新兴媒介具有十分复杂的特征，所以有关互联网的新媒介内容会在之后进行讨论。因此，下面论述的内容仍是围绕传统电子媒介（包括广播、电视、电影等）展开。

如上所述，在传统电子媒介中，广播主要以听觉为基础，电视、电影则以视听结合、动静结合的表现形式为基础。此外，广播的时效性与电视的时效性都比较高，而电影的时效性则相对较差，但恒久性较好。基于此，接下来的内容将针对音频与音像等信息表征方式进行阐述。

一　与提升音频信息传播效果有关的心理与行为机制

从以音频为主的广播媒介来看，想要提升广播的传播效果，需要结合心理的多个方面来考虑：在认知加工的理论中，音频信息与文字、图画信息一样，需要被听众接收、理解与记忆，所以以音频为主的电子媒介在信息的传播中也需要关注接收者是如何感知、注意、理解和记忆信息的。此外，广播不仅是传递客观事实的工具，它还可以包含一定的情感因素，所以听众在接收信息时也会受到情感的影响，例如广播里的音乐、语调、情感色彩等因素都会影响接收者的情绪与态度。同时，广播传递的信息还会影响接收者的认同，他们可能会根据传递的信息来塑造自己的社会认同和身份认同，甚至是对他人的认同和态度。总之，广播的传播效果涉及认知加工、情感因素、社会认同与行为决策等多个方面。同时，这些因素相互作用，会影响接收者对信息的接受、理解与行为表现。在音频信息的传播过程中，需要特别注意的一种心理现象叫"联觉"（synesthesia），联觉是指一种感觉能够引起其他各种不同感觉（如视觉、动觉等反应）的现象，它不完全等同于"通感"，因为联觉是一种无意识的心理活动，而通感则是一种受到意识支配才产生的感觉，其具体的表现为"联觉是一种人皆有之的心理能力，带有一种无意识的特点，是建

立在生理机制与心理机制直接对应的基础之上；但是通感则被认为是一种有意识的心理活动，它需要通过表象的组合与转化才能创造出新的意象"。在心理学的研究中，研究者关注"普遍性联觉"这种跨越不同感官模式的知觉现象。这方面的研究主要聚焦于视觉和听觉通道之间感觉体验的相互作用，或者涉及从视觉、听觉感官体验到有语义参与的知觉过程中的联觉心理机制等方面。其中，一项经典的研究由 Osgood 进行，他通过实验检验了音高与色彩以及视觉距离之间的联觉关系，以及音强与词义中的"大"和"小"之间的联觉对应。他发现在认知加工过程中，联觉和隐喻具有一种"平行极性"的特征[1]。举个例子，高音与浅色、远距离相关联，低音与深色、近距离相关联，这种联觉关系似乎具有一定普遍性。在 20 世纪后半叶，涌现出了许多类似的研究。比如，有研究发现音高与颜色亮度之间存在着联觉对应，其中声音的频率越高，对应的颜色亮度越浅[2]。此外，也有研究指出，即使是尚未学会语言的婴儿也具备"音响强度与亮度"的联觉对应能力[3]。这类研究表明，一些联觉体验可能是人们天生具备的，而另一些联觉对应则是后天习得的。例如音高和物体大小的联觉对应可能需要等到 11 岁的儿童才能具备[4]。此外，Day的研究表明声音是引发第二层联觉的主要感觉路径，也是造成隐喻数量最多的感觉来源之一[5]。这意味着人们通常通过声音来产生联觉体验，并且声音所引发的联觉对应中蕴含了丰富的隐喻。也就是说，当接收者处理音频信息时，获取的听觉信息极有可能会引起个体的其他感觉，例如视觉或嗅觉。在此基础上，如果结合行为主义的刺激—反应理论与强化

---

① Osgood, C. E., "The cognitive dynamics of synesthesia and metaphor," *Review of Research in Visual Arts Education*, 1981, pp. 56 – 80.

② Marks, L. E., *The Unity of the Senses. Interrelations among the Modalities*, New York, San Francisco, London: Academic Press, 1978.

③ Lewkowicz, D. J., & Turkewitz, G., "Cross-modal equivalence in early infancy: Auditory-visual intensity matching," *Developmental psychology*, Vol. 16, No 6, 1980, p. 597.

④ Marks L. E., Hammeal, R. J., Bornstein, M. H., & Smith, L. B., "Perceiving similarity and comprehending metaphor," *Monographs of the Society for Research in Child Development*, 1987, pp. i – 100.

⑤ Day S., "Synaesthesia and synaesthetic metaphors," *Psyche*, Vol. 2, No. 32, 1996, pp. 1 – 16.

理论来看，想要提升音频信息的传播效果，可以从传播内容入手，比如让听众在听一首激昂或悲伤音乐时用悲伤或沉重的语气讲述革命先烈的英勇事迹，向听众传播不畏艰难、勇于奋斗的思想，此时的听众或许会被传播者的情绪所感染，从而产生一种或斗志昂扬或怅然若失的情绪反应，在这个过程中，如果音乐与情绪配对，那么音乐就是刺激、情绪就是反应，而听众在传播者讲述革命先烈的故事时好像能看见鲜活、生动的画面，这个画面就是视听联觉，当传播者在每一次讲述后都会真诚地鼓舞听众时，那么来自传播者的鼓舞就是一种精神层面的正强化，从而使听众更愿意接受某种价值观。在现有的心理学理论中，有一种被称为刺激—反应（stimulus-response）理论的框架，它将人类的复杂行为分解为两个部分：刺激和反应。其中，刺激包括身体内部和外部环境的各种刺激，而反应则是在刺激出现时产生的行为或心理过程。同时，人的思想、动机和行为常常受到外部环境或特定事件的刺激而产生影响，进而引发变化。因此，为了解释人的行为的改变过程，又应运而生了一个新的行为理论，即强化理论（Reinforcement theory，RT）。强化理论涵盖了正强化和负强化两种形式，即对个体行为给予肯定或否定的后果，这些后果将决定今后这种行为再次发生的可能性。举个例子来说明强化理论的作用：假设有一位员工，他在工作中表现出色，经理对他的表现进行赞扬和奖励（正强化）。这种正强化反馈会使得该员工更有动力继续以出色的方式工作，增加再次表现优秀的概率。相反，如果员工的行为受到严厉批评或惩罚，这是一种负强化反馈，对个体无益而有害。这种负强化会降低员工再次采取类似行为的次数，因为员工不愿意再次遭受不利的后果。经过负强化的行为将减少今后再次发生的可能性。强化理论的核心思想是，通过正强化和负强化反馈，人们可以塑造和调节人的行为。这种理论有助于理解为什么一些行为在某些情况下会被加强或减弱。通过正确使用强化手段，传播者或管理者可以在教育、工作和日常生活中鼓励积极行为并减少不良行为的出现。

综上所述，在提升音频信息的传播效果时，它要比简单的视觉或文字信息拥有更多的提升渠道，就像不只信息传递的认知过程与情绪、情感、价值认同等层面会影响到音频信息的传播效果一样，还有心理想象、联觉等更高级心理机制可以帮助传播者更好地传播信息，从而达到某种明确的传播目的。

二　与提升音像信息传播效果有关的心理与行为机制

与音频相比，音像会调动更多的感知系统，其传递的信息数量要远大于普通的音频，所以在讨论如何提升音像信息的传播效果时，绕不开的一个话题——就是多感觉信息整合。多感觉整合（multisensory integration）是人们将来自不同感觉通道的信息（如视觉、听觉和嗅觉等）整合成一个统一的、连贯的、稳定的单一多感觉事件的过程，而不是各种支离破碎的颜色、声音和气味等信息，它能弥补单一模态信息的匮乏，有助于人们更有效地感知环境中有意义的信息，从而对于人类的学习、记忆以及意识的形成都有非常重要的作用。它在音像信息的传播效果中起着重要的作用。讨论心理学的心理与行为策略如何从多感官信息整合的角度促进音像信息的传播效果，需要探讨无意识和多感觉整合的关系以及整合发生的水平和时间界限。从心理学的角度来看，无意识的作用在多感觉整合中具有重要意义。早期研究和理论揭示了意识在信息整合中的必要性。然而，随着无意识实验范式的发展，研究者们开始通过操纵刺激的知觉条件或注意分配方式，制造无意识状态，为研究者探索多感觉整合在没有意识参与的条件下是否发生提供了可能。例如，在视觉无意识实验中，研究者可以利用掩蔽或连续闪烁抑制等技术，以及控制被试的注意分配方式（如注意瞬脱、不注意视盲等）等途径，使刺激在被试的意识范围之外。这样一来，研究者可以探究在无意识状态下是否发生多感觉整合。通过这些实验，研究者们发现即使在无意识状态下，不同感觉通道的信息仍然可以相互影响和整合，产生一个统一的多感觉事件。然而，当前的研究者仍然面临着更具体和精细的问题[①]。一方面，他们关注无意识中多感觉信息整合究竟发生在感觉水平还是语义水平。在感觉水平上，多感觉整合主要涉及感觉通道的初级处理，比如将视觉信息和听觉信息在空间和时间上进行整合。而在语义水平上，多感觉整合则涉及对感觉信息的更高级别的加工和解释，比如将不同感觉通道的信

---

① 刘睿、王莉、蒋毅：《意识与多感觉信息整合的最新研究进展》，《科学通报》2016 年第 1 期第 61 卷，第 2—11 页。

息结合起来形成一个有意义的整体。另一方面，研究者还在探索整合过程的时间界限。他们想知道在感觉刺激出现后，多长时间内可以发生多感觉整合。一些研究表明，多感觉整合可能发生在感觉刺激出现后的几十毫秒内，而另一些研究则发现整合可能需要更长的时间。通过心理学的理论和研究，传播者可以从多感觉信息整合和无意识的角度解释心理学的心理与行为策略如何促进音像信息的传播效果。在音像信息的传播中，通过充分利用多感觉整合的原理，可以为接收者提供更丰富、更生动的传播体验。例如，在广告领域，可以利用音频和视觉的组合来增强广告的传播效果。通过将声音和图像相结合，可以调动听觉和视觉等多个感知系统，从而提供更丰富的信息量。一段具有生动音效和视觉效果的广告可以更好地吸引人们的注意力，并加深他们对产品或品牌的记忆和认知。另一个例子可以是教育领域。在教学过程中，教师可以运用多感觉信息整合的原理，结合音频和视觉教具，帮助学生更有效地感知和理解教学内容。例如通过使用图像、声音和文字的组合，教师可以刺激学生的多个感官通道，提高他们对知识的接受和理解，从而促进学习效果的提升。由此可见，多感觉信息整合是一个极其复杂的心理问题，而多感觉信息的传播又同电视、电影等电子媒介息息相关，所以在提升音像信息的传播效果时，传播者必须要考虑到以此为基础的电子媒介在感知觉处理上的独特性。然而，也是因为电视、电影等音像媒介能够同时表征多种感觉信息，所以音像媒介也为共情传播奠定了技术基础。目前，相关研究主要从两个层面探讨了如何提升音像信息的传播效果。其中，从情感、认知、社交、心理等方面来看，音像信息的传播在情感因素方面，具有情感共鸣的特点，即制作出能引起受众共鸣的音像信息，以增强受众的情感参与度和反应；在认知因素方面，具有易于理解和易于记忆的特点，即制作出能够轻松理解和记忆的音像信息，以提高受众的信息接受率和反应效果。在社交因素方面，具有易于分享和易于传播的特点，即制作出的音像内容能够在社交网络中分享和传播该信息，以扩大信息的覆盖面和影响力。在心理因素方面，具有激发兴趣和好奇心的特点，即制作出能够激发受众兴趣和好奇心的音像信息，以增强受众的信息参与度和反应。此外，从信息接收、处理与反馈等方面来看，音像信息的传播在信息接受方面，具有引起受众兴趣和注意力的特点，即制作出能够引起受众关注和兴趣的音像信息，以提高受众的信息接受率。在信息处理方面，具有清晰易懂的特点，即制作出能够轻松理解和记忆的音像信息，可以帮助受众提高他们的信息处理效果。在信息反馈方面，具有及时反馈和互动的特点，即制作出能够及时反馈和互动的音像信息，以增强受众的信息参与度和反应。

最后，仍需要注意的一点是：音频信息的信息载量是同一时段内相对较大的，所以在讨论如何提升音像信息的传播效果时，不能回避一类心理现象就是认知负荷。根据已有的认知负荷理论（cognitive load theory，CLT）[1] 可知，假设知识获取的有效性取决于有限认知资源的最佳使用[2]。那么当认知负荷超过我们的认知能力极限时，学习成绩可能会受到负面影响[3]。因此在接收者的学习过程中，传播者必须考虑三个认知过程[4]：

第一，内在认知负荷（intrinsic cognitive load，ICL），与学习过程相关，是由学习信息本身产生的，比如学习材料本身的难度、复杂性等等。个体本身的工作记忆负荷会影响内在认知负荷，我们的认知资源数量是有限的，若超过限制，会对学习效果产生不利影响。

第二，外部认知负荷（extraneous cognitive load，ECL），由学习材料设计等与学习无关的信息加工引起，比如我们在学习过程中产生的情绪就是一种外部认知负荷。

第三，相关认知负荷（germane cognitive load，GCL），它包含理解信息和构建图式所需的所有过程（学习环境如何帮助构建图式）。相关认知负荷越大，越有利于帮助学习者构建图示，对学习产生有利影响。

综上所述，通过对与提升音像信息的传播效果相关的心理与行为机制进行分析得出，为了提升音像信息的传播效果，以音像为载体的信息

① Sweller J., "Cognitive load theory," in *Psychology of learning and motivation*, vol. 55：Elsevier, 2011, pp. 37 – 76.

② Mayer, R. E., *Multimedia learning*, New York, USA：Cambridge University Press, 2009.；Paas F. & Sweller, J., "Implications of cognitive load theory for multimedia learning," *The Cambridge handbook of multimedia learning*, Vol. 27, 2014, pp. 27 – 42.

③ Sweller J., "Cognitive load theory," in *Psychology of learning and motivation*, vol. 55：Elsevier, 2011, pp. 37 – 76.

④ 贾梦馨：《情绪设计与信息呈现通道对多媒体学习的影响》，硕士学位论文，山东师范大学，2022 年。

传播者需要着重关注信息接收者的信息整合过程，以免不同感官之间的信息互相干扰，从而影响接收者对信息的吸收程度。同时，从不同的视角（无论是情感、认知、社交或心理，还是信息的接收、处理与反馈）出发，各个渠道都能提升音像信息的传播效果，只是在这些渠道中传播者要尤为注意信息过载或认知负荷所带来的负面影响。

第四节　助推移动互联网新媒介传播效果 提升的心理与行为策略

在当前的时代背景下，基于移动互联网的新媒介与传统媒介，尤其是传统电子媒介之间存在着哪些不同之处？在回答这个问题之前，需要先了解一个新的概念——媒介融合。媒介融合是指各种媒介呈现出多功能一体化的发展趋势，是新媒体及其他相关因素促成的媒介间在多个方面相互交融的状态。狭义的媒介融合指的是将不同的媒介形态融合在一起，从而产生质的变化，形成一种新的媒介形态。例如以电子杂志和博客新闻等新媒介为代表的媒介形式就是狭义媒介融合的实例，它们将传统的印刷媒介与电子媒介相结合，为读者提供了更丰富多样的阅读体验。然而，广义的媒介融合则包括了一切媒介及其相关要素的结合、汇聚甚至融合。它不仅涵盖了媒介形态的融合，还包括了媒介功能、传播手段、所有权、组织结构等要素的融合，例如现代的新闻机构不仅通过报纸和电视传播新闻，还通过网站、社交媒体平台以及移动应用程序向受众传递信息。这种广义的媒介融合还涉及不同领域和行业之间的跨界合作，例如媒体与科技公司合作开发新的数字新闻平台，或者媒体与文化产业合作创作跨媒体的内容。总之，媒介融合不仅仅是不同媒介形态的相互交融与结合，它还涉及媒介功能、传播手段、所有权、组织结构等多个方面的交互融合。因此，媒介融合除了包含一切与之相关的要素结合，如文化、体制、技术、内容等以外，它还涉及社会上多个领域与多个行业的跨界合作。通过媒介融合，人们可以看到移动互联网为基础的新媒介与传统媒介之间的差异，以及不同媒介之间相互影响和互动的复杂关系。

在媒介融合的背景下，接收者获得了前所未有的主动权，媒体的传播格局发生了根本性的变化。媒介不再以传播者为中心，而是以接收者为中心，接收者的主体意识不断增强，中心地位得以确立。因此，在媒介融合的背景下，接收者呈现出新的特点和变化，主要表现在以下几个方面。

首先，接收者在媒介融合时代具有更大的选择权和自主性。通过移动互联网和社交媒体等新媒体平台，接收者可以自由选择自己感兴趣的内容、选择何时何地接受信息，并与其他用户进行互动交流。例如，现在的观众可以通过流媒体平台选择自己喜欢的电影、剧集，而不再受传统电视节目的时间和频道限制。

其次，接收者在媒介融合中成为信息的创造者和传播者。通过社交媒体、博客和视频分享平台，接收者可以产生自己的内容并分享给其他人。他们可以通过发布博客文章、上传自己制作的视频或在社交媒体上发表观点来参与媒体的创作和传播过程。这样的例子包括网红通过朋友圈、微博、QQ空间与YouTube分享自己的日常生活、观点和技能，与粉丝互动并积极影响他人。

此外，在媒介融合中，接收者的个性化需求得到了更好满足。通过算法推荐和个性化定制功能，媒体可以根据接收者的兴趣、偏好和行为习惯提供定制化的内容和推荐。例如，音乐流媒体平台能够根据用户的收听历史和喜好推荐个性化的音乐列表，满足不同用户的音乐口味。

最后，接收者在媒介融合中的参与程度增强，形成了更加活跃的参与文化。通过社交媒体平台和在线社区，接收者可以参与到话题讨论、评论和分享等互动活动中。他们可以对新闻事件发表意见、参与在线辩论，以及与其他用户共同创造内容和知识。例如，一篇新闻报道在社交媒体上引发了广泛的讨论和争议，接收者可以自由地表达自己的观点，与他人进行互动，共同塑造公共舆论。

总的来说，在媒介融合的背景下，人们既是信息的接收者，又成为了信息的生产者和传播者，人们实现了从被动地接受信息到按照需求来主动地搜索信息的转变，他们在传播活动中的身份发生了根本性的改变（即从被传播者指导的接收者到指导传播者的接收者），接收者的主动性和参与度得到了显著提升。他们可以自主选择内容、创造和分享信息，满足个性化需求，并积极参与到媒介生态系统中。这种转变为媒体传播带来了深远影响，塑造了全新的传播格局。

　　基于此，结合新时代背景下媒介融合的特点来看，新媒介与传统媒介之间最大的差异在于传统媒介中信息的传播者在传播活动中占主导地位，而信息的接收者在新媒介的传播活动中扮演了更多的角色、拥有了更多的主动权。因此，考虑到新媒介的这一特性，所以在探讨与提升新媒介传播效果的心理与行为机制时，将从接收者的视角出发来谈一谈媒介融合的背景下具有多重身份的接收者会如何选择信息与传播信息的媒介。

　　根据已有研究，以评测类短视频的典型案例"老爸测评"与一度爆红的女性综艺《乘风破浪的姐姐》为例，可以一窥融媒体背景下信息传播的特点。2015 年 8 月，一篇名为《开学了，您给孩子用的包书皮有毒吗》的文章将"老爸评测"推向了大众视野，此后，"老爸评测"一直以民间众筹检测为主题，参与了塑胶跑道、儿童手表以及校服等与学生相关的产品评测，其评测结果在中国的家长群体中引起了不小的反响，例如其关于"毒书皮"的自摄纪录片就获得超过 1500 万的点击量；而 2020 年 6 月开播的《乘风破浪的姐姐》以 30 位年龄超过 30 岁的女性视角所拍摄的女团选秀综艺是芒果平台倾力打造的一款用于彰显女性魅力、弘扬女性自信意识的电视节目，据抖音视频显示，2023 年的《乘风破浪的姐姐》第四季创造了这个系列的最高收视纪录，达到 1.36 亿，斩获首播收视第一的成绩，曾经几度登上热搜，在 2020 年时，用两个月的时间就达到超过 1600 万的讨论量。由此可见，不论是依靠互联网与社交媒体平台而跻身前列的自媒体视频，还是凭借由传统媒介进一步发展而来的网络电视，两者都存在融媒体时代的特性。基于此，通过分析两者在传播对象与传播内容上的特点，能够发现以下几点启示：

一　基于认知心理学的启示

　　认知心理学在研究人类的高级心理过程时，关注的核心是注意、知觉、表象、记忆、思维和语言等心理活动。在互联网媒体融合时代下，新媒体的传播效果受到认知心理学的心理与行为策略的影响。下面将从认知心理学的角度出发，探讨这些策略如何促进以互联网为基础的新媒体的传播效果。首先，认知心理学认为人们追求信息的目的是为了减少或消除由于周围环境的不确定性而产生的不安和焦虑感，以更好地适应环境并不断发展自我。在新媒体时代，互联网为人们提供了丰富的信息资源，满足了他们对信息获取的欲望。人们通过浏览新闻网站、社交媒体平台等途径获取信息，以获取对世界的了解和认知。其次，人们对信息的认知可以分为浅层次、中层次和深层次三个层次。在新媒体传播中，浅层次的认知体现在人们对传播内容的感官处理，如文字、图片、视频等信息的基本处理。新媒体平台丰富的多媒体特性能够引起人们的注意，增加信息的吸引力和可信度。同时，中层次的认知涉及对信息结构的理解，需要更深入的认知过程。新媒体传播的内容结构应当清晰、逻辑严谨，以便受众能够准确地理解信息的内涵和逻辑关系。最后，深层次的认知体现在人们对信息的理解和应用，以及对信息背后的意义进行思考和判断。新媒体传播应当鼓励受众深入思考和参与讨论，以提升他们对信息的理解和应用能力。例如，针对一般受众的测评类短视频（如"老爸测评"）会选择人们在日常生活中最常接触和关注的物品作为主题。通过展示测评过程和实验室的专业报告等手段，这类视频能重塑观众的心理认知结构①。因此，在以互联网为基础的信息传播过程中传播者可以结合一般的认知心理规律，并运用心理策略来提升传播效果。举例来说，假设一个健康食谱博主希望传播健康饮食的重要性。他可以利用中层次传播效果的原则，不仅提供有关营养知识的浅层次信息，还可以分享研究结果、专家见解等中层次的内容。通过这种方式，他能够引发受众对健康饮食的思考，提高他们对该话题的理解程度和赞同度。此外，他还可以利用深层次传播效果的原则，通过展示自己的个人生活和健康饮食的实践，激发受众对改变饮食习惯的意愿和决心。通过理解受众的认知层次和运用适当的心理策略，传播者可以增强信息的影响力和传播效益。

在新媒体时代，认知心理学的心理与行为策略可以通过以下方式来促进传播的效果：（1）提高注意力引导。认知心理学认为，注意是认知活动的基础，而在新媒体环境中，人们常常面临着大量的信息与环境刺激。新媒体传播可以通过吸引人们的注意力来提高传播内容的传播效果。

---

① 刘芝庭：《传播心理学视角下评测类短视频传播策略——以"老爸评测"为例》，《传媒》2023 年第 4 期，第 71—73 页。

例如，采用吸引人眼球的标题、引人入胜的开场等方式，引导受众在众多的信息中选择关注和阅读特定的内容。（2）强化信息加工。认知心理学的研究表明，信息的加工与记忆密切相关。在新媒体的传播过程中，通过利用图文并茂、生动有趣的表达方式，以及使用适当的表达结构和语言风格，可以提高受众对信息的加工和记忆的效果，增强信息的持久性和影响力。（3）个性化定制传播。在当前的环境下，新媒体技术使得传播者可以更好地了解受众的个体特征、兴趣爱好和文化程度，从而实现个性化定制传播。基于认知心理学的原理，通过给予受众符合其认知特点和需求的信息，可以增强传播的针对性和吸引力，提高信息的传播效果。（4）互动与参与。认知心理学的研究表明，积极参与对信息的加工和记忆至关重要。在新媒体的传播中，可以通过社交媒体平台的互动功能、用户评论区域等方式，鼓励受众积极参与，表达其观点和意见，增强他们对信息的注意、加工和理解，从而提高信息的传播效果。

二　基于社会心理学的启示

随着互联网的快速发展，媒体融合时代为人们的信息获取和传播提供了广阔的空间。在这个时代，社交属性在信息传播中发挥着重要的作用。下面将从社会心理学的角度出发，讨论两个主要因素对信息传播的影响，它们分别是准社会交往（Para-social interaction，PSI）和从众心理。以最近很火的综艺节目《乘风破浪的姐姐》为例，人们可以看到人类对准社会交往的需求，以及在网络环境中表现出的从众心理。通过深入了解这些心理与行为策略，可以帮助人们更好地理解和促进媒体融合时代下以互联网为基础的新媒体的传播效果。

（一）是基于准社会交往的心理与行为策略

在融媒体时代，准社会交往作为人们获取信息和满足心理需求的一种形式，对新媒体的传播效果起着重要作用。准社会交往是受众与媒介人物之间建立的一种类似于现实中面对面交往的人际关系，虽然存在于想象中，但在受众心理中具有一定的真实性[①]。受众通过媒介的使用，可

---

① 黄心悦：《从受众心理的角度分析"她综艺"火爆的原因——以〈乘风破浪的姐姐〉为例》，《传媒论坛》2022年第17期，第57—59页。

以获取大量的、丰富的关于媒介人物的信息，仿佛自己对其很"了解"。准社会交往的心理与行为策略主要包括以下几个方面：

1. 获取信息与建立认同是受众在喜欢某位媒介人物时常采取的一种行为

当受众对某位媒介人物产生喜欢和兴趣时，他们会主动寻求与该人物相关的信息，包括但不限于他们的个人情况、兴趣爱好、经历等。这种信息获取的行为反映出受众对媒介人物的关注度和好奇心，也体现了受众的心理状态和需求。通过获取媒介人物的信息，受众可以更加全面地了解他们的个人背景和经历，进而建立起一种认同感。当受众发现与媒介人物有共同的经历、兴趣爱好或价值观时，他们会产生一种情感共鸣，并与媒介人物建立起某种心理上的联系。这种认同感可以增强受众与媒介人物之间的情感纽带，使受众更加投入和关注。其中，受众的需求和心理状态在这个过程中起到了重要的作用。受众可能渴望找到与自己相似的人，以满足自我认同和归属感的需求。他们希望通过与媒介人物的认同来强化自己的身份认同和自我形象。此外，受众也可能因为对媒介人物的尊敬或崇拜，而通过获取信息来满足自己对偶像的了解和接近的需求。通过获取信息与建立认同，受众与媒介人物之间形成了一种奇妙的情感联系。这种联系不仅加深了受众对媒介人物的喜欢和关注，还可能激发受众的情感投射和情感共鸣。受众将自己的情感体验和媒介人物联系在一起，进一步强化了受众与媒介人物之间的情感连接。这种情感连接有助于推动传播效果的形成和传播力的增强，同时也满足了受众在情感上的需求和满足感。因此，获取信息与建立认同是受众与媒介人物之间心理互动的重要环节。受众通过了解媒介人物的个人情况和经历，建立起一种认同感，并与其形成情感联系。这种认同和情感联系不仅加深了受众对媒介人物的喜欢和关注，还满足了受众的心理需求，促进了情感共鸣和情感投射的形成，进而推动传播的效果和影响力的增强。

2. 情感共鸣与情感投射

这是一种受众在与媒介人物进行准社会交往时常常经历的心理过程。情感共鸣指的是受众通过媒介人物的言行、经历等与自身的经历和情感产生共鸣的现象。当受众发现媒介人物的故事或情感与自己相似或有相似之处时，他们会产生一种共鸣感，产生情感上的共鸣和情感连接。这种情感共鸣对受众起到了重要的作用，因为它促使受众更加投入并与媒介人物建立起一种情感投射。情感投射是指受众将自己的情感体验和媒介人物联系在一起的过程。受众通过对媒介人物的认同和情感连接，将自己的情感体验映射到媒介人物身上，形成一种情感上的共鸣和投射。这种情感投射可以进一步增强受众对媒介人物的认同感和情感连接。情感投射对于传播效果的形成和传播力的增强具有重要意义。当受众对媒介人物产生情感投射时，他们更容易被媒介人物所说的话、所展示的形象所影响和接受。受众会将自己的情感需求和期待投射到媒介人物身上，从而对媒介人物的言行产生更大的共鸣和认同。这种情感投射不仅加深了受众对媒介人物的情感联系，也促使受众更积极地参与传播和传播媒介人物的信息。通过情感共鸣和情感投射，受众与媒介人物之间建立了一种情感上的联系和共鸣。这种联系不仅加强了受众对媒介人物的认同和情感连接，也促进了传播效果的形成和传播力的增强。情感共鸣和情感投射使受众更加投入和参与，增加了受众对媒介人物的关注度和忠诚度，进而推动了信息的传播和影响的扩散。

3. 社交互动与参与感在新媒体时代起到了关键作用

新媒体平台为受众提供了广泛的社交互动渠道，使他们能够与媒介人物进行虚拟的社交互动。接收者通过评论、点赞、转发等行为，能够表达自己对媒介人物的态度和支持，并与其他受众展开互动和交流。通过社交互动，受众获得了一种参与感。他们可以在评论区表达自己对媒介人物的观点、分享自己的看法，或者对媒介人物的内容进行点赞、转发等互动行为。这种参与感使受众感觉到自己与媒介人物和其他受众之间存在一种虚拟的社交关系，他们可以参与到讨论中，表达自己的声音，与其他受众进行交流和互动。在信息传播的过程中，这种参与感对信息传播起到了积极的推动作用。首先，参与感增强了受众对媒介人物和相关内容的关注度。通过积极参与社交互动，受众与媒介人物之间建立了一种关系，对媒介人物和他们所传达的信息更加关注和敏感。他们会密切关注媒介人物的动态，主动寻找与其相关的内容，从而增强了对信息的接收和关注度。其次，参与感提高了受众的传播意愿。当受众对媒介人物产生了情感共鸣和情感投射，通过社交互动与其他受众进行交流时，他们更有动力将相关信息分享给自己的社交圈。受众可以通过转发、分享等行为将媒介人物的内容传播给更多人，进而扩大信息的传播范围和影响力。社交互动与参与感相互促进，形成了一个良性循环。受众的参与感激发了更多的社交互动行为，而社交互动行为又加强了参与感的体验。这种互动和参与感的循环进一步激发了受众对媒介人物和相关内容的关注度，提高了他们的传播意愿，从而促进了信息的传播效果和影响力的扩大。

综上所述，准社会交往在融媒体时代下扮演着重要角色。通过获取信息、建立认同、情感共鸣、情感投射、社交互动与参与感等心理与行为路径，受众可以从新媒体中获得自己想要的信息，促进他们对自我与他人的认同发展，满足他们的情绪需求，并且通过参与网上的社交互动，人们能够表达自己对媒介人物的态度和支持，与其他受众进行互动交流，并获得一种参与感。这种参与感不仅增强了受众对媒介人物和相关内容的关注度，还提高了他们的传播意愿，从而促进了信息传播的效果和影响力的增强。

（二）从众心理对新媒体传播的影响

从众心理是指人们在面对不确定情境时，倾向于模仿他人的行为和态度。在媒体融合时代下以互联网为基础的新媒体中，从众心理对传播效果具有重要的影响。以下是从众心理对新媒体传播的影响。

1. 社会认同与群体影响

受众常常通过观察他人的行为和态度来确认自己的社会认同，并在信息传播中受到群体影响。在互联网上，社交媒体平台上的点赞、转发和评论等行为可以传递出一种群体的态度和意见。举例来说，如果有一位知名的时尚博主在社交媒体上发布了一篇关于时尚搭配的文章，在这篇文章下面，许多粉丝纷纷点赞、留下赞美的评论，并将文章转发给自己的朋友圈。这些点赞、评论和转发行为传递出一种群体的态度和意见，即对该博主的时尚观点和搭配建议持肯定态度。现在想象一下，如果有一位用户正在浏览社交媒体时，偶然看到了这篇时尚博主的文章。当他看到大量的点赞和正面评论时，他会认为这篇文章具有高度的社会认同和群体支持。这种群体的态度和意见会对他的认知产生影响，使他更倾向于接受和认同这篇文章所传达的时尚观点和搭配建议。在这个例子中，社会认同和群体影响通过社交媒体上的点赞、评论和转发等行为体现出来。当用户看到其他人对某个内容给予积极的反馈时，他会认为这个内容具有高度的社会认同和群体支持，从而增加了自己对该内容的接受和传播意愿。他可能会点赞、留下赞美的评论，并将这篇文章转发给自己的社交圈，进一步扩大该内容的传播范围。这个例子说明当用户观察到其他人对某个内容的积极反馈时，他们往往会受到影响，加强自己对该内容的认同，并更愿意参与其中，从而推动了信息的传播效果。因此，当受众看到大量的点赞和正面评论时，会认为该内容具有高度的社会认同和群体支持，从而增加了自己对该内容的接受和传播意愿。

2. 信息过滤与选择

在新媒体中，受众面临着大量的信息选择和过滤。在这种复杂的情境下，从众心理会使受众更倾向于选择那些已经被大量人接受和传播的内容。受众会认为这些内容更可靠、更有价值，因为他们倾向于相信他人的判断和行为。这种信息过滤与选择的机制使得新媒体中热门内容更容易扩散和传播。举例来说，假设在某个公开的社交媒体平台上，有两篇关于旅游目的地的文章同时发布。第一篇文章是由一位普通用户分享的，内容包含对一个偏远而不知名的小岛的介绍和旅行经历。第二篇文章是由一位知名旅行博主发布的，内容介绍了一个热门旅游胜地的最佳景点和旅行攻略。当这两篇文章同时出现在用户的社交媒体主页上时，用户面临着信息选择和过滤的问题。他们需要决定阅读哪篇文章，并决定是否将其传播给其他人。在这种情境下，从众心理会对用户的选择产生影响。假设用户看到第一篇文章下面只有几个点赞和评论，而第二篇文章下面则有大量的点赞和正面评论，这时，用户会倾向于选择阅读和转发第二篇文章。他们认为这篇文章受到了更多人的认可和支持，因此更可靠、更有价值。从众心理使得用户相信其他人的判断和行为，因此他们更倾向于选择那些已经被大量人接受和传播的内容。在这个例子中，信息过滤与选择机制通过受众的行为展现出来。用户在面对大量信息时，会倾向于选择那些已经被大量人接受和传播的内容，因为他们相信这些内容的可靠性和价值。这种机制使得热门内容更容易扩散和传播，因为它们已经通过大量的点赞、评论和转发等行为得到了社交媒体平台上其他用户的认可和支持。这个例子说明了在新媒体中，信息过滤与选择往往受到从众心理的影响。用户倾向于选择那些已经被大量人接受和传播的内容，因为他们相信其他人的判断和行为。这种机制推动了热门内容的传播，使其更容易被广泛传播和接受。

3. 群体行为与社会压力

从众心理也会对受众的行为产生一定的社会压力。当某一内容在社交媒体上被广泛传播和讨论时，受众可能会感受到一种无形的压力，觉得自己需要参与其中，表达自己的意见或分享自己的经历。这种群体行为和社会压力也推动了信息在新媒体中的传播和流行。例如，在某个社交媒体平台上出现了一段引人关注的视频，这段视频揭示了一个社会问题，引发了广泛的讨论和争议。很快，许多用户开始转发和评论该视频，表达自己对该问题的看法和经历。当用户看到这段视频在社交媒体上被广泛传播和讨论时，他们可能会感受到一种社会压力。他们觉得自己需要参与其中，表达自己的意见或分享自己的经历，以与其他人保持连接和参与感。这种社会压力驱使受众加入讨论，因为他们不想被视为与群体脱节或缺乏关注度。假设一个用户本来对该视频并不感兴趣，但在面对其他用户热烈的讨论和转发行为时，他们可能会受到影响并感受到一种压力，觉得自己需要参与其中。为了符合社会期望、与他人保持联系和维护自己的社会形象，他们可能会转发该视频或发表自己的意见。这个例子说明了从众心理对受众行为的影响。当受众面对社交媒体上广泛传播和讨论的内容时，他们可能感受到一种社会压力，需要参与其中，以与其他人保持连接和符合社会期望。这种群体行为和社会压力推动了信息在新媒体中的传播和流行，因为受众会受到从众心理的影响，倾向于参与和表达自己的意见。

总的来说，以准社会交往为基础的情感共鸣和情感投射、社交互动与参与感，以及从众心理等因素在新媒体传播中起着重要的作用。了解和把握这些心理机制对于媒体从业者和受众来说都具有重要意义，可以更好地理解和应对新媒体传播带来的挑战和机遇。

三　基于人格心理学的启示

根据融媒体受众的特点，可以清楚地看到在网络世界中，人们已经不再是过去那种被动接收信息的角色。他们不再等待信息传递到自己眼前，而是积极主动地根据自己的喜好去搜索感兴趣的信息。这种互动性的增强使得信息传播成为一个双向选择的过程，传播者和接收者之间的互动得到了加强。从以人为本的视角来观察，可以发现需求与动机在人们选择接收哪类信息时是不可忽视的重要因素。人们在选择信息时，往往受到自身需求的驱动，并根据自己的动机去寻找相关信息。举个例子来说明这一点，假设有一个社交媒体平台上的用户对健康和健身非常感兴趣，那么，他就会主动搜索与健康、健身相关的内容，如饮食建议、锻炼方法、健康生活方式等。他可能会订阅健身博主的频道，参与健身社区的讨论，与其他健身爱好者分享经验。这个用户的需求是改善自己的健康状况，他的动机是获得健康知识和与相同兴趣爱好者的交流。因此，他会主动选择接收与健康相关的信息，并且与传播者进行积极的互动。此外，需求与动机的影响还可以在其他领域中观察到。比如，一个旅行爱好者可能会主动搜索旅游目的地的介绍、旅行攻略、旅行者的游记等，因为他的需求是寻找新奇的旅行体验，动机是获取旅行灵感和分享自己的旅行经历。

另外，在综艺节目《乘风破浪的姐姐》中，人们可以观察到当观众参与为自己喜欢的明星投票时，如果他们看到自己支持的明星明显能够获得胜利，那么他们会感受到一种成就体验。在这里，这种成就动机（achievement motivation）是指个人对于自认为重要或有价值的事情，不仅非常乐意去追求，而且会不断努力追求更高标准的内在心理过程，它是人们取得成功的内在驱动力量。在成就动机领域，先驱者麦克利兰（D. C. McClelland）将成就动机解释为对成功的关注，即个体在具备一定竞争标准的竞争中追求卓越。他认为成就动机是个体人格中稳定的特质，并且是个体追求个人价值最大化、在追求自我价值时通过一些方法达到完美状态的体现。成就动机是个体追求个人价值最大化的内在驱动力量，它直接影响人的行为和思考方式，具有持久的影响。在新媒体传播中，成就动机理论提供了一种理论框架，可以有效地激发个体参与和积极影响传播活动。根据成就动机理论，人们对与自己相似的成功案例更容易产生共鸣和认同，进而激发自身的成就动机。在新媒体的传播中，主流媒体可以通过塑造一些典型榜样来鼓舞人们，促使他们追求更高的目标。例如，在社交媒体上推出成功人士的故事，分享他们的成长经历和取得的成就，以激发广大用户的成就动机。这样的传播内容不仅能够鼓舞人们，也能够为社会创新和发展提供坚实的舆论基础。例如，一个自学成才的年轻程序员可以分享他的经验，如何通过互联网学习和实践，最终成为一名成功的软件工程师。这样的故事将激发其他有兴趣进入这个行业的人们的成就动机，鼓励他们通过个人努力追求自己的目标。此外，成就动机理论还指出，当人们看到与自己相似的人通过努力获得成功时，他们会更相信自己也具备完成这项任务的能力，从而激发自我效能。在新媒体传播中，媒体可以通过呈现成功案例和经验分享来提高个体的自我效能。例如，一个年轻的篮球爱好者在新媒体平台上看到一位与自己背景相似的运动员通过坚持不懈的训练和努力获得成功，这个故事将激发他相信自己也能够通过自身努力提升篮球技能并取得成就；而一个美妆博主可以分享她从业务员转型为成功的美妆博主的过程，包括学习化妆技巧、尝试不同的妆容风格以及与观众建立紧密联系的经验。这样的成功故事将鼓励其他有兴趣进入美妆行业的人们，相信他们也有机会通过个人努力取得类似的成就。因此，新媒体平台可以通过分享成功故事和提供实用的技能培训内容，促使个体相信自己具备实现目标的能力。不仅如此，在新媒体的传播过程中，媒体应该注重引导个体从个人努力的角度寻找原因，避免将问题归咎于不可控的外部因素。在这一点上，成就动机理论强调个体对行为结果的认知对其成就动机水平具有重要影响。因此，在个人问题方面，媒体应该强调个体通过自身努力和行动来改变现状。同时，在社会问题方面，媒体应该避免将问题归因于不稳定和不可控的外部因素，而是鼓励个体通过个人努力参与解决问题。通过这样的引导，媒体的传播内容有助于培养积极的成就动机，推动个体通过自身努力改变自己和社会的现状。

在心理学领域，需要与动机密切相关，与人类行为密不可分，而其中最为著名的理论之一便是马斯洛的需要层次理论，也被称为动机理论。这一理论认为，人类行为的心理驱动力并非像精神分析理论所提出的"性本能"，而是人的需要。因此，马斯洛将人的需要划分为两大类、五个层次，形成了一个金字塔状的结构。从底层到顶层分别是：生理需要、安全需要、归属与爱的需要、尊重的需要和自我实现的需要。在马斯洛的理论中，一个人必须在满足或者至少部分满足了较低层次的需求之后，他们才能继续满足更高层次的需求。举个例子来说明，假设一个人正处于基层工作岗位上，他首先需要满足的是生理需要，如食物、水和住所等。一旦这些基本需求得到满足，他会开始关注自身的安全需求，如稳定的收入和工作环境。当他的安全需求得到满足后，他会寻求归属感和爱的需求，渴望建立亲密的人际关系和社交圈。随着这些需求的满足，他的关注点可能转向尊重的需求，包括在生活与工作中获得他人的认可、成就感和地位提升。只有这些需求都得到部分的满足之后，他会追求自我实现的需求，即追求个人的成长、实现潜能和追求自己独特的目标。需要层次理论将驱动人们行为的根源归结为未满足的需求。换言之，只有当某一层次的需求未被满足时，才会激发人们的行动欲望。当一个需求得到满足或基本满足之后，新的、更高层次的需求就会浮现，不断推动着人们的行为。另外，在五个层次中，包括生理需要、安全需要、归属与爱的需要以及尊重的需要这四种可以归纳为需要层次理论中的缺失需要。这些需求的缺失会引发一种匮乏性动机，它是人类和动物共同具备的需求。一旦这些需求得到满足，紧张感会减少，兴奋度会降低，从而使动机减弱。相比之下，自我实现的需要以及马斯洛后来加入的认知需求和美的需求属于生长需求。这些需求源自满足了生存需求之后，内心产生的对个人成长、发展和实现潜能的渴望。这种需求是人类特有的，它们激发了人们从内心深处追求自我实现的动机。总之，马斯洛的需要层次理论认为，人类行为的动机源于未满足的需求。只有当需求未得到满足时，人们才会被驱使行动。随着不同层次需求的满足，新的、更高层次的需求将不断涌现，推动着个体的行为。这一理论通过金字塔状的结构描绘了需求的层次和重要性。了解这些需求和动机的关系有助于人们理解人类行为的根源和驱动力。

　　总的来说，从人格心理学的角度来看，不同的年龄、职业、教育程度和媒介环境使得接收者的需求也各不相同。为了准确理解接收者的需求层次并满足他们的精神需求，这是媒介定位和提高传播效果所必须考虑的因素。在现实生活中，并不是每个人都能够实现自我需求的完成，事实上，绝大多数人无法完全实现自我实现的需要。自我实现的需求在某种意义上类似于本能的需求，它没有具体的表现形式，因此很容易受到压抑、改变甚至消失。举个例子来说明，想象一个人有着强烈的创造力和艺术天赋，渴望通过绘画来表达自我。然而，由于种种原因，比如社会压力、时间约束或缺乏资源，他可能无法全面发展和实现自己的绘画才能。这些外部限制和内在的胆怯心理阻碍了他实现自我需求的必要条件，导致他长期处于一种不确定的状态。此外，现实环境中的各种制约和限制也会大大阻碍个人的自我实现。因此，只有成长性的需求才能推动人们实现自我。这意味着个人的发展和持续成长对于发掘和实现自身潜能具有极大的依赖性。在过去的传播效果研究中，研究者通常关注媒介对人的影响而忽视了接收者的主动性，将人视为被动和弱势的。然而，在一项经典的研究中，"顽固的受众"（The Obstinate Audience）表明，接收者实际上常常是相当主动的。特别是在网络时代，接收者的主动性更加明显，人们渴望通过个性化的方式展现自我，获得他人的认可和赞赏，实现自身的价值。这与网络的特点（如自由、开放和互动）不谋而合。举个例子，考虑一个年轻的社交媒体用户，他渴望在虚拟空间中展示自我，获得心理上的满足感。在现实生活中，他可能无法满足展示自我的需求，因此将目光转向网络。在网络中，他希望通过分享个人观点、发布照片或视频等方式获得满足感。网络扩展了他的视野，他不再局限于满足生理或安全层次的低级需求，而是积极寻找表达自我和积极参与社会活动的途径和方法。因此，网络传播恰好能够满足他们的这些需求，使他们能够在网络中寻找到所需的信息，并自由地表达个人观点。由此可见，在融媒体时代的背景下，以受众为中心的需求和动机成为影响他们信息选择的重要因素。每个个体都有不同的需求层次和动机，媒介应该通过准确理解和满足这些需求，为接收者提供有价值的内容和体验。这将促进更有效的传播和更深入的受众参与。

综上所述，随着信息技术的发展，网络带来的信息复杂性与信息接收者的复杂性逐渐体现出来。基于此，想要提升新媒介的传播效果，就需要综合多个方面的因素，从更全面的视角（如认知、人格、社会、动机、人际等不同方面）来分析传播活动中的个体与群体心理。

案例分析

2014年8月，由美国波士顿学院（BOSTON COLLEGE）前棒球选手发起的ALS冰桶挑战（Ice Bucket Challenge）在极短的时间内风靡全球，引发了国内外各个领域的从业人员参与其中，例如微软创始人——比尔·盖茨、著名 NBA 球员——科比·布莱恩特、著名歌手——泰勒·斯威夫特，以及国内的百度创始人——李彦宏、著名歌手——周杰伦、著名主持人——撒贝宁与地产大佬——王石等。该挑战要求参与者在网络上发布自己被冰水浇遍全身的视频内容，而后参与者可以继续指定其他人来参与该项活动，并且活动规定被邀请者要么在 24 小时内接受挑战，要么选择为对抗"肌肉萎缩性侧索硬化症"捐出 100 美元。起初，冰桶挑战与其他慈善公益活动一样，是一项为了普及罕见疾病（肌肉萎缩性侧索硬化症），同时募集善款的公益活动。然而，与慈善马拉松、募款晚会等公益性活动不同，在短短两周内席卷美国的冰桶挑战仅用不到一个月的时间就募集了近 400 万美元的善款，该数额相比于 2013 年同期的 112 万美元增长了近四倍。最后，由相关慈善机构公布的数据显示，截止到 2014 年 8 月 20 日下午，国内获捐方（"瓷娃娃"罕见疾病）已收到捐款近 140 万，70 余名 IT 界名人、娱乐明星、体育明星参与，而截止到 2014 年 8 月 21 日为止，冰桶挑战共获得 11709 位爱心人士支持，筹集善款超 228 万元，同时全球募集善款总额累计超过 1 亿美元（截止到 2014 年 8 月 29 日为止）。由此可见，冰桶挑战的全球影响力不容小觑。

那么，在众多的慈善活动中，为何只有冰桶挑战能获得大众青睐，取得广泛关注，并达到更好的传播效果呢？从心理学的视角来看，冰桶挑战具有以下几个特点：

1. 满足人们需要社会认同与社会影响力的心理需求：人类是社会性动物，他们常常受到他人的认同和影响。冰桶挑战利用这一心理机制，通过社交媒体的分享与邀请机制，使参与者感受到被他人认可和支持的社会认同感。他们希望在社交群体中获得认同，这促使他们积极参与挑战并邀请其他人加入。此外，看到其他人参与挑战也会对观众产生社交影响，使他们更倾向于加入挑战，以符合社会规范和获得认同。

2. 具有强烈的视觉冲击和能够引起情感共鸣：冰桶挑战的视觉

冲击性很强,参与者将自己浇冷水的视频分享在社交媒体上,这引起了人们的注意。此外,视觉冲击往往能够引发情感共鸣,激发观众的情感反应,如看见喜欢的球队胜利会兴奋、看见残酷的场面会悲伤或者产生疼痛感等。这种情感参与度使人们更倾向于与他人分享这些有趣的视频,从而促进了信息的传播。

3. 具有激发情感驱动和公益意识的功能:因为冰桶挑战与慈善目的紧密相关,通过参与挑战,人们能够将自己的行动与支持慈善事业联系起来。在冰桶挑战的活动中,该举措强调了情感驱动的重要性,人们往往会被情感因素所感动,进而激发他们对慈善事业的关注和支持。冰桶挑战激发人们的公益意识,让他们感到自己能够通过参与挑战来帮助他人,这种情感驱动力在信息传播中起到了重要的推动作用。

4. 具有可塑性和自我表达的空间:在冰桶挑战中,参与者可以根据自己的喜好和创造力来定制自己的挑战方式。这种个性化和自我表达的机会激发了参与者的兴趣和创造力。他们可以通过选择不同的挑战方式、拍摄有趣的视频或添加创意元素来凸显自己的个性和独特性。这种可塑性和自我表达的特点使得参与者更有动力参与挑战,并通过社交媒体分享自己的独特体验。

5. 形成了社会压力和竞争性:冰桶挑战的规则中明确要求参与者邀请他人加入挑战或捐款。这种规则的设定引入了一种社会压力和竞争性的因素。参与者希望展示自己的参与和贡献,以获得社交媒体上的认可和赞誉。他们也希望超越其他人,成为挑战中的佼佼者。这种竞争性的元素激发了人们的参与意愿,并促使他们积极推动挑战的传播。

6. 实现了群体认同和互动:冰桶挑战形成了一个共同的目标和群体认同感,让参与者感觉自己是一个大家庭的一部分。他们可以与其他参与者互动、分享经验和鼓励彼此。这种群体认同和互动增强了参与者的参与感和归属感,使他们更积极地参与挑战,并鼓励其他人加入。

> 总之，冰桶挑战能够成功地传播并达到最终的目的，这个过程必然离不开它背后所蕴藏的心理与行为机制。当然，在冰桶挑战的传播过程中还有哪些心理与行为因素促成了它与其他公益活动的不同，以及后续引发的争议性事件对冰桶挑战所造成影响也涉及丰富的心理学知识，值得读者进一步探索。

总的来说，传播效果研究是人类一切传播活动研究的重点，一般来说，传播效果的判断要看接收者的意愿和反应，而随着他们地位的提高，传播的对象不再是单纯的媒体从业人员和媒体平台，而是接收者自身的差异性需求。与此同时，随着媒体技术的不断创新和媒体产业化的不断升级，媒体的传播行为时常会被"放大"，并与各种利益相关者发生关联，从而产生更广泛的社会影响。在此基础上，如何从心理学的视角来提升传播活动的效果，本章从不同的主流媒介出发，回顾了心理学中与传播活动密切相关的各种理论，例如认知心理学中有关信息加工的理论；人本主义流派中有关需求的部分；以及行为主义中有关行为强化的部分等。然而，与传播活动有关的心理与行为机制还远不止于此，例如文化心理学中的"女性意识觉醒"、情景意识领域中的"镜像体验"等心理学知识都在《乘风破浪的姐姐》与"老爸测评"的案例中有所体现，所以具体案例，具体分析，根据传播目的、传播内容、传播对象与传播形式的不同，人们可以运用不同的心理与行为策略来帮助传播者提升传播效果。

第 八 章

媒介使用服务于国家和社会的
心理与行为路径

人类进入了高威胁、高风险的风险社会①。有关政治、经济、思想文化等消息，都可以通过广播、电视、互联网等大众传播媒介传播，渗透到我们生活工作的方方面面。中国互联网络信息中心（CNNIC）在2023年3月2日在京发布了第51次《中国互联网络发展状况统计报告》②。报告显示，我国网民截至2022年12月，规模达10.67亿，较2021年12月增长3549万，互联网普及率达75.6%。人类来到了社交媒体时代，在这个时代，我们主要是通过大众传播对信息的生产和传递，来获得对现实的反应、建构以及规范认知，我们在很大程度上依赖媒介信息来构建社会现实③，换句话说，在现代社会中，人们的心理态势与社会行为在很大程度上可以被媒介塑造④。

因此，人类社会在推行法治、德治、善治的同时，可以考虑在社会治理体系中纳入媒介化治理。一方面媒介化治理能够提供真相的透明度来满足民众的知情权，另一方面通过积极回应社会关切问题，媒介化治

---

① 乌尔里希·贝克：《风险社会：新的现代性之路（全新修订版）》，张文杰、何博闻译，译林出版社2018年版。

② 中国互联网络信息中心：《CNNIC发布第51次〈中国互联网络发展状况统计报告〉》，2023年3月2日，https：//www.ennie.net.en/n4/2023/0302/c199－10755.html，2023年4月24日。

③ 沈正赋：《新型治理主体：重大突发风险事件中的媒介化治理能力建构研究》，《编辑之友》2022年第8期第312卷，第17—24页。

④ 周晓虹：《现代社会心理学——社会学、心理学和文化人类学的综合探索》，江苏人民出版社1991年版。

理有利于提高政府、媒介的公信力，从而有效应对舆论风险事件（沈正赋，2022；王学敏，2023）。正如党的二十大报告指出，要巩固壮大奋进新时代的主流思想舆论，加强全媒体传播体系建设，推动形成良好网络生态[①]，媒介化治理是新时代的新生力量和派生力量。

媒体报道通过媒介框架从不同的视角传递、呈现相关事件的相同信息[②]，它既可以营造恐慌的气氛，也能够塑造出安定和谐的氛围。在目前多数风险传播的实践中，大众传媒倾向于使用叙事框架报道事件，从而让民众获得安全感[③]。沈正赋[④]提到，这种由媒体建构的安全氛围需要被正当利用，否则非但不能促进社会情绪稳定，甚至让民众怠于应对风险，麻痹大意，反而陷入社会恐慌。

媒介可以服务于国家发展战略和社会治理[⑤]。不同学科的研究者从不同角度探讨媒介使用服务于国家和社会的途径，其中不得不提到心理学。人类的传播过程离不开对受众心理的剖析，心理学可以更全面、有效地探究媒介信息的传受过程，可以从个体或群体的心理和行为反应解释日常生活中的经验。国内外学界日益强调，要着眼于个体的心理因素及其与外部环境的相互作用，结合受众涉及的认知加工过程，让传播者更好地理解受众如何完成对媒介信息的输入、输出及处理加工，有助于研究者更好地了解媒介使用服务于国家和社会的心理与行为机制。为了有针对性地优化传播内容，研究者可以结合利用诸如认知行为科学、社会学等多个学科的理论知识，更好地对传播内容进行系统优化，从而达到理想的传播效果；而心理学理论也可以通过媒介应用的实践方法来丰富自身的理论基石，以及拓展心理学理论在实际应用中的影响。

---

① 张亚明、宋雯婕、刘海鸥、苏妍嫄：《学科交叉视域下国际舆论场突发公共卫生事件网络舆情传播研究综述》，《现代情报》2023 年第 4 期第 43 卷，第 165—176 页。

② Gitlin T. , *The whole world is watching*：*Mass media in the making and unmaking of the new left*. Univ of California Press，2003.

③ 沈正赋：《新型治理主体：重大突发风险事件中的媒介化治理能力建构研究》，《编辑之友》2022 年第 8 期第 312 卷，第 17—24 页。

④ 沈正赋：《新型治理主体：重大突发风险事件中的媒介化治理能力建构研究》，《编辑之友》2022 年第 8 期第 312 卷，第 17—24 页。

⑤ 沈正赋：《新型治理主体：重大突发风险事件中的媒介化治理能力建构研究》，《编辑之友》2022 年第 8 期第 312 卷，第 17—24 页。

在中国社会转型时期，由社会快速变革和发展引发的一系列问题，如社会信任问题、社会心态问题、身心健康问题等，都亟须心理学和传播学共同发挥好社会服务的职能。用心理学回应媒介使用中相关问题，能够探索揭示、解释和预测受众在大众传播过程中的心理与行为的发生、发展规律，传递更具可读性的传达，提升社会信息沟通的效率，从而帮助化解社会偏见及冲突、赋能社会舆情治理、塑造民众积极社会心态、建构民众社会责任行为模式等，培育民众自尊自信、理性平和、积极向上的社会心态，促进人类更幸福地生活，有助于社会的稳定与和谐。媒介使用最终是为了帮助社会更好地发展。

基于此，一方面，考虑到社会偏见及冲突、社会舆情、社会心态、社会责任行为模式和媒介使用都是人类特殊的沟通行为，人们处在这种时代环境（媒介化时代）中，其自身的观念和情感容易受到外界因素的影响[①]；另一方面，考虑到媒介使用对社会偏见、社会心态等社会心理因素的形成和发展有着极其重要的影响，它使民众意见的汇集和表达无论在深度或广度上还是在速度或力量上都有了前所未有的改观，因此媒介应当从把关、导向和强化作用等三个方面发挥价值，服务于国家和社会治理[②]。其中，把关作用是指大众传播媒介对社会信息的选择与过滤，人们利用大众传播媒介来控制偏见、舆情与社会心态等要素的形成与传播；导向作用则主要体现媒介以自己的准则和目标，引导民众认知信息的价值，进而使民众可以从客观角度思考问题；最后，强化作用是指社会偏见等要素同传播媒介结合，迅速扩大其影响范围，并加固相关信息的认知。故此，媒介化治理对于社会进步、和谐稳定等积极的社会治理目标有着十分重要的理论意义和应用价值。

综上，接下来以心理学的视角，辐射媒介，通过媒介使用化解社会偏见及冲突的心理与行为路径、媒介使用赋能社会舆情治理的心理与行为路径、媒介使用塑造民众积极社会心态的心理与行为路径和媒介使用

---

① 王学敏：《聚焦新闻传媒技术的革新与发展——评〈中国新闻传媒科技发展史话〉》，《传媒》2023 年第 2 期第 391 卷，第 101—102 页。

② 周晓虹：《现代社会心理学——社会学、心理学和文化人类学的综合探索》，江苏人民出版社 1991 年版。

建构民众社会责任行为模式的心理与行为路径等内容，来讨论如何更好地运用媒介平台服务于国家和社会。

第一节 媒介使用化解社会偏见及冲突的心理与行为路径

和谐社会的构成要素涉及社会生活秩序和状态的和谐稳定、人们社会心理的和谐等，其中社会心理健康是构建和谐社会的重要指标[1]。人作为建设和谐社会的主体，其心理和谐是构建和谐社会的必要途径。然而，为了实现心理和谐，人们还需要社会从整体上营造一种和谐的社会氛围，减少负面社会事件造成的社会偏见和冲突等不利于和谐社会构建的因素和现象[2]。

媒介化的发展为媒介赋予了一定的社交属性。媒介通过一些算法进行精准化和个性化的消息推送，而人们倾向于获取更多符合自身价值观的信息，二者交互影响，用户便会在某些偏好社群内获取资讯并加以传播。然而，这种倾向性推送会造成此类信息在内群体中不断地传播、加强，比如在目前的微博平台，观点相似的人通过转发、评论、点赞等便捷的方式表达自己的观点，这种一致的舆论就会像滚雪球一样不断扩大，进而产生社会舆情、舆论等。这些具有不同偏向的公共意见也会对新闻报道本身的客观性造成冲击。在当今新媒体时代，越来越多的新闻报道为了迎合大众阅读倾向，不仅未能保证内容的客观真实，反倒以博眼球、赚流量的方式大肆宣扬传播。与此同时，在数字媒介中也会掺杂渗透一些社会既定规则和偏见，如在算法项目的设计过程中，设计者很可能会将自己的主观偏好进行投射，如算法目标、数据选择、算法模型和价值判断等[3]，致使项目初

---

① 贾林祥：《社会偏见：制约和谐社会构建的社会心理因素》，《陕西师范大学学报》（哲学社会科学版）2010年第3期第39卷，第18—23页。
② 贾林祥：《社会偏见：制约和谐社会构建的社会心理因素》，《陕西师范大学学报》（哲学社会科学版）2010年第3期第39卷，第18—23页。
③ 刘庆振、于进、牛新权：《计算传播学》，人民日报出版社2019年版。

期就产生理解偏差①。比如，纽约"311"平台在设计之初忽略了低收入人群、少数族裔等人群，从而造成了城市服务分配的不平等。换句话说，数字媒介偏见在某种意义上是社会偏见的投射。

那么，应当如何利用媒介化解社会偏见及冲突？下面从社会偏见的概念、形成和传播入手，分析社会偏见对构建和谐社会的负面影响，进而探讨媒介使用化解社会偏见的对策，以便从社会层面为构建和谐社会创造一个健康和谐的心理环境。

一　社会偏见概述

(一)　社会偏见的概念

偏见（prejudice）是一种自人类社会形成以来就一直存在的社会现象，它深刻影响着人们的社会生活②。在社会心理学中，偏见一般被认为是一种带有自己的主观想法的、对事物的认知，通常这类认知是片面的，甚至是错误的，即便部分偏见的定义中含有正面的预判（通常人们讨论的偏见多数表示负面偏向）。如奥尔波特（Allport）③ 认为，偏见是一种基于误解和不易改变的概括的憎恶感。阿伦森（Aronson）认为，偏见是人们针对某些特定群体的敌对或负向的态度，基于他们不全面的和错误的信息概括。认知心理学从认知方面讨论偏见，认为人的思维能力存在局限，在面对自己偏好的假设时，总是倾向于寻求有利于该假设的事实，而忽略不利于该假设的事实。当人们对某个或某些社会群体或某个人有偏见时，一般都会忽略实际情况，并且对这个人或者这些群体产生消极负面的评价。在对社会偏见的研究中，研究者对社会偏见的内涵有了初步的、较为笼统的解释，即"那些通常缺乏理性基础或充分证据的观念簇，即刻板印象构成了偏见的认知内容或认知根源"，而这些片面的、错

---

① 贾诗威、闫慧：《社交媒体用户算法偏见感知的批判性话语分析》，《现代情报》2023 年第 6 期第 43 卷，第 14—23 页。

② 贾林祥：《社会偏见：制约和谐社会构建的社会心理因素》，《陕西师范大学学报》（哲学社会科学版）2010 年第 3 期第 39 卷，第 18—23 页。

③ Christie R. & Allport, G. W., "The nature of prejudice," *The American Journal of Psychology*, Vol. 67, No. 4, 1954, p. 742.

误的社会认知或负面的情感经验将更容易产生偏见①。此外，还有部分研究者提出，偏见应当同时包括内群体对外群体的负面评价，以及对自我所属的内群体的积极性评价②。

偏见作为一种态度，其 ABC 理论涉及情绪、行为和认知三个方面。例如，一个带有成见的人，他可能会讨厌和他不一样的人，认为他们愚昧、危险。同时，与许多态度一样，偏见具有复杂性，它可能包含了某种傲慢的情感成分，再从情感上使他人处于劣势。

如上所述，人们很容易发现偏见的重要标志是负面评价，其产生原因有很多种，如情绪上的联想、行为上的自我辩护以及刻板印象等。产生偏见的一个重要因素是社会地位的不对等。虽然人们一直强调生而平等，但当社会的不公平出现时，偏见又会强化社会的不公平感，并进一步加强这种不公平感。而有些时候，社会制度、社会环境本身也会在无形中维持和助长社会偏见，一个具有社会优势和经济优势的群体，常常可能用自己的偏见信念去解释自身和其他人的区别③。

（二）偏见的形成和传播

奥尔波特（Allport）认为偏见是满足了一定的功能需求而产生的，诸如物质欲望、自尊需求等都可以产生或强化偏见④。在产生偏见的背后，与其相关的动机过程可能包含了心理动力机制、人格和宗教三个方面⑤。其中，心理动力机制是指在个体层面发生的一种自我防御机制，这通常是非理性的，包括投射和寻找替罪羊两种方式。投射是指将自身不喜的特质投射到外群体，形成对外群体的偏见；寻找替罪羊是指某一外群体

①　贾林祥：《社会偏见：制约和谐社会构建的社会心理因素》，《陕西师范大学学报》（哲学社会科学版）2010 年第 3 期第 39 卷，第 18—23 页；王沛：《现代社会认知理论框架下的偏见研究及其走向》，《心理科学》1998 年第 5 期第 21 卷，第 445—448 页。

②　Sherman J. W., Stroessner, S. J., Conrey, F. R., & Azam, O. A., "Prejudice and stereotype maintenance processes: Attention, attribution, and individuation," *Journal of personality and social psychology*, Vol. 89, No. 4, 2005, p. 607.

③　贾林祥：《社会偏见：制约和谐社会构建的社会心理因素》，《陕西师范大学学报》（哲学社会科学版）2010 年第 3 期第 39 卷，第 18—23 页。

④　高明华：《偏见的生成与消解　评奥尔波特〈偏见的本质〉》，《社会》2015 年第 1 期第 35 卷，第 206—228 页。

⑤　高明华：《偏见的生成与消解　评奥尔波特〈偏见的本质〉》，《社会》2015 年第 1 期第 35 卷，第 206—228 页。

因为被看作是内群体不幸的源头而受到不公正的责难①，社会认同理论指出，经济危机等集体遭遇也会导致社会中有组织地寻找替罪羊运动。奥尔波特认为偏见形成的重要因素是人格，他将人格看作是产生偏见的基本决定因素，社会上的诸多因素如经济、环境等均通过人格才会促成偏见。奥尔波特认为偏见基本上是一种人格特征，他区分了偏见型人格和包容型人格，其中偏见型人格的内心会感受到更多的不安全感、焦虑和恐惧，这些感受使他们更容易服从权威，极易导致偏见的产生。宗教则是另一个形成偏见的重要原因，但同心理动力机制和人格不同的是，它本身并不会导致偏见，而是群际过程促进了对宗教外群体成员的偏见（诸如群体间竞争资源）②。杰克逊和汉斯伯格（Jackson & Hunsberger）③认为人们基于自身的群体身份认同而偏好内群体，排斥外群体。偏见的群际观点并不意味着所有群体成员都有一致的偏见形式，而是强调外群体偏见源于群际关系④。除了上述的心理动力机制、人格、宗教等因素的影响以外，关于偏见问题的研究还应综合多个方面，从更全面的视角来解释偏见的形成原因，比如偏见在社会中是怎样达成共识的，为什么在某个群体中全体成员的偏见态度通常具有一致性等⑤。

　　通过上述的讨论，可以初步了解在形成与传播偏见的过程中有哪些潜在的心理与行为机制，那么偏见对构建和谐社会会产生怎样的影响？它对个体、群体、社会这三个方面的影响又是怎样？贾林祥⑥就社会偏见对个体、群体、社会这三个方面的影响进行了论述：在个体层面，社会偏见会导致自证预言，如社会心理学中的标签理论一般，社会和他人对

---

　　① 高明华：《偏见的生成与消解　评奥尔波特〈偏见的本质〉》，《社会》2015 年第 1 期第 35 卷，第 206—228 页。

　　② Jackson L. M. & Hunsberger，B.，"An intergroup perspective on religion and prejudice," *Journal for the scientific study of religion*，1999，pp. 509 – 523.

　　③ Jackson L. M. & Hunsberger，B.，"An intergroup perspective on religion and prejudice," *Journal for the scientific study of religion*，1999，pp. 509 – 523.

　　④ 高明华：《偏见的生成与消解　评奥尔波特〈偏见的本质〉》，《社会》2015 年第 1 期第 35 卷，第 206—228 页。

　　⑤ 高明华：《偏见的生成与消解　评奥尔波特〈偏见的本质〉》，《社会》2015 年第 1 期第 35 卷，第 206—228 页。

　　⑥ 贾林祥：《社会偏见：制约和谐社会构建的社会心理因素》，《陕西师范大学学报》（哲学社会科学版）2010 年第 3 期第 39 卷，第 18—23 页。

一个人的越轨评价与这个人是否产生越轨行为显著相关。当某个个体初次违法犯罪，被贴上负面标签，且当他自己对这个标签也产生了负面的认同时，这可能会导致他随后的违法犯罪行为。所以当社会和他人对一个群体或个人产生偏见并将其标签化后，该群体或个人很有可能出现自我实现效应，即他们通过自己的行为去验证这个标签。对此，研究者解释，社会越是以某种偏见的方式看待群体或个人，他们就越有可能表现出社会所期望的行为，这将进一步强化社会对他们的偏见，严重影响其自身的心理状态，进而形成一种恶性循环[1]。

在群体层面，受社会偏见的影响，该群体在主观感受上会有冷漠感，相对剥夺和弱势感，进而导致人际间的疏离，不利于社会成员的心理和谐。疏离等情绪反过来会加深社会偏见，导致攻击等偏见行为的发生[2]，同时，这种不良情绪也会恶化他们对其他群体的社会态度，导致更多的违规行为甚至违法犯罪行为的发生，严重影响社会秩序与稳定。

在社会层面，社会偏见会导致社会冲突，危及社会稳定。社会歧视源于社会偏见，社会歧视是强势群体对弱势群体的社会行为，会引起弱势群体的消极态度和对立情绪。当这种情绪形成并渗透到社会生活的各个方面，如果得不到及时疏解，会引发一些公共舆论，造成一些突发的群体性事件。被偏见的人或群体可能会对社会产生仇恨心理，报复社会，当心理脆弱的个体被别有用心的人加以利用和煽动，极易造成大规模的社会动荡，直接危害社会的公共秩序和长治久安[3]。

二　媒介与社会偏见及冲突

媒介在人类社会的进程中一直存在，且扮演着越来越多且越来越重要的角色，从最初的文本记录保存，到现在的多媒体融合发展，伴随媒介技术的发展，如今的媒介已经有了新的社交属性。当媒介不再只属于

---

① 贾林祥：《社会偏见：制约和谐社会构建的社会心理因素》，《陕西师范大学学报》（哲学社会科学版）2010年第3期第39卷，第18—23页。

② 杨东、吴晓蓉：《疏离感研究的进展及理论构建》，《心理科学进展》2002年第1期第10卷，第71—72页。

③ 贾林祥：《社会偏见：制约和谐社会构建的社会心理因素》，《陕西师范大学学报》（哲学社会科学版）2010年第3期第39卷，第18—23页。

某一方（某个人或某个群体），而是社会民众人人可以参与的时候，人人皆为传播活动的主角。那么，如何利用媒介使用来化解社会中的偏见和冲突呢？首先需要了解的是，媒介在人类社会的发展中承担着什么样的角色，特别是在偏见和冲突的记录和传播中的作用。

在人类社会中，最为常见和普遍的是对女性的偏见态度和歧视行为。在我国的传统观念中就存在着"男尊女卑"的思想。比如"女子无才便是德"、女性从属（受人支配）等社会观念①。以前，由于这些观念被书籍、戏曲等媒介记录，再加上封建观念根深蒂固，深入人心，这些观念影响了一代又一代的人。尽管有《梁祝》《孔雀东南飞》等流传甚广的故事在内容上表现出了女性意识的觉醒，但最终结局仍然避免不了悲剧的发生，这正是当时社会所造成的惨淡结果（如《梁祝》中女子不能读书，不能决定自己的婚姻命运）。当时媒介对女性的描述也体现出当时社会对女性的态度，这往往会被受众内化为一种社会期许，最终影响他们的意识和行为。甚至在现代社会，人们一般也会认为男性应该具有攻击、竞争、独立、支配等特点，女性应该具有温柔、顺从、同情等特点②。

随着时代的发展，人们逐渐能够意识到这些偏见的负面影响，也会更多地从媒介传播的内容中体现出思想的进步。但是这些负面影响还是不能完全消解。传统的社会偏见是公开的和显性的，现代社会的偏见则是以相对内隐的方式表现。尽管当今社会一直号召男女平等，但因为社会规范、社会期许、男性与女性的生理基础等原因，很多职位/职业还是更倾向选择男性从业。

在如今的互联网时代，人们在很大程度上依赖媒介的信息来构建社会现实③，其自身的观念和情感容易受到外界因素的影响④。而媒介可以通过选择性、强调等方式来反映某种观念、规范。在更广泛的层面上，

---

① 周晓虹：《现代社会心理学——社会学、心理学和文化人类学的综合探索》，江苏人民出版社 1991 年版。

② 周晓虹：《现代社会心理学——社会学、心理学和文化人类学的综合探索》，江苏人民出版社 1991 年版。

③ 沈正赋：《新型治理主体：重大突发风险事件中的媒介化治理能力建构研究》，《编辑之友》2022 年第 8 期第 312 卷，第 17—24 页。

④ 王学敏：《聚焦新闻传媒技术的革新与发展——评〈中国新闻传媒科技发展史话〉》，《传媒》2023 年第 2 期第 391 卷，第 101—102 页。

大众传媒反映和构建了一种刻板印象，而这种刻板印象反过来又在定义人和社会方面起着规范作用①。如若民众常常接触的媒介报告中长期存在负性刻板印象，这会持续强化民众自身的偏见，不利于健康社会心态的构建。以地域偏见为例，人们通常对不同地域的人存在先验认知，由于内群体偏好和验证性偏见，人们会对地域性文化产生经验性判断，形成有偏于实际的认知，如"上海人精明"等地域偏见。人们倾向在互联网上寻找支持自己观点的信息，并参与转发等传播行为，再加上媒介技术的发展，会对个体或某个群体进行个性化和精准化推送，最终由媒介的社群化所导致的信息扩散，使带有刻板印象和偏见的消息在持续的传播中不断被强化②。长此以往，地域偏见会发展为地域歧视、冲突。现下媒体盛行，信息传播的范围更广，大规模的报道量在自觉或不自觉地传播和扩散社会偏见。媒体报道中的农村通常都是脏乱、落后，农民素质不高、思想落后等形象，这会让很多没有接触过农村的人产生偏见。此外，在这个物质至上的时代，人们追逐享受、功利拜金。"我爸是李刚""郭美美事件"等热点事件频发，这些事件常常指向"官二代""富二代"等对象，使人联想到权力腐败，如果民众在此类事件上得不到恰当的回应，政府媒体又不加以引导，则会导致民众仇富、仇官情绪的弥散，进而造成公信力缺失，社会情绪进一步感染和发酵。

互联网在为个体表达提供技术支撑的同时，其影响力也持续地渗透进了现实社会当中，互联网社会所反映出来的一些现象也在一定程度上映照出了现实世界的真实情况。如今，许多占据各大媒体头条和微博热搜的热门话题，都会借助媒体行之有效的营销方式，尤其是新媒体的运营方式，大量曝光在大众面前，这容易引发受众的厌恶和逆反情绪。不少民众提出，因为信息化的发展，各种信息复杂繁冗，真假难辨，以致自身对社会现象表现得更加冷漠。

由于数字媒介的社会化特性，真相事实被各种刻板印象和偏见所充斥，而算法技术所遵循的社会意识形态以及基于利益的商业逻辑，也会

---

① 牛卫红：《电视体育报道中的性别偏见影响分析——以中央电视台体育频道为例》，《新闻知识》2007 年第 6 期第 276 卷，第 32—34 页。

② 言雪依：《数字崇拜》，硕士学位论文，苏州大学，2020 年。

让受众接收到的信息带有偏见。媒介客观性的偏颇使得偏见无处不在①。要使媒体所提供的新闻尽可能地与真实情况保持一致，就要求媒体人必须遵循客观公正的原则。

三 媒介建设

互联网跨越了时间和空间，拓宽了人们的交流空间，成为人们获取信息的主要途径，对人们日常生活产生了广泛的影响。伴随互联网用户的不断增多，各种各样的网络热门话题层出不穷，人们在网络舆情中会看到各种各样的偏见现象。从心理学的角度来说，人们会倾向于选择接收符合自身观念、观点与看法的内容。越来越多的软件应用通过分析用户喜好，向他们推荐大量喜好偏向内容，进而导致"信息茧房"。如果人们大量地获取趋向于自身喜好的信息，会持续地证实并强化他们的偏见。因此，媒介使用化解社会偏见及冲突，需要从媒体、政府外部和民众自身内部合力共同面对。

（一）平衡社会效益和经济效益，加强政府监管及权威信息的发布

政府的监管和媒体的自我约束能够从社会层面发力，促使当前媒体加强自身责任意识，明确自己的责任，媒体以中立的姿态，传达客观的信息，最大限度地摒弃自己的偏见（不以博眼球、流量为目的），对受众进行公共性的信息推送。

在数字化时代，媒介作为信息传播的主体，必须担负起信息传播的职责，认清自己"社会公器"的角色，避免成为"后真相"的帮凶（其中社会公器是指"在社会系统中，以维持社会公共秩序、维护社会公共利益为根本目标的组织形态、规则、机制和制度，具有公共性和工具性双重属性，而公共性是其根本属性"②）。在当前日益激烈的竞争中，数字媒体平台更加需要平衡社会效益和经济效益，充分发挥其"社会稳定器"的功能。媒体界需要加快专业化行业协会的建设，加强对于顺应数字化媒介时代的专业人才队伍建设。在传媒业的可持续发展中，应推动传媒

---

① 言雪依：《数字崇拜》，硕士学位论文，苏州大学，2020年。

② 高炜：《社会公器与新闻媒介》，《内蒙古大学学报》（人文社会科学版）2008年第1期，第115—118页。

资源的合理分配，实现传媒业的良性发展。

（二）增加媒介接触的种类、增强对现实世界的感知，提高媒介素养、培养批判精神

社会民众自身也应在观念上重视信息获取、传达，需要积极行动起来，主动拓宽信息接收的媒介类型和内容，来使自身信息获取更全面的信息。民众在平时获取感兴趣的娱乐八卦信息时，也需要通过权威媒体进行公共信息的接收，帮助自己突破"信息茧房"的桎梏，平衡信息接收。在此过程中，社会民众可以培养批判精神，提升媒体素养，减少对媒体平台的依赖。若民众过分依赖媒体，则更容易束缚思维，产生虚拟认知与现实生活之间的落差，进而加剧或强化社会偏见和冲突。所以，民众可以在使用媒体的时候，尽量保持理智与清醒，尽可能减少与虚拟媒体的接触时间，适当增加对现实世界的直接感知，通过实践与他人的交流来了解世界，让自己合理、有序地参与到社会的对话中去[1]。

在当前复杂多变的社会环境下，媒体在化解社会偏见与冲突方面发挥着越来越重要的作用。媒介使用能够帮助人们更好地理解和处理各种矛盾和冲突，从而提高人们的生活质量。

案例分析

一个旅游博主在网络上发视频称，自己在重庆武隆天坑游玩时，选择了坐轿子（当地叫滑竿）上山，视频一经发出，该博主便遭遇了网络暴力。视频中，他在半个小时内见没人，于是选择坐轿子上山，几位轿夫正聚集在一起闲聊等游客，于是博主决定去帮他们，雇了其中两位轿夫抬轿子上山。途中得知其中一位轿夫大叔的儿子即将毕业，因此这位轿夫准备为了儿子多赚点钱。他每天辛苦出工，一个月最多才赚三四千元，尽管如此，仍然要比在家种地赚得多。博主没有坐完全程，而是中途转了600元给轿夫。有键盘侠指责："大家都生而为人，你凭什么花钱践踏他的尊严。"[2] 这是《极目新

① 言雪依：《数字崇拜》，硕士学位论文，苏州大学，2020年。

② 卢怿、史艳芳、黄文萱、方柳：《从"博主上山坐轿被网暴"事件看媒介暴力》，2023年3月8日，http://media-ethic.ccnu.edu.cn/info/1004/3183.htm，2023年4月24日。

闻》于 2022 年 8 月 22 日发布的报道，在社交媒体（微博等）上引起了热议。

滑竿服务作为景区的一种特色服务，主要是为了方便身体不佳或体力较差的游客上坡登山，在全国各地的景区内普遍存在，是滑竿师傅们养家糊口的生计。据上游新闻报道，重庆武隆天坑景区的滑竿师傅都是附近农民，共有 68 人，在景区凭力气挣钱吃饭，他们年人均收入在 5 万元左右[①]。但是目前因为大众所表达的"同情心"，导致人人不敢坐轿，怕被指指点点、怕被发到网上谩骂，所以以此谋生的滑竿师傅们濒临失业。这本是滑竿师傅们付出劳动、乘客支付报酬的正常工作流程，却因部分网友的偏见和所谓的"同情心"，遭到指责、声讨和谩骂，影响了游客们的乘坐意愿，破坏了滑杆师傅们的生计。

上述事件中，多数情况下人们在不清楚事件原委时，往往趋于跟随自身的先验经验和刻板印象进行站队，人们会更同情体力劳动者，认为他们的劳作既辛苦又危险，继而联想到自身或周围有类似的体力劳动者，从而导致这些情绪会更加弥漫，进而在社交媒体上声讨乘轿人。不少网友由于内群体偏好（将自己归属于劳动群体，认为自己不会和乘轿人一样无情）和验证性偏见（认为搭乘轿子的人缺乏善意，心狠，进而给该群体贴上不善的标签），在"博主上山坐轿被网暴"的事件中发出阵阵骂声。但是，很多人并不了解轿夫这个职业，他们忽略了轿夫也是普通劳动者中的一员，凭自己血汗赚钱。他们利用网络环境的虚拟性和网络媒介的匿名性，将内心的个人情绪在社交媒体上放纵，通过暗示和情绪感染让更多人加入他们的声讨队伍，进而导致群体极化现象，不少网友的善意、好心，也会被群体影响，造成"博主上山坐轿被网暴"的事实。

事发后，景区、轿夫等当事人在社交媒体上及时做出回应，他们认为"一些年轻人出于善意而选择坐轿上山，以照顾轿夫生意"

---

① 卢怿、史艳芳、黄文萱、方柳：《从"博主上山坐轿被网暴"事件看媒介暴力》，2023 年 3 月 8 日，http://media-ethic.ccnu.edu.cn/info/1004/3183.htm，2023 年 4 月 24 日。

"轿夫工作并不丢人"，并科普了"轿夫"这项工作，才慢慢平息了风波。

　　诸如此类的事件还有很多，如武汉糖水爷爷因糖水物美价廉、可免费续杯、为人和善走红网络，但是他也遭受了来自网民的网络暴力。最后，糖水爷爷因为网暴影响了正常生活，他选择离开武汉，放弃了糖水生意。

　　在此类事件中，偏见事件会在社交媒体中放大，可能引发群体性事件，需要主流媒体、权威媒体及时、理性地发声，充分发挥自身的权威性和专业性，避免对社会大众进行错误的引导，以事实引导舆论。

第二节　媒介使用赋能社会舆情治理的心理与行为路径

　　民众获取与传播信息的方式随媒介手段的变化而改变，特别是移动互联网、社交媒体的普及，这种变化趋势对于社会舆论（一种重要的社会心理现象）的形成和扩展产生了极为明显的影响，它使现代的社会公众有可能形成能够制约任何社会组织、群体和个人行为的独立意见，而这种独立的意见是区分现代民主社会和传统专制社会的一个十分显著的区别[1]。公众意见在社会生活中占据着重要位置，在数字技术创建出网络平台以后，公众意见开始通过舆论或舆情的形式表现出来[2]。舆论和舆情虽然在网络虚拟空间里产生，但是最终却作用于社会公众的现实生活。而媒介技术将公众意见翻新为舆论和舆情的同时，也为二者在社会发展中的变化和成长创造新的可能[3]。

---

　　① 周晓虹：《现代社会心理学——社会学、心理学和文化人类学的综合探索》，江苏人民出版社1991年版。

　　② 金旭阳：《全媒体背景下舆论和舆情的关系辨析》，《传媒》2017年第19期第264卷，第91—93页。

　　③ 金旭阳：《全媒体背景下舆论和舆情的关系辨析》，《传媒》2017年第19期第264卷，第91—93页。

通过社交媒体平台，舆论与情感的连接及其交互作用将更加明显。在公共讨论中包含着大量的情感信息，情感驱动人类的行为，特别是对于信息的传播有独特的催化作用（在各种公共舆论事件中，网民参与其中评论、转发）。人们"留驻"在网络上的信息愈加丰富。对此进行分析可以探知情感信息背后，在人类的沟通中，人们的内心表露，在更深的心理层次上呈现交流、态度和达成共识的机制与路径①。

媒介使用赋能社会舆情治理的心理与行为路径是一种致力于通过媒体的力量来改善社会舆情、提升政策落实效率、助力社会治理的新模式。下面将通过对媒介使用和社会舆情的论述，从更为广阔的社会背景出发，进一步了解人类社会行为的发生、发展及其规律。

一 社会舆情概述

（一）舆情的概念及构成

舆情（public sentiment）是中国语境下特有的概念，最初是指百姓的情感、情绪，《辞源》中将其解释为"民众的意愿"②。随着社会的发展，舆情概念的内涵也逐渐演化。当代对舆情的认识普遍采用的是根据"情绪说"的观点，舆情是指公众对自己关注或利益相关的公共事务，表现出的各种情感、愿望、态度和看法的集合。公众由个人和不同的社会团体组成，他们所处的历史时期和社会环境也会影响他们的舆情③。这个说法得到多数学者的认同，后续学者基本沿用了这一界定。

从舆情的构成要素上看，其主要包括舆情主体、舆情客体、舆情本体、舆情载体和舆情引体五部分④。舆情主体是指发起舆情活动的、一定范围内的大多数民众；舆情客体是指舆情事件中所针对的有活动能力的对象；舆情本体是指民众的态度、观点和情感的总和；舆论载体是舆论

---

① 刘昊：《传播社交媒体舆论情感研究》，南开大学出版社 2022 年版。

② 王来华、林竹、毕宏音：《对舆情、民意和舆论三概念异同的初步辨析》，《新视野》2004 年第 5 期，第 64—66 页。

③ 朵开丽：《"同根生""共进退"：舆论与舆情的关系探究》，《新媒体与社会》2017 年第 4 期，第 73—86 页；刘毅：《网络舆情研究概论》，天津人民出版社 2007 年版；于家琦：《"舆情"社会内涵新解》，《天津大学学报》（社会科学版）2011 年第 2 期第 13 卷，第 164—167 页。

④ 曾润喜、张薇：《网络舆情学》，科学技术文献出版社 2014 年版。

事件发生、传播和演变的承载平台或空间，一般指媒体等传播中介；舆情引体是指引发社会舆情的具体事件。

舆论、舆情和民意这三个概念经常被混用。从新闻传播学的角度出发，舆论（public opinion）指的是在社会或社会群体中，人们对最近发生的、为人们普遍关注的具有争议的社会问题的一致看法①。陈力丹②把舆论的定义分为三种：一是把舆论作为一种社会感知的界定，如"舆论是一种表现出社会总体感知和集体意识的权威的多数人的共识"；二是强调舆论是对于某一特定对象而发出的意见的定义，比如"舆论指的是社会或社会群体中对近期发生的、为人们普遍关心的某一争议的社会问题的一致意见"；三是认为"舆论指的是公众对其关心的人物、事件、现象、问题和观念的信念、态度和意见的总和，它具有一定的一致性、强烈程度和持续性，并对有关事态的发展产生影响"③。

喻国明和刘夏阳④认为，舆论是一种集体意识，它包括公众的、阶层的、团体的、大众的、上层的和下层的舆论；民意是所有人的观点和意愿的总和，它反映了所有人的共同意愿。尽管这两个概念在种类上存在着差异，但因为民意是舆论的主要组成部分，而民意测验又是民意调查的重要手段，因此，在具体的使用过程中有时是容许混用的⑤。现在很少有人把"舆情"当成"民意"，把"舆情"当成"舆论"，更多的研究者开始探析区分这三个概念。

韩运荣和张欢⑥从三者理论应用边界探讨了它们之间的差异。其中民意强调民主制度下的决策功能，更多地关注"大多数人"的利益，并以

---

① 金旭阳：《全媒体背景下舆论和舆情的关系辨析》，《传媒》2017 年第 19 期第 264 卷，第 91—93 页。

② 陈力丹：《舆论学：舆论导向研究》，中国广播电视出版社 1999 年版。

③ 邓新民：《网络舆论与网络舆论的引导》，《探索》2003 年第 5 期，第 78—80 页；韩运荣、张欢：《民意、舆论与舆情：概念歧义、功能辨析与实践限度》，《中国新闻传播研究》2021 年第 4 期，第 17—33 页；于家琦：《"舆情"社会内涵新解》，《天津大学学报》（社会科学版）2011 年第 2 期第 13 卷，第 164—167 页。

④ 喻国明、刘夏阳：《中国民意研究》，中国人民大学出版社 1993 年版。

⑤ 韩运荣、张欢：《民意、舆论与舆情：概念歧义、功能辨析与实践限度》，《中国新闻传播研究》2021 年第 4 期，第 17—33 页。

⑥ 韩运荣、张欢：《民意、舆论与舆情：概念歧义、功能辨析与实践限度》，《中国新闻传播研究》2021 年第 4 期，第 17—33 页。

此为共同的决定基础；舆论则强调在社会公共空间下与在个体平等的话语权下的"多元意见集合"；舆情则是具有中国特色的概念，它更强调网络舆论在网络环境和社会风险意识下的宏观动态信息，在社会维稳的目标下，为应对突发事件及危机管理提供预警功能。总而言之，民意注重实现社会决策；舆论重在政治沟通；舆情则聚焦于实现社会治理①。

通常，研究者赞同舆论和舆情都是普通民众对所关心的事件和问题所形成的态度、意见、情绪和观点的总和这一观点，认为舆情包含内隐的和外显的态度、观点和情绪，只有外显的、能够被外界感知到的、一定范围内大多人持有的才是舆论。但是，随着数字技术的发展，媒体环境和社会背景都出现了突破性的变化，让舆论和舆情不再局限于"舆情是舆论的初始状态，而舆论是舆情的升华表现"的简单联系②，在大众传播与人际传播相互交织的传播过程中，舆论和舆情在概念的界定、传播过程与发展趋势上，逐渐出现了不同程度的界限模糊、内容粘连的现象③。

（二）社会舆情的形成与传播

社会舆情是一种在特定的时间、特定的范围内，人们基于社会现实所做出的一种主观反映，它以思想、心理、情感等形式表现出来④。在大数据时代，不管是人们的思想、心理，还是意见、情感等，因为无处不在、无时不在的网络化影响，都成为了数据信息，今天，人们所说的社会舆情治理，在很大程度上是指网络舆情治理⑤。网络舆情是指非官方的个人、群体或组织在网络空间中发布和传播的含有情绪、态度、意愿、

① 韩运荣、张欢：《民意、舆论与舆情：概念歧义、功能辨析与实践限度》，《中国新闻传播研究》2021 年第 4 期，第 17—33 页。
② 金旭阳：《全媒体背景下舆论和舆情的关系辨析》，《传媒》2017 年第 19 期第 264 卷，第 91—93 页。
③ 董向慧：《"后真相时代"网络舆情与舆论转化机制探析——互动仪式链理论视角下的研究》，《理论与改革》2019 年第 5 期第 229 卷，第 50—60 页。
④ 朵开丽：《"同根生""共进退"：舆论与舆情的关系探究》，《新媒体与社会》2017 年第 4 期，第 73—86 页。
⑤ 王仕勇：《大数据时代的社会舆情治理：何以可能与何以可为》，《重庆社会科学》2021 年第 12 期第 325 卷，第 84—95 页。

认知或行为倾向的信息①。

目前，主题发现、舆情预警、引导治理等方面已经形成了一套完善的研究框架和成果。其中，有些理论比较有影响力，如生命周期理论、认知定势理论、沉默的螺旋理论、群体极化理论、蝴蝶效应理论和治理理论等②。

简单地说，网络舆情是一个动态的过程，它有自己的周期、规律和连续性，它的传导路径受到多个主体的参与和多种因素的影响③。已有研究显示，舆情信息、舆情环境以及舆情要素三个部分之间相互作用影响的过程构成网络舆情的演变传导，从而形成了不同类型的传导阶段划分模型④。一些学者从生命周期角度出发，分别提出了"三阶段""四阶段""五阶段""六阶段"等不同的研究模型，并由此引申出了相应比较完整、系统的网络舆情研究体系⑤。其中，"三阶段"是指舆情的发生、变化和结束，或是舆情的产生、传播、聚合⑥。刘毅⑦在三阶段及基础上添加舆情演化在不同阶段的阈值特点，提出包含"涨落、序变、冲突、衰减"这四个阶段的模型；谢耘耕和荣婷⑧运用传播学的有关理论，与互联网的特点以及网民的异质性相结合，将舆情划分为"形成期、爆发期、缓解期和平复期"四个阶段。然而，随着互联网环境日趋复杂化，话题事件呈现出不断升级演变的趋势，其演变过程将受多种因素的影响，呈现出更多阶段性、情境化的特点。因此，以"五阶段""六阶段"等为代

①　王国华：《突发事件网络舆情的动力要素及其治理》，华中科技大学出版社 2017 年版。

②　孙倬、赵红、王宗水：《网络舆情研究进展及其主题关联关系路径分析》，《图书情报工作》2021 年第 7 期第 65 卷，第 143—154 页。

③　孙倬、赵红、王宗水：《网络舆情研究进展及其主题关联关系路径分析》，《图书情报工作》2021 年第 7 期第 65 卷，第 143—154 页。

④　孙倬、赵红、王宗水：《网络舆情研究进展及其主题关联关系路径分析》，《图书情报工作》2021 年第 7 期第 65 卷，第 143—154 页。

⑤　曾润喜、王晨曦、陈强：《网络舆情传播阶段与模型比较研究》，《情报杂志》2014 年第 5 期第 33 卷，第 119—124 页；胡峰：《重大疫情网络舆情演变机理及跨界治理研究——基于"四点四阶段"演化模型》，《情报理论与实践》2020 年第 6 期第 43 卷，第 23—29、55 页。

⑥　徐敬宏、李欲晓、方滨兴、刘颖：《非常规突发事件中网络舆情的生成及管理》，《当代传播》2010 年第 4 期第 153 卷，第 41—43 页。

⑦　刘毅：《网络舆情研究概论》，天津人民出版社 2007 年版。

⑧　谢耘耕、荣婷：《微博舆论生成演变机制和舆论引导策略》，《现代传播》（中国传媒大学学报）2011 年第 5 期第 178 卷，第 70—74 页。

表的多级传播模式应运而生①，他们在新环境下有更强的概括性和包容性，后续还有待研究者的进一步实际应用与验证。

此外，作为舆论主体的网民，他们的心理活动机理以及他们所处的社会环境，也在舆情的形成与传播中起着举足轻重的作用。例如，彼得森（Petersen）②等在关于公众情绪对社会福利决策进程及内容的影响的研究中发现，网民的心理因素参与了网络舆情的每个环节。比如，认知定势理论认为，网民们会根据自己的情绪取向、社会经验等，对特定的对象或事物形成一定的认知定势。在网络舆情中，如果有相关的对象或事物被牵扯进来，网民们就会更加积极地参与到发布、传播相关事件的过程中，将舆情转化为公众间的共鸣意识，从而在整个社会中产生蔓延效应③。同时，研究表明，网民的心理意识和行为表现不仅受到心理定势的影响，还会受到感知外界态度是否与其观念、看法一致的影响。如果网民感知到一致时，他们通常会更积极主动地参与并促进舆情传播；但如果不一致（可能不被认可时），他们通常会因为怕被孤立而选择沉默。如果以这种趋势发展，可以预见的是，在网民中，感知一致观点将会迅速地传播开来，在社会层次上引起人们的高度重视，从而形成具有一定影响力的网络舆情，而那些感知不一致的观点将会变得越来越沉默，这就是沉默的螺旋效应④。不但如此，已有研究表明，群体决策会导致群体极化（群体极化论），极大地加剧极端舆情的发生与扩散，可能给经济发展与社会稳定带来严重的负面影响。王兰成和陈立富⑤指出，在网络虚拟世界中，网民由于受到自己或所处环境的影响，所做出的行为或决策，

① 曾润喜、王晨曦、陈强：《网络舆情传播阶段与模型比较研究》，《情报杂志》2014年第5期第33卷，第119—124页；孙倬、赵红、王宗水：《网络舆情研究进展及其主题关联关系路径分析》，《图书情报工作》2021年第7期第65卷，第143—154页。

② Petersen M. B. , Sznycer, D. , Cosmides, L. , & Tooby, J. , "Who deserves help? Evolutionary psychology, social emotions, and public opinion about welfare," *Political psychology*, Vol. 33, No. 3, 2012, pp. 395 – 418.

③ 孙倬、赵红、王宗水：《网络舆情研究进展及其主题关联关系路径分析》，《图书情报工作》2021年第7期第65卷，第143—154页。

④ 乐国安、李绍洪：《心理定势发生机制的模型建构》，《心理学探新》2006年第2期，第3—8页。

⑤ 王兰成、陈立富：《国内外网络舆情演化、预警和应对理论研究综述》，《图书馆杂志》2018年第12期第37卷，第4—13页。

如果能够满足自己的意愿，并满足社会的需要，就会有利于社会的稳定。相反，他们可能会因为自己的愿望得不到实现，或者做出一些过激的举动，从而引发一场群体性的灾难，甚至还会因为"蝴蝶效应"，让矛盾升级，造成社会的危机①（蝴蝶效应理论）。

综合上述观点，网络舆情具有主体多样性、情绪化非理性、群体极化性等特点。当某一负面事件违背了民众期望与利益时，会引发强烈的社会共鸣，民众会在网络平台表达自己的情绪和观点。依据沉默螺旋理论，当个人观点与多数人的观点一致时，民众的表达会更大胆，否则会选择沉默，如此便会使优势方的声音更加宏大。这一过程多次来回往复后，便会形成群体一致性的舆论观点②，最终形成网络舆情。网络舆情的发展阶段划分、演化机理及治理路径等是一个涉及多个主体对象交互影响的复杂演化过程，需要将多学科的知识进行有机融合并相互关联，才能对其内在机理及作用规律进行分析③。

二　媒介与社会舆情

上述的讨论展现了舆情的概念、形成与传播，同时也提到要重视媒体在舆论引导中的角色。尤其是在媒介变革背景下媒介的变化，改变了社会心理的产生机理和表现形式，可以让一种社会心理得到快速的传播④。现如今，互联网已经成为人们获取社会事件信息和表达心理诉求的重要平台，网络舆情也已成为社会心理的一种直接体现⑤。在新技术的浪潮下，泛媒化与可视化让网络舆情呈现出更为动态性和多样性的特点，

---

①　王兰成、陈立富：《国内外网络舆情演化、预警和应对理论研究综述》，《图书馆杂志》2018 年第 12 期第 37 卷，第 4—13 页。

②　参见 Noelle-Neumann E. , "The spiral of silence a theory of public opinion," *Journal of communication*, Vol. 24, No. 2, 1974, pp. 43 – 51; Noelle-Neumann E. , "The public opinion research correspondent," *Public Opinion Quarterly*, Vol. 44, No. 4, 1980, pp. 585 – 597.

③　孙倬、赵红、王宗水：《网络舆情研究进展及其主题关联关系路径分析》，《图书情报工作》2021 年第 7 期第 65 卷，第 143—154 页。

④　周晓虹：《社会心态、情感治理与媒介变革》，《探索与争鸣》2016 年第 11 期第 325 卷，第 32—35 页。

⑤　李泽、谢熠、罗教讲：《突发公共卫生事件社会心理影响因素分析》，《学校党建与思想教育》2021 年第 6 期第 645 卷，第 91—93 页。

同时也为探索舆情的影响因素和解析机制等带来新的挑战。

孙倬等①区分了舆情传播的两大环境：网络媒介环境为技术硬环境、社会结构压力为社会软环境。技术硬环境主要是指，在目前的媒体环境下，信息的传播不再受到传统媒体的地域限制，而是从"一对多"走向"多对多"分散的传播网络，每个人都能成为信息的传递者。这极大地便利了人民群众积极参加社会生活，表达自己的观点和利益。此外，随着移动互联网的发展，人们的时间碎片化得到了很好的利用，这使得人们在网上聚集并形成了一种新的舆情导向。最终，互联网空间为民众提供了一个可以发表观点的虚拟平台和了解事实真相的场景，为民众创造了一个通过媒介构建的虚拟的社会现实②。在社会软环境层面上，相对剥夺理论和价值累积理论阐释了关于社会结构压力对网络舆情的影响机制③。根据相对剥夺理论，社会变革和经济发展虽然提高了人们的物质水平，但也导致了一些问题，如贫富悬殊、不公正现象和相对剥夺感等。在这种情况下，民众会倾向于利用网络平台来表达自己的不满，与此同时，他们也更加重视维护自身的利益诉求。以价值累积理论为依据，当民众在社会中感受到结构性紧张、剥削感和压迫感的时候，他们可能会选择在互联网上宣泄自己的愤懑和不满，甚至采取一些强烈的言辞或极端的举动，来激发其他成员的情感共鸣和行动上的支持，从而把这些情绪转化为成员的普遍性信念，促进集体利益诉求的实现④。

"刺激反应"理论认为，机体在接受外部刺激时，机体会发生一系列的心智活动，并对其做出相应的反应。当网民被外界的热点事件或话题所刺激的时候，他们一般会根据已有价值的情感倾向和社会的结构性压

① 孙倬、赵红、王宗水：《网络舆情研究进展及其主题关联关系路径分析》，《图书情报工作》2021年第7期第65卷，第143—154页。

② Zhao Y., "Public opinion evolution based on complex networks," *Cybernetics and Information Technologies*, Vol. 15, No. 1, 2015, pp. 55 - 68.

③ 马翔、包国宪：《网络舆情事件中的公共价值偏好与政府回应绩效》，《公共管理学报》2020年第2期第17卷，第70—83、169页；孙倬、赵红、王宗水：《网络舆情研究进展及其主题关联关系路径分析》，《图书情报工作》2021年第7期第65卷，第143—154页；徐勇：《网络舆情事件演变的动力学建模及预警监测》，《现代情报》2016年第4期第36卷，第14—19、56页。

④ 孙倬、赵红、王宗水：《网络舆情研究进展及其主题关联关系路径分析》，《图书情报工作》2021年第7期第65卷，第143—154页。

力，形成一系列的心理活动①。在这种情况下，网络舆情从具体的事件到抽象的情绪的转变中，网民的心理起到了中介的作用。从使用与满足理论出发，研究人员认为，网民在利用网络平台进行舆情传播的过程中，是以主体性和参与性为前提的，这源于他们对自己的需求和预期的满足，表达对舆情的情绪、态度和诉求等。

民众对某一热点事件的看法和评价，一般有两种情形：一是在"移情理论"的作用下，网络用户往往会对自己喜欢的、支持的人给予积极的评价，并会对与自己有类似经历的人给予更多的同情，从而在网络用户中形成一种情感的传递，达到一种情感的传递；二是由于"认知失调"的影响，人们在面对一个网络事件或者一个热门话题时，往往会产生一种心理上的张力。当用户意识到自己对某个网络事件的看法和行动与群体存在差异时，往往会引发自己的心理焦虑②。这个时候，网民们为了减轻自己的压力，往往会选择在网络上发表一些与自己内心真实态度相一致的信息或者评论，来达到两者之间的平衡。网民们就是这样对自己的心理认知进行了调节，他们在网络上展示、表达和实现自己的过程中，达到了自己的心理态度与自己的实际行为的一致，这样既能满足自己，又能促进舆情的传播。除此以外，互联网的虚拟性、自主性和开放性给在群体环境下的网民极化心理和极化网络舆情的形成，带来了一个轻松便利的环境③。

最后，舆情生产、扩散和控制等过程的社会外部因素包括触发性事件、有效动员和社会控制力量。基于价值积累理论，社会群体性的诱因与刺激是诱发群体性事件的"导火线"。一部分人因为社会结构压力等因素，对现实社会产生不满与愤懑，若情绪长期无法得到释放，而网络上发生的一些突发性事件对其心理产生了冲击与影响时，这些人群会将情绪转化为实际行动④。另外，根据冲突理论，在真实的社会环境下，民众

---

① 王筱纶、顾洁：《企业危机网络舆情的传播路径及其在供应链中的纵向溢出效应研究》，《管理科学》2019 年第 1 期第 32 卷，第 42—55 页。

② 王来华：《当前舆情研究深入展开中的几个重要问题》，《新闻与传播研究》2018 年第 S1 期第 25 卷，第 120—121 页。

③ Mostafa M. M., "More than words: Social networks' text mining for consumer brand sentiments," *Expert systems with applications*, Vol. 40, No. 10, 2013, pp. 4241 - 4251.

④ 赵成斐：《"网络集群行为"与"价值累加"——一种集体行动的逻辑与分析》，《新闻与传播研究》2013 年第 8 期第 20 卷，第 67—77、127 页。

舆情往往是在不同行动者之间发生冲突后产生的。热点、突发事件、有争议的话题，都是可能发生冲突的背景环境①。研究者强调只有具备了冲突性（吸引注意力）、煽动性（引发情绪共鸣）、超常性（激发好奇心）、戏剧性（引发热烈讨论）等刺激特性的话题，才是有效的触发事件。随着互联网媒体的发展，触发性事件一旦出现，就会在很短的时间里，在网友之间建立起一种普遍的共识，并在从众效应和沉默螺旋理论的影响下，形成一个典型的群体极端观点②。

因而，若能在公众舆情形成的过程中，对舆情进行有效的动员和干预，则能对公众舆情起到有效的引导与控制作用，从而达到维护社会安定的目的。其中，有效的舆情动员通常是指在舆情的形成过程中，具有权威性和影响力的意见领袖对有代表性的网友观点进行梳理，并运用专业知识对其进行报道，从而将网友的情绪或观点引向正面的方向上，防止事态的恶化和负面的舆情③。然而，由于突发事件的突发性与复杂性，以及网络媒体的公开与匿名特性等特点，会增加网络舆情调控的难度，导致突发舆情事件的频繁发生。所以，在遇到突发危机事件的时候，除了对其进行有效的动员，还需要充分发挥有关部门的职能，诸如发布官方通报、及时辟谣等行为，这样可以有效地阻止负面舆情的扩散和传播，从而维护社会秩序的稳定和发展④。

三　媒介建设

网络（尤其是媒体平台）是今天公众表达诉求的重要载体和渠道⑤，

① 许敏：《网络群体性事件研究：路径、视角与方法》，《甘肃社会科学》2013 年第 4 期第 205 卷，第 61—64 页。

② 易承志：《群体性突发事件网络舆情的演变机制分析》，《情报杂志》2011 年第 12 期第 30 卷，第 6—12 页。

③ 孙倬、赵红、王宗水：《网络舆情研究进展及其主题关联关系路径分析》，《图书情报工作》2021 年第 7 期第 65 卷，第 143—154 页。

④ 廖卫民：《论突发事件中的舆论动员——以南方雪灾为例》，《新闻记者》2008 年第 4 期第 302 卷，第 9—12 页；孙倬、赵红、王宗水：《网络舆情研究进展及其主题关联关系路径分析》，《图书情报工作》2021 年第 7 期第 65 卷，第 143—154 页。

⑤ 王仕勇：《大数据时代的社会舆情治理：何以可能与何以可为》，《重庆社会科学》2021 年第 12 期第 325 卷，第 84—95 页。

在现实生活中，人们可以很轻易地将关于特定社会现象或社会问题的言论和观点发布到互联网上，在互联网上进行的讨论和意见也会迅速地扩散到现实社会中，这种以数字流技术为基础的传播方式，已经成为了新媒体时代的一种常态①。在新媒体时代下，需要对重大舆情和突发事件的舆情导向机制进行完善，需要构建并完善网络综合治理体系，在整体上提升网络治理能力和治理水平，政府应加强对社会危机的预防和处理，提高社会危机和突发事件的处理能力；对主流新闻媒体而言，将"网络舆情"的产生、传播作为一种研究视角，这与其所承担的社会责任、所应具有的功能定位密切相关。所以，从某种意义上来说，信息治理已经成为了政府和主流媒体都要面临的一个社会问题，也是化解社会风险的一项重要措施②。

（一）信息属性优化，积极回应民众关切

民众对事件信息的认知和加工影响着舆情的发生与发展。信息公开的权威性与专业性、及时性与持续性、准确性与客观性等公开方式与方法都影响着民众对事件信息属性的认知。民众对事件起因、处理流程等信息的需求较高。信息的权威公开与小道消息、主动公开与被动公开会造成不同的社会心理效果，并对公众对机构的信任产生影响③。人们通常会重视第一印象，并存在证实性偏差，会寻找更多的信息或理由支持自己的判断，进而加强自身原有的判断，产生信念的固执偏见。这就需要政府抢占信息公开的主导权，最后对信息的发布应当减少模糊性和不确定性，防止民众发生舆论性心理恐慌④。此外，通过对信息属性的优化，积极回应民众关切的问题，也有利于民众对政府的信任。

---

① 沈正赋：《社会风险视野中网络舆情的生成、传播及其信息治理——基于新冠肺炎疫情网络信息的梳理与阐发》，《安徽师范大学学报》（人文社会科学版）2020 年第 5 期第 48 卷，第 140—147 页。

② 沈正赋：《社会风险视野中网络舆情的生成、传播及其信息治理——基于新冠肺炎疫情网络信息的梳理与阐发》，《安徽师范大学学报》（人文社会科学版）2020 年第 5 期第 48 卷，第 140—147 页。

③ 李泽、谢熠、罗教讲：《突发公共卫生事件社会心理影响因素分析》，《学校党建与思想教育》2021 年第 6 期第 645 卷，第 91—93 页。

④ 党君：《重大疫情事件中建设性新闻对于公众情绪的调节与引导》，《当代传播》2020 年第 4 期第 213 卷，第 56—59 页。

（二）舆情引导加强，鼓励公众参与公共事务

网络舆情已经成为分析评估社会心理的重要依据。研究者可以运用大数据等新兴技术，对舆情进行监控，对社会心理进行研究，并对其进行量化和质性研究，对社会心理的变化趋势进行分析，并对社会心理反映到群体行为中的可能风险进行评估。研究者可利用舆情空间信息的正面作用，对舆情进行引导，对社会心理进行干预①。

在信息管理上，一方面需要加大积极信息的传播力度，自觉地使用情感感染策略，充分发挥积极情感的传染效应；同时，需要加强对网络中负面消息的管理，对网络中的流言蜚语进行有效的打击。社会大众对消极消息的重视程度要比积极消息高，消极消息的处理方式会影响到社会大众的焦虑与厌恶感，情绪化的流言会引发大规模的扩散，引发社会大众的恐慌。媒介可以通过提供知识和信息，来帮助民众了解当前社会舆情，引导民众正确认识和判断社会舆情，建立民众的沟通平台，鼓励他们参与到公共决策，在一定程度上能提升社会舆论环境的水平和质量。

（三）舆情监测管理，优化社会心理环境

相关部门可以通过社交媒体平台对社会舆情进行监测，及时发现并阻止各种谣言和错误信息的传播。此外，需要增强民众对社会舆情事件的科学认识，提高其认知水平、科学预防能力、心理调节能力、对事件信息的判断能力等，以此来缓解民众在可能发生的舆情事件时产生恐慌心理与从众心理。媒介使用赋能社会舆情治理的心理与行为路径可以通过以上方式实现，同时还需要注意保持良好的媒介素养以及有效引导公众情绪等问题。

第三节　媒介使用塑造民众积极社会心态的心理与行为路径

近年来，随着经济和社会的快速发展，我国进入了经济体制转轨的重要阶段，各类重大突发事件频繁发生，影响人们的心理状态，进而影响社

---

① 李泽、谢熠、罗教讲：《突发公共卫生事件社会心理影响因素分析》，《学校党建与思想教育》2021年第6期第645卷，第91—93页。

会心态，不利于社会的安定。如果这种情况得不到及时的疏导与调整，将不可避免地导致社会危机的发生①。媒体是人们获取信息的重要渠道，也是人们发表意见的重要平台，是公众非政治化参与最多的社会场所。在这里，大量的公众观点和情感都会被发表并进行讨论，这些都会通过感染机制对社会心态的形成产生影响。周晓虹②在对媒体变化与社会心理之间关系的探讨中，提出三个方面的内容：（1）媒体对中国人的社会心理的形成机理和表现形式有很大的影响，特别是在社会心理形成的过程中，呈现出一种变化与互动的特点；（2）因为变化性的增强，使得一种社会性心理在一瞬间就会产生，从而加大了人们对社会性心理进行研究的难度；（3）由于媒体的变化，交互与传播可以让一种社会心理迅速蔓延。

因此，从媒体塑造民众积极的社会心态的心理和行为路径进行分析和探索，能够为党和政府从媒体的角度来培养社会心态提供理论意义和现实价值，它可以帮助党和政府准确地掌握人民群众的社会心态中存在什么问题，并利用媒介的平台去制定更加合理、有效的政策和行为机制，从而在一定程度上消除社会的负面情绪，促进积极的社会情绪。以往研究或从社会心理学视角对社会心态的理论、结构及测量维度进行探讨，或从传播学视角探讨社交媒体与社会心态的关系，鲜有研究从跨学科视角探究媒介使用对社会心态的影响。故此，下面以心理学辐射媒介，探讨媒介使用如何作用于民众的社会心态，进而提出媒介使用塑造民众积极社会心态形成的心理与行为路径，深化社会心态理论研究的现实针对性和时代性。

一　社会心态概述

（一）社会心态的概念与特性

"社会心态"是一个在学术上常用但含义模糊的概念③。杨宜音④认

---

① 党君：《重大疫情事件中建设性新闻对于公众情绪的调节与引导》，《当代传播》2020 年第 4 期第 213 卷，第 56—59 页。

② 周晓虹：《社会心态、情感治理与媒介变革》，《探索与争鸣》2016 年第 11 期第 325 卷，第 32—35 页。

③ 杨宜音：《个体与宏观社会的心理关系：社会心态概念的界定》，《社会学研究》2006 年第 4 期，第 117—131、244 页。

④ 杨宜音：《个体与宏观社会的心理关系：社会心态概念的界定》，《社会学研究》2006 年第 4 期，第 117—131、244 页。

为社会心态是在一定的历史时期，存在于整个社会或社会群体中的一种情绪状态。周晓虹①从中国的实际情况出发，她提出，具有中国特色的社会心态是社会变化的鲜明标志，在社会变化与变革中起着无可取代的作用。马向真和张雷②则结合社会心态的核心要素，把社会心态看作是对事实的描述和对价值的判断的结合。王俊秀③在对以往关于社会心态的研究进行总结与归纳后，提出"社会心态受一定历史时期下特定环境和文化的影响，是社会中多数成员在心理和行为方面表现出的具有普遍性和一致性的心境状态，并且在一定程度上影响个体社会成员的行为"。当前，人们通常将社会心态界定为，社会或社会群体成员在一定时期的社会环境和文化的作用下，所表现出来的普遍的、一致的心理特点和行为模式④，它是一种宏观的社会心境状态，它是整个社会的情绪基调、社会共识及社会价值取向的总和⑤。

尽管学者们对社会心态的具体定义不尽一致，但是在其核心特征上却存在着一定的共识。周晓虹⑥将其归纳为三个特征：宏观性、变动性和突生性。在这些观点中，宏观性是指社会心理状态是一种宏观的社会心理状态；变动性是指社会心态由于受某一时期的社会文化变化的影响而呈现出一种动态的社会心理状态；突生性指的是社会事实，包含社会心态在内，它是由个人事实或个人心理生成，但不是个体的心理或意识的

① 周晓虹：《中国人社会心态六十年变迁及发展趋势》，《河北学刊》2009 年第 5 期第 29 卷，第 1—6 页。

② 马向真、张雷：《道德价值建构与社会心态塑造的同向性探析》，《东南大学学报》（哲学社会科学版）2009 年第 4 期第 11 卷，第 5—10、126 页。

③ 王俊秀：《社会心态的结构和指标体系》，《社会科学战线》2013 年第 2 期 212 卷，第 167—173 页。

④ 苗苼：《治理现代化视角下我国社会心理服务体系建设的路径创新》，《山东大学学报》（哲学社会科学版）2021 年第 6 期第 249 卷，第 119—127 页。

⑤ 戴艳清、李梅梅：《公共数字文化服务可及性对公众文化获得感的影响及作用机理》，《图书情报工作》2022 年第 21 期第 66 卷，第 3—13 页；吴莹、杨宜音：《社会心态形成过程中社会与个人的"互构性"——社会心理学中"共识"理论对社会心态研究的启示》，《社会科学战线》2013 年第 2 期第 212 卷，第 159—166 页；席居哲：《积极社会心态：理论与实践》，上海教育出版社 2019 年版。

⑥ 周晓虹：《社会心态、情感治理与媒介变革》，《探索与争鸣》2016 年第 11 期第 325 卷，第 32—35 页。

简单叠加①。

（二）社会心态的构成与测量

研究者关于如何研究社会心态，如何对其概念量化提出了相关的结构模型。主要包括张二芳②的三维结构（文化因素、心理因素和意识形态因素）；马广海③基于杨宜音的社会心态结构的四维结构（社会情绪、社会认知、社会价值观和社会行为倾向）；王俊秀④在马广海的四维结构的基础上纳入社会需要这一维度指标的五维结构；王益富和潘孝富⑤借鉴杨宜音、王俊秀等人的研究，在其基础上进一步提出了六维度结构（生活满意感、社会压力感、政府信任感、社会公平感、社会安全感和社会问题感）和马皑⑥基于中国心态研究的七维结构（对社会现状的态度、对未来社会发展的态度、相对剥夺感、对社会不公现象的态度、归因方式、人际信任水平和社会压力感）。其中四维结构和五维结构的研究体系较为成熟。研究者也多从王俊秀⑦的五维结构来讨论社会心态。

五维结构中包括社会需要、社会认知、社会情绪、社会价值观和社会行为倾向。社会需求包括三个层次：个体的物质需求与精神需求，家庭与人际关系需求，国家与社会环境需求。社会需求产生于社会生活，又受到社会的制约，它与心理健康、生活压力和社会公平因素联系紧密。王俊秀⑧在《中国社会心态研究报告（2019）》中报告，人们普遍对新时期的社会需求感到满意，但对社会需要还存在更高的要求，尤其是个体的物质需求与现实需求之间仍有很大的距离。社会认知是指个体对他人

---

① 周晓虹：《社会心态、情感治理与媒介变革》，《探索与争鸣》2016 年第 11 期第 325 卷，第 32—35 页。

② 张二芳：《社会心态的研究及其意义》，《理论探索》1996 年第 1 期，第 28—31 页。

③ 马广海：《论社会心态：概念辨析及其操作化》，《社会科学》2008 年第 10 期第 338 卷，第 66—73、189 页。

④ 王俊秀：《社会心态理论———一种宏观社会心理学范式》，社会科学文献出版社 2014 年版。

⑤ 王益富、潘孝富：《中国人社会心态的经验结构及量表编制》，《心理学探新》2013 年第 1 期第 33 卷，第 79—83 页。

⑥ 马皑：《中国人心态扫描》，中国政法大学出版社 2010 年版。

⑦ 王俊秀：《社会心态的结构和指标体系》，《社会科学战线》2013 年第 2 期第 212 卷，第 167—173 页。

⑧ 王俊秀：《中国社会心态研究报告》，社会科学文献出版社 2019 年版。

的心理状态、行为动机和意愿的猜测与判断。它与幸福感、安全感、公平感、社会支持、社会信任、国家认同等因素相关①。社会情绪指的是社会成员对各种社会现象的情感性反应或评价，它有消极和积极两种类型。社会价值观通常隐藏在一个社会的制度的框架和文化传统之中，它是社会用来评估事物、选择可能性时所用到的标准，它被划分为三个层次，分别是个体价值观、社会价值观、文化价值观，分别都对认知判断、情绪表达和行为方式产生影响。社会行为倾向指的是社会行为的准备状态，在行为发生之前，人们在内心会有一种行为的准备状态。

（三）社会心态的形成和作用机制

与此相对应，研究人员对社会心态的形成机理进行了探讨。杨宜音②提出了个体心理和社会心态相互建构的过程模型，认为个人在社会交往、社会参与等社会行为中，经过去个人化、社会认同和情感感染等心理过程，最终融入群体中，并最终形成"群体之心"。当群体的范畴扩展到整个社会的时候，群体的核心就变成了整个社会的精神状态，该群体所形成的社会心态通过社会舆论、社会流行等途径，对个体的认知、情感和行为产生了重要影响。个体能否最终融入群体，也取决于他对群体价值的接受度、对群体观念的认同程度，而在这个群体中，随着新个体的不断加入，群体观念和价值观也会发生改变③。

周晓虹以集体表征（社会表征）和个体认同为核心，对社会心态的形成过程进行了阐释④。社会心态是以社会共识和集体表达为基础，通过个体身份的认同而形成的心理群体。社会身份以"心理群体"的形式把社会中的个体联系在一起，并把集体表征所提供的"模版"演变为大多数人所共有的心理状态。暗示、模仿、感染，是社会心态，尤其是一个心理群体形成过程中所必需的理论（见图8-1）。

---

① 王俊秀：《中国社会心态10年》，社会科学文献出版社2020年版。
② 杨宜音：《个体与宏观社会的心理关系：社会心态概念的界定》，《社会学研究》2006年第4期，第117—131、244页。
③ 席居哲：《积极社会心态：理论与实践》，上海教育出版社2019年版。
④ 周晓虹：《转型时代的社会心态与中国体验——兼与〈社会心态：转型社会的社会心理研究〉一文商榷》，《社会学研究》2014年第4期第29卷，第1—23、242页；周晓虹：《社会心态、情感治理与媒介变革》，《探索与争鸣》2016年第11期第325卷，第32—35页。

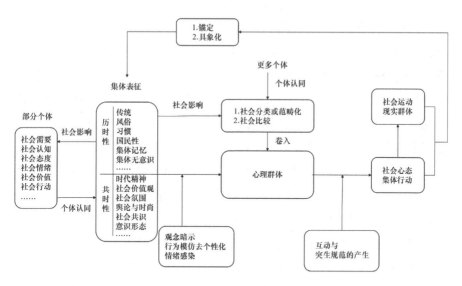

图 8 - 1　社会心态的形成机制：集体表征与个体认同

资料来源：周晓虹：《社会心态、情感治理与媒介变革》，《探索与争鸣》2016 年第 11 期第 325 卷，第 32—35 页。

不管是杨宜音的向上向下互动模型，还是周晓虹的集体表征和个体认同的阐释，都突出了社会认同和感染、去个性化等群体心理过程在社会心态形成中的作用，社会表征理论和社会认同理论对于理解社会心态的形成具有重要的借鉴意义。

（四）社会心态研究理论

吴莹和杨宜音[①]引入了共享现实理论、主体间共识理论、社会表征理论等三种关于"共识"的理论，探讨了这三种理论对社会心态研究的启示。

共享现实理论指出，在不明确的情景中，人们会有两种不同的认知动机，一种是寻求准确的信息的动机，另一种是寻求与他人认知一致性的动机。寻求准确性的认知动机，个体因为寻求与他人认知一致性的需求，建构了对"现实"环境的感知，而得到满足。共享现实理论所阐释

---

① 吴莹、杨宜音：《社会心态形成过程中社会与个人的"互构性"——社会心理学中"共识"理论对社会心态研究的启示》，《社会科学战线》2013 年第 2 期第 212 卷，第 159—166 页。

的这种认知过程，实质上是探讨社会情境与个体心理的互动关系。主体间共识理论源自共享现实理论，它认为，人与人互动时，他人的想法观念会被个体构建成一个"现实"，从而使自己对这个事实的看法和行动做出正确的判断①。主体间共识理论认为，"我眼中他人的看法"（态度或价值观）是个体对外部社会环境（内部群体文化、价值观或内部群体其他成员的态度）的认知与处理，能够对个体的态度形成与行为响应起到预测作用②。社会表征理论从两个层面对社会环境和个体间的交互关系进行了较为完整的阐释：在个体层面上，个体运用"锚定""具体化"等方法，将一种社会事实或一种不熟悉的理论，转变成个人熟悉的、私人的知识；在人际或群体层次上，不同的个体用一种符号化的方式，把他们所知道的知识在个体之间或团体内部进行分享和传播③。这与社会心态形成机制相似，吴莹和杨宜音④提出，在个体层面，社会心态是由个体自下而上，经过社会卷入和社会关联，形成情绪基调和社会价值观；在社会层面，在社会形态形成后，它对个体的影响是自上而下的，经过社会影响和情绪感染等路径对个体产生影响，进而使个体通过自我调节和归因预期等方式影响个人价值观。以上三种社会心理学的"共识"理论，对于研究者探讨个体与环境的相互关系提供了理论基础和方法指导。

杨宜音⑤认为，社会心态的形成过程会产生一些诸如汇聚效应、多数人效应、群体极化效应、群体参照效应等一系列的社会心理效应。其中汇聚效应指的是，社会中持有某种社会态度或观点的成员，通过各种媒体的交流与沟通，渐渐地形成了一种共识，进而组成了一种比个人态度或观点更强的整体力量。多数人效应又被称为从众效应。群体极化则是

---

① 吴莹、杨宜音：《社会心态形成过程中社会与个人的"互构性"——社会心理学中"共识"理论对社会心态研究的启示》，《社会科学战线》2013 年第 2 期第 212 卷，第 159—166 页。

② 吴莹、杨宜音：《社会心态形成过程中社会与个人的"互构性"——社会心理学中"共识"理论对社会心态研究的启示》，《社会科学战线》2013 年第 2 期第 212 卷，第 159—166 页。

③ 吴莹、杨宜音：《社会心态形成过程中社会与个人的"互构性"——社会心理学中"共识"理论对社会心态研究的启示》，《社会科学战线》2013 年第 2 期第 212 卷，第 159—166 页。

④ 吴莹、杨宜音：《社会心态形成过程中社会与个人的"互构性"——社会心理学中"共识"理论对社会心态研究的启示》，《社会科学战线》2013 年第 2 期第 212 卷，第 159—166 页。

⑤ 杨宜音：《社会心态形成的心理机制及效应》，《哈尔滨工业大学学报》（社会科学版）2012 年第 6 期第 14 卷，第 2—7、145 页。

指在群体中进行决策时，相对于个体决策来说，群体的选择更多地偏向于冒险或保守。群体参照效应是指与个体参照效应相比，个体选择所属群体的信息作为自我定位的参照对象，而形成的对个体心理的影响①。

（五）积极社会心态

席居哲②的《积极社会心态：理论与实践》对弹性心理学和积极心理学进行了探讨。其中，弹性心理学强调压力、变化下健康功能的发挥，特别强调个体、群体乃至整个社会在面对挑战和变化的时候，能够顺利地应对和主动地适应。积极心理学则强调对个人、群体乃至整个社会中积极心理理论的研究，并提出了对积极心理资本的开发。纵观现有的社会心态文献，大多数都关注负面的社会心态，并将其作为"消解"的对象，而忽视了积极社会心态的存在，以及塑造积极社会心态的过程。事实上，从共时态来看，积极社会心态与消极社会心态常常是并存的，这就意味着，对负面的社会心态进行调整是不可能将负面的社会心态完全消除的。因此，构建一个健康和谐的社会心态，其总的目的应该是要确保、巩固和强化积极的社会心态在其中的主体地位。弹性和积极心理学的研究都致力于发现并激发人的健康、向上的生活活力，探索人在不断变化的社会变化中，如何积极、成功地应对并维持良好的发展机能，为社会心态及其形成的研究提供了一种很有前途的范式研究③。

二　媒介与社会心态

21 世纪以来，随着互联网的普及与社会结构的转变，在"人人皆可传媒"的、具有交互性的网络平台上④，媒体成为各种传播主体间的嵌入与纽带，其作用越来越趋向于场所式或通道式⑤。互联网给民众的言论自由和社会参与带来了巨大的方便，社会民众在互联网上对于一些事情或

① 杨宜音：《社会心态形成的心理机制及效应》，《哈尔滨工业大学学报》（社会科学版）2012 年第 6 期第 14 卷，第 2—7、145 页。

② 席居哲：《积极社会心态：理论与实践》，上海教育出版社 2019 年版。

③ 席居哲：《积极社会心态：理论与实践》，上海教育出版社 2019 年版。

④ 李晓静、张国良：《社会化媒体可信度研究：理论探讨与实证分析》，《新闻大学》2012 年第 6 期第 116 卷，第 105—114 页。

⑤ 韩立新：《时空转移与智慧分流：媒体的分化与重构》，《新闻与传播研究》2016 年第 5 期第 23 卷，第 98—112、128 页。

者现象所表现出的情感、态度、看法等，都是网络舆论的主要内容，它们直接或者间接，正面或者负面地影响着社会的方方面面。媒体信息是一种刺激变量，它对个体的认知、社会心理以及行为产生了投射效应。同时，人们也不再只是被动地接收信息，他们的角色也发生了变化，他们变成了信息的创造者和传播者，只要是有意义的、有魅力的话题，都可以在第一时间吸引到人们的注意力。

新媒体的广泛使用，以及匿名信、对日常生活的卷入，都对社会心态产生了一定的影响。在使用传统媒体时，人们可能受限于国家或有关部门，或者由于自身的伦理道德因素（比如不愿在实名制下讨论一些问题），而无法表达自我的想法。但在新媒体时代下，对话题的评论往往是在匿名化状态下进行[①]，这种隐匿性会使人无所顾忌。在这种情况下，真正的社会心态就会显现，造成网络舆情的"失焦"，事件的发展会变得不受控制，事件的发酵很容易在网络上引发群体性事件。在个体加入群体之后，就会出现社群心理效应，个体丧失自己的理性，更有甚者可能试图利用群体的力量来对抗权威[②]。

结合周晓虹[③]的集体表征与个体认同模型，社会心态指的是在一段时间内，大多数人所拥有的一种宏观的、变动的社会心理。在某一人群的共同体中，心理状态以一定的心理模板作为建构框架，它们之间产生了交互，为个体认同提供了建构集体心理的基础模板，个体认同通过心理群体的形成将散在社会生活中的个体凝聚起来，社会对个体的影响则来自集体表象或社会表征[④]。

在当今的互联网时代，人们可以随时浏览微信、微博等社交媒体，并将自己感兴趣的信息进行转发。尽管大多数人都有自己的逻辑思维，

---

① Betsch C. et al., "Opportunities and challenges of web 2.0 for vaccination decisions," *Vaccine*, Vol. 30, No. 25, 2012, pp. 3727 – 3733; Blankenship E. B. et al., "Sentiment, contents, and retweets: A study of two vaccine-related twitter datasets," *The Permanente Journal*, Vol. 22, 2018.

② 周晓虹：《社会心态、情感治理与媒介变革》，《探索与争鸣》2016 年第 11 期第 325 卷，第 32—35 页。

③ 周晓虹：《社会心态、情感治理与媒介变革》，《探索与争鸣》2016 年第 11 期第 325 卷，第 32—35 页。

④ 周晓虹：《社会心态、情感治理与媒介变革》，《探索与争鸣》2016 年第 11 期第 325 卷，第 32—35 页。

或者说心理定势，在接受了社交媒体的信息之后，就会产生一种与之相近的价值观念，这是一种"去个性化"的机理，再加上观念的暗示、行为的模仿、情绪的感染，就会形成一种或大或小的心理群体。这些心理群体的相互作用，就会形成突生性规范[1]，即原来的个体不存在的准则规范，在人们组成一个群体后，形成了临时性规范。本来各自为政的个体，可能就会聚集起来，形成一种集体行为。如果有更多的组织和结构性手段加以促进，并经过一段时间的发展，这也可以演变成有利于环境的行为的集体运动[2]。

改革开放以来，我国的社会心态发生了很大的变化。当中国接受了来自世界各国的文化价值观和思想体系的时候，一些人在认识到这些文化的长处的同时，也会因为对自己的文化认识不够，而把自己的文化缺陷无限地放大，从而在文化全球化的大潮中失去自我，失去了最起码的文化自信。中国社会是一个受到集体主义价值观深刻影响的社会，集体主义精神在中国的社会主义文化中无处不在。就像人们常说的"众人拾柴火焰高"，表达的就是人多力量大的集体协作精神等。在继承以集体主义为突出特色的中国传统文化的基础上，根据自己的实际情况，进行富有创造性的创新，这对于坚定文化自信具有重大意义。中国是一个历史悠久的大国，在传统的集体主义文化中，一定有很多优秀的、闪耀着光芒的文化元素，传承和发扬我国优秀传统文化就是坚持中华文化的"根"。

综上所述，第一批人是怎样集合在一起，组成了一个心理群体，最后又是怎样组成了一个集体行动或实际的团体。事实上，在心理群体的形成过程中，更多的人以个人认同的方式被社会所影响，从而进入心理群体。在此过程中，不能忽略社会分类和社会比较的重要性，如个体通过分类比较，来区分我的群体和其他群体；人们通过社会对比，根据群体的判断，对自己原来的观点进行修改或加强，从而产生"共识"。

---

① 周晓虹：《社会心态、情感治理与媒介变革》，《探索与争鸣》2016年第11期第325卷，第32—35页。

② 周晓虹：《社会心态、情感治理与媒介变革》，《探索与争鸣》2016年第11期第325卷，第32—35页。

三　媒介建设

正因为媒介的特性，无论人们是主动还是被动地受到媒体信息的影响，它都已经融入人们生活工作的方方面面。媒介依赖理论认为，随着个体对媒介的依赖程度越来越深，他们将从媒体中获取更多的信息以指导自身的生产和生活。因而媒介亟须增强其建设能力，以消解民众的消极社会心态，塑造民众的积极社会心态。

（一）以主流意识形态话语引领舆论，传递积极社会情绪

网络媒介是主流意识与非主流意识碰撞的前沿阵地，如在公共危机事件中，互联网上往往会涌现出危害人民生命安全、扰乱市场秩序、威胁国家意识形态安全等消息，其迅速扩散会引起社会心理疫情①。在社会化媒体环境下，民众对人工智能、环境污染等问题普遍存在着一种本能的焦虑感，这种焦虑感极易导致公众产生不良心理，造成公众对政府媒体的不信任和不安。在这种心理的作用下，人们很容易受到情绪、暗示等因素的操纵②。这就要求政府与媒体共同努力，对议题进行设定，运用主流意识形态来引导舆论，并通过开放各种途径的信息通道，来对负面的社会情绪进行引导，并将积极的社会情绪进行传播。

（二）加大信息发布力度，增强社会成员信任

良好的社会信任氛围能够促进社会成员积极愉快的情感，增强社会安全感知。以往研究表明，社会成员的风险感知能力往往与其感受到的安全感密切相关，而安全感本身不光与个体的心理健康状态息息相关，还与社会心态联系紧密，进而影响整个社会的发展和治理。社会媒体是公众信息的"触角"，其对风险、对信任的感知能力日益加强，应加强对网络流言、不实消息的整治宣传，使其更好地发挥主流价值观的引导作用。

（三）营造公共精神文化氛围，提升网民媒介素养

社会民众作为社会的主体，也要重视自身的媒介素养。在此基础上，

---

① 杜仕菊、程明月：《风险社会中的社会心态表征与重塑》，《甘肃社会科学》2020年第4期第247卷，第52—59页。
② 黄磊：《"后真相"时代媒体对公众情绪表达的引导》，《传媒》2019年第16期第309卷，第90—93页。

政府与传媒应加强对人们理性思维的培养，加强民众对新闻的梳理与识别。在现实生活中，人们经常会受到社会矛盾、认知冲突、意见分歧等因素的影响，对某个话题或现象产生不同程度的冲突，从而对社会造成负面影响。为此，必须使民众意识到自己的职责与义务，营造其积极向上的社会心态，形成一种公共的精神文化氛围。与此同时，必须在政府、社会、公众三方都积极参与的情况下，形成网络治理的合力①。

我国正处于发展时期，因此更需要分析和分解风险社会中的消极社会心态、培育积极社会心态，增强民众共同体在风险社会中的适应能力。

案例分析

2021 年 11 月 7 日凌晨，2021 英雄联盟全球总决赛在冰岛首都雷克雅未克举行，我国电竞战队 EDG 在先失一局的情况下，连追两局，最终以 3∶2 战胜来自韩国 LCK 赛区的劲敌 DK 战队，获得 S11 赛季总冠军②。

EDG 夺得 S11 冠军的消息迅速席卷微博、微信朋友圈、知乎等平台，各大社交媒体中人们激烈地讨论电竞，这不只是出于对电子竞技的喜爱，还持有一种集体自我证明的心绪③。特别是年轻人，尽管电竞一直以来都受到主流话语的非议，但是此时此刻人们都见证了电竞的胜利，见证了非主流电竞也能不畏困难，勇往直前，同样如其他竞技体育一般能够为国争光。这些精神感染了无数喜爱电竞的年轻人，他们对此感同身受，为 EDG 欢呼的同时也为自己欢呼。当更多的人对社交媒体所传播的信息产生了认同后，会形成与之相似或接近的价值观，类似于"去个性化"机制，加上观念的暗示、

---

① 莫青平：《网络社会心态调适与引导策略》，《人民论坛》2020 年第 19 期第 674 卷，第114—115 页。

② 赵明、赵明凯、汪雪涵、芮玉婷：《从 EDG 夺冠后的英大…民众反应看大众媒体对流量热点的消费与狂欢》，2022 年 8 月 31 日，http：//media-ethic. ccnu. edu. cn/info/1097/3042. htm，2023 年 4 月 24 日。

③ 赵明、赵明凯、汪雪涵、芮玉婷：《从 EDG 夺冠后的英大…民众反应看大众媒体对流量热点的消费与狂欢》，2022 年 8 月 31 日，http：//media-ethic. ccnu. edu. cn/info/1097/3042. htm，2023 年 4 月 24 日。

行为的模仿和情绪的感染，越来越多的人加入祝贺的队伍中，就会形成一种心理群体，原本分离的个体会聚集起来，并采取某种共同的行动（如喝彩行为）。这本是一种积极的社会心态，宣扬电竞的不畏困难、顽强不屈、绝地翻盘等精神。但此次公共行为中，也出现了一些不理性和超越边界的行为，有些过于低俗、扰乱公众秩序，甚至涉嫌违规的行为也逐渐出现在大众的视野中，如一些人在大街上裸奔、呐喊，甚至举行游行、大肆庆祝。当这些信息在社交媒体上传播时，由于网络的匿名化状态，会使得人们变得百无禁忌，容易导致网络舆论的"失焦"，人们在社交媒体上传递着兴奋和快乐，在沉默的螺旋作用下，这些少数人的共识会逐渐突破圈层壁垒，进而形成一种弥散在公共场合中的"全民狂欢"的虚假意见气候①，最终，身处其中的当事人会有意或无意地忽略了"他者"的意见，沉浸在少数狂欢的回音壁之中。在群体意识的裹挟之下，人们失去了最基本的判断能力，事态发展会变得不可控制，容易出现群体失范和个体失范行为。这些行为在网络上被广泛关注，比如上述谈到狂欢时一些诸如裸奔等低俗、扰乱秩序的行为，会加剧其他群体的负面偏见，也容易给未成年造成不好的示范影响。原本是为了庆祝胜利、传递荣耀的举动，反过来，却做出丧失道德底线的行为。

大众媒体需要发挥社会主义意识形态的引导作用，强化大众媒体对社会主义意识形态的认同感，发挥社会主义意识形态对个人认知、接受和行为的影响，充分发挥《人民日报》《新华社》等主流媒体在此类流量热点事件中的引导作用，进而摆脱因狂欢带来的价值认知无序境地，在传播流量热点时要坚持以真实性为基础，不能为了制造爆款、增加流量而罔顾事实、煽动情绪。作为受众也需不断增强自身的自主思考能力和信息辨别能力，不断提高知识文化素养，在社交媒体上合理合规地参与和发泄情绪。

---

① 赵明、赵明凯、汪雪涵、芮玉婷：《从 EDG 夺冠后的英大……民众反应看大众媒体对流量热点的消费与狂欢》，2022 年 8 月 31 日，http://media-ethic.ccnu.edu.cn/info/1097/3042.htm，2023 年 4 月 24 日。

第四节 媒介使用构建民众社会责任行为模式的
心理与行为路径

责任是一个古老而现实的话题。承担责任是人的重要表现之一，履行责任是社会发展和人类生存的重要保障之一。随着社会的进步和发展，中国特色社会主义进入新时代。构建民众社会责任行为模式对国家安全及社会安定具有重大作用。

在媒介社会化的趋势下，各种社交媒介正悄然改变着社会结构，重塑着社会阶层①，它也深刻地影响着城市新移民的社会化和城市化进程，以及他们的认知结构和行为习惯②。媒介使用在社会责任行为模式的构建中具有重要作用。它不仅能够作为一种社会传播媒介，传播和弘扬社会责任理念，还能够激发公众的社会责任感。因此，深入了解媒介使用在社会责任行为模式构建中的心理与行为路径非常重要。

一 社会责任概述

（一）社会责任感

"天下兴亡，匹夫有责"，国家的兴衰与个人的社会责任感（Social responsibility）有着很大的联系。从心理学的角度看，责任感是指个体对自己在承担人类社会和自身发展的责任中做出的行为选择、行为过程及后果是否符合内心需要而产生的不同的情感体验。社会责任意识可以理解为个人认知中应对他人、对社会承担的职责与义务，是个人道德品质的一种体现。每一个人在社会生活中都扮演特定的角色，占有特定的地位，具有一定的职责，只有通过履行这种职责，人们之间才能互相协作，

---

① 周葆华：《新媒体使用与主观阶层认同：理论阐释与实证检验》，《新闻大学》2010年第2期第104卷，第29—40页；周葆华：《从同一效果到差异效果：对新媒体与主观阶层认同关系的多层分析》，《新闻大学》2012年第6期第116卷，第54—62页。
② 白如金、姚君喜、张国良：《城市新移民社交媒介使用与社会责任认同的关系——基于上海样本的实证研究》，《新闻大学》2020年第5期第169卷，第45—62、126—127页。

互相依存，构成正常的相互关系①，社会责任感，是在这种互相协作、互相依存的过程中人们所形成的有关自身职责的意识，它推动着人们自觉地完成自己的职责②。较强的社会责任感不断地驱使个体承担对国家和社会的责任，促进其将理论应用于实践，提高其发现问题、解决问题的能力③。社会责任感还能促使个人产生自律，使个人形成有效的自我管理，赋予个人突破狭隘的力量，为个人在社会与个人的互动中实现自我提供必要的条件④。

（二）社会责任行为

国外心理学领域对社会责任行为（Social Responsibility Behavior）的研究兴起于 20 世纪 50 年代初，由于各自的研究需要，对其的操作定义有所不同，阿特曼（Altman)⑤ 认为社会责任行为是个体在当他人的利益受到威胁时主动帮助他人的行动。国内研究者陈会昌⑥提出社会责任行为是指社会群体或者个人在一定的社会历史条件下所形成的为了建立美好社会而承担相应责任、履行各种义务的自律意识和人格素质。综上所述，对社会责任行为的界定是：在没有任何制度或权力限制的情况下，个体对自己、家庭、他人、集体、国家和全人类主动地选择去完成某件道义上应当做的事情的态度或情感体验。

（三）社会责任行为习惯

社会行为习惯是人们在一定的社会情境下所形成的一种特殊的行为准则。从心理学角度来看，社会行为习惯有如下特征：第一，它是一种自动的行为方式，它能让人们在没有太多考虑的情况下，很容易就能完成责任行为；第二，社会责任行为习惯是经过一段时间逐步发展起来的，

---

① 孟琳、黄裕中、唐志文：《大学生情绪智力与实践能力的关系：社会责任感的中介作用和心理韧性的调节作用》，《中国健康心理学杂志》2023 年第 1 期第 31 卷，第 141—147 页。

② 李忠尚：《软科学大辞典》，辽宁人民出版社 1989 年版。

③ 孟琳、黄裕中、唐志文：《大学生情绪智力与实践能力的关系：社会责任感的中介作用和心理韧性的调节作用》，《中国健康心理学杂志》2023 年第 1 期第 31 卷，第 141—147 页。

④ 阎琨、吴菡、张雨颀：《社会责任感：拔尖人才的核心素养》，《华东师范大学学报》（教育科学版）2021 年第 12 期第 39 卷，第 28—41 页。

⑤ Altman N., "Manic society: Toward the depressive position," *Psychoanalytic Dialogues*, Vol. 15, No. 3, 2005, pp. 321 – 346.

⑥ 陈会昌：《道德发展心理学》，安徽教育出版社 2007 年版。

它具有可塑性；第三，社会责任行为习惯还包含了思维、情绪等方面的内容，尽管在某些简单的事件中，社会责任行为往往是无意识的，而在复杂的情境中，行动者则需要对特定的事件进行权衡、思考，才能使社会责任行为与其自身的习惯性一致①。

社会责任行为习惯养成教育能够通过引导和帮助人们进行自我改进、自我约束和自我调节，来规范他们的社会责任行为习惯，让他们在学习、生活和工作中得到良好的社会责任行为习惯所带来的好处，进而推动社区环境，甚至整个社会环境的良性循环。社会责任行为习惯的形成，是指通过有目的性、计划性和组织性的行动，对受教育者的社会责任感进行培养。民众的社会责任行为习惯的外部表现，不但会对个人的学习、生活和工作造成重大的影响，而且还与我们国家将来的整体人文素质水平有关。良好的社会责任行为习惯是为人处世和做人的根本，其中一些关键的习惯还会产生连锁效应，对个体的各方面的发展产生潜在的影响。所以，对于民众来说，很有必要养成良好的社会责任行为习惯②。

（四）社会责任行为的形成机理

社会责任行为取决于责任意识，戴晓③提到，有责任的主体首先要有责任意识，然后才能付诸行动，践行社会责任。人类的行动是一种在头脑中进行权衡、思索之后，由身体所做出的行动，同样，社会责任行为也是这样。责任行为的主体在采取行为之前，都会经过或长或短的考虑，这种考虑是对得与失的判断。任何一种责任，不管是对自己的生存与发展的责任，还是对他人的责任，对社会的责任，都有一种客观的追求利益的倾向。就算是"舍己为人"，那也是一种对别人的关爱，是一种在精神和物质两个层面上的选择。这表明，个体承担社会责任的行为是与其自身利益密切相关的④。

① 戴晓：《新时代大学生社会责任行为习惯养成研究》，硕士学位论文，河北工业大学，2021年。

② 戴晓：《新时代大学生社会责任行为习惯养成研究》，硕士学位论文，河北工业大学，2021年。

③ 戴晓：《新时代大学生社会责任行为习惯养成研究》，硕士学位论文，河北工业大学，2021年。

④ 戴晓：《新时代大学生社会责任行为习惯养成研究》，硕士学位论文，河北工业大学，2021年。

在社会心理学领域，可以被用来解释个人行为决策过程的经典理论包括计划行为理论和规范激活理论。在大量的实践研究中，这两个理论已经被证实具有很强的解释力和预测力①。

计划行为理论的发展经历了三个阶段，从菲什拜因（Fishbein）②的多属性态度理论到菲什拜因和阿杰岑（Fishbein & Ajzen）③的理性行为理论，再到阿杰岑（Ajzen）④的计划行为理论。其中，理性行为理论的假定是，个人意愿能完全控制个人行为，在行为意图和行为态度的基础上，增加了主观规范变量。计划行为理论则是认为个人意愿并不能完全支配人的行动，在理性行为理论基础上，增加了知觉行为控制变量，提高了对个体行为的解释性和预测性⑤。态度、主观规范、知觉行为控制、行为意图等是影响计划行为的重要因素⑥。其中，态度是指个体对某一行动的整体看法；主观规范是指来自于外部的社会压力，对个体在执行行为决策时产生的影响，这些社会压力主要指的是重要的个人或重要的群体，也就是，当个人在做出决定的时候，如果有影响力的个人或群体对个人的决策提出了建议，那么个人执行的行为就会受到这些建议的影响；知觉行为控制是指个体对某种行动所知的易与难的程度，知觉行为的控制受两个因子的影响，一是对控制的认知，二是对感知能力的影响；行为意图是指个人实施某项行为的可能性或者概率，是行为最直接的影响因素。有力的行动意图表示一个人为了他所选择的行动，在物质上和心理

① 靳慧蓉：《基于规范激活理论的个人捐赠行为影响因素研究》，硕士学位论文，天津大学，2018年；李文超、邵婧：《消费者环保服装购买行为的影响因素研究——基于计划行为理论和规范激活理论》，《中国管理科学》2023年第1—20期。

② Fishbein M.，"An investigation of the relationships between beliefs about an object and the attitude toward that object," *Human relations*, Vol. 16, No. 3, 1963, pp. 233 –239.

③ Fishbein M.，"An investigation of the relationships between beliefs about an object and the attitude toward that object," *Human relations*, Vol. 16, No. 3, 1963, pp. 233 –239.

④ Ajzen I.，"The theory of planned behavior," *Organizational behavior and human decision processes*, Vol. 50, No. 2, 1991, pp. 179 –211.

⑤ Ajzen I.，*From intentions to actions: A theory of planned behavior.* Springer, 1985.

⑥ 靳慧蓉：《基于规范激活理论的个人捐赠行为影响因素研究》，硕士学位论文，天津大学，2018年。

上都是自愿的①。计划行为理论模型如图 8 - 2 所示。

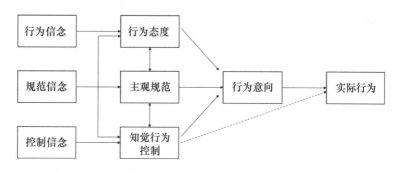

图 8 - 2　计划行为理论结构模型图

资料来源：段文婷、江光荣：《计划行为理论述评》，《心理科学进展》2008 年第 2 期第
102 卷，第 315—320 页。

　　计划行为理论致力于对个体行为决策过程背后的动机进行解释，但
是它的前提是个体的行为是自利的，个体做出的行为是以自身收益最大
化为基础的。

　　规范激活理论（Norm Activation Model，NAM）同样是一种在社会心
理学领域中被广泛应用于对个体行为决策过程进行预测和解释的重要理
论②。在规范激活理论被引入以前，学者们普遍认为，人们之所以会帮助
别人，是出于利己动机，他们看到别人和自己的利益相关。也有研究者
持相反意见，认为个体的行为是出于利他的动机，如施瓦兹（Schwartz）③
提到，内在价值和个人规范对行为产生了影响，个人的价值观可以激活
人的道德义务感，道德义务感对助人行为有很大的影响④。

　　①　参见段文婷、江光荣《计划行为理论述评》，《心理科学进展》2008 年第 2 期第 102 卷，
第 315—320 页。

　　②　Onwezen M. C.，Antonides，G.，& Bartels，J.，"The norm activation model：An explora-
tion of the functions of anticipated pride and guilt in pro-environmental behaviour," *Journal of economic
psychology*，Vol. 39，2013，pp. 141 - 153.

　　③　Schwartz S. H.，"Normative influences on altruism," in *Advances in experimental social psy-
chology*，vol. 10：Elsevier，1977，pp. 221 - 279.

　　④　靳慧蓉：《基于规范激活理论的个人捐赠行为影响因素研究》，硕士学位论文，天津大
学，2018 年。

规范活化理论以结果意识、责任归因和个人规范为核心变量①：结果意识是指在实施行为之前，个人对该行为对他人或他物所造成的正面或负面结果的感知②；责任归因是指，当个人在做出利他行为的决定时，对不良后果或消极影响产生的道德感、责任感③，也就是说，当一个人具有这样的责任感时，他会因为自己没有实施利他行为而给他人或事物造成了不好的后果而产生自责和内疚，他认为自己的行为所带来的结果与自己有关系；个人规范则是在一定条件下，个人对某一特定行为的预期，被界定为道德感和责任感④。

规范激活理论认为：（1）个体规范直接影响行为⑤，即当一个人认识到自己的道德责任时，会进行利他行动，以符合自己内心的价值观；（2）通常来说，一个人如果对自己的后果有强烈的认识，并且对自己的责任有强烈的归属感，那么他就会有强烈的责任感去执行自己的行为。相反，如果个人规范不能有效地发挥作用，则利他性行为就不能得到认可，也不能得到实施。

规范激活理论支持，个体的行为是出于利他的动机，个体的行为是为了改善他人的处境，帮助他人渡过难关。规范激活理论具有较强的适用性，建议各地方政府宣传部门可以采用多种方式宣传强化利他结果意识和责任感，促使民众的规范行为。

---

① 靳慧蓉：《基于规范激活理论的个人捐赠行为影响因素研究》，硕士学位论文，天津大学，2018 年。

② De Groot J. I. & Steg, L. , "Morality and prosocial behavior: The role of awareness, responsibility, and norms in the norm activation model," *The Journal of social psychology*, Vol. 149, No. 4, 2009, pp. 425 –449.

③ De Groot J. I. & Steg, L. , "Morality and prosocial behavior: The role of awareness, responsibility, and norms in the norm activation model," *The Journal of social psychology*, Vol. 149, No. 4, 2009, pp. 425 –449.

④ Schwartz S. H. & Fleishman, J. A. , "Effects of negative personal norms on helping behavior," *Personality and Social Psychology Bulletin*, Vol. 8, No. 1, 1982, pp. 81 –86.

⑤ Lauper E. , Moser, S. , Fischer, M. , & Matthies, E. , "Explaining car drivers' intention to prevent road-traffic noise: An application of the norm activation model," *Environment and Behavior*, Vol. 48, No. 6, 2016, pp. 826 –853.

二 媒介与社会责任行为

随着时代的进步，尤其是互联网的兴起，媒体的存在与报道形式也变得更加丰富和多样。对社会中发生的各个事件，社会大众通过媒体都能够便捷高效地接收，并形成自己的评价与观点。在这个信息爆炸的时代，新闻媒体毫无疑问是推动信息发掘与传播的主要力量。新闻媒体并不单单只是信息传播的一个媒介，同时它还包含着新闻发布者自身的价值判断，通过文字和图片，新闻媒体它对特定的事件和人物赋予了相应的内涵与意义，公众的思想和行为在其中被得到有意或无意的引导。

传播学者提出了"信息接触论"，认为信息接触不仅可以促进个体的日常沟通交流，还能通过信息选择影响价值观[1]，研究者通过大量研究已经证明媒介、政党可以通过"信息框架"来影响个体的认知和态度[2]。

关于媒介使用和社会责任认同之间的关系，目前存在着两种对立的观点[3]：一种是从媒介调动（media mobilisation theory）的角度来看，相信媒体的应用可以增强和改进个人的社会认知和行为[4]；另一种观点则根据媒体不适理论（media malaise theory），该理论认为媒体的使用减少了个人对社会责任感的认识和行为[5]。我们可以从两个角度来认识社交媒介的作用：首先，社交媒介给人们提供了更多的信息，更多的交流机会，这对于人们的认知和情感的提高都具有重要意义。研究者发现良好地使用

---

① Entman R. M., "Framing: Toward clarification of a fractured paradigm," *Journal of communication*, Vol. 43, No. 4, 1993, pp. 51 – 58.

② Chong D., "How people think, reason, and feel about rights and liberties," *American journal of political science*, 1993, pp. 867 – 899.

③ 白如金、姚君喜、张国良：《城市新移民社交媒介使用与社会责任认同的关系——基于上海样本的实证研究》，《新闻大学》2020 年第 5 期第 169 卷，第 45—62、126—127 页。

④ Newton K., "Mass media effects: Mobilization or media malaise?," *British Journal of Political Science*, Vol. 29, No. 4, 1999, pp. 577 – 599; Strömbäck J. & Shehata, A., "Media malaise or a virtuous circle? Exploring the causal relationships between news media exposure, political news attention and political interest," *European journal of political research*, Vol. 49, No. 5, 2010, pp. 575 – 597.

⑤ Cappella J. N. & Jamieson, K. H., *Spiral of cynicism: The press and the public good*. Oxford University Press, 1997; O'Keefe G. J., "Political malaise and reliance on media," *Journalism Quarterly*, Vol. 57, No. 1, 1980, pp. 122 – 128; Robinson M. J., "Public affairs television and the growth of political malaise: The case of 'the selling of the pentagon'," *American political science review*, Vol. 70, No. 2, 1976, pp. 409 – 432.

社交媒介可以提升个体的亲社会行为，改善其与社会的融合，进而对个体的社会责任认同产生影响[1]；然而，不适当地使用社交媒介（例如，不良信息接触、手机成瘾等），却会对个人的心理健康、世界观、人生观和价值观的形成产生影响，从而对社会的和谐、稳定和健康发展产生不利的影响[2]。

　　研究者采用实证研究方法探讨媒介使用对个人环境保护行为和政治参与行为的影响[3]，通过研究发现，在传统媒介的应用中，可以明显提高个人对环保问题的讨论意愿，并提高个人的环保意识。在新媒介的应用中，个人的环保参与行为得到了强化[4]。韩和成（Han & Cheng）[5] 对550名被试进行了在线调查，结果发现社交媒体在规范和促进亲环境行为方面比传统媒体发挥着更重要的作用，社交媒体通过给予使用者自由，激活其自我效能感和主观规范，从而促进他的亲环境行为。在集体主义文化传统较强的国家中，传统媒体过分强调规范容易引起叛逆心理并造成过度说服，需适当减少禁令性规范性信息的使用[6]。社会规范的形成受到外部信息和背景环境的影响，社交媒体作为现今的主要信息来源和社交环境，对规范的形成和传递有重要影响。禅（Chan）[7] 对香港的173个家庭进行调查发现，大众媒体可以通过影响居民的主观规范来影响其亲环

---

　　① 樊帅、田志龙、胡小青：《心理所有权视角下消费者参与虚拟 CSR 共创的影响研究》，《管理学报》2017 年第 3 期第 14 卷，第 414—424 页。

　　② 白如金、姚君喜、张国良：《城市新移民社交媒介使用与社会责任认同的关系——基于上海样本的实证研究》，《新闻大学》2020 年第 5 期第 169 卷，第 45—62、126—127 页。

　　③ 白如金、姚君喜、张国良：《城市新移民社交媒介使用与社会责任认同的关系——基于上海样本的实证研究》，《新闻大学》2020 年第 5 期第 169 卷，第 45—62、126—127 页。

　　④ 金恒江、余来辉、张国良：《媒介使用对个体环保行为的影响——基于中国综合社会调查（CGSS 2013）数据的实证研究》，《新闻大学》2017 年第 2 期第 142 卷，第 46—55、148 页。

　　⑤ Han R. & Cheng, Y., "The influence of norm perception on pro-environmental behavior: A comparison between the moderating roles of traditional media and social media," *International Journal of Environmental Research and Public Health*, Vol. 17, No. 19, 2020, p. 7164.

　　⑥ Han R. & Cheng, Y., "The influence of norm perception on pro-environmental behavior: A comparison between the moderating roles of traditional media and social media," *International Journal of Environmental Research and Public Health*, Vol. 17, No. 19, 2020, p. 7164.

　　⑦ Chan K., "Mass communication and pro-environmental behaviour: Waste recycling in hong kong," *Journal of environmental management*, Vol. 52, No. 4, 1998, pp. 317 – 325.

境行为。海因斯和威尔逊（Hynes & Wilson）① 研究结果表明，社交媒体能够提高人们的规范认知水平，从而有效地激发出人们的社会比较心理，提高他们的亲环境行为。

媒体对亲环境行为的影响机制也被许多研究证实。媒体通过放大环境风险来促进亲环境行为②。例如，已有研究表明，媒介可以通过增强人们的价值取向或激活他们的规范知觉③，进而提升人们的环境关注和环境知识④。总之，媒体可以通过各种方式来间接地影响人们的亲环境行为。相关研究也在风险感知理论、使用满意度理论、文化适应理论、计划行为和规范激活理论等方面找到了基础，并集中体现在媒介依赖理论中⑤。现有的研究主要集中在电视、广播、报纸、互联网等传统媒体对亲环境行为的影响。关于社交媒体对亲环境行为的影响研究也侧重于对影响机制的挖掘。例如，社交媒体通过自身的社会比较功能⑥带来规范压力，同时提高自我效能，促进亲环境行为⑦。

---

① Hynes N. & Wilson, J., "I do it, but don't tell anyone! Personal values, personal and social norms: Can social media play a role in changing pro-environmental behaviours?," *Technological Forecasting and Social Change*, Vol. 111, 2016, pp. 349 – 359.

② Agha S., "The impact of a mass media campaign on personal risk perception, perceived self-efficacy and on other behavioural predictors," *AIDS care*, Vol. 15, No. 6, 2003, pp. 749 – 762.

③ Chan K., "Mass communication and pro-environmental behaviour: Waste recycling in hong kong," *Journal of environmental management*, Vol. 52, No. 4, 1998, pp. 317 – 325.

④ Holbert R. L., Kwak, N., & Shah, D. V., "Environmental concern, patterns of television viewing, and pro-environmental behaviors: Integrating models of media consumption and effects," *Journal of Broadcasting & Electronic Media*, Vol. 47, No. 2, 2003, pp. 177 – 196; Huang H., "Media use, environmental beliefs, self-efficacy, and pro-environmental behavior," *Journal of Business Research*, Vol. 69, No. 6, 2016, pp. 2206 – 2212; Trivedi R. H., Patel, J. D., & Acharya, N., "Causality analysis of media influence on environmental attitude, intention and behaviors leading to green purchasing," *Journal of cleaner production*, Vol. 196, 2018, pp. 11 – 22.

⑤ Han R. & Cheng, Y., "The influence of norm perception on pro-environmental behavior: A comparison between the moderating roles of traditional media and social media," *International Journal of Environmental Research and Public Health*, Vol. 17, No. 19, 2020, p. 7164.

⑥ Hynes N. & Wilson, J., "I do it, but don't tell anyone! Personal values, personal and social norms: Can social media play a role in changing pro-environmental behaviours?," *Technological Forecasting and Social Change*, Vol. 111, 2016, pp. 349 – 359.

⑦ Mankoff J. et al., "Stepgreen. Org: Increasing energy saving behaviors via social networks," in *Proceedings of the International AAAI Conference on Web and Social Media*, 2010, vol. 4, no. 1, pp. 106 – 113; Oakley I., Chen, M., & Nisi, V., "Motivating sustainable behavior," *Ubiquitous Comput*, 2008, pp. 174 – 178.

在当前的媒体环境时代下，社交媒体对亲环境行为的影响已成为媒体施加影响力的主要方式，而传统媒体对亲环境行为的影响正在下降①。社交媒体记录并公开展示了大量的个人行为并将行为置于公众的监督之下，加强了人际传播的示范效应，提高了个体与群体之间的理解程度②。有利于个体保持已有的亲环境行为或者参与新的亲环境行为。韩（Han）③指出，用户生成内容通过激活亲环境规范、创建环境友好型在线社区以及增加公众亲环境参与，比官方信息更容易获得公众信任。以规范知觉激活为例，传统媒体对亲环境行为的影响远不如社交媒体显著。在规范激活的具体类型中，传统媒体对禁令性规范的激活对亲环境行为产生了负面影响。在传统媒体上过度传播亲环境信息可能会使人们产生压力，减少亲环境行为。相比之下，在社交媒体上传播亲环境信息有助于提高人们的监督认知，促进亲环境行为。今后可以通过在社交媒体上传播亲环境信息来引导人们在社交媒体上讨论亲环境行为，并提升人们对环境的关注；随后，通过刺激社会比较、规范感知和自我效能感来达到促进人们的亲环境行为的目的。

亲环境行为是社会责任行为的一种表现方式，上述内容以媒体对亲环境行为影响为例，讨论了媒介使用如何作用于民众的亲环境行为，并结合规范激活等理论论述了媒体影响亲环境行为的心理与行为路径。

三　媒介建设

社交媒介可以充分发挥信息框架效应和议程设置效应，对城市新移

---

① Han R. & Cheng, Y., "The influence of norm perception on pro-environmental behavior: A comparison between the moderating roles of traditional media and social media," *International Journal of Environmental Research and Public Health*, Vol. 17, No. 19, 2020, p. 7164.

② Mankoff J. et al., "Stepgreen. Org: Increasing energy saving behaviors via social networks," in *Proceedings of the International AAAI Conference on Web and Social Media*, 2010, vol. 4, no. 1, pp. 106–113; Oakley I., Chen, M., & Nisi, V., "Motivating sustainable behavior," *Ubiquitous Comput*, 2008, pp. 174–178.

③ Han W., "Online travel ugc as persuasive communication: Explore its informational and normative influence on pro-environmental personal norms and behaviour," University of Nottingham, 2018.

民进行有针对性的传播，从而直接影响他们的社会责任认同[①]：一方面，要大力弘扬优秀传统文化，提高个体修养；另一方面，需要改善政府治理，大力推行"阳光行政"，打造"诚信政府"，构建"和谐社区"，提升城市新移民的社会信任水平，从而增强他们融入社会的意愿和对社会责任的认同[②]。

（一）弘扬优秀传统文化，提高社会责任意识

增强社区配套设施建设，增强人们的社会认同感。人们对社会的认同感和依附感越深，归属感就越强，越觉得应该对社会和国家承担更多的责任，其社会责任意识会愈加强烈，相应地，他们对自我行为的约束也会更加严格。媒体能够以开放的心态接受社会责任理念，为民众在社会责任行为模式构建中提供信息、见解和建议。媒体可以报道社会责任活动和社会责任案例；它还可以向公众介绍社会责任理念，激发其社会责任感；它还可以提供正能量，激励公众实施社会责任行为。媒体可以促进有效的行为。

（二）改善政府治理，有效反馈促进责任意识

政府应当加强责任行为知识方面的教育力度，丰富知识内容，加强问题认知。塑造民众的社会责任行为规范需要对人们进行理论与实践相结合的长期持续教育，使其负责任的行为形成一种生活习惯，不再需要外部推力来施加影响。社会可以通过展示模范行为，帮助民众认识到自己身上的责任；媒体可以报道社会责任项目所取得的成果，激发公众对社会责任行为的积极性；还可以引导公众采取有效的行为，提高社会责任行为的实施效率。利用媒介手段潜移默化地改变民众的社会责任行为，实现全员民众的共同参与。媒体还应当提供有效的反馈，媒体可以通过报道社会责任行为的反馈效果，使民众能够知道他们的行为给社会带来的影响；它还可以报道社会责任项目的效果，从而吸引公众参与其中；它还可以报道一些反思性的活动，使公众能够更好地认识自己的

---

① 白如金、姚君喜、张国良：《城市新移民社交媒介使用与社会责任认同的关系——基于上海样本的实证研究》，《新闻大学》2020 年第 5 期第 169 卷，第 45—62、126—127 页。

② 李涛、黄纯纯、何兴强、周开国：《什么影响了居民的社会信任水平？——来自广东省的经验证据》，《经济研究》2008 年第 1 期第 477 卷，第 137—152 页。

责任。

以上是对媒介使用在构建民众社会责任行为模式的心理与行为路径方面的一些思考。媒体可以以开放的心态接受社会责任理念，报道社会责任活动，向公众介绍社会责任理念，激发其社会责任感，激励公众实施社会责任行为，向公众提供有效的反馈等，这些措施在社会责任行为模式构建中发挥着重要作用。

案例分析

郭瑜鸾[1]梳理了在 2018 年 8 月、9 月期间所引起广泛讨论的霸座行为。2018 年 8 月 21 日，在济南开往北京的 G334 次列车上，发生了"霸座"行为，当事人孙某在女乘客上车前霸占座位，在乘客上车后仍继续霸占，并拒绝与乘务员沟通，声称"无法起身，不能归还座位"，在劝说无效后，被占座的女乘客被安排到了商务车厢。无独有偶，在此事件引起广泛关注后的一个月内再次发生此类高铁霸座行为。2018 年 9 月 19 日，在从永州至深圳的 G6078 次列车上，一女乘客因其座位靠近过道，霸占了靠窗的位置，遭到投诉后，仍无视列车员的劝解，霸占座位不肯离开。根据《治安管理处罚法》规定，最终该女子被处以 200 元罚款，并被铁路部门限制 180 天内不能购买火车票、乘坐火车。2018 年 9 月 20 日，有网友爆料一位没座却霸占座位的大婶，声称"我腰腿疼，年轻人站半小时咋了"，还称"年轻人就应该被'教育教育'"，"买这个座位你可倒霉了"等等，列车长劝诫无效。

此类事件爆出后，"霸座男""霸座女""霸座婶"等事件背后的当事人被网友戏称为"高铁三霸""霸座一家人"[2]，此类事件引起了媒体的广泛热议。各大媒体（《人民日报》《新京报》《澎湃新闻》等）就此类事件，多次发声，提醒广大群众关注和谴责这种行

---

① 郭瑜鸾：《从"高铁霸座"事件看媒体劝服》，2020 年 10 月 9 日，http://media-ethic.ccnu.edu.cn/info/1009/2398.htm，2023 年 4 月 24 日。

② 郭瑜鸾：《从"高铁霸座"事件看媒体劝服》，2020 年 10 月 9 日，http://media-ethic.ccnu.edu.cn/info/1009/2398.htm，2023 年 4 月 24 日。

为。以《人民日报》为例：2018 年 8 月 22 日到 9 月 3 日，《人民日报》官微围绕霸座男子的行为进行了持续推送的新闻报道，如《男子"葛优躺"：帮我找个轮椅》《高铁"霸座"男子回应：当时自己态度不好，现在很后悔》《霸座男子被处治安罚款 200 元　记入铁路信征体系》《不以为耻反以为荣？"高铁霸座男"笑坐"轮椅"拍调侃视频》《干得漂亮！高铁霸座男限乘所有火车》等等①。

如"信息接触理论"认为，信息接触不仅能促进个体的日常交流，还能通过信息选择影响价值观②，媒体通过"信息框架"来影响个体的认知和态度，通过对"高铁霸座"这个话题进行广泛集中的报道（批判霸座行为，传达正确态度行为），旨在通过影响社会民众的信息接触，提升人们的话题关注和负向行为感知，进一步不断增强人们的价值取向和激活他们的规范知觉（霸座行为是不良的负面行为），让民众在认知层面上意识到霸座是有悖社会公德的事情。

信息器官、喉舌角色、市场取向以及社会公器等是新闻媒介的角色定位，大众媒介除了需要满足公众的基本信息需求外，还需要肩负起"社会公器"的责任，坚持维护社会的公共利益，并反映多数人的要求。具体到"高铁霸座"事件，像"霸座男"等只看重个人利益，忽视公共利益，以影响和损害他人利益为目的谋取私利或谋取便利等行为，是对公共道德漠不关心，缺乏"规则意识"的典型表现。也是社会公德机制不完善的反映。对此，媒体理应发声对社会大众进行劝服。可通过感性诉求（让民众产生情感共鸣，如让民众观看此类不道德行为，利用情绪感染民众）、理性诉求（让民众在认知方面认可，如通过正反两方面举例说理——此类行为造成的

---

① 郭瑜鸾：《从"高铁霸座"事件看媒体劝服》，2020 年 10 月 9 日，http：//media-ethic. ccnu. edu. cn/info/1009/2398. htm，2023 年 4 月 24 日。

② 白如金、姚君喜、张国良：《城市新移民社交媒介使用与社会责任认同的关系——基于上海样本的实证研究》，《新闻大学》2020 年第 5 期第 169 卷，第 45—62、126—127 页；Entman R. M.，"Framing：Toward clarification of a fractured paradigm，" *Journal of communication*，Vol. 43，No. 4，1993，pp. 51–58.

不良后果)、恐惧诉求(警醒民众,通过官方管理办法、政策,给予行为相应处罚)等方式进行媒体介入①,进而构建民众良好的社会责任行为模式。

上文分别从媒介使用化解社会偏见及冲突、赋能社会舆情治理、塑造民众积极社会心态和建构民众社会责任行为模式等层面的心理与行为路径论证了媒介使用如何服务于国家和社会,从上述中总结出相应的规律,为我国未来的媒体发展提供借鉴。

互联网最大的特征就是开放性,网络可以充分展示和交流各种文化。在当前的网络信息时代下,运用各种宣传方法和手段向广大群体阐释理论、解读观点、讲解道理,有很强的吸引性和鼓动性,使人们能够认识、理解和认同中国特色社会主义的核心价值。移动网络的便利性有助于人们随时随地地获得新鲜的文化信息,也为价值观的宣传和传播提供了更多的开放空间。还应建立媒体公众平台,加强管理水平,消除不良、错误信息对人们的误导,扩大新媒体资源的引用范围,发挥互联网平台的培育优势;同时也要注重理论结合实际,增加评价的角度,使更多的人群从不同的角度去感受社会主义核心价值观。正确运用公共媒体的"双刃剑",牢牢掌握舆论的主动权,正确引导各种社会思潮,倡导健康、积极、勤奋、节俭的生活方式,努力营造健康良好的舆论环境。

---

① 郭瑜鸾:《从"高铁霸座"事件看媒体劝服》,2020年10月9日,http://media-ethic. ccnu. edu. cn/info/1009/2398. htm,2023年4月24日。

参考文献

第一章

白玫佳黛：《妈妈爱你：中国亲妈粉、偶像产业、性别和亲密乌托邦》，《传媒与社会学刊》2021 年第 57 期，第 127—158 页。

蔡润芳：《技术之上的"价值之手"：对算法"物质性"的媒介政治经济学追问——以美团外卖平台"超脑"系统为例》，《新闻界》2021 年第 11 期，第 32—42 页。

曹晋、曹浩帆：《流动民工的男女平权与代际父权制再生产——基于大都市医院"双薪护工"劳动与微信沟通实践的分析》，《南京大学学报》（哲学·人文科学·社会科学）2021 年第 3 期第 58 卷，第 82—94、159—160 页。

曹书乐：《作为劳动的游戏：数字游戏玩家的创造，生产与被利用》，《新闻与写作》2021 年第 2 期，第 22—28 页。

曹钺、曹刚：《作为"中间景观"的农村短视频：数字平台如何形塑城乡新交往》，《新闻记者》2021 年第 3 期，第 15—26 页。

陈娟、甘凌博：《向信息寻求关系——基于微信的老年人健康信息分享行为研究》，《新闻记者》2021 年第 9 期，第 10—24 页。

戴宇辰：《从"全景敞视"到"独景窥视"：福柯、拉图尔与社会化媒体时代的空间——权力议题再阐释》，《国际新闻界》2021 年第 7 期，第 6—24 页。

丁未：《遭遇"平台"，另类数字劳动与新权力装置》，《新闻与传播研究》2021 年第 10 期，第 20—38、126 页。

段世昌：《从"寄生"到"共栖"——淘宝平台如何走向基础设施化》，

《新闻记者》2021 年第 7 期，第 86—96 页。

胡翼青、张一可：《如何破局：数字经济时代传媒业的挑战与机遇》，《南方传媒研究》2021 年第 6 期，第 3—9 页。

胡泳、刘纯懿：《现实之镜：饭圈文化背后的社会症候》，《新闻大学》2021 年第 8 期，第 65—79、119 页。

胡雨濛：《"防疫"标语的健康动员：话语策略，框架与权力结构》，《国际新闻界》2021 年第 5 期，第 86—105 页。

皇甫博媛：《"算法崩溃"时分：从可供性视角理解用户与算法的互动》，《新闻记者》2021 年第 4 期第 458 卷，第 55—64 页。

黄月琴、黄宪成：《"转发"行为的扩散与新媒体赋权——基于微博自闭症议题的社会网络分析》，《新闻记者》2021 年第 5 期第 459 卷，第 36—47 页。

姬德强：《平台化治理：传播政治经济学视域下的国家治理新范式》，《新闻与写作》2021 年第 4 期，第 20—25 页。

黎藜、赵美获、李孟：《"行之有效"还是"徒劳无功"——父母干预会降低孩子手机游戏成瘾吗?》，《新闻记者》2021 年第 10 期第 464 卷，第 67—76 页。

李彪：《亚文化与数字身份生产：快手新生代农民工群体土味文化研究》，《东北师大学报》（哲学社会科学版）2021 年第 5 期，第 115—120 页。

李辉、张志安：《基于平台的协作式治理：国家治理现代化转型的新格局》，《新闻与写作》2021 年第 4 期，第 13—19 页。

李晓静、付强、王韬：《新冠疫情中的媒介接触，新闻认知与媒介信任——基于中外大学生的焦点小组访谈》，《新闻记者》2021 年第 3 期，第 76—86 页。

刘国强、蒋效妹：《身体、媒介及图像叙事："带 ID"式远程合影的技术现象学分析》，《现代传播》（中国传媒大学学报）2021 年第 7 期第 43 卷，第 144—149 页。

刘海龙、谢卓潇、束开荣：《网络化身体：病毒与补丁》，《新闻大学》2021 年第 5 期第 181 卷，第 40—55、122—123 页。

刘毅、曾佳欣：《银发数字"潮"：微信老年用户健康信息回避行为的影响因素探讨》，《新闻记者》2021 年第 9 期第 463 卷，第 25—35、

47 页。

刘于思、赵舒成：《"洁净"亦危险：物质性和废弃社会视角下电子媒介垃圾的理论反思》，《国际新闻界》2021 年第 4 期，第 74—92 页。

毛天婵、闻宇：《十年开放？十年筑墙？——平台治理视角下腾讯平台开放史研究（2010—2020）》，《新闻记者》2021 年第 6 期，第 28—38 页。

彭兰：《AIGC 与智能时代的新生存特征》，《南京社会科学》2023 年第 5 期，第 104—111 页。

秦璇、陈曦：《偶像失格、群体非理性和道德恐慌：粉丝群体互相攻击中的举报策略与诱因》，《新闻记者》2021 年第 10 期，第 52—66 页。

申琦、王璐瑜：《社交网络假新闻判别中的"直觉依赖"——基于智能手机端新闻阅读的实证研究》，《新闻知识》2021 年第 7 期，第 3—13 页。

束开荣：《互联网基础设施：技术实践与话语建构的双重向度——以媒介物质性为视角的个案研究》，《新闻记者》2021 年第 2 期，第 39—50 页。

宋美杰、陈元朔：《为何截屏：从屏幕摄影到媒介化生活》，《福建师范大学学报》（哲学社会科学版）2021 年第 1 期，第 123—132、171 页。

孙萍、刘港平：《中国传播学 40 年研究主题与展望》，《中国社会科学报》2022 年第 3 期。

孙信茹、甘庆超：《对视：网络直播中的观看与角色互构》，《当代传播》2021 年第 3 期，第 79—82、85 页。

孙信茹：《社交媒体在地化：一种进入整体情境的方法论》，《南京社会科学》2021 年第 3 期，第 108—119 页。

王洪喆：《诺伯特·维纳、控制论与信息传播的人文精神》，《全球传媒学刊》2021 年第 2 期，第 43—58 页。

王维佳、周弘：《规制与扩张的"双向运动"：中国平台经济的演进历程》，《新闻与传播研究》2021 年第 S1 期，第 76—90、127 页。

王炎龙、王石磊：《"驯化"微信群：年长世代构建线上家庭社区的在地实践》，《新闻与传播研究》2021 年第 5 期，第 85—99、127 页。

王颖吉、王袁欣：《任务或闲聊？——人机交流的极限与聊天机器人的发展路径选择》，《国际新闻界》2021 年第 4 期，第 30—50 页。

王喆：《可计算的情感回环：后情感社会中情感计算的生成与批判》，《新闻记者》2023 年第 5 期，第 52—61、83 页。

徐亚萍、李爽：《疾痛身体的媒介化"活力"——对癌症患者社交视频日志的内容分析》，《新闻与传播研究》2021 年第 7 期，第 59—78、127 页。

晏青、付森会：《粉丝——明星关系感知的影响因素与作用机理：基于混合方法的研究》，《国际新闻界》2021 年第 10 期，第 6—28 页。

杨莉明、徐智：《垂直集体主义价值观在新冠防疫中的说服作用与行动影响——基于中老年群体的研究》，《新闻记者》2021 年第 9 期，第 36—47 页。

姚建华、丁依然：《"幽灵劳动"是新瓶装旧酒吗？——幽灵劳动及其概念的传播政治经济学省思》，《新闻记者》2022 年第 12 期，第 30—40 页。

尹一伊：《从"跨粉都"到"饭圈"：论中国网络粉丝实践的形成》，《电影艺术》2021 年第 6 期，第 84—89 页。

周葆华、钟媛：《"春天的花开秋天的风"：社交媒体、集体悼念与延展性情感空间——以李文亮微博评论（2020—2021）为例的计算传播分析》，《国际新闻界》2021 年第 3 期，第 79—106 页。

周逵、何苒苒：《驯化游戏：银发玩家网络游戏行为的代际研究》，《新闻记者》2021 年第 9 期，第 72—85 页。

第二章

白冰茜：《自媒体的发展研究》，《新媒体研究》2018 年第 6 期第 40 卷，第 109—110 页。

陈锐：《传播心理学》，中国人民大学出版社 2020 年版。

方建移：《传播心理学》，浙江教育出版社 2016 年版。

方建移：《大众传播心理学》，浙江大学出版社 2007 年版。

郭庆光：《传播学教程》，中国人民大学出版社 2002 年版。

侯松涛：《中国共产党百年历程与社会价值观的历史演进》，《北京联合大学学报》2021 年第 1 期第 19 卷，第 39—45 页。

侯玉波：《社会心理学》，北京大学出版社 2018 年版。

黄希庭、郑涌：《当代中国青年价值观研究》，人民教育出版社 2005 年版。

吴忠民：《渐进模式与有效发展——中国现代化研究》，东方出版社 1999

年版。

中国互联网络信息中心:《〈2021 年全国未成年人互联网使用情况研究报告〉发布》,2022 年 12 月 1 日,http：//www. ennic. cn/n4/2022/1201/c135 – 10691. html,2023 年 4 月 29 日。

中国经济网:《王萍萍:人口总量略有下降 城镇化水平继续提高》,2023 年 1 月 18 日,http：//www. ce. cn/xwzx/gnsz/gdxw/202301/18/t20230118_38353400. shtml,2023 年 4 月 29 日。

Cobb S. ,"Social support as a moderator of life stress,"*Psychosomatic medicine*,Vol. 38,No. 5,1976,pp. 300 – 314.

Denis M. ,& Sven W. ,*Communication models for the study of mass communication*,New York：Longman Inc. ,2015.

Malecki,C. K. ,& Demaray,M. K. ,"Measuring perceived social support：Development of the child and adolescent social support scale（CASSS）,"*Psychology in the Schools*,Vol. 39,No. 1,2002,pp. 1 – 18.

第三章

陈向明:《质的研究方法与社会科学研究》,教育科学出版社 2000 年版。

陈阳:《大众传播学研究方法导论（第二版)》,中国人民大学出版社 2015 年版。

董奇:《心理与教育研究方法（第 2 版)》,北京师范大学出版社 2019 年版。

柯惠新、王锡苓、王宁:《传播研究方法》,中国传媒大学出版社 2010 年版。

李丹珉、谢耘耕:《舆情研究方法的历史演变与未来选择》,《新媒体与社会》2022 年第 2 期,第 18 页。

王重鸣:《心理学研究方法（第二版)》,人民教育出版社 2001 年版。

喻国明、颜世健:《认知竞争时代的传播转向与操作策略》,《东南学术》2022 年第 6 期,第 227—237 页。

章洁:《大众传媒心理学教程》,浙江大学出版社 2011 年版。

赵蓉英、邹菲:《内容分析法学科基本理论问题探讨》,《图书情报工作》2005 年第 6 期第 49 卷,第 6 页。

周葆华、连昕萌、张思琪、杨天铸：《数字时代的计算舆论研究：主题，理论与方法的进展与前瞻——基于 2000—2020 年代表性传播学国际期刊的分析》，《新闻与写作》2023 年第 2 期，第 11 页。

祝建华：《内容分析——传播学研究方法之二》，《新闻大学》1985 年第 10 期，第 4 页。

Cousin, G., "Case study research," *Journal of geography in higher education*, Vol. 29, No. 3, 2005, pp. 421 –427.

Creswell, J. W., *Research design*: *qualitative, quantitative, and mixed methods approaches* (5th ed.), Sage Publications, Inc., 2018.

Hudelson, P. M., *Qualitative research for health programmes*, Geneva: World Health Organization, 1994.

Hymes, D., "Introduction: toward ethnographies of communication," *American anthropologist*, Vol. 66, No. 6, 1964, pp. 1 –34.

Marcus, G. E., & Cushman, D., "Ethnographies as texts," *Annual review of anthropology*, Vol. 11, No. 1, 1982, pp. 25 –69.

Merriam, S. B., *Case study research in education*: *A qualitative approach*, Jossey-Bass, 1988.

Wimmer, R. D., & Dominick, J. R., *Mass media research*: *an introduction* (10th ed.), Wadsworth Publishing Co, 2013.

第四章

邓肯、陆楠茜：《国内推理类网络综艺节目的现状、困境及对策》，《传媒》2023 年第 1 期，第 1—43 页。

方建移：《传播心理学》，浙江教育出版社 2015 年版。

黄迎春：《浅议动画电影仿真》，《电影评介》2009 年第 21 期，第 72—74 页。

李淑芳：《广告传播与拟态环境》，《广告大观理论版》2008 年第 1 期，第 33—38 页。

理查德·格里格、菲利普·津巴多：《心理学与生活》（第 19 版），王磊译，人民邮电出版社 2014 年版。

刘蓓：《现代广告的人文关怀探析》，硕士学位论文，苏州大学，2008 年。

莫伊伦：《混音艺术与创作（第二版)》，吴潇思、熊思鸿译，人民邮电出版社 2009 年版。

孙惟微：《赌客信条》，电子工业出版社 2010 年版。

王鑫、唐舒岩：《数字声频多声道环绕声技术》，人民邮电出版社 2008 年版。

张殿元：《世界性广告消费主义的文化批判》，《中南民族大学学报》（人文社会科学版）2008 年第 2 期，第 171—174 页。

张宪荣：《工业设计辞典》，化学工业出版社 2011 年版。

Benedetti F., Mayberg, H. S., Wager, T. D., Stohler, C. S., & Zubieta, J. - K., "Neurobiological mechanisms of the placebo effect," *Journal of Neuroscience*, Vol. 25, No. 45, 2005, pp. 10390 – 10402.

Hurvich L. M. & Jameson, D., "Opponent processes as a model of neural organization," *American Psychologist*, Vol. 29, No. 2, 1974, p. 88.

第五章

陈满琪：《群体情绪及其测量》，《社会科学战线》2013 年第 2 期第 212 卷，第 174—179 页。

陈巍：《以"镜"观心：从"见样学样"到"感同身受"》，《科技导报》2011 年第 11 期，第 80 页。

董向慧：《"后真相时代"网络舆情与舆论转化机制探析——互动仪式链理论视角下的研究》，《理论与改革》2019 年第 5 期，第 50—60 页。

杜鹃、方嘉莉：《敦煌文化在短视频平台传播的路径探析》，《中国博物馆》2022 年第 5 期，第 77—81 页。

盖琪：《"新主流综艺"：个体认同与集体认同的双重建构》，《中国电视》2018 年第 7 期第 389 卷，第 35—39 页。

古斯塔夫·勒庞：《乌合之众：大众心理研究》，冯克利译，广西师范大学出版社 2007 年版。

郭景萍：《库利：符号互动论视野中的情感研究》，《求索》2004 年第 4 期，第 162—163 页。

郭景萍：《情感社会学》，上海三联书店 2008 年版。

郭景萍：《社会情感风险调控与社会和谐》，《中共福建省委党校学报》

2006 年第 3 期，第 44—48 页。

郝伯特·米德：《心灵、自我和社会》，霍桂桓译，北京联合出版社 2014
年版。

黄旦、李洁：《消失的登陆点——社会心理学视野下的符号互动论与传播
研究》，《新闻与传播研究》2006 年第 3 期，第 14—19、93 页。

黄希庭、杨治良、林崇德：《心理学大辞典（上下）（精）》，上海教育出
版社 2003 年版。

兰德尔·科林斯：《互动仪式链》，林聚任、王鹏、宋丽君译，商务印书
馆 2009 年版。

李金宝：《社会公共安全事件中的民众知情权——由〈南方周末〉两则报
道引发的思考》，《新闻记者》2002 年第 12 期，第 20—21 页。

李文跃：《教学符号互动：课堂情感机制生成的重要路径——符号互动论
的视角》，《现代大学教育》2013 年第 6 期，第 7—13、78 页。

卢连：《中国纪录片国际传播力研究》，博士学位论文，上海交通大学，
2016 年。

孟维杰：《形态共鸣视域下集体潜意识新维度与方法论价值》，《自然辩证
法通讯》2018 年第 10 期第 40 卷，第 115—121 页。

彭聘龄：《普通心理学（第 5 版）》，北京师范大学出版社 2018 年版。

皮埃尔·诺拉：《记忆之场》，南京大学出版社 2020 年版。

任文启、顾东辉：《通过社会工作的情感治理：70 年情感治理的历史脉络
与现代化转向》，《青海社会科学》2019 年第 6 期第 240 卷，第 24—
31 页。

沈悦、金圣钧：《从软实力到"暖实力"：中国国际传播理念创新的话语、
维度与愿景》，《东岳论丛》2023 年第 2 期，第 62—75 页。

汪勇、周延东：《情感治理：枫桥经验的传统起源与现代应用》，《公安学
研究》2018 年第 3 期第 1 卷，第 1—23、123 页。

王俊秀：《社会情绪的结构和动力机制：社会心态的视角》，《云南师范大
学学报》（哲学社会科学版）2013 年第 5 期，第 55—63 页。

王俊秀：《新媒体时代社会情绪和社会情感的治理》，《探索与争鸣》2016
年第 11 期第 325 卷，第 35—38 页。

王潇、李文忠、杜建刚：《情绪感染理论研究述评》，《心理科学进展》

2010 年第 8 期, 第 1236—1245 页。

吴飞:《共情传播的理论基础与实践路径探索》,《新闻与传播研究》2019 年第 5 期, 第 59—76、127 页。

吴润果、罗跃嘉:《情绪记忆的神经基础》,《心理科学进展》2008 年第 3 期, 第 458—463 页。

谢耘耕、李丹眠:《公共事件与社会情绪共振机制研究》,《新媒体与社会》2020 年第 2 期, 第 213—225 页。

邢云菲、王晰巍:《国外社交媒体中群体极化研究综述》,《情报科学》2022 年第 9 期, 第 176—184 页。

徐明华:《情感传播: 理论溯源与中国实践》, 社会科学文献出版社 2021 年版。

扬·普兰佩尔:《人类的情感: 认知与历史》, 夏凡、马百亮译, 上海人民出版社 2014 年版。

杨月荣、郝文斌:《"00 后"大学生受网络亚文化影响情况分析》,《思想理论教育导刊》2021 年第 4 期第 268 卷, 第 135—139 页。

伊丽莎白·诺尔—诺依曼:《沉默的螺旋》, 董璐译, 北京大学出版社 2013 年版。

尹寒、杨军:《试论自媒体时代网络舆论群体极化及其引导机制》,《湖北社会科学》2023 年第 2 期, 第 163—168 页。

张朝、林丰勋等:《心理学导论》, 清华大学出版社 2017 年版。

张金霞、柴明明:《"乡愁"——多元解构下的二人转艺术在年轻群体中的参与式传播策略》,《戏剧文学》2022 年第 12 期第 475 卷, 第 122—127 页。

张龙、蒋烨红、康骏驰:《共情视域下中国非遗文化视频的国际传播》,《当代传播》2023 年第 2 期, 第 45—49 页。

张志安、晏齐宏:《个体情绪社会情感集体意志——网络舆论的非理性及其因素研究》,《新闻记者》2016 年第 11 期第 405 卷, 第 16—22 页。

Compton, R. J., "The interface between emotion and attention: a review of evidence from psychology and neuroscience," *Behavioral and cognitive neuroscience reviews*, Vol. 2, No. 2, 2003, pp. 115 – 129.

Levine, L. J., & Pizarro, D. A., "Emotion and memory research: a grumpy overview," *Social Cognition*, Vol. 22, No. 5, 2004, pp. 530 – 554.

Plutchik R., *Emotions and life: Perspectives from psychology, biology, and e-volution*, Washington: American Psychological Association, 2003.

Tao, J., Tan, T., & Picard, R. W., *Affective computing: a review. Affective Computing and Intelligent Interaction*, Heidelberg: Springer Inc., 2005.

Van Kleef, G. A., " How emotions regulate social life: The emotions as social information (EASI) model," *Current directions in psychological science*, Vol. 18, No. 3, 2009, pp. 184 – 188.

第六章

艾娟:《群际冲突长期存在的心理基础与和解路径》,《学术交流》2022 年第 5 期, 第 143—156 页。

陈红:《人格与文化》, 安徽教育出版社 2009 年版。

陈力丹:《互联网的非线性传播及对其的批判思维》,《新闻记者》2017 年第 10 期, 第 46—53 页。

陈幼平、辛勇:《文化影响人格的作用机制探析》,《人民论坛》2011 年第 26 期, 第 210—211 页。

戴维·迈尔斯:《社会心理学》(第 8 版), 侯玉波、乐国安、张智勇等译, 人民邮电出版社 2006 年版。

党晶、周亚文、刘济良:《论大众传媒泛娱乐化影响下的青少年价值观教育》,《中国教育学刊》2017 年第 9 期, 第 94—97 页。

杜骏飞:《弥漫的传播》, 中国社会科学出版社 2002 年版。

高志宏、吴雨歌:《新媒介环境下文化产品对青少年价值观的影响》,《苏州大学学报》(教育科学版) 2022 年第 3 期, 第 81—88 页。

郭永玉、贺金波:《人格心理学》, 高等教育出版社 2011 年版。

郭永玉:《人格心理学 人性及其差异的研究》, 中国社会科学出版社 2005 年版。

郭永玉:《走进心理学系列教材—人格心理学纲要》, 教育科学出版社 2018 年版。

海兵:《青年价值观教育研究》, 安徽人民出版社 2003 年版。

韩震、吴晓云：《社会主义核心价值观·关键词·平等》，中国人民大学
出版社 2015 年版。

郝雨：《价值观：马克思主义新闻观践行之基》，《当代传播》2022 年第 5
期，第 1 页。

郝雨：《中国话语体系的新闻价值观建构与实践》，《青年记者》2022 年
第 9 期，第 9—12 页。

侯玉波：《社会心理学》，北京大学出版社 2013 年版。

黄希庭：《人格心理学》，浙江教育出版社 2002 年版。

李凯、谢悦、何慧梅：《社交媒体超载对健康自我效能感的影响机制研
究》，《新闻与传播评论》2022 年第 5 期，第 86—98 页。

刘宋冰清、俞宗火、唐小娟：《权力对基本归因错误的影响》，《心理科
学》2022 年第 4 期，第 953—959 页。

刘裕、刘芳：《媒介不良接触导致问题行为：心理控制源的作用》，《教育
研究与实验》2015 年第 4 期，第 86—91 页。

罗昕：《网络舆论暴力的形成机制探究》，《当代传播》2008 年第 4 期，
第 78—80 页。

戚庆燕：《新媒体时代新闻学子自我效能感提升路径探析》，《新闻爱好
者》2020 年第 8 期，第 81—83 页。

苏倩倩：《基于自我决定理论的阅读激励策略分析》，《编辑之友》2019
年第 1 期，第 31—35 页。

王长潇：《播客平台的商业模式、监管自律与播客自媒体公民意志的再传
播》，《现代传播》（中国传媒大学学报）2011 年第 3 期，第 116—
120 页。

王晓刚：《大学生心理健康》，清华大学出版社 2008 年版。

吴师川、师月：《主流媒体新闻报道对社会价值观的引导研究》，《新闻传
播》2021 年第 22 期，第 117—118 页。

邢淑芬、俞国良：《社会比较研究的现状与发展趋势》，《心理科学进展》
2005 年第 1 期，第 78—84 页。

许燕：《人格心理学导论》，中国人民大学出版社 2017 年版。

杨保军：《论"新闻观"》，《国际新闻界》2017 年第 3 期，第 91—
113 页。

杨保军、王敏：《论中国马克思主义新闻价值观的典型特征》，《山西大学学报》（哲学社会科学版）2018 年第 6 期，第 63—71 页。

杨保军：《新闻价值论》，中国人民大学出版社 2003 年版。

俞国良：《社会心理学》，北京师范大学出版社 2006 年版。

俞国良：《社会心理学》，北京师范大学出版社 2011 年版。

曾润喜、李游：《自我效能感与网络健康信息搜寻关系的元分析》，《心理科学进展》2023 年第 4 期第 31 卷，第 535—551 页。

张蓓、高惠姗、吴宝妹、文晓巍：《价值认同、社会信念、能力认知与果蔬农户质量安全控制行为》，《统计与信息论坛》2019 年第 3 期，第 110—118 页。

张坤、李力：《社交媒体用户从众信息分享行为影响机理研究：三度归因论视角》，《情报资料工作》2022 年第 6 期，第 58—67 页。

张凌霄：《传统新闻价值观所临挑战的多元审视》，《青年记者》2022 年第 9 期，第 18—22 页。

张晓旭、陈素白：《自我决定感与情绪易感度对社交媒体受众分享意愿的影响》，《现代传播》（中国传媒大学学报）2022 年第 6 期，第 132—142 页。

张云：《公关心理学教程》，首都经济贸易大学出版社 2013 年版。

赵燕梅、张正堂、刘宁、丁明智：《自我决定理论的新发展述评》，《管理学报》2016 年第 7 期，第 1095—1104 页。

郑雪：《人格心理学》，暨南大学出版社 2007 年版。

Bandura, A., "Self-efficacy: toward a unifying theory of behavioral change," *Psychological Review*, Vol. 84, No. 2, 1977, pp. 191 – 215.

Bar-Tal, D., *Shared Beliefs in a Society: Social Psychological Analysis*, Thousand Oaks, CA: Sage, 2000.

Bar-Tal, D., "Sociopsychological foundations of intractable conflicts," *American Behavioral Scientist*, Vol. 50, No. 11, 2007, pp. 1430 – 1453.

Baumeister, R. F, et al., "Ego depletion: is the active self a limited resource," *Journal of personality and social psychology*, Vol. 74, No. 5, 1998, pp. 1252 – 65.

Cao, W., et al., "Modeling online health information-seeking behavior in

China: The roles of source characteristics, reward assessment, and internet self-efficacy," *Health Communication*, Vol. 31, No. 9, 2016, pp. 1105 – 1114.

Carver, C. S. Self-awareness. In M. R. Leary & J. P. Tangney (Eds.), *Handbook of self and identity*, pp. 179 – 196, New York: Guilford Press, 2003.

Deci, E. L. & Ryan, R. M., Intrinsic motivation and self-determination in human behavior, NewYork: Plenum, 1985.

Deci, E. L. & Ryan, R. M., "The 'What' and 'Why' of Goal Pursuits: Human Needs and the Self-Determination of Behavior," *Psychological Inquiry*, Vol. 11, No. 4, 2000, pp. 227 – 268.

Deng, Z., & Liu, S., "Understanding consumer health information-seeking behavior from the perspective of the risk perception attitude framework and social support in mobile social media websites," *International Journal of Medical Informatics*, Vol. 105, 2017, pp. 98 – 109.

Duval, T. S., & Silvia, P. J., "Self-awareness, probability of improvement, and the self-serving bias," *Journal of personality and social psychology*, Vol. 82, No. 1, 2002, pp. 49 – 61.

Kruglanski, A. W., & Webster, D. M., "Motivated closing of the mind: 'seizing' and 'freezing'," *Psychological Review*, Vol. 103, No. 2, 1996, pp. 263 – 83.

Lewin K., "Field theory in social science," *American Catholic Sociological Review*, Vol. 12, No. 2, 1951, p. 103.

McCrae, R. R., & Costa, P. T., "Trait Explanations in Personality Psychology," *European Journal of Personality*, Vol. 9, No. 4, 1995, pp. 231 – 252.

McCrae, R. R., "Human nature and culture: A trait perspective," *Journal of research in Personality*, Vol. 38, No. 1, 2004, pp. 3 – 14.

Rokeach, M, *The nature of human values*, New York: Free press, 1973.

Rotter, J. B., "Generalized expectancies for internal versus external control of reinforcement," *Psychological monographs*, Vol. 80, No. 1, 1966, pp. 1 – 28.

St. Hilaire, C., "The social dimensions of the preventive efficient stress situation model (PRESS) questionnaire in light of the general self-efficacy, health belief model, the theory of care-seeking behavior, and symbolic interactionism in healthcare," *Cogent Social Sciences*, Vol. 2, No. 1, 2016.

Wills, T. A., "Downward Comparison Principles in Social Psychology," *Psychological bulletin*, Vol. 90, No. 2, 1981, pp. 245−271.

Winter, D. G., Personality: Analysis and interpretation of lives, New York: McGraw-Hill, 1996.

You, K. H., & Cho, J., "Investigation of the Influential Factors in Leading People to Seek Mobile Information for the Promotion of Health-Related Behaviors," *Sustainability*, Vol. 12, No. 24, 2020.

第七章

蔡小慎:《公共行政管理学》,大连理工大学出版社 2002 年版。

陈俊宇、纪杰:《新媒体时代信息茧房对舆论群体极化影响的实证研究——基于回声室的中介检验》,《决策咨询》2022 年第 6 期第 72 卷,第 85—91 页。

陈龙:《大众传播学导论》,苏州大学出版社 2006 年版。

丁锦红、王军、张钦:《平面广告中图形与文本加工差异的眼动研究》,《心理学探新》2004 年第 4 期,第 30—34 页。

弓越:《新媒体环境下中国文化遗产类视频传播效果研究》,硕士学位论文,华中师范大学,2022 年。

郭庆光:《传播学教程》,中国人民大学出版社 1999 年版。

何龙:《媒介分类及其经营管理模式的异同性分析》,《新经济》2013 年第 14 期第 403 卷,第 51—53 页。

贺剑:《充分发挥信息传播在危机管理中作用的研究》,硕士学位论文,大连理工大学,2006 年。

黄心悦:《从受众心理的角度分析"她综艺"火爆的原因——以〈乘风破浪的姐姐〉为例》,《传媒论坛》2022 年第 17 期,第 57—59 页。

贾梦馨:《情绪设计与信息呈现通道对多媒体学习的影响》,硕士学位论文,山东师范大学,2022 年。

孔茜茜：《平面设计中图形信息的有效传达研究》，硕士学位论文，河北师范大学，2013年。

李寿源：《国际关系与中国外交：大众传播的独特风景线》，北京广播学院出版社1999年版。

刘睿、王莉、蒋毅：《意识与多感觉信息整合的最新研究进展》，《科学通报》2016年第1期第61卷，第2—11页。

刘小燕：《关于传媒塑造国家形象的思考》，《国际新闻界》2002年第2期，第61—66页。

刘芝庭：《传播心理学视角下评测类短视频传播策略——以"老爸评测"为例》，《传媒》2023年第4期，第71—73页。

卢新德、马兆明：《信息传播全球化与经济全球化》，《当代亚太》2002年第5期，第19—27页。

马小娟：《大学生浏览图书整体设计的眼动研究》，硕士学位论文，新疆师范大学，2012年。

苗红、王晓宇、黄鲁成、宋昱晓：《基于专利的知识媒介跨领域特征测度与演化分析》，《情报杂志》2015年第9期第34卷，第47—53页。

齐志：《新媒体环境下信息传播效果评价》，《新闻研究导刊》2019年第22期第10卷，第72—73页。

饶元、吴连伟、张君毅：《跨媒介舆情网络环境下信息传播机制研究与进展》，《中国科学：信息科学》2017年第12期第47卷，第1623—1645页。

孙有中：《国家形象的内涵及其功能》，《国际论坛》2002年第3期，第14—21页。

王屏、袁梅、欧阳雪莲、郭晓敏：《森林公园旅游解说媒介分类与评价研究——基于中西方游憩者比较分析》，《林业经济》2016年第5期第38卷，第84—90页。

薛晖：《网络媒体信息传播中的负面效果及其治理研究》，《科技传播》2015年第7期，第107—108页。

薛澜、张强、钟开斌：《危机管理——转型期中国面临的挑战》，清华大学出版社2003年版。

尹辉：《当代大众传播视域下的我国意识形态安全研究》，博士学位论文，兰州大学, 2015 年。

应佳丽:《媒介融合环境下〈人民日报〉及其新媒体平台的新闻报道研究》, 硕士学位论文, 兰州大学, 2015 年。

张成瑞:《论人工智能对视听信息传播的影响》, 硕士学位论文, 哈尔滨师范大学, 2019 年。

张鹏:《浅析新媒体时代对我国国家安全的挑战》, 硕士学位论文, 西南大学, 2015 年。

赵文华:《情绪对信息传播的影响及其应对策略》,《现代传媒》2018 年第 1 期, 第 88—89 页。

周国平:《网络发展对我国政治安全机制的冲击及对策》,《学习与探索》2002 年第 5 期, 第 26—30 页。

朱永昶:《中国国家形象传播模式研究》, 硕士学位论文, 武汉理工大学, 2012 年。

Blank S. C. , Scott, S. K. , Murphy, K. , Warburton, E. , & Wise, R. J. , "Speech production: Wernicke, broca and beyond," *Brain*, Vol. 125, No. 8, 2002, pp. 1829 – 1838.

Bucher T. , "Want to be on the top? Algorithmic power and the threat of invisibility on facebook," *New media & society*, Vol. 14, No. 7, 2012, pp. 1164 – 1180.

Day S. , " Synaesthesia and synaesthetic metaphors," *Psyche*, Vol. 2, No. 32, 1996, pp. 1 – 16.

Dehaene, S. , Cohen, L. , Sigman, M. , & Vinckier, F. , "The neural code for written words: a proposal," *Trends in cognitive sciences*, Vol. 9, No. 7, 2005, pp. 335 – 341.

Dehaene, S. , & Cohen, L. , "The unique role of the visual word form area in reading," *Trends in cognitive sciences*, Vol. 15, No. 6, 2011, pp. 254 – 262.

Fredrickson, B. L. , & Branigan, C. , "Positive emotions broaden the scope of attention and thought-action repertoires," *Cognition & emotion*, Vol. 19, No. 3, 2005, pp. 313 – 332.

Gordon N. , Koenig-Robert, R. , Tsuchiya, N. , Van Boxtel, J. J. , & Hohwy, J. , "Neural markers of predictive coding under perceptual uncertainty revealed with hierarchical frequency tagging," *elife*, Vol. 6, 2017, p. e22749.

Hsu Y. – F. , Hämäläinen, J. A. , & Waszak, F. , "Both attention and prediction are necessary for adaptive neuronal tuning in sensory processing," *Frontiers in human neuroscience*, Vol. 8, 2014, p. 152.

Isen A. M. , Daubman, K. A. , & Nowicki, G. P. , "Positive affect facilitates creative problem solving," Journal of personality and social psychology, Vol. 52, No. 6, 1987, P. 1122.

Isen, A. M. , & Reeve, J. , "The influence of positive affect on intrinsic and extrinsic motivation: Facilitating enjoyment of play, responsible work behavior, and self-control," *Motivation and emotion*, Vol. 29, 2005, pp. 295 – 323.

Lewkowicz, D. J. , & Turkewitz, G. , "Cross-modal equivalence in early infancy: Auditory-visual intensity matching," *Developmental psychology*, Vol. 16, No 6, 1980, P. 597.

Lindsay, P. H. , & Norman, D. A. , *Human information processing: An introduction to psychology*, Academic press, 2013.

Marks L. E. , Hammeal, R. J. , Bornstein, M. H. , & Smith, L. B. , "Perceiving similarity and comprehending metaphor," *Monographs of the Society for Research in Child Development*, 1987, pp. i – 100.

Marks, L. E. , *The Unity of the Senses. Interrelations among the Modalities*, New York, San Francisco, London: Academic Press, 1978.

Mayer, R. E. , *Multimedia learning*, New York, USA: Cambridge University Press, 2009.

Nasby, W. , & Yando, R. , "Selective encoding and retrieval of affectively valent information: Two cognitive consequences of children's mood states," *Journal of personality and social psychology*, Vol. 43, No. 6, 1982, p. 1244.

Nieuwland, M. S. , "Do 'early' brain responses reveal word form prediction during language comprehension? A critical review," *Neuroscience & Biobe-*

havioral Reviews, Vol. 96, 2019, pp. 367 – 400.

Osgood, C. E., "The cognitive dynamics of synesthesia and metaphor," *Review of Research in Visual Arts Education*, 1981, pp. 56 – 80.

Paas F. & Sweller, J., "Implications of cognitive load theory for multimedia learning," *The Cambridge handbook of multimedia learning*, Vol. 27, 2014, pp. 27 – 42.

Page, M., Crampton, P., Viney, R., Rich, A., & Griffin, A., "Teaching medical professionalism: a qualitative exploration of persuasive communication as an educational strategy," *BMC medical education*, Vol. 20, No. 1, 2020, pp. 1 – 11.

Price, C. J., & Devlin, J. T., "The interactive account of ventral occipito-temporal contributions to reading," *Trends in cognitive sciences*, Vol. 15, No. 6, 2011, pp. 246 – 253.

Stroud, N. J., "Polarization and partisan selective exposure," *Journal of communication*, Vol. 60, No. 3, 2010, pp. 556 – 576.

Sweller J., "Cognitive load theory," in *Psychology of learning and motivation*, Vol. 55: Elsevier, 2011, pp. 37 – 76.

第八章

白如金、姚君喜、张国良：《城市新移民社交媒介使用与社会责任认同的关系——基于上海样本的实证研究》，《新闻大学》2020 年第 5 期第 169 卷，第 45—62、126—127 页。

陈会昌：《道德发展心理学》，安徽教育出版社 2007 年版。

陈力丹：《舆论学：舆论导向研究》，中国广播电视出版社 1999 年版。

戴晓：《新时代大学生社会责任行为习惯养成研究》，硕士学位论文，河北工业大学，2021 年。

戴艳清、李梅梅：《公共数字文化服务可及性对公众文化获得感的影响及作用机理》，《图书情报工作》2022 年第 21 期第 66 卷，第 3—13 页。

党君、马俊树：《重大突发事件中社交媒体建设性新闻的实践效果——基于〈人民日报〉官方微博对 MU5735 空难报道的分析》，《现代传播》（中国传媒大学学报）2023 年第 2 期第 45 卷，第 11—18 页。

党君：《重大疫情事件中建设性新闻对于公众情绪的调节与引导》，《当代传播》2020 年第 4 期第 213 卷，第 56—59 页。

邓新民：《网络舆论与网络舆论的引导》，《探索》2003 年第 5 期，第 78—80 页。

董向慧：《"后真相时代"网络舆情与舆论转化机制探析——互动仪式链理论视角下的研究》，《理论与改革》2019 年第 5 期第 229 卷，第 50—60 页。

杜仕菊、程明月：《风险社会中的社会心态表征与重塑》，《甘肃社会科学》2020 年第 4 期第 247 卷，第 52—59 页。

段文婷、江光荣：《计划行为理论述评》，《心理科学进展》2008 年第 2 期第 102 卷，第 315—320 页。

朵开丽：《"同根生""共进退"：舆论与舆情的关系探究》，《新媒体与社会》2017 年第 4 期，第 73—86 页。

樊帅、田志龙、胡小青：《心理所有权视角下消费者参与虚拟 CSR 共创的影响研究》，《管理学报》2017 年第 3 期第 14 卷，第 414—424 页。

高明华：《偏见的生成与消解 评奥尔波特〈偏见的本质〉》，《社会》2015 年第 1 期第 35 卷，第 206—228 页。

高炜：《社会公器与新闻媒介》，《内蒙古大学学报》（人文社会科学版）2008 年第 1 期，第 115—118 页。

郭瑜鸾：《从"高铁霸座"事件看媒体劝服》，2020 年 10 月 9 日，http：//media-ethic. ccnu. edu. cn/info/1009/2398. htm，2023 年 4 月 24 日。

韩立新：《时空转移与智慧分流：媒体的分化与重构》，《新闻与传播研究》2016 年第 5 期第 23 卷，第 98—112、128 页。

韩运荣、张欢：《民意、舆论与舆情：概念歧义、功能辨析与实践限度》，《中国新闻传播研究》2021 年第 4 期，第 17—33 页。

胡峰：《重大疫情网络舆情演变机理及跨界治理研究——基于"四点四阶段"演化模型》，《情报理论与实践》2020 年第 6 期第 43 卷，第 23—29、55 页。

黄进、陈朝晖、李彦静、苗一博：《从东航遇难家属发声被网暴事件简析媒介逼视问题》，2023 年 3 月 8 日，http：//media-ethic. ccnu. edu. . cn/info/1052/3224. htm，2023 年 4 月 24 日。

黄磊：《"后真相"时代媒体对公众情绪表达的引导》，《传媒》2019 年第 16 期第 309 卷，第 90—93 页。

贾林祥：《社会偏见：制约和谐社会构建的社会心理因素》，《陕西师范大学学报》（哲学社会科学版）2010 年第 3 期第 39 卷，第 18—23 页。

贾诗威、闫慧：《社交媒体用户算法偏见感知的批判性话语分析》，《现代情报》2023 年第 6 期第 43 卷，第 14—23 页。

金恒江、余来辉、张国良：《媒介使用对个体环保行为的影响——基于中国综合社会调查（CGSS 2013）数据的实证研究》，《新闻大学》2017 年第 2 期第 142 卷，第 46—55、148 页。

金旭阳：《全媒体背景下舆论和舆情的关系辨析》，《传媒》2017 年第 19 期第 264 卷，第 91—93 页。

靳慧蓉：《基于规范激活理论的个人捐赠行为影响因素研究》，硕士学位论文，天津大学，2018 年。

乐国安、李绍洪：《心理定势发生机制的模型建构》，《心理学探新》2006 年第 2 期，第 3—8 页。

李涛、黄纯纯、何兴强、周开国：《什么影响了居民的社会信任水平？——来自广东省的经验证据》，《经济研究》2008 年第 1 期第 477 卷，第 137—152 页。

李文超、邵婧：《消费者环保服装购买行为的影响因素研究——基于计划行为理论和规范激活理论》，《中国管理科学》2023 年第 1—20 期。

李晓静、张国良：《社会化媒体可信度研究：理论探讨与实证分析》，《新闻大学》2012 年第 6 期第 116 卷，第 105—114 页。

李泽、谢熠、罗教讲：《突发公共卫生事件社会心理影响因素分析》，《学校党建与思想教育》2021 年第 6 期第 645 卷，第 91—93 页。

李忠尚：《软科学大辞典》，辽宁人民出版社 1989 年版。

廖卫民：《论突发事件中的舆论动员——以南方雪灾为例》，《新闻记者》2008 年第 4 期第 302 卷，第 9—12 页。

刘昊：《传播社交媒体舆论情感研究》，南开大学出版社 2022 年版。

刘庆振、于进、牛新权：《计算传播学》，人民日报出版 2019 年版。

刘毅：《网络舆情研究概论》，天津人民出版社 2007 年版。

卢怿、史艳芳、黄文萱、方柳：《从"博主上山坐轿被网暴"事件看媒介暴力》，2023 年 3 月 8 日，http：//media-ethic.ccnu.edu.cn/info/1004/
　　3183.htm，2023 年 4 月 24 日。

马皑：《中国人心态扫描》，中国政法大学出版社 2010 年版。

马广海：《论社会心态：概念辨析及其操作化》，《社会科学》2008 年第
　　10 期第 338 卷，第 66—73、189 页。

马翔、包国宪：《网络舆情事件中的公共价值偏好与政府回应绩效》，《公
　　共管理学报》2020 年第 2 期第 17 卷，第 70—83、169 页。

马向真、张雷：《道德价值建构与社会心态塑造的同向性探析》，《东南大
　　学学报》（哲学社会科学版）2009 年第 4 期第 11 卷，第 5—10、
　　126 页。

孟琳、黄裕中、唐志文：《大学生情绪智力与实践能力的关系：社会责任
　　感的中介作用和心理韧性的调节作用》，《中国健康心理学杂志》2023
　　年第 1 期第 31 卷，第 141—147 页。

苗苨：《治理现代化视角下我国社会心理服务体系建设的路径创新》，《山东
　　大学学报》（哲学社会科学版）2021 年第 6 期第 249 卷，第 119—127 页。

莫青平：《网络社会心态调适与引导策略》，《人民论坛》2020 年第 19 期
　　第 674 卷，第 114—115 页。

牛卫红：《电视体育报道中的性别偏见影响分析——以中央电视台体育频
　　道为例》，《新闻知识》2007 年第 6 期第 276 卷，第 32—34 页。

沈正赋：《社会风险视野中网络舆情的生成、传播及其信息治理——基于
　　新冠肺炎疫情网络信息的梳理与阐发》，《安徽师范大学学报》（人文社
　　会科学版）2020 年第 5 期第 48 卷，第 140—147 页。

沈正赋：《新型治理主体：重大突发风险事件中的媒介化治理能力建构研
　　究》，《编辑之友》2022 年第 8 期第 312 卷，第 17—24 页。

孙倬、赵红、王宗水：《网络舆情研究进展及其主题关联关系路径分析》，
　　《图书情报工作》2021 年第 7 期第 65 卷，第 143—154 页。

王国华：《突发事件网络舆情的动力要素及其治理》，华中科技大学出版
　　社 2017 年版。

王俊秀：《社会心态的结构和指标体系》，《社会科学战线》2013 年第 2
　　期第 212 卷，第 167—173 页。

王俊秀：《社会心态理论——一种宏观社会心理学范式》，社会科学文献

出版社 2014 年版。

王俊秀：《中国社会心态 10 年》，社会科学文献出版社 2020 年版。

王俊秀：《中国社会心态研究报告》，社会科学文献出版社 2019 年版。

王来华：《当前舆情研究深入展开中的几个重要问题》，《新闻与传播研究》2018 年第 S1 期第 25 卷，第 120—121 页。

王来华、林竹、毕宏音：《对舆情、民意和舆论三概念异同的初步辨析》，《新视野》2004 年第 5 期，第 64—66 页。

王兰成、陈立富：《国内外网络舆情演化、预警和应对理论研究综述》，《图书馆杂志》2018 年第 12 期第 37 卷，第 4—13 页。

王沛：《现代社会认知理论框架下的偏见研究及其走向》，《心理科学》1998 年第 5 期第 21 卷，第 445—448 页。

王仕勇：《大数据时代的社会舆情治理：何以可能与何以可为》，《重庆社会科学》2021 年第 12 期第 325 卷，第 84—95 页。

王筱纶、顾洁：《企业危机网络舆情的传播路径及其在供应链中的纵向溢出效应研究》，《管理科学》2019 年第 1 期第 32 卷，第 42—55 页。

王学敏：《聚焦新闻传媒技术的革新与发展——评〈中国新闻传媒科技发展史话〉》，《传媒》2023 年第 2 期第 391 卷，第 101—102 页。

王益富、潘孝富：《中国人社会心态的经验结构及量表编制》，《心理学探新》2013 年第 1 期第 33 卷，第 79—83 页。

乌尔里希·贝克：《风险社会：新的现代性之路（全新修订版）》，张文杰、何博闻译，译林出版社 2018 年版。

吴莹、杨宜音：《社会心态形成过程中社会与个人的"互构性"——社会心理学中"共识"理论对社会心态研究的启示》，《社会科学战线》2013 年第 2 期第 212 卷，第 159—166 页。

席居哲：《积极社会心态：理论与实践》，上海教育出版社 2019 年版。

谢耘耕、荣婷：《微博舆论生成演变机制和舆论引导策略》，《现代传播》（中国传媒大学学报）2011 年第 5 期第 178 卷，第 70—74 页。

徐敬宏、李欲晓、方滨兴、刘颖：《非常规突发事件中网络舆情的生成及管理》，《当代传播》2010 年第 4 期第 153 卷，第 41—43 页。

徐勇：《网络舆情事件演变的动力学建模及预警监测》，《现代情报》2016 年第 4 期第 36 卷，第 14—19、56 页。

许敏：《网络群体性事件研究：路径、视角与方法》，《甘肃社会科学》
2013 年第 4 期第 205 卷，第 61—64 页。

言雪侬：《数字崇拜》，硕士学位论文，苏州大学，2020 年。

阎琨、吴菡、张雨颀：《社会责任感：拔尖人才的核心素养》，《华东师范
大学学报》（教育科学版）2021 年第 12 期第 39 卷，第 28—41 页。

杨东、吴晓蓉：《疏离感研究的进展及理论构建》，《心理科学进展》2002
年第 1 期第 10 卷，第 71—72 页。

杨宜音：《个体与宏观社会的心理关系：社会心态概念的界定》，《社会学
研究》2006 年第 4 期，第 117—131、244 页。

杨宜音：《社会心态形成的心理机制及效应》，《哈尔滨工业大学学报》
（社会科学版）2012 年第 6 期第 14 卷，第 2—7、145 页。

易承志：《群体性突发事件网络舆情的演变机制分析》，《情报杂志》2011
年第 12 期第 30 卷，第 6—12 页。

于家琦：《"舆情"社会内涵新解》，《天津大学学报》（社会科学版）
2011 年第 2 期第 13 卷，第 164—167 页。

喻国明、刘夏阳：《中国民意研究》，中国人民大学出版社 1993 年版。

曾润喜、王晨曦、陈强：《网络舆情传播阶段与模型比较研究》，《情报杂
志》2014 年第 5 期第 33 卷，第 119—124 页。

曾润喜、张薇：《网络舆情学》，科学技术文献出版社 2014 年版。

张二芳：《社会心态的研究及其意义》，《理论探索》1996 年第 1 期，第
28—31 页。

张亚明、宋雯婕、刘海鸥、苏妍嫄：《学科交叉视域下国际舆论场突发公
共卫生事件网络舆情传播研究综述》，《现代情报》2023 年第 4 期第 43
卷，第 165—176 页。

赵宬斐：《"网络集群行为"与"价值累加"——一种集体行动的逻辑与分
析》，《新闻与传播研究》2013 年第 8 期第 20 卷，第 67—77、127 页。

赵明、赵明凯、汪雪涵、芮玉婷：《从 EDG 夺冠后的英大…民众反应看
大众媒体对流量热点的消费与狂欢》，2022 年 8 月 31 日，http：//
media-ethic. ccnu. cn/info/1097/3042. htm，2023 年 4 月 24 日。

中国互联网络信息中心：《CNNIC 发布第 51 次〈中国互联网络发展状况
统计报告〉》，2023 年 3 月 2 日，https：//www. ennie. net. en/n4/2023/

0302/c199 – 10755. html，2023 年 4 月 24 日。

周葆华：《从同一效果到差异效果：对新媒体与主观阶层认同关系的多层分析》，《新闻大学》2012 年第 6 期第 116 卷，第 54—62 页。

周葆华：《新媒体使用与主观阶层认同：理论阐释与实证检验》，《新闻大学》2010 年第 2 期第 104 卷，第 29—40 页。

周晓虹：《社会心态、情感治理与媒介变革》，《探索与争鸣》2016 年第 11 期第 325 卷，第 32—35 页。

周晓虹：《现代社会心理学——社会学、心理学和文化人类学的综合探索》，江苏人民出版社 1991 年版。

周晓虹：《中国人社会心态六十年变迁及发展趋势》，《河北学刊》2009 年第 5 期第 29 卷，第 1—6 页。

周晓虹：《转型时代的社会心态与中国体验——兼与〈社会心态：转型社会的社会心理研究〉一文商榷》，《社会学研究》2014 年第 4 期第 29 卷，第 1—23、242 页。

Agha S. , "The impact of a mass media campaign on personal risk perception, perceived self-efficacy and on other behavioural predictors," *AIDS care*, Vol. 15, No. 6, 2003, pp. 749 – 762.

Ajzen I. , *From intentions to actions: A theory of planned behavior*. Springer, 1985.

Ajzen I. , "The theory of planned behavior," *Organizational behavior and human decision processes*, Vol. 50, No. 2, 1991, pp. 179 – 211.

Altman N. , "Manic society: Toward the depressive position," *Psychoanalytic Dialogues*, Vol. 15, No. 3, 2005, pp. 321 – 346.

Betsch C. et al. , "Opportunities and challenges of web 2. 0 for vaccination decisions," *Vaccine*, Vol. 30, No. 25, 2012, pp. 3727 – 3733.

Blankenship E. B. et al. , "Sentiment, contents, and retweets: A study of two vaccine-related twitter datasets," *The Permanente Journal*, Vol. 22, 2018.

Cappella J. N. & Jamieson, K. H. , *Spiral of cynicism: The press and the public good*. Oxford University Press, 1997.

Chan K. , "Mass communication and pro-environmental behaviour: Waste recycling in hong kong," *Journal of environmental management*, Vol. 52,

No. 4, 1998, pp. 317 – 325.

Chong D. , "How people think, reason, and feel about rights and liberties," *American journal of political science*, 1993, pp. 867 – 899.

Christie R. & Allport, G. W. , "The nature of prejudice," *The American Journal of Psychology*, Vol. 67, No. 4, 1954, p. 742.

De Groot J. I. & Steg, L. , "Morality and prosocial behavior: The role of awareness, responsibility, and norms in the norm activation model," *The Journal of social psychology*, Vol. 149, No. 4, 2009, pp. 425 – 449.

Entman R. M. , "Framing: Toward clarification of a fractured paradigm," *Journal of communication*, Vol. 43, No. 4, 1993, pp. 51 – 58.

Fishbein M. , "An investigation of the relationships between beliefs about an object and the attitude toward that object," *Human relations*, Vol. 16, No. 3, 1963, pp. 233 – 239.

Gitlin T. , *The whole world is watching: Mass media in the making and unmaking of the new left*. Univ of California Press, 2003.

Han R. & Cheng, Y. , "The influence of norm perception on pro-environmental behavior: A comparison between the moderating roles of traditional media and social media," *International Journal of Environmental Research and Public Health*, Vol. 17, No. 19, 2020, p. 7164.

Han W. , "Online travel ugc as persuasive communication: Explore its informational and normative influence on pro-environmental personal norms and behaviour," University of Nottingham, 2018.

Holbert R. L. , Kwak, N. , & Shah, D. V. , "Environmental concern, patterns of television viewing, and pro-environmental behaviors: Integrating models of media consumption and effects," *Journal of Broadcasting & Electronic Media*, Vol. 47, No. 2, 2003, pp. 177 – 196.

Huang H. , "Media use, environmental beliefs, self-efficacy, and pro-environmental behavior," *Journal of Business Research*, Vol. 69, No. 6, 2016, pp. 2206 – 2212.

Hynes N. & Wilson, J. , "I do it, but don't tell anyone! Personal values, personal and social norms: Can social media play a role in changing pro-environmental behaviours?," *Technological Forecasting and Social Change*, Vol. 111, 2016, pp. 349 – 359.

Jackson L. M. & Hunsberger, B., "An intergroup perspective on religion and prejudice," *Journal for the scientific study of religion*, 1999, pp. 509 – 523.

Lauper E., Moser, S., Fischer, M., & Matthies, E., "Explaining car drivers' intention to prevent road-traffic noise: An application of the norm activation model," *Environment and Behavior*, Vol. 48, No. 6, 2016, pp. 826 – 853.

Mankoff J. et al., "Stepgreen. Org: Increasing energy saving behaviors via social networks," in *Proceedings of the International AAAI Conference on Web and Social Media*, 2010, Vol. 4, No. 1, pp. 106 – 113.

Mostafa M. M., "More than words: Social networks' text mining for consumer brand sentiments," *Expert systems with applications*, Vol. 40, No. 10, 2013, pp. 4241 – 4251.

Newton K., "Mass media effects: Mobilization or media malaise?," *British Journal of Political Science*, Vol. 29, No. 4, 1999, pp. 577 – 599.

Noelle-Neumann E., "The public opinion research correspondent," *Public Opinion Quarterly*, Vol. 44, No. 4, 1980, pp. 585 – 597.

Noelle-Neumann E., "The spiral of silence a theory of public opinion," *Journal of communication*, Vol. 24, No. 2, 1974, pp. 43 – 51.

Oakley I., Chen, M., & Nisi, V., "Motivating sustainable behavior," *Ubiquitous Comput*, 2008, pp. 174 – 178.

O'Keefe G. J., "Political malaise and reliance on media," *Journalism Quarterly*, Vol. 57, No. 1, 1980, pp. 122 – 128.

Onwezen M. C., Antonides, G., & Bartels, J., "The norm activation model: An exploration of the functions of anticipated pride and guilt in pro-environmental behaviour," *Journal of economic psychology*, Vol. 39, 2013, pp. 141 – 153.

Petersen M. B., Sznycer, D., Cosmides, L., & Tooby, J., "Who deserves help? Evolutionary psychology, social emotions, and public opinion about welfare," *Political psychology*, Vol. 33, No. 3, 2012, pp. 395 –

418.

Robinson M. J. , "Public affairs television and the growth of political malaise: The case of 'the selling of the pentagon'," *American political science review*, Vol. 70, No. 2, 1976, pp. 409 – 432.

Schwartz S. H. & Fleishman, J. A. , "Effects of negative personal norms on helping behavior," *Personality and Social Psychology Bulletin*, Vol. 8, No. 1, 1982, pp. 81 – 86.

Schwartz S. H. , "Normative influences on altruism," in *Advances in experimental social psychology*, Vol. 10: Elsevier, 1977, pp. 221 – 279.

Sherman J. W. , Stroessner, S. J. , Conrey, F. R. , & Azam, O. A. , "Prejudice and stereotype maintenance processes: Attention, attribution, and individuation," *Journal of personality and social psychology*, Vol. 89, No. 4, 2005, p. 607.

Strömbäck J. & Shehata, A. , "Media malaise or a virtuous circle? Exploring the causal relationships between news media exposure, political news attention and political interest," *European journal of political research*, Vol. 49, No. 5, 2010, pp. 575 – 597.

Trivedi R. H. , Patel, J. D. , & Acharya, N. , "Causality analysis of media influence on environmental attitude, intention and behaviors leading to green purchasing," *Journal of cleaner production*, Vol. 196, 2018, pp. 11 – 22.

Zhao Y. , "Public opinion evolution based on complex networks," *Cybernetics and Information Technologies*, Vol. 15, No. 1, 2015, pp. 55 – 68.